李培林◎主编

建设具有全球影响力的世界级城市群

（上卷）

李培林◎主　编
文学国　李友梅◎副主编

中国社会科学出版社

图书在版编目（CIP）数据

建设具有全球影响力的世界级城市群/李培林主编. —北京：中国社会科学出版社，2017.9

ISBN 978-7-5203-1048-2

Ⅰ.①建… Ⅱ.①李… Ⅲ.①长江三角洲—城市群—区域经济发展—文集 Ⅳ.①F299.275-53

中国版本图书馆 CIP 数据核字（2017）第 231064 号

出 版 人	赵剑英
责任编辑	张　林
特约编辑	宋英杰　郑成花
责任校对	韩海超
责任印制	戴　宽

出　　版	中国社会科学出版社
社　　址	北京鼓楼西大街甲158号
邮　　编	100720
网　　址	http://www.csspw.cn
发 行 部	010-84083685
门 市 部	010-84029450
经　　销	新华书店及其他书店

印　　刷	北京明恒达印务有限公司
装　　订	廊坊市广阳区广增装订厂
版　　次	2017年9月第1版
印　　次	2017年9月第1次印刷

开　　本	710×1000　1/16
印　　张	57
插　　页	2
字　　数	882 千字
定　　价	258.00元（全二卷）

凡购买中国社会科学出版社图书，如有质量问题请与本社营销中心联系调换
电话：010-84083683
版权所有　侵权必究

总目录

（上 卷）

领导致辞

开幕致辞	(3)
欢迎致辞	(7)
主旨演讲	(9)

专家发言

长三角城市群一体化将重塑"大上海" …………………………… (21)
加快长三角一体化进程，推进具有全球影响力的世界级
　城市群建设 ……………………………………………………… (24)
努力打造长三角世界级城市群重要一翼 ………………………… (26)
长三角区域一体化的方向与未来 ………………………………… (28)
对安徽参与长三角城市群建设的思考 …………………………… (30)
用"五大理念"引领长三角城市群科学发展 ……………………… (32)
加快推进长三角一体化进程——突出轴带引领，实施
　城市群联动 ……………………………………………………… (36)
江苏三大都市圈融入长三角城市群的思考 ……………………… (42)

创新发展篇

长三角城市群扩容后战略升级方向：一体化、同城化、国际化 ……… (51)

长三角城市群率先实现全面小康关键路径:适应新常态,
　　补齐旧短板 …………………………………………………………(60)
全面建成全球一流品质的世界级城市群:大上海都市圈
　　需要做什么? ……………………………………………………(101)
长三角城市群产业融合之策:制度共建、资源共享、利益共赢 ……(142)
从智慧城市到智慧城市群:建设思路的转变 …………………………(206)
上海大都市圈应以功能创新引领长三角城市群腾飞 …………………(242)

协调发展篇

以世界城市群为鉴创新长三角城市群社会治理 ………………………(273)
长三角城市群推进框架新设想 …………………………………………(292)
从观念启蒙到利益博弈:动态协调机制应全面建立 …………………(312)
协同创新是长三角城市群科创能力提升的必由之路 …………………(358)
长三角城市群腾飞:"错位"不会错 ……………………………………(397)
差异化为安徽省创造出路:区域产业分工视角分析 …………………(433)

(下　卷)

绿色发展篇

长三角城市群环境治理的加减乘除法 …………………………………(475)
有机农产品可持续发展:管理上要下足"软"功夫 ……………………(502)
上海金融健康之路:规范亚健康"灰色"金融机构 ……………………(547)
长三角城市群养老服务:大胆创新,创出新动能 ………………………(566)
产业创新为长三角城市群深度融合加码 ………………………………(596)

开放发展篇

高标准开放为长三角城市群发展开启新引擎 …………………………(633)
长三角城市群推进中文化建设不能缺位 ………………………………(657)
金融"溢出效应"助推长三角迈向世界级城市群 ………………………(671)
城市网络形成源于开放:三种整合模式视角 …………………………(699)

文化人才建设需要落实四个转变 ……………………………………（721）
从典型案例看长三角城市群融合之路该如何走 ………………（737）

共享发展篇

长三角城市群资源共享新思路——以大型科学装置为例 …………（765）
长三角城市群城市治理能力现代化水平参差不齐：12市评估
　数据 ………………………………………………………………（787）
长三角城市群一体化程度不断加深：基于指标体系的构建和
　追踪 ………………………………………………………………（843）
三大城市群串联长江经济带：长三角城市群应做好领航者 …………（875）

目 录

（上 卷）

领导致辞

开幕致辞 …………………………………………………………… （3）
欢迎致辞 …………………………………………………………… （7）
主旨演讲 …………………………………………………………… （9）

专家发言

长三角城市群一体化将重塑"大上海" …………………………… （21）
加快长三角一体化进程，推进具有全球影响力的世界级
　城市群建设 ……………………………………………………… （24）
努力打造长三角世界级城市群重要一翼 ………………………… （26）
长三角区域一体化的方向与未来 ………………………………… （28）
对安徽参与长三角城市群建设的思考 …………………………… （30）
用"五大理念"引领长三角城市群科学发展 ……………………… （32）
加快推进长三角一体化进程——突出轴带引领，实施
　城市群联动 ……………………………………………………… （36）
江苏三大都市圈融入长三角城市群的思考 ……………………… （42）

创新发展篇

长三角城市群扩容后战略升级方向：一体化、同城化、国际化 ……… （51）

长三角城市群率先实现全面小康关键路径:适应新常态,
　　补齐旧短板 …………………………………………………… (60)
全面建成全球一流品质的世界级城市群:大上海都市圈
　　需要做什么? ………………………………………………… (101)
长三角城市群产业融合之策:制度共建、资源共享、利益共赢 …… (142)
从智慧城市到智慧城市群:建设思路的转变 ………………………… (206)
上海大都市圈应以功能创新引领长三角城市群腾飞 ……………… (242)

协调发展篇

以世界城市群为鉴创新长三角城市群社会治理 …………………… (273)
长三角城市群推进框架新设想 ……………………………………… (292)
从观念启蒙到利益博弈:动态协调机制应全面建立 ……………… (312)
协同创新是长三角城市群科创能力提升的必由之路 ……………… (358)
长三角城市群腾飞:"错位"不会错 ………………………………… (397)
差异化为安徽省创造出路:区域产业分工视角分析 ……………… (433)

领导致辞

开幕致辞

王伟光
（中国社会科学院党组书记、院长）

尊敬的徐匡迪主席、杨雄市长，各位来宾，各位朋友，女士们、先生们：

大家上午好！

今天，我们相聚在我国改革开放排头兵、创新发展先行者的上海，共同参加首届长江三角洲城市群发展论坛。此次活动是在中国社会科学院—上海市人民政府上海研究院的倡议下，联合上海社会科学院、江苏省社会科学院、浙江省社会科学院、安徽省社会科学院、中国金融信息中心及上海大学共同主办的一次重要学术研讨会，也是跨地域、跨领域、高规格、高水准的一次思想碰撞和学术交流的盛会。

来自三省一市的专家学者及各界朋友汇聚一堂，将围绕如何将长三角城市群建设成为具有世界影响力的世界级城市群这一主题展开研讨，共谋发展，共话未来。在此，我对各位嘉宾和各界朋友的到来表示衷心的感谢和热烈的欢迎！

众所周知，长三角是我们中华民族的母亲河长江入海所孕育形成的一片幅员辽阔的冲积平原，以其独特的地理位置、厚重的文化底蕴和久远的商业传统，自古以来就成为我国重要的经济文化中心之一。近现代以来，长三角成为我国对外开放最早的地区之一，代表了我国当时民族工商业发展的最先进水平。新中国成立后尤其是改革开放以来，长三角一直是我国经济社会发展的重要增长极，创造了世人瞩目的经济增长奇迹，形成了理性、开放、创新和兼容并蓄的人文精神，经济社会全面发展和进步。

而长三角天然形成的城市群已成为中国经济最具活力、开放程度最高、创新能力最强、吸纳外来人口最多的区域之一,成为"一带一路"与长江经济带的重要交汇地带,在国家现代化建设大局和全方位开放格局中具有举足轻重的战略地位。

今年 6 月,国家发改委发布了《长三角城市群发展规划》,首次从国家战略发展布局高度提出城市发展规划,将以上海为核心包括了浙江、江苏和安徽的 26 个城市纳入到一体化发展和建设的城市群之中,提出要在 2020 年基本形成经济充满活力、高端人才汇聚、创新能力跃升、空间利用集约高效的世界级城市群框架,并在 2030 年全面建成具有国际竞争力和影响力的全球一流品质的世界级城市群。并明确提出了将长三角城市群建设成面向全球、辐射亚太、引领全国的世界级城市群宏伟目标。这是顺应时代潮流,服务国家现代化建设大局的重大举措。

从国家"十一五"规划首次提出"城市群"的概念至今已有 10 个年头,其间,我国在全球经济中的地位不断提升,伴随城镇化进程,城市群发展速度举世瞩目,经济社会影响力日益提升。近几年来,世界金融危机导致了全球经济增速减缓,我国经济的发展步入了新常态,在这样的背景下,我们要及时转变经济增长模式,培育新的国际竞争优势。长三角城市群发展规划的发布正是契合这一目标的创新举措。

与发达国家相比,我国还没有形成真正意义上具有国际竞争力的世界级城市群。通过世界级城市群建设,可以实现区域内资源整合,突出自身发展优势,突破各个城市各自的资源瓶颈和约束,从而真正实现创新、绿色、协调、开放、共享的发展理念。

之所以发布长三角城市群发展的国家规划,就是因为长三角地区具备了建设具有世界影响力的世界级城市群所必备的雄厚经济基础、成熟公共服务以及高度开放的国际化环境等先决条件,已具备了参与国际竞争的实力和经验,形成了各自的发展特色和共同的合作网络。规划的发布必将从战略高度优化提升长三角城市群的发展,打造改革新高地、争当开放新尖兵、带头发展新经济、构筑生态新支撑、探索联动新模式,共同建设世界级城市群。

习近平总书记 2015 年 10 月 21 日在伦敦金融城的讲话中指出,"履不必同,期于适足;治不必同,期于利民"。这一求同存异、和而不同的发展思路对长三角城市群的建设发展有着重要的启示意义。长三角城市群的26个城市分别隶属三省一市，有着不同的文化传统和区域特点，这就要求26个城市，在建设世界级城市群过程中，既发挥各自优势，又形成合力；既要以规划为指南，建立共同的发展目标，又要摒弃以往各自为政、利益本位的发展模式，从而在谋求共同发展的同时，突出自身的特点和优势。

据我所知，长三角城市间的合作已经有多年的探索，并取得了一系列成果，希望你们借国家规划发布的契机，推动长三角的区域协调发展迈上一个新台阶。

当然，要实现这一战略目标也并非易事。长三角城市群的发展与建设存在诸多困难：许多城市功能相对较弱，中心城区人口压力大；城市群发展质量不高，国际竞争力不强；城市包容性不足，外来人口市民化滞后；城市建设无序蔓延，空间利用效率不高；生态系统功能退化，环境质量趋于恶化；城市规划各自为政，没有形成协同机制；要素在区域内的流动受到体制机制的阻碍等。

如何解决这些问题，既需要各个城市找准定位与比较优势，解决自身的问题，又需要城市间开放市场，协同创新，解决共性的问题。毫无疑问，长三角区域的社科研究机构和各类智库迎来了历史性的机遇。希望在座各位树立问题意识，以国际化的广阔视野，深厚的学术积累，前瞻性的创新思维，结合长三角的发展实践，多研究回答推动规划落实的实际问题，提出可行的政策建议，为长三角城市群的建设与发展贡献你们的力量。

上海研究院作为中国社会科学院与上海市人民政府合作创办的一家新型智库，成立一年多来，得到了上海市委、市政府领导的关心指导与大力支持，各项工作开展得很顺利，也取得了一些成绩，我代表中国社会科学院党组表示衷心的感谢！

同时，对上海研究院提出三点希望：一是希望上海研究院充分发挥中国社会科学院国家科研机构的科研优势与人才优势，为长三角城市群的建设与发展提供充分的智力支持；二是希望上海研究院继续加强与三省一市社会科学研究机构之间的科研合作与学术交流，为长三角发展研究搭建平台，设置议题，共同探讨，形成区域性的学术研究共同体与创新协同机制，打造区域性的长三角智库联盟；三是希望上海研究院立足上海和长三角地区的发展，在较短的时间内，将上海研究院建设成为一家具有重要影响力的院市合作型的智库，并朝着建设"四个高端"的国家智库目标努力迈进。

最后，我代表中国社会科学院和上海研究院对受邀参加此次论坛的各位专家学者、各位来宾以及媒体界的朋友表示欢迎和感谢。希望大家在论坛期间充分交流，都能有所收获，为长三角城市群建设提供有价值的智力成果。预祝此次论坛圆满成功。谢谢大家！

欢迎致辞

杨 雄

(上海市委副书记、市长)

尊敬的徐匡迪主席、王伟光院长，各位嘉宾，女士们、先生们，大家上午好！

今天很高兴和各位新老朋友相聚在美丽的黄浦江畔，共同参加首届长江三角洲城市群发展论坛。在此我代表上海市人民政府对论坛的举办表示诚挚的祝贺，对各位专家和嘉宾的到来表示热烈的欢迎！对长期以来关心和支持上海发展的朋友们，表示衷心的感谢！

当今世界城市群已经成为支撑各个主要经济体发展的核心区域和增长极。前不久，国家出台了《长江三角洲城市群发展规划》，对进一步发挥长江三角洲城市群在全国经济社会发展中的重要作用，在更高层次上参与国际合作和竞争，做出了总体部署。本次论坛以建设具有全球影响力的世界级城市群为主题，展开深入的交流和研讨，将对长三角城市群以更加开放的姿态，在新的起点上实现新的跨越、新的发展具有重要的现实意义。

上海是长三角城市群的核心城市，上海的发展离不开长三角城市群的支持和协作。当前上海正在按照当好全国改革开放的排头兵，创新发展的先行者，加快建设国际经济、金融、贸易、航运中心和社会主义现代化国际大都市，向具有全球影响力的科技创新中心进军。

我们要更加自觉，更加主动的把自身的发展放在全国，特别是长三角城市群发展的大局中来谋划推进，共同贯彻"创新、协调、绿色、开放、共享"的发展理念，共同促进长三角地区率先发展、一体化发展。我们相信，各位专家的真知灼见，必将给我们带来有益的启迪和帮助。我们也希望与会嘉宾为上海城市工作留下宝贵的意见和建议。

最后，预祝本次论坛取得圆满成功，也祝各位嘉宾和专家，在上海生活愉快、身体健康，谢谢大家。

主旨演讲

徐匡迪

（第十届全国政协副主席）

伟光院长，各位嘉宾，各位同行，大家好！

对长三角我是很有感情的，因为我出生在浙江，在浙江上到高中毕业，所以浙江是我的故乡。上海是我长期工作的地方，从 1963 年一直到 2001 年我都在上海工作。江苏呢，和我的关系也非常密切，因为我太太是江苏人，所以我丈母娘家在江苏，我经常要去江苏。在"文化大革命"以前，我们夫妻分居，我在北京工作，她在常州跟着她的父母亲。所以我寒暑假基本上都是在江苏过的。安徽，和我关系也很密切，永生难忘，因为我的五七干校在凤阳，我在那里两年半，和农民同吃同住同劳动，后来自己盖了房子，然后就回到干校住下，但也是经常和当地的农民、公社交流。

作为一个当时年轻的知识分子，不到 30 岁，终于知道中国的农村是什么样子的，基层的困苦。我住的大娘家里，丈夫是抗日时期的党员，儿子在抗美援朝期间牺牲，家里连一张床也没有，是睡在泥地上。所以对长三角我是很有感情的，安徽我后来也回去过几次。

另外，上海和长三角的联系，不是从现在开始的。实际上从上海开始开埠以来，上海工商业的基础就在长三角。现在叫农民工来打工，主要是造房子，新中国成立前上海学生意的人都是从外地来的，从绍兴、宁波、无锡、常州，比如上海的文具业是安徽人，纺织业是无锡人，面粉业是无锡人，长江上的航运、搬运工人基本上都是从江苏和湖北来的。

所以我想说这一段，我觉得长三角在新时期提出来"发展长三角城市群"是非常有战略眼光的，落实五大发展理念把长三角建成一个网络化的城市群，这是当前我们的一个重要任务。

大家知道，"城镇化"是人类文明进步的一个阶段，全世界不光是中国，在工业化以前，人口的80%住在农村，以后开始向城镇移动。到了封建社会后期，有中等城市出现了。到了工业革命以后，人口开始向工业中心城市集中。由于工业大规模生产，港口、铁路发展起来，所以交通枢纽城市出现了，因此开始出现了特大型城市。

20世纪中期到21世纪初，大型城市都是一个国家、一个地区经济增长的引擎。我们各个地方在搞城市规划的时候，有时候都喜欢把自己的省会或者大城市建成"国际大都市"，这是当时的一个情况。

20世纪大国城镇化有几个浪潮。英国是在工业革命以后的前期，城镇化率从20%增长到50%；美国是从1860年，建国开始的时候城市人口也不多，一直到1950年，城镇化率从20%提升到71%，这是从移民和美国的工业化开始的。

第二次世界大战以后，日本由于朝鲜战争和美国的扶持，日本经济崛起以后，城市人口从18%提高到72%。苏联，它原来的城市化率也很低，也就是20%。在20世纪30年代以前，后来在十月革命以后，特别是经过农业集体化和城市的工业化以后，城市化率由20%提高到60%。

但是出现了一些特大城市以后，就发现城市大了以后是有矛盾的。第一，交通非常困难，以东京为例，东京现在是世界上最大的城市，3000万人。2010年，东京首都圈周边有几个小城市，通勤时间要接近70分钟，约为68.8公里。通学的时间是76分钟，通勤平均的时间是70分钟左右。城市运行的成本非常大，高峰段道路的平均速度只有18.8公里，低于全国平均的速度35.3公里。如果18公里的话，对汽车损耗很大，而且也费汽油。

东京高峰时候的地铁上下班是这个情况，每个车门口都有两个人在往里面塞，我们上海比它好一点，但我们上海和北京有一点很不好的，所有人都挤在门口，乱成一锅粥，但人家日本排队还是蛮整齐的。

那么东京和伦敦城市群就业的特征，最后评估下来，通勤区域不能超过30公里，极限是50公里。所以城市的通勤距离大概就是30公里上下班，在30公里以外就是要搞卫星城了，而且卫星城不是卧城或者是睡城，必须要搞职住平衡的卫星城，有住房条件，也有就业的机会。

都市带、都市群，呈现大都市连绵区，最早出现在1915年美国人写的《演变的城市》，到1957年，美国东北部大西洋沿岸有一个都市群，以纽约和华盛顿为中心。另外美国的五大湖地区也是一个城市群，这是美国工业的心脏。欧洲是以巴黎为中心的欧洲西北部大都市带。还有一个英格兰的东南部的大都市带。

我们可以看看世界六大城市群的区位，美国东北城市群的中心城市是纽约，面积是13.8万平方公里，人口是5500万。5500万在我们这里听听是个少数，但美国当时人口不到2亿。五大湖地区的中心城市是芝加哥，面积大一点，人口差不多。

日本东海道城市群7000万人口，人口是非常密集的。英国的东南部的城市群人口有3650万，欧洲的以巴黎为中心4800万，长三角城市群人口有1.6亿人口，这也是人口高度密集的地方。美国东北部城市群的特点是趋向专业化分工、多中心的网络化城市群，它不是说以一个城市为单一的中心，而是有多种功能的。比如说波士顿地区，它是高科技产业和高等教育、常春藤大学集中的地方，哈佛、MIT都在波士顿地区。

纽约还有很多私立的学院，包括莱斯利学院。纽约是金融、商业和生产、生活服务业，这个服务业还包括高档的时装业等。还有清洁能源、制药、航空电子、交通服务。整个东北地区的港口已经不在纽约了，到南面去了。所有美国的智库、基金会，都在华盛顿，所以华盛顿是完全没有工业的。

2010年世界银行GDP统计排序，美国是15万亿美元，中国是5.9万亿美元，当年正好超过日本，日本是5万亿，现在中国已经是6.7万亿美元了，日本还减少了一点。德国是3.3万亿美元，美国东北部城市群3万亿美元，整个法国只有2.6万亿美元，因此城市群在一个国家中的发展作用是非常大的。

伦敦和英国东南部的城市群，1944年搞了一个大伦敦地区的规划，把伦敦市区的规划和东南区域战略相互支持，强调交通廊道的引导和节点的开发，强化了分工是进行网络化的发展。比如说它的战略开发区，是机遇增长区，是产业地带和复兴地区，主要是在泰晤士河周边。原来英国的泰晤士河边上都是码头，现在都是高新技术产业、文化创意产业。

另外，它塑造一些专业的节点，政策扶持引导高端产业往外走，系统地谋划城市郊区的共同交通体系。现在伦敦所有的航运业都跑到海边，就像大小洋山，当时上海的规划就是参照了伦敦1944年的规划。但有一点我们没有向他学习，就是伦敦所有的开发区域，一个一个区域中间都有很大的绿隔带，大概10英里宽，这是英国的法律规范，不能去侵占，土地不能批租的，隔绿是非常重要的，一直延续到现在。

巴黎，它和伦敦的情况不一样，它是一个内陆城市，没有港口。所以巴黎是以交通廊道枢纽地区来集中开发，依托轨道交通站规划都市的副中心。巴黎有一个城市规划特点，是我们现在中国城市很难学的，巴黎的市中心和18世纪末几乎是一样的，巴尔扎克写的小说，当时讲巴黎《悲惨世界》的房子都还在，不许动，那么新区离开中心区15公里，必须坐火车去。所以在巴黎市中心，你还能体会到文艺的范儿，也能坐在马路边上喝咖啡，没有那么多匆忙的人。

首尔也是很特殊的，韩国的二分之一以上的人口住在首尔，因为这是战后发展的国家，所以它要进行重整。它的第三次重整规划是在2006年到2020年，市中心区包括首尔和仁川，它的发展很简单，你要在这儿住可以，所得税和登记税提高三倍，就是完全市场调节。然后有两个增长管理区，不允许建高楼大厦，只能建工厂和满足基本需要的办公。所以这也是市场经济国家调节人口的一个办法。

另外一个就是自然保护区，汉江上游禁止开发，保持原生态的目的是疏解首尔的人口无序膨胀，当时已经到50%，经过疏解，现在还接近40%，它的政府机关是带头搬出去的。

中国实际上有三个城市群的人口在改革开放以来快速集聚。第一个集聚的区域是珠三角，从1990年到2000年人口增长是6.08%，随着开发强度人口的饱和，增长率慢慢降下来。长三角90年代还没有增长，从2000年到2005年增长得比较快，现在也平缓下来了。北方京津冀地区，前三十年百分之一点多，但在2005年到2010年，每年增长3.2%，增长得很快。

由于向三个地区集聚，大城市北京等七个城市，交通出现全面拥堵，城市乱停车问题极为严重，公共交通车辆的用地被占领，甚至于消防通道也被占领。中国的小汽车的发展是无序发展，没有很好的控制规划。城市里面没有考虑停小汽车的地方，卖房子的时候，卖的停车位数量很少，当时认为大概只有十分之一的人会有自家汽车，所以地下停车场卖得很贵，很少，所以没有地方停，就停在马路边上。

另外特大城市，周边有很多的"睡城"，没有产业，就靠天天挤进城去上班，下班再回来，导致了钟摆式的交通。小汽车上班，在全世界很少，纽约市的市长是坐地铁上班的，因为小汽车在纽约市有规定，有停车地区，马路边上也有停，一小时10美元，第二小时15美元，第三个小时是20美元，所以纽约的路比我们要窄得多，但它的交通比较通畅。在纽约工作的人70%都住在新泽西，因为纽约市区内的房价、物业、税费都很高。

同时大都市集中的地区，带来了空气污染。我们开始认识到美国大使馆在网上公布北京PM2.5，是对我们的诬蔑，是反华行动，要把它封住，要批驳他干涉我们的内政。后来中央领导非常英明，我们也公布这个数据，当然我们公布的数据有时候比他高，有时候比他低，我们是郊区10个点，市区20个点。

前二十年改革开放的发展，资源、资本发展这些要素的机会过度向大城市集中，中小城市发展滞后，造成北京、上海、广州特大型城市的无序发展，中国成为特大型城市最多的国家。在德国，20万人口就叫大城市，大多数国家大城市都是在100万到500万之间的。所以中国人口多，这个问题是无法回避的。习总书记在十八届五中全会阐述了创新、协调、绿色、开放、共享五大理念，牢固树立并且贯彻五大发展理念，我们不能单纯以GDP论英雄，也不能单纯以城市化率来考核一个地区，而是要考核他是不是用创新驱动，是不是有环境协调，另外是不是有开放，有共享的理念。

11个区域支撑的城市群，比如像辽东半岛、山东半岛、中原、北部湾、呼和浩特等，大家如果看这些点就可以看出一点，我国著名地理学家胡焕庸在20世纪30年代就已经指出，中国适合居住的地方有一条"瑷珲—腾冲线"，从黑龙江瑷珲到云南的腾冲，在这条线的东面，无论是降雨量，无论是农田适合于生长作物，无论是气候都是适合于居住的。

所以在20世纪30年代，75%的人口集中在这个线以东，现在87%

集中在这条线以东，为什么？因为人都要追求比较舒适的生活，过去还有一些放牧或者是在西部地区的少数民族，现在也在慢慢往东了。所以城市群天然的就在这条线以东集中。

说到长三角城市群，习总书记在2014年5月20日到上海考察的时候，指出以上海为核心的长三角城市群要在创新驱动方面走在全国前列，上海要努力推进科技创新、实施创新驱动发展战略方面走在全国前列，加快向具有全球影响力的科技创新中心前进。

过去讲发展城市，主要是吸引外资，我有劳动力，有土地，你外商来投资，我招收很多人来就业，这个城市就扩大了。现在主要是要靠创新，因为低端劳动密集型的产业，中国现在已经没有优势了，因为我们现在的生产成本高了，工资也高。为什么总书记提出长三角要在创新驱动方面走在全国的前列？因为条件最成熟的就是长三角城市群。

首先，长三角是我国城市化最密集的地区，20世纪50年代这个地方就有1亿多人口，国土面积只占不到4%，但人口有六分之一，常住城镇化率已经达到65.3%。根据中国农村经营的特点，还没有进入现代化大农业的时代，农村的人口还是需要有适当的保留。我们城镇化率不能到80%、90%以上，因为我们西部的或者中部的一些山区，不可能用大型机械来操作。中国除了黑龙江、吉林的一部分，还有河北、河南的部分地区可以搞大农业以外，其他的地方都只适合于搞科技型的农业，不能搞大型机械化的农场。还有，长三角是我国产业与高新技术重要集聚地，长三角的国土面积只有4%，但是长三角的GDP占全国的四分之一，现在的汽车，占全国的六分之一，造船接近全国的三分之一。另外长三角是我们经济对外开放、对内辐射的一个龙头。我们现在看长三角的进口贸易和出口贸易，总数好像不大，只有8%，但是这个进口、出口是原产地来统计的，很多是经过长三角的港口出口，所以我们的港口吞吐量占全国的一半，但登记出口都当地化了，海关当地就退税了。长三角也是我们国家城市群建设的重要龙头，长三角是我们国家科技创新和人才培养的重要基地。

像合肥，20世纪50年代我们国家作为科技中心城市建设，中国科技大学就放在合肥，另外合肥还有一些重要的科研机构。电子工业集团16所、38所、48所这都是军用的，非常高级的。另外合肥也有民用的，通用机械研究院、合肥水泥设计研究院等。

南京也是电子工业开发比较早，713研究院，另外中科院的南京分院，在天文方面在全世界享有地位。中科院的化学所、电子所，还有湖泊地理所、紫金山的国家天文台。中国在世界上发现一些小行星，大概占到全世界的四分之一，这个发现主要是靠紫金山天文台。

上海有上海光源，这是改革开放的时候建的，然后是人类基因组南方研究中心、航空第一集团633所、中科院上海高等研究院、工信部电子设计院，中国的船舶研究院，还有北京大学在上海设立了微电子研究院等。

杭州是我们国家海水淡化研究最早的，因为水的资源对我们中国来说，中国是一个缺水的国家，海洋局的第二海洋研究所、中国轻型建筑研究所、航天技术研究所等。我们国家的"985"大学，著名的高校前十名长三角地区有五所，差不多有一半，北面是中科院，南京有南大，上海有复旦和交大，浙江有浙大，这也是高等教育资源比较丰富的。

另外国内"211"大学，一百所著名的大学，长三角有23所。另外也是我们国家两院院士最集中的地区，总共有科学院院士173名，工程院院士153名。另外长三角的网络化功能体系，多中心、多层次、专业化以及发展走廊、核心地区外溢辐射的效应已经日益显现，基本上是四块，从上海到南京这是一个，这个是杭州的，这个是浙南的，这是徐淮地区的。

这个图我们可以看到不同的城市，为什么要讲这个呢？这个和京津冀有很大的不一样，北京的GDP非常高，人均GDP是全国平均的一倍以上，但是河北省只有全国平均的三分之一，你离开北京三十公里看河北省的农村，就和西北一样，落差非常大。

领导也多次讲，河北省和北京、大津发展的差距是断崖式的，但我们非常幸运，在长三角呢，从上海坐火车沿途看一直到宁波、温州，看不出上海的郊区和他们的郊区有什么两样，可以说杭州、宁波的郊区比上海郊区农民的房子漂亮得多，都像是欧洲式的。从上海往北走，经过了南京，苏南地区一直到苏北地区，发展也比较均衡，所以发展的外溢现象已经体现，而且沿着这个发展走廊，我们产业也进行了转移。

这个就是我们现在讲的城市群，不是讲城市和城市市政府之间签一个发展的协议，而是讲的是城市的企业按照市场行为来进行双向投资，来发生联系。以杭州、南京为核心的次结构，我们讲美国东北部，波士顿、费城是次中心，它自己有自己的特点，它的结构已经走向成熟了。

长三角三省一市的企业关联度，可以看出来非常的密集，而且企业天生的资金流互相投资。制造业的网络在长三角扩散，特别是最近向苏北和皖江地区扩散，去年我去了淮安和盐城看了看，发展实在是很好，那边汽车工业、钢铁工业、信息产业，包括大规模集成电路都已经起来了，和十年以前是完全不一样的。像芜湖、安庆这些地方，2005年上海主要是向江苏、杭州、宁波扩散，现在扩散点已经分散到整个长三角覆盖的三省一市，所以技术密集型的企业，包括像奇瑞，中国原创的汽车品牌也是在安徽发展得很好。

现在交通网络的联系，当然联系最密切的还是上海到南京这一段。除了这以外，其他地区的联系也非常多，而且也超出了所谓的长三角，将来很快就会有上海到成都的高铁，它上头和后头的一段都已经好了。

长三角城市群的发展还有一点，人口非常多，所以环境要非常地保护。城市群的生态修复是我们发展的最大使命，因为要绿色发展。长三角有五片生态保护区：第一个就是在沪宁之间的太湖生态保护区，第二个是洪泽湖生态保护区，第三个天竺山，第四个千岛湖钱塘江的保护区，第五个雁荡山。

在整个城市发展中要特别注意四条重要的生态廊道，过去我们城市规划是没有的，像我们在浦东规划的时候，当时把世纪大道定200米，为什么？因为上海的冬天是西北风，夏天是东南风，必须要有一个从东南到西北的通畅通道，当时土地很贵，但还是下决心做了。

所以到最热的时候，当然现在我们家里多有空调，如果像"文化大革命"以前，大家都到国际饭店、中百一店大楼去坐，因为那里凉快，空气的流动对解决雾霾非常重要的，所以生态廊道一定要注意。生态廊道有四条：第一个沿海的生态廊道，从钱塘江口一直到淮河口，沿海的生态廊道必须要保持畅通，要搞绿化。第二个长江的生态廊道，沿着长江不能搞这么多码头、修船厂和造船厂，要长江的鱼类能够繁殖。第三个淮河的生态廊道，第四个是新安江、富春江的生态廊道。我们规划的时候，必须要考虑生态优先，不能房子造好了才发现对生态有影响。

最后，我说几点，第一，经过30年快速发展，中国城镇化率已经超过50%，由于人口向大城市集中，使城市病凸显出来。所以现在中央提出来要搞三个城市群,另外搞两个城市带。第二,长三角是我国城市群发育比较成熟的地区,今后应该充分发挥人才、创新和对内对外开放的优势。所以长三角今后不应该是作为加工制造业出口导向的地区,要发挥上海、南京、杭州、合肥等中心城市的科技、人才优势以及产业的外溢效应,建成网络化、高技术、产业互补的经济高地,参与 21 世纪的国际竞争。第三,长三角的城镇化要以人为本,注重城市群之间的分工协同和"四化"融合的发展,并且要将生态修复和水资源的保护、绿色隔离带的建设放在城市群规划的首要位置。

以上汇报的情况,如有不当,请大家批评指正。谢谢。

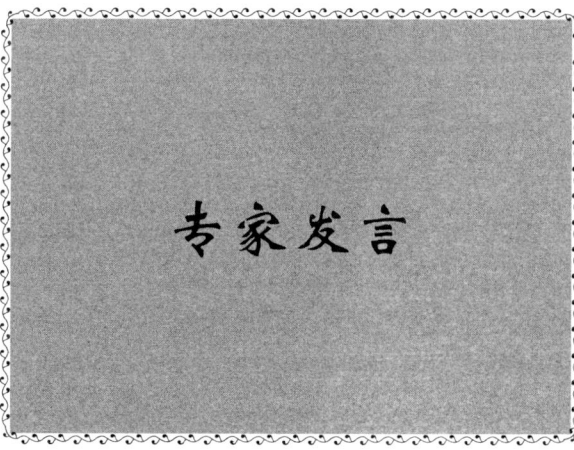

长三角城市群一体化将重塑"大上海"

李培林

（中国社会科学院副院长、上海研究院院长）

《长三角城市群发展规划》（以下简称《规划》）为长三角三省一市带来了新的发展大思路：

第一，"大网络"将重塑大上海。在当今区域经济一体化的大势下，上海的创新与发展单纯依靠自身的资源禀赋、局部性的政策举措去突围，已经受到各种限制。《规划》为上海送来了新的发展机遇。根据《规划》要求，要发挥上海龙头带动的核心作用和区域中心城市的辐射带动作用，依托交通运输网络培育形成多级多类发展轴线，推动与周围都市圈的同城化发展，强化沿海发展带、沿江发展带、沪宁合杭甬发展带、沪杭金发展带的聚合发展，构建"一核五圈四带"的网络化空间格局。同时，全面提升上海全球城市功能，按照打造世界级城市群核心城市的要求，加快提升上海核心竞争力和综合服务功能，加快建设具有全球影响力的科技创新中心，发挥浦东新区引领作用，推动非核心功能疏解，推进与苏州、无锡、南通、宁波、嘉兴、舟山等周边城市协同发展，引领长三角城市群一体化发展，提升服务长江经济带和"一带一路"等国家战略的能力。可以预见，在我国新一轮的区域经济社会发展与区域竞争中，上海作为长江三角洲城市群中的核心城市，一定会抢得机遇，朝着世界城市的发展目标迈进。

第二，"大基础"将优化大上海。长江三角洲城市群的"大网络"将使上海引领经济雁阵，衔接左右两翼、长江经济带和"一带一路"，再次给上海送来领先创新的经济动力，源源不断的进取底气。碍于行政区划的人为分隔，长三角城市与上海之间的经济社会要素流动和交易仍然不够充分，造成不利于彼此发展的资源浪费和资源配置效率的损失。这种行政分隔带来的"县域竞争"，优点是自由灵活，有利于经济发展初期发挥各地的优势、百舸争流，不利的是分流了原有的网络优势，造成各地低水平同质化恶性竞争，到一定阶段后就会遭遇产业天花板，不利于产业的升级进步。为此，与相关经济腹地主动合作，重新谋划和构建连通整个长三角的"大基础设施"才是破解碎片化的"县域竞争"的最有效手段。这方面，舟山市在积极谋划"北向大通道"，宁波希望修建直通上海的高铁，都迫切需要上海的积极回应。通过覆盖长三角的"大基础设施"，将有效疏解上海经济社会的非核心功能、有效降低上海营商环境的资产价格、优化和提升上海经济竞争能力。

第三，"大数据"将提升大上海。与硬件的"大基础设施"同样重要的是，打通长三角的"大数据"平台。"大数据"平台既能充分发挥上海作为现代高端服务业聚集地的产业链优势，又会将长三角和长江经济带、"一带一路"整合、拓深拓宽为支撑上海向全球城市升级的经济腹地。这方面，从既有产业基础的角度说，是上海需要加大扶持力度、急起直追的战略新兴产业增长极，也是上海作为长三角"核心"城市的规划定位要求；既符合产业利益，又符合国家的区域经济战略部署。

第四，大上海带起世界级城市群。《规划》的目标是将该区域的68座城市培育为可以参与世界城市群竞争的中国城市群标杆。其中，国家战略对上海的要求和期待是明确的。大上海只有开放胸怀，贯彻"创新、协调、绿色、开放、共享"的五大发展理念，积极主动地与整个长三角地区联动发展、互利共赢，才能更好地发展自己，才能找到自身发展的不竭动力，才能在提升自身优势的同时，真正发挥改革开放的排头兵、先行者的作用，与兄弟省份携手将长三角地区带起为体现中国气派、中国精神、中国风格的世界级城市群。

基于以上观点，有三个问题供与会者思考：

第一，怎样落实《规划》。尽管上海在《规划》中具有核心龙头地位，但怎么落实，谁来落实，各地方如何协作，如何取得突破性进展，还有待探索。举办此次会议就是希望能由学界出面组织平台，进行充分交流,将意见和建议反馈给相关部门,加快推进落实规划。

第二,怎样理解长江三角洲城市群的意义。是希望出现一种新的发展态势?新的增长极,还是重在互联互通,这对这整片地区而言究竟意味着什么?当前经济发展中出现实体经济"空心化"现象,实体经济艰难、劳动成本上升、企业利润压缩等问题,实体经济发展缺乏后劲,对于一个区域的发展是非常危险的。过去,我们依靠有活力的产业才吸引了资本、人才,但是这些一旦缺失,就可能面临资本和人才的流失。所以,我们要打造的"长三角城市群"是一种什么意义上的城市群,我们要把它建立起来,成为引领全国的示范。

第三,打造长江三角洲城市群,既要考虑打造它的经济圈,也要考虑打造它的社会生活圈。都市圈不仅仅是一个经济圈,只有把社会生活圈建立起来才能够持久。现在长三角已经形成了两小时内的交通圈,在这样一个圈内,生活应该是互联互通非常紧密的。但现在城乡分割、区域分割、行政分割等各种分割,使目前的状况无法顺应发展大势。

加快长三角一体化进程，推进具有全球影响力的世界级城市群建设

王庆五

（江苏省社会科学院党委书记、院长）

推进长三角城市群建设要把握好城市群运行规律，才能深度推进长三角一体化发展。首先，要从城市群之间内外部联系来认识和把握规律，任何一个城市都是区域空间和城市体系的一个节点，是聚集力和扩散力博弈均衡的产物，不能凭借行政手段去人为封锁割据；其次，就新型城镇化而言，要让有条件的城市落户的人进入城市，平等地享受城市公共服务；再次，要从城市群竞争力的角度认识和把握规律，城市群是多元城市主体和经济社会要素的分工协作、具有强大竞争力的城市联合体。

江苏经济已经成为长三角城市群发展的重要力量，江苏无论是经济总量还是增长速度，无论是第二产业还是第三产业，都已经成为长三角经济的重要推动力量；并且，江苏正在创新发展特色，以市场为主要推手，大力发展战略型新兴产业。调查显示，江苏的区域创新能力连续七年位居全国首位，其人才竞争力也上升到了全国第二位。江苏已经成为我国创新活力最强，创新成果最多，创新氛围最浓的省份之一。此外，江苏通过积极承接上海高端产业转移，将制造业主动与上海服务业对接，深度融入长三角一体化。

关于构建利益共享机制，推进跨区域的经济合作问题，长三角可以通过多种渠道创新利益分配机制，来推动建立跨区域经济合作开发区；完善

目前已经比较成熟的分税制模式；采取股权投资模式，根据股权份额分配开票收入；合作地双方的财政通过协议商定开发区的收益分配标准。另外，还需要加强沪苏浙皖联合，推动设立长三角科技创新综合改革示范区，三省一市共同建立长三角科技示范区。

为推动长三角成为具有全球影响力的世界级城市群建设，长三角要率先在创新理念、创新体系，体制机制、政策法规等方面，大胆的先行试验一些重大的科技创新政策措施，探索促进区域自主创新一体化的财政、税收、金融、风险投资、环境资源和人才等相关的政策。

努力打造长三角世界级城市群重要一翼

张伟斌

（浙江省社会科学院党委书记、副院长）

近年来，浙江省围绕长三角城市群的协同发展取得的一系列新进展：一是基础设施互通互联进程加速。二是市场体系区域一体化取得了新成效，全面展开商事制度、行政审批制度、通关一体化等重点领域改革。加强区域大通关协作，复制推广上海"单一窗口"建设经验。三是公共服务供给共享持续深化，继续推进长三角大型科学仪器、科技文献、专业技术服务、资源条件保障、技术转移系统五个科技资源共享平台建设。四是区域环境保护工作力度加大，加强区域大气污染联防联控，制定区域车辆、船舶大气污染防治工作方案，加大中小燃煤锅炉、炉窑及黄标车辆等淘汰力度，全面落实《长三角重点行业大气污染限期治理方案》。

下一步，浙江省将结合自身实际，积极落实和推动《长江三角洲城市群发展规划》在浙江的实施，围绕"建设成为具有全球影响力的世界级城市群的重要一翼"的定位，切实肩负起国家赋予长三角城市群的新使命，从新型城镇化转型升级、产业转型升级、开放开发平台建设、生态屏障建设、基础设施一体化等方面着力推进长三角城市群发展。

具体表现为：一是科学确定城市发展定位，对浙江纳入《长江三角洲城市群发展规划》的杭州、宁波、嘉兴、湖州、绍兴、金华、舟山、台州8市，从城市发展基础、环境容量、文化特色等方面综合考虑，确定他们的发展定位；二是协同建设区域创新体系和现代产业体系，积极对接上海全球科创中心建设，发展杭州国家自主创新示范区，支持宁波争创国家自主创新示范区，打造环杭州湾地区高新技术产业密集带；三是合力构筑"绿色长三角"，坚持绿水青山就是金山银山，走绿色生态发展之路；四是联通打造城市群支撑体系，加强"十三五"基础设施有关专项规划对接，确保区域性重大交通、能源、信息等项目同时纳入相关省市规划。

长三角区域一体化的方向与未来

黄仁伟

(上海社会科学院副院长)

  长三角一体化在全国来说，发展水平比较高。关于长三角一体化，有以下四点认识：一是基础设施一体化。举例说，长三角从4小时的圈到2小时的圈，现在基本上2小时都可以达到。以上海为中心，到南京不到2小时，到宁波也不到2小时，到合肥2个小时左右。同城效应已经非常明显，在世界上也较领先。二是产业一体化。由于上海的土地价格、劳动力价格迅猛的上升，上海的一些传统产业基本上没有优势可言，一定要向长三角大规模的转移。而安徽的土地成本、劳动力成本很低，资源优势又很明显，因此安徽承接长三角的产业转移还可以大规模发展。三是金融一体化。长三角已经基本上实现了资本自由流动，但也还有很大的空间。比如浙江、江苏的民营资本，可以更充分地在长三角里流动。如果资金一体化、金融一体化不能实现，长三角的一体化，从基本上就没有实现。四是科技创新一体化。教育部说要做8所世界级的大学，3所在北京，5所在长三角。目前，长三角很多国家、世界级的实验室开始落地，但是"不能画地为牢"，落地的实验室在长三角地区不重复建设，一个国家级实验室可以为整个长三角都充分使用。

  未来，长三角城市群"一体化"要怎么走，可以着重考虑从以下五点入手：一是科技创新一体化。这应该成为长三角地区一体化的主攻方向，其内容包括：科研中心的硬件设施的一体化、科研创新风险投资流动性的一体化、人才一体化。二是产业一体化。为避免出现新的产业互相残杀，长三角产业一体化应该提早统筹。三是自贸区一体化。长三角的港口群应该形成一个大的自贸区，把上海的自贸区扩散到长三角，特别是长三角港口群区。四是生态一体化。就目前而言，还有一些孤立的生态区，例如太湖，它不应该仅仅包括太湖沿岸，还应该包括黄山和天目山的上游，也包括长江口的下游，否则生态是保护不了的。五是社会治理一体化。比如上海安亭和江苏昆山花桥，已经完全融合在一起，但治理是分开的，就会出现很多问题，这些微观的一体化现在还没有考虑，其实它们更重要。

对安徽参与长三角城市群建设的思考

杨俊龙

（安徽省社会科学院副院长）

关于长三角城市群建设，我们需要进行两个"再认识"：

首先是对长三角的再认识。目前，长三角是世界上已形成的六大城市群之一，但长三角城市群地均生产总值和人均生产总值差距很大。为此，国务院批复的《长江三角洲城市群发展规划》对长三角城市群提出了五大任务，其发展目标在于培育更高水平的经济增长极，从而到2030年把长三角地区全面建成具有全球影响力的世界级城市群。《长江三角洲城市群发展规划》将为长三角地区带来产业布局和资源配置方面的优势，而这一区域的产业升级和转移，也将产生带动沿江辐射南北的巨大效应，对带动长江经济带的建设，产生深远的影响。

其次是对安徽与长三角关系的再认识。安徽与长三角有着较为悠久的历史渊源，新中国成立后，安徽省长期隶属于华东行政区，在1984年召开的上海经济区省市长会议上，安徽作为省市与会。1990年7月，在中央决定开发开放浦东两个月之后，安徽更是果断做出开发皖江、呼应浦东的战略决策，成为第一个响应浦东开发的省份。在能源、原材料和农副产品的提供，劳动力和人才输入方面，安徽与长三角地区长期合作。2005年，安徽提出东向发展战略，2015年，在合肥举办了长江三角洲三省一市主要领导座谈会，2016年，国家推出了《长江三角洲城市群发展规划》，安徽8市列入其中。目前，安徽正全面融入长三角，全省将再兴建18座过江通道，建设城际铁路，扩大企业股权和分红试点范围。同时，分工协作方面,建立区域互动合作机制,建立生态区域协同保护机制。

多年来,安徽省社会科学院一直关注长三角地区的发展,致力于长三角地区的研究,举办了多次与长三角有关的论坛,发表出版了大量有关长三角的论著。未来,安徽省社会科学院将进一步整合科研力量和资源,加大对长三角城市群的研究,为早日实现把长三角城市群建设成为具有世界影响力的城市群作出应有的努力。

用"五大理念"引领长三角城市群科学发展

易昌良

(国家发改委中国发展网专家委员会秘书长、
中国发展改革研究院执行院长)

当今世界,城市群已成为支撑世界各主要经济体发展的核心区和增长极,国家间的竞争正日益演化为主要城市群之间的综合实力比拼。国家"十三五"规划纲要提出,我国要规划建设19个城市群,打造带动我国经济持续增长、促进区域协调发展、参与国际合作与竞争的主要平台。其中长江三角洲城市群是我国不可多得的工业化、信息化、城镇化、农业现代化协同并进的区域,是我国经济最具活力、开放程度最高、创新能力最强、吸纳外来人口最多的区域之一,是"一带一路"与长江经济带的重要交汇地带,在国家现代化建设大局和全方位开放格局中具有举足轻重的战略地位。

长江三角洲城市群的经济总量占我国经济总量比例高达20%以上,长江三角洲城市群能否坚持科学发展,对于促进我国产业升级,推动我国以人为核心的新型城镇化、加快我国的农业现代化、辐射带动周边区域和中西部地区发展、增强我国的国家竞争力都具有重要的战略影响。因此深度触摸长江三角洲城市发展脉搏,探寻长江三角洲城市之间的合理分工体系与协作协同机制,总结长江三角洲城市实现更大跨越式发展、打造新一级全球城市群的"中国经验",就变得十分迫切和必要。

"面向全球、辐射亚太、引领全国的世界级城市群"对于这样的高定位，长三角城市群能否担得下来？关键要看如何用"五大理念"引领长三角城市群科学发展。党的十八届五中全会强调，实现"十三五"时期发展目标，破解发展难题，厚植发展优势，必须牢固树立并切实贯彻创新、协调、绿色、开放、共享的发展理念。五大发展理念体现了"十三五"乃至更长时期我国发展思路、发展方向，是关系我国发展全局的一场深刻变革，为未来中国标注出前行航向。这"五大理念"，也是推动长三角城市群实现国务院提出的：打造改革新高地、争当开放新尖兵、带头发展新经济、以生态保护提供发展新支撑、创造联动发展新模式这五大任务的重要指导思想。

一　长江三角洲城市群要坚持创新发展

五中全会指出，创新是引领发展的第一动力。要把创新摆在国家发展全局的核心位置，让创新贯穿党和国家一切工作，让创新在全社会蔚然成风。长江三角洲城市群的创新发展应该是一马当先，肩负颠覆性技术重任。在国家层面，建立国家规模的创新基地，打造领先世界的创新系统。长江三角洲城市群应提升创新引领功能，聚焦影响未来发展的颠覆性技术，成为这一国家重任当之无愧的承担者。在企业层面，长江三角洲城市群应注重发挥企业家才能，培育企业家精神，形成一批有国际竞争力的创新型领军企业。而在社会层面，要推动"大众创业、万众创新"，激发全社会创新潜能和活力。目标是使长江三角洲城市群成为新技术、新产品、新业态的策源地，从全球生产网络节点向创新网络节点转型。

二　长江三角洲城市群要坚持协调发展，整合长江三角洲城市群南北资源

目前长三角北部沿江板块，外资和国企规模较大，而南部杭、甬、绍、温、台等地则重民资，两大板块经济整合度还不高。随着长三角基础设施网络化、城市轨道交通建设进入加速期，这为打通并有效整合南北资源带来契机。对上海而言，则应重点打造综合立体交通枢纽功能，让长三

角各城市利用上海的枢纽功能，实现要素和资源的交换与集散，促进区域协调发展。

三　长江三角洲城市群要坚持绿色发展，探索环境建设新机制

坚持绿色发展，必须坚持节约资源和保护环境的基本国策，长江三角洲城市群之前在绿色发展方面面临问题，粗放式、无节制的过度开发，新城新区、开发区和工业园区占地过大，导致基本农田和绿色生态空间减少过快过多，严重影响到区域国土空间的整体结构和利用效率。目前国家层面的大气、水、土壤污染治理"国十条"均已出台，而长江三角洲城市群除了已建立的大气污染联防联控机制外，污水和土壤区域联防也亟待提上议事日程。

应当探索在长江三角洲城市群将绿色城镇化理念全面融入城市群建设，尊重自然格局，依托现有山水脉络等优化城市空间布局形态，构建形成绿色的生产生活方式和城市建设运营模式，推进生态共保环境共治，加快走出一条经济发展和生态文明建设相辅相成、相得益彰的新路子。

四　长江三角洲城市群要坚持开放发展

坚持开放发展，必须顺应我国经济深度融入世界经济的趋势，奉行互利共赢的开放战略。

长江三角洲城市群要发展更高层次的开放型经济，积极参与全球经济治理和公共产品供给。上海应加大自贸区制度创新力度，特别是推进金融制度创新，建立面向国际的金融市场平台，推动创新成果在长江三角洲城市群和长江流域共享，这是长江三角洲城市群开放发展的最大抓手。

此外，上海还应健全"走出去"服务平台，推进境外投资便利化，为长江三角洲城市群大量迫切需要赴外投资的企业提供结算、法律、会计等专业服务，为国家推进"一带一路"建设提供强大的服务保障。

五 长江三角洲城市群要坚持共享发展

必须坚持发展为了人民、发展依靠人民、发展成果由人民共享，做出更有效的制度安排，使全体人民在共建共享发展中有更多获得感，增强发展动力，增进人民团结，朝着共同富裕方向稳步前进。

对于长江三角洲城市群来说，改革的触角不只是面向开放，更在于纵深地推动一体化，让生活在这片土地的人们，与"世界级城市群"共享"获得感"。长江三角洲城市群要发展成为世界级的城市群，既要解决经济和产业领域合作分工的问题，也要解决公共领域的合作问题，这样才能让老百姓更好地享受区域发展的成果。

当前，长江三角洲城市群的发展已站在新的更高起点上。率先转变发展方式、全面提升发展水平，是新时期长江三角洲城市群肩负的重大历史使命，任务光荣而艰巨。在"五大理念"指导下，依靠长三角各地各级党委政府扎实工作和人民群众的共同努力，长三角城市群一定能够再创新的辉煌！

加快推进长三角一体化进程
——突出轴带引领，实施城市群联动

刘西忠

（江苏省社科联研究室主任、副研究员）

习近平同志指出，"协调既是发展手段又是发展目标，同时还是评价发展的标准和尺度，是发展两点论和重点论的统一，是发展平衡和不平衡的统一，是发展短板和潜力的统一"。党的十八大以来，中央在积极推进以西部大开发、振兴东北等老工业基地、中部崛起和东部率先发展战略为核心的"四大板块"发展的基础上，相继提出"一带一路""京津冀协同发展"与"长江经济带"等，形成"三大支撑带"战略。把以往的"四大板块"与"三大支撑带"相结合，从以往的单独区域支撑发展到现在的区块与支撑带连接的共同支撑，构建我国区域发展空间新格局，意味着国内经济地理和国外经济地理的重塑。今年6月出台的《长江三角洲城市群发展规划》覆盖上海全境和江苏、浙江、安徽等三省大部分区域，提出促进沪宁合杭甬、沿江、沿海、沪杭金四条发展带，促进五个城市圈同城化发展，形成"1+3+4+5"的发展格局。

一 板块经济和轴带经济的内涵与比较分析

板块经济是行政区经济，以一个或多个行政区域为基本单元，是以行政区为基本单位的组合，是放大了的行政区经济，属于行政区之间的抱团取暖、组团发展，区域内部和区域之间协调的基本工具仍然是行政手段。从某种意义上讲，板块经济是竞争的、静态的、相对封闭的，是内向协调，彼此之间的界限相对明确。板块经济在发展的初期，行政因素在区域经济发展中起重要推动作用。当板块经济发展到一定阶段，行政因素的推动作用开始减弱，甚至由积极的推动因素演化为消极的阻碍因素，形成行政壁垒，阻隔生产要素的流动。

轴带经济是经济区经济。同一轴带往往不属于同一个行政区域，同一个行政区域可以分属不同的经济轴带，轴带经济指向开放，是动态的、合作的外向协调，更加注重联动效应。在同一轴带中，不同行政区域之间的界限相对模糊，主要依靠区域之间的各种联系带动生产要素的流动，更多依赖市场的力量，生产要素在边界流动时阻力相对较小，有利于提高经济发展效率。与传统的汲取性发展相比，轴带经济更加强调包容性发展，强调不同区域之间的协同发展、共享发展和包容性发展。

从经济轴带与产业带的关系看，经济带是产业带发展思路的升华与拓展。产业带，是线状的，两侧分布的是工厂。传统产业带的思路，往往比较注重沿线的线性发展，在两岸或两侧贴边建设，导致岸线资源的大量占用和严重浪费。经济带，是条状的，两侧分布的是产业。产业带，着眼的是较为狭小的空间，就像传统的小城镇贴边开发的楼房；经济带，更多地考虑是纵深，有若干条与主轴线垂直的支线，企业和产业主要围绕两侧的支线分布，不但注重带两侧之间的交流，更注重带同侧的交流。产业带的集聚效应与经济轴带的扩散效应，经济发展的方式由收敛式向发散式转变，由突出重点到全面开花转变，由生产要素小范围内的单向流动向大范围的双向循环、多向交流的转变。纵向横向经济轴带动，增强行政区内部和行政区之间的经济联系，形成更具有连通性和贯通性的网络型经济体。

二　轴带经济生成的环境条件与标志特征

从某种意义上说，轴带经济相当于区域层面的龙形经济，更加强调各区域之间的内在联系。要实现轴带经济的协调，必须有龙头带动，龙脉相通，首尾呼应，充分发挥经济轴带中轴的作用。轴带经济的轴，应该是能够具有较高流动性的承载轴，具有能够传输功能的动力轴，具有向两边发散和扩散功能的中心轴。第一，这是一条特征轴。能够提炼出共同的文化、风俗、风情，为经济的交流和融合奠定人文基础。第二，这是一条流动轴。有利于生产要素的流动，并且这种流动通道具有复合性、立体性、协同性。因此，并不是所有的线状标志都能够形成经济轴带，没有流动性和流动量，就没有经济轴带的形成。比如，由于黄河中段通航能力较弱，长城不承载生产要素流动功能，沿线又缺乏高速交通，因此，尽管呼吁推动多年，黄河中游经济带、长城经济带也难以形成。所以，丝绸之路经济带要发展，交通等基础设施要先行，要着力打造能够带动生产要素流动的经济大通道。第三，这是一条可以跨越的轴。轴的左右两侧都具有一定的纵深，并且能够比较顺利的跨越。江苏沿江南北两侧发展严重不平衡，一个重要的原因就是苏南容易接受上海的辐射，南通、泰州、扬州受过江通道的限制，上海和苏南城市对苏中的带动有限。随着近年来跨江通道建设力度的不断加大，苏南和苏中呈现加快融合的趋势。第四，这是一条可持续协调发展的轴。经济轴带，轴是载体，带是内容，经济发展的容量，在一定程度上取决于轴的承载能力。轴的开发，不是全面开发，而是在轴上选择一些点，进行重点开发。比如，对于大部分地方已经过度开发的长江经济带，中央提出了共抓大保护、不搞大开发的方针。

建设纵向和横向经济发展轴带，特别是建设与板块分布方向相垂直的轴带，是增强经济板块间经济联系的重要举措。如果说，在板块发展战略中，各发展主体之间的位置是平行的，是并联式发展的话，实施轴带战略，特别是纵贯或横贯不同板块之间的轴带，就是串联式发展，实施板块与轴带、城市带相结合的战略，有利于同时发挥并联和串联效应，形成高效节能的"集成电路"，推动区域协调发展提质增效。

三 轴带引领战略是新发展理念在区域发展领域的集中体现

由以板块经济为主导，到实施板块经济与轴带经济相结合战略，并把纵横经济轴带交错形成的城市群作为区域协调发展的主要引擎，有利于突破行政区经济的束缚，增强对外和对内开放的程度，增强区域间经济社会发展的互补性、共享性和发展韧性，使区域经济增长有更大的回旋余地和空间，在轴带转动中实现经济社会的均衡发展、共享发展，是新发展理念在区域发展领域的集中体现。第一，轴带引领战略，体现了创新发展理念，是区域协调发展理论的集成创新。以区域协调发展的点轴理论为基础，但更加强调增长极之间、增长极与保护极之间的互动，是点轴理论的升华，同时又体现了圈层理论、中心——外围理论的作用机理，融入了新区域主义的发展理论，是区域协调发展理论的集大成。第二，轴带引领战略，体现了协调发展理念，是区域协调发展实践的更高形态。作为轴带引领的典型代表，"一带一路"的背景是全球化4.0，本质是区域协调发展4.0，并且超越狭隘的国家行政区域限制，成为中国国际战略的重要组成部分（张可云、蔡之兵，2015）。把板块、轴带和城市群结合起来发展，是区域协调发展实践的重大创新，成为区域协调发展的更高形态。第三，轴带引领战略，体现了开放发展理念，是扩大对内对外开放的有效载体。与传统的区域发展战略相比，轴带战略最大的特点是双向开放，在开放中扩大交流，促进融合，实现协调。第四，轴带引领战略，体现了绿色发展理念，是资源开发与保护的有机结合。轴带引领战略，突出主体功能区规划的约束作用。既强调在有限的空间内实施有序开发，更强调着眼于更加广阔的视野实施有效保护，突出可持续发展的时代主题。第五，轴带引领战略，体现了共享发展理念，是补齐区域发展短板的现实路径。通过强化区域之间的内在联系，把欠发达地区纳入经济社会发展的大循环，增强其自我发展和内部循环能力。

四 推进长三角地区行政板块、经济轴带和城市群联动的动力机制

在长三角内部，将自东而西的流域开发理念与自南而北的轴带开发理念统筹考虑，将流域开发理念下的空间发展结构作为当前核心—边缘空间结构的完善与补充，实施行政板块、经济轴带和城市群协同联动战略，加快区域一体化进程，提升长三角城市群在世界上的影响力和竞争力。

（一）坚持协调互动，增强区域之间的多维对接力

赋予长三角区域发展新内涵，实现多层次、多领域和全方位的区域协

调发展。坚持以国家重大发展战略和规划为引领，把长三角的区域发展放在全国发展大局中来研判，加强与世界经济和国内经济的全方位对接互动，实现区域发展由行政区域内内生驱动到经济区域内内生驱动与外力推动相结合的转变。配合国家八纵八横高铁战略，建设与原轴线并行的新的辅助轴线，加强轴线的流通流动能力建设，增强轴线的带动、传送和辐射能力。

（二）坚持轴带带动，增强发展轴线的潜能释放力

通过轴线的转动，带动生产要素的流动，激发新的潜能和活力，特别是释放经济薄弱地区的发展活力，把短板拉长，增强区域发展的总体势能。在大型发展板块内部，需确立不同层面的发展轴线，缩小政策单元，增强一级轴带与二级轴带、三级轴带的联动互动，以更加精准的区域政策促进各自的发展和整体融合。强化经济发展轴的动能和势能，拓展经济发展的纵深空间，实现经济轴带沿线不同区域之间的梯次发展、接力发展、接续发展。

（三）坚持城市群拉动，增强中心城市的周边辐射力

城市群的发展，要坚持单中心发展与多中心发展并举，圈层推进结构和链式推进结构并重。一方面，在发展思路和发展空间上，呈现更加开放之势；另一方面，在发展政策和发展制度上，呈现出更加收敛和融合之势，强调政策落差和互动效应，强调中心城市对周边的拉动作用。尊重城市发展规律，走出城市单一扩张的误区，更加注重城市群、卫星城和特色小镇发展，更加注重解决中心城市的带动问题和城市间发展的协调问题。

（四）坚持制度驱动，增强区域协调发展的核心竞争力

区域协调发展，在经过赋予优惠政策、赋权鼓励发展等阶段后，目前已经进入搭建平台共赢时期。同时，城市之间的合作，有城市布局的合作和生产要素的合作，也有更高境界层面的合作即制度合作。既要充分发挥市场在资源配置过程中的决定性作用，同时要更好地发挥政府作用，打破区域分割壁垒，改变单纯以地理片区划分为主要依据的区域政策制定方式，优化财政税收、土地保障、环境治理、科技创新、人才支撑和规划管

理等各类政策资源,推进区域政策统一规范、衔接协调。缩小政策单元,增强区域政策的精准性,实行有差别的区域发展政策,形成与经济发展梯度相适应的政策梯度,构建区域发展的政策有机体。

江苏三大都市圈融入长三角城市群的思考

成长春

(南通大学党委书记、江苏长江经济带
研究院院长、教授、博士生导师)

2016年5月11日,国务院常务会议通过《长江三角洲城市群发展规划》(以下简称《规划》),提出培育更高水平的经济增长极,到2030年全面建成具有全球影响力的世界级城市群。《规划》明确,长三角城市群由上海市、江苏省、浙江省、安徽省范围内的26个城市组成,其中江苏省有南京、无锡、常州、苏州、南通、盐城、扬州、镇江、泰州9个地级市入围。江苏的9个地级市按照联系紧密程度分成三大都市圈,即:苏锡常都市圈、宁镇扬都市圈和通泰盐都市圈。

一 江苏都市圈在长三角城市群中的历史地位

江苏三大都市圈在长三角城市群经济社会发展的各个时期都发挥着不可替代的主体作用。

(一) 明清时期:苏州曾经是长三角的核心城市

明清时期,上海是松江府的一个县,并一直作为江南经济、文化中心苏州的外港而存在。这种局面一直维持到上海开埠以至19世纪五六十年代太平天国占领南京、扬州、苏州才出现变数。辛亥革命后实施省县二级制,苏州丧失省城政治地位,地位不及工商业新贵无锡,更无法与作为经济、贸易和金融中心的上海相比。明清时期苏州府、松江府、常州府、镇江府、太仓州都是国家"基本经济区"的重要组成部分。在近代工业发展起来以后，上海取代苏州成为区域经济中心，并重塑以上海为中心的工业空间，范围才超出"七郡一州"的传统区域，但是江苏各城市仍然是近代实业的主要发源地，其工业实力仅次于上海。

（二）近代时期：长三角城市群建设的重要支撑

一战后开埠通商 80 年有余，上海以及江苏的三大都市圈获得长足发展。上海不仅成长为中西贸易中心、中国最大的综合性工商业中心城市，而且是东亚金融中心、国际大都市。江苏三大都市圈中出现了无锡、南通、常州三个轻工业中心。其中 20 世纪 30 年代无锡是工业产值仅次于上海、广州的第三大工业城市，无锡、常州织布业与上海相媲美；模范县南通更是走出了一条独立自主的工业化之路。应该说近代时期是市场经济体制在长三角逐渐建构的时期，生产要素在上海与江苏三大都市圈之间自由流动。此时上海与江苏都市圈浑然一体，不仅江苏籍企业家是上海工商业界领袖人物，而且内地新式工业投资与上海有着千丝万缕的商业、技术联系。近代百年间，江苏三大都市圈较之浙江、安徽的都市圈而言，对长三角城市群建设起着更为重要的支撑作用。

（三）新中国成立后：中国现代化建设的先行示范区

新中国成立以后，江苏三大都市圈尤其是苏锡常都市圈经济社会发展较快，成为新时期中国现代化建设的先行示范区，但已形成的行政区、城乡二元格局桎梏着江苏都市圈与上海的一体化进程。计划经济时期，上海与江苏城市群间原有经济联系受到限制，行政区经济逐渐形成，地方利益严重影响区域一体化进程，但依靠原有的轻工业基础，江苏的都市圈在长三角区域经济社会发展中仍然发挥着重要的作用。改革开放后，苏锡常地区利用上海"周末工程师"孕育出苏南模式，走出我国工业化的新路径；同时苏锡常地区依靠临近上海的地缘优势，接轨上海，大力引进外资，外向型经济也获得较快发展。

二 江苏都市圈在长三角城市群建设中的现实基础

（一）区位优势突出

一方面，苏锡常都市圈与上海地域相连、经济相融，同城化、一体化程度较高，已经发展成为长三角经济核心区的重要组成部分；另一方面，江苏拥有长三角城市群向西、向北两个战略延伸点——南京、南通节点城市，控制着沿江发展带、北翼沿海发展带、沪宁合杭甬发展带，处在长三角地缘格局的核心地带。江苏都市圈成为连接上海核心和合肥都市圈、长江中上游地区以及苏北广大腹地的重要纽带。

（二）综合经济实力强

江苏三大都市圈经济优势较为突出，三大都市圈所涉及的9个地级市全部进入全国百强，GDP占长三角城市群的43.9%，常住人口占长三角城市群的37.7%，综合经济实力强大。科教与创新资源丰富，其中，南京的科教资源禀赋仅次于北京和上海。在开放型经济发展方面，无论是实际利用外资、外贸出口，还是开发区建设、服务外包等，三大都市圈都始终走在全国前列。

（三）城镇规模等级高

长三角城市群城镇体系包括1座超大城市、1座特大城市、13座大城市（Ⅰ型大城市3座、Ⅱ型大城市10座）、9座中等城市和42座小城市。其中，江苏三大都市圈包含1座特大城市（南京）、6座Ⅱ型大城市（无锡、南通、常州、盐城、扬州、泰州）、1座中等城市（镇江）、14座小城市。除上海外，江苏三大都市圈大城市及以上等级的城市数量在长三角城市群中占到一半，对长三角城市群提升国际竞争力发挥着重要的支持作用。

（四）通泰盐都市圈的规划建设亟待加快

在《规划》提出的"一核五圈四带"网络化空间格局中，与位于长三角南翼沿海发展带的宁波都市圈相比，位于长三角北翼沿海发展带的通泰盐都市圈在规划建设方面相对滞后。从长三角城市群建设空间格局来看，长三角北翼沿海发展带亟须培育一个经济实力强的都市圈，以此促进长三角城市群的沿海发展带形成南北两翼齐飞的发展格局。从发展趋势来看，靠江靠海靠上海的南通，也具备引领通泰盐都市圈跨越发展的潜力，但就目前而言，由于长期以来江苏沿海地区海港建设以及临港产业发展相对滞后等多种因素的影响，通泰盐都市圈还仅仅是学界提出来的一个概念，政府决策层面尚未将其列入规划建设重点。

三 江苏都市圈融入长三角城市群的未来之路

今后一段时期，江苏三大都市圈应以创新、协调、绿色、开放、共享五大发展理念为引领，发挥优势，补齐短板，深度融入长三角城市群国家战略，合力推动长三角城市群建设成面向全球、辐射亚太、引领全国的世界级城市群。重点应做好以下几个方面的工作：

（一）深化苏锡常都市圈与上海同城化

苏锡常都市圈与上海人文相近，同属吴文化圈，经济联系紧密，又同为经济较为发达的区域，应在一体化发展的已有基础上，全面强化与上海的功能对接与互动。要加强顶层设计，推动构建区域协同发展机制，加快破除上海与苏锡常都市圈的行政藩篱，在公共交通、医疗保险、社会保障等方面率先实现同城化。同时，按照"前店后厂"的经济分工格局，协同推动产业转型升级，不断提升长三角城市群核心区的国际竞争力和可持续发展能力，并为区域一体化积累经验、提供示范。

（二）发挥节点城市传导作用

长三角城市群地跨沪苏浙皖，是地域规模较大的经济区域，存在明显的圈层结构。在上海与苏锡常都市圈核心区外，存在宁波、杭州、南京、南通四个向外辐射的节点城市，发挥着向宁波、杭州、宁镇扬、合肥都市圈和沿海发展带南北两翼的传导功能。因此，江苏要大力发挥南京、南通两大节点城市在引领、带动区域经济发展的作用，特别是要发挥南京对合肥都市圈的联动、传导作用，发挥南通在江苏跨江融合、江海联动、陆海统筹战略中的枢纽作用以及在通泰盐都市圈建设中的引领带动作用。

(三) 推动苏通宁港口强强联合

目前从上海航运中心"一体两翼"格局看，南翼宁波—舟山港与北翼江苏沿海港口的发展是失衡的，且短期无法改变，因此应建立苏州港与南通港互联互通机制，打造北翼枢纽港和江海联运服务基地。2015年苏通两港货物吞吐量合计超过7.6亿吨，超过上海港（7.17亿吨），仅次于宁波舟山港（8.89亿吨），集装箱吞吐量合计超过585万标箱，综合实力稳居全国港口前列。苏通南北两港跨江融合，不仅有利于提高港口物流效率，而且有利于江海门户地带形成新的区域增长极。同时，加强苏通港与南京港的合作，放大江苏沿江港口群在长三角港口体系、长江航运体系中应有的作用，初步形成苏通主外、南京主内的港口分工格局，全力打造南京区域性航运物流中心。

(四) 加快城际轨道交通网络建设

城际轨道交通介于铁路和城市轨道交通之间，具有运量大、速度快、安全、准点、环保等特点，是解决长三角城际交通问题、实现同城化的必然选择。目前长三角城市轨道交通主要集中于城市内部，城际间轨道快线较少，只有苏昆沪城际轨道快线进展较快。今后，江苏三大都市圈要加快推进跨省、跨江大型交通基础设施的互联互通，推动长三角城市群交通一体化加快实现。

(五) 协同推进产业转型升级

按照国家《中国制造2025》和《发展服务型制造专项行动指南》的总体要求，紧抓上海建设具有全球影响力的科技创新中心的有利契机，通过共享科技资源，推动江苏三大都市圈制造业高端化、智能化升级，绿色化、服务化转型；以联合共建产业园区为载体，通过产业转移与承接，协同推进上海和江苏三大都市圈优化产业布局；建立南京与上海、合肥、杭州的科技创新联盟，支撑上海全球科创中心建设，共同支撑长三角制造业在颠覆性技术、基础性技术、共享性技术、核心技术方面形成优势，加快培育世界级产业集群。

（六）对接上海自贸区和四个中心建设

呼应上海航运中心建设，整合江苏沿江、沿海港口资源，建设长三角北翼航运、贸易副中心，并借鉴、推广上海自贸区经验，建立国际贸易单一窗口，进一步优化投资、贸易环境，降低贸易的制度成本，提升江苏三大都市圈的国际竞争力。

创新发展篇

长三角城市群扩容后战略升级方向：
一体化、同城化、国际化

程必定[①]

国务院 2016 年 5 月 30 日批准的《长三角城市群发展规划》，把长三角城市群（以下简称"长三角"）的范围由原来的 16 个城市调整扩大到包括苏浙皖的 26 个城市，并且提出，扩容后的长三角要建设具有竞争力的世界级城市群，成为具有活力的资源配置中心、具有全球影响力的创新高地、全球重要的现代航运和先进制造业中心、亚太地区重要的国际门户、全国新一轮改革开放排头兵和美丽中国建设示范区。实现这些战略目标和战略定位，意味着扩容后的长三角必须推进战略升级。战略升级的方向是什么，走什么样的路径，是当前长三角建设需要搞清楚的重大问题。本文认为，长三角战略升级方向是一体化、同城化、国际化，"三化"含义不同，又相互联系、逐一深进；"十三五"期间，长三角各成员城市要通过深化区域合作推进战略升级，在新的形势下，区域合作也要不断拓展，才能加快推进扩容后的长三角向"三化"升级。

一 加快长三角一体化的战略升级

区域一体化是相邻地区为获得最大利益而组合成一个经济社会综合

---

① 安徽省发展战略研究会研究员。

体,在区域间存在差异的客观条件下,经济社会发展联系逐步加深、公共政策逐步趋同的区域发展现象。城市群是一种高级形态的经济社会综合体,任何一个城市群存在和发展的基础,都是区域一体化。长三角的组合最早是 1996 年成立的长三角城市经济协调会,由长三角核心地区的 16 个城市组成,这个协调会一成立,就以推进区域一体化为发展主线,20 年来取得了很大进展。如今,长三角扩容到包括安徽中部、江苏中部、浙江西部的 26 个城市,区域差异凸显了,区域差距扩大了。在这种情况下,为建设具有竞争力的世界级城市群,扩容后长三角的第一个战略升级,就是推进区域一体化的战略升级。

首先,因为长三角拉高了标杆,所以要推进区域一体化的战略升级。扩容后长三角,是要建设具有竞争力的世界级城市群,而区域一体化的发展程度,是城市群竞争力的基础和条件,世界级城市群应该具有全球竞争力,区域一体化也应该达到全球最高水平。尽管长三角已有 20 年的发展历史,围绕区域一体化已进行了 20 年的探索,从国内标准看,区域一体化已达到了很高水平,但用世界级城市群的标准来衡量,长三角的区域一体化还有很大差距。分析区域一体化的发展水平有两个基本视角:一是区域间经济社会发展联系的视角,核心是区域间存在客观差异的条件下,产业分工与协作的发展程度,集中体现为产业发展的趋异性;二是区域间公共政策相关程度的视角,核心是政府对推进区域一体化的态度和行为,集中体现为政府之间公共政策的趋同性。从这两个视角看,世界级城市群内的不同城市之间,大多具有产业发展趋异性和公共政策趋同性的特征,但如今的长三角,却是产业发展的趋同性大于趋异性,而公共政策的趋异性则大于趋同性。针对这两个方面存在的问题,拉高了标杆的长三角,区域一体化的标准提升了,迫切需要推进区域一体化的战略升级。

其次,因为长三角扩大了空间范围,所以要推进区域一体化的战略升级。过去的长三角,空间范围仅仅是长江三角洲核心地区的 16 个城市,这里是我国经济最发达的"第一方阵"地区,也是区域一体化程度最高的地区,如今范围扩大到安徽中部、江苏中部、浙江西部的 26 个城市,特别是安徽中部 8 个城市地融入,虽扩大了长三角的发展空间,有利于长三角建成世界级城市群,但是,由于安徽 8 市当前仍是我国经济的"第二方阵",在国家区域发展总体战略中属于欠发达的中部地区,与"第一方阵"的长三角核心地区有很大的差距,这样,扩容后的长三角区域差异凸显了,区域差距扩大了,尽管安徽8市也很早就积极融入长三角,但与长三角核心地区的区域一体化融合程度还很低,这就在总体上降低了长三角的区域一体化发展水平。鉴于这种情况,即使长三角没有拉高标杆,扩容后的长三角也要推进区域一体化的战略升级,何况拉高了标杆,要把长三角建设成具有竞争力的世界级城市群,推进区域一体化的战略升级也就非常紧迫、非常重要。

最后,因为区域一体化是不断升级的动态发展过程,在技术进步加快和改革开放深化的背景下,长三角的区域一体化必须战略升级。一方面,从产业发展层面看,区域一体化的另一种解释就是产业的分工与协作,产业分工协作的程度决定了区域一体化的实现程度。经典的产业经济学早已认定,产业分工有垂直分工和水平分工两种类型,但是,在技术进步加快的新形势下,又出现了第三种分工类型:虚拟分工,这是一种产业链和价值链深度融合的更高形态的产业分工,将会带动产业一体化的战略升级,重塑产业一体化的新格局,而长三角是我国技术密度最高、技术进步最快的地区,进入信息化、工业4.0和高速交通时代,加上"互联网+"的广泛应用,产业的垂直分工和水平分工正在向虚拟分工延伸,适应这一发展趋势,长三角的区域一体化必须进行战略升级。另一方面,我国改革开放的深化将会进一步扫除区域一体化的发展障碍,而长三角作为全国新一轮改革开放的排头兵和美丽中国建设的示范区,更有条件和能力扫除这些障碍,长三角改革开放深化不仅从产业分工方面推进产业一体化的深化,还会将区域一体化向社会、文化等其他领域延伸,政府之间会逐步形成趋同性的区域公共政策,长三角就会成为具有活力的资源配置中心和具有全球影响力的创新高地。因此,建设具有竞争力的世界级城市群,扩容后的长三角必须有能力推进区域一体化的战略升级。

二 推进长三角同城化的战略升级

同城化概念在世界上是由中国在改革开放的发展中首先提出来的,其含义是,在高速公路、高速铁路和城际轨道交通快速发展的条件下,相邻城市间的通达性空前提高,普遍出现了同城效应,人们的通勤空间也由一个城市扩大到相邻城市,居民在不同城市间的工作和生活,如处在同一个城市那样很便捷;企业在不同城市间的要素配置和分工合作,如处在同一个城市那样有效率。在一个城市群,居民在不同城市间工作和生活愈具便捷性,企业在不同城市间要素配置和分工合作愈具效率性,这个城市群就愈具竞争力。可以说,城市群的同城化程度,是城市群提升竞争力的基础和条件,世界级城市群应该具有全球竞争力,同城化也应该达到全球最高水平。长三角的同城化也在形成,扩容前的长三角同城化程度相对较高,但扩容后,长三角的同城化程度在总体上明显降低了。针对这种情况,为建设具有竞争力的世界级城市群,扩容后长三角的第二个战略升级,应是推进同城化的战略升级。

根据同城化的内涵和长三角战略升级的需要,长三角同城化的战略升级应突出两个重点:一是基础设施同城化,二是社会管理同步化,前者是长三角同城化战略升级的必要条件,后者是长三角同城化战略升级的充分条件。

在基础设施同城化方面,长三角早在扩容之前,各相邻城市在航空、公路、铁路、水运、通信等重大基础设施建设方面都不同程度地实现了合理对接,核心城市、副中心城市和区域性中心城市都形成了"1小时通勤圈",相邻城市间的同城效应也逐渐增强。下一步,长三角在基础设施同城化方面的战略升级应突出两个重点:一是加快构建以轨道交通为主的综合交通运输网络,二是构建泛在普惠的信息网络。在综合交通运输网络建设方面,应树立交通设施先进化、交通布局网络化、交通建设人性化的理念,畅通主动脉,完善内循环,丰富毛细管,在城市群全域范围内,突出核心城市—副中心城市—次区域中心城市—中小城市—小城镇之间的城际交通网络建设,提高核心城市和中心城市对区域综合交通运输的辐射力,尽快实现对5万人口以上城镇的全覆盖;在南京都市圈、杭州都市圈、合肥都市圈、苏锡常都市圈和宁波都市圈内,突出都市圈立体化、绿色化的交通网络建设,畅通对外交通运输通道,提高运输服务能力和水平,进一步推进交通服务同城化。在泛在普惠的信息网络建设方面,应以建设智慧城市群为目标,推进信息资源的互联互通、高效利用、资源共享,形成以核心城市—副中心城市—次区域中心城市为中心,连通城市群各城市信息网络互联互通的数字化、宽带化、综合化的信息基础设施网络,实现高速网络到行政村的全覆盖，为推进长三角同城化的战略升级提供泛在、高效、优质、普惠的信息网络支撑。

与基础设施同城化建设相比，社会管理同步化建设方面依然是长三角不容忽视的"短板"。1996年以来，扩容前的长三角各成员城市在科技、教育、就业、医疗卫生、社会保障、环境保护等方面积极开展合作共建，推进了城市群市场一体化建设和资本、技术、劳动力等要素的同城化流动，某些领域在一定程度上实现了社会管理的同步化建设。长三角扩容后，一方面，应将那些实施有效、相对成熟的社会管理同步化经验向城市群全域复制、推广；另一方面，为推进同城化的战略升级，还应开拓社会管理同步化建设领域，提升社会管理同步化建设水平。如为扩大居民工作和生活同城化范围，应以基本公共服务均等化为重点，积极探索城市群社会保障一体化，如针对长三角老龄化程度比较高的情况，应运用信息化手段提高养老保险待遇资格协助认证效率，为异地居住老人享受较高养老保险待遇提供便利。又如为提升企业在城市间分工合作的同城化水平，应以推进城市群要素市场一体化为重点，积极探索建设长三角产权交易共同市场、一体化金融市场、互联互通劳务市场、多层次的技术市场等，提升企业，特别是大型企业要素配置的同城化效益。此外，还应加强生态环境保护与修复的紧密性合作，加大区域大气污染联防联控、建立和完善地区间横向生态保护补偿机制等，为推进长三角同城化的战略升级提供良好的社会管理条件。

三 提升长三角国际化的战略升级

城市群的国际化是在城市国际化的基础上形成的。城市国际化是指城市在人口、资本、商品、技术、信息乃至文化诸要素跨国界的相互往来与交流活动不断增加，城市的吸引力、辐射力、影响力不断向国外扩展的过程。就中外城市国际化的演变经验看，城市国际化大体包括四个方面：一是贸易国际化，具有较高的外贸依存度，对国际市场有一定的控制力和较强抗风险能力；二是产业国际化，有一部分产业已深度融入世界产业体系，一些企业的技术、标准、品牌已占据世界产业高地；三是经济成分国际化，国际资本在本地投资中占有一定的比例，境外投资收益占国民收入的比例已达到较高水平;四是区域经济管理体制国际化,按国际规则行事,对外开放程度高。对照上述四个方面的国际化要求,长三角城市之间的国际化程度差距很大,核心城市上海虽然国际化程度最高,但按照全球顶级城市标准来衡量,也有很大差距,其他等级的城市,特别是与上海较远的安徽8市的国际化程度则更低。针对这种情况,为建设具有竞争力的世界级城市群,扩容后长三角的第三个战略升级,应是推进国际化的战略升级。

根据城市群国际化的发展趋向和长三角的基础条件,推进长三角国际化的战略升级,应突出四个重点:

第一,着力培育一批本土化、有竞争力的经营国际化公司,形成一支浩浩荡荡的国际化经营大军。支持优势企业"走出去",通过直接投资、参股收购等方式跨国界扩张发展,深度融入世界经济体系。特别要利用亚洲基础设施开发机遇,向"一带一路"发展中国家和地区探索投资机会,开辟产能输出、技术输出的国际化经营,打造"国际资本、新兴市场、中国制造、长三角品牌"新格局。以优势产业集群的核心企业为重点,培育一批总部植根长三角的资本输出型跨国公司。

第二,推进开发区向国际化转型升级,打造成为长三角经济国际化的"航空母舰"。长三角的各类省级以上开发区特别是国家级开发区较多,这些开发区产业基础好、技术能力强,对区域经济的带动力量大,要按照产业国际化、贸易国际化、经济成分国际化、经济管理体制国际化的要求,努力推进各类开发区向国际化转型升级,把每个开发区特别是国家级开发区都打造成为长三角经济国际化的"航空母舰",充分发挥这些开发区的辐射和带动作用,推进长三角经济国际化的战略升级。

第三,高标准建设各类对外开放平台,加快营造国际化的商事环境。长三角对外开放平台的数量较多,但却存在着功能弱、分布散、作用发挥不够等问题,应以提升城市群国际化水平为主线,从功能、政策、管理三个方面入手,高标准建设各类对外开放平台,特别是要加快各类海关特殊监管区向保税区的转型升级,加快中国(上海)自由贸易区经验的复制、推广步伐,帮助更多企业更好地参与国际市场竞争。积极探索实行准入前国民待遇加负面清单管理模式,加快营造国际化的商事环境,在对外贸易和引进外资、外技等方面实现更高水平的方法化、国际化、便利化,不断完善国际化的服务体系建设，提高国际化的服务水平。

第四，探索建设一批国际化社区。随着海外资本、技术人员的大量入境和移民的涌入，长三角的核心城市、副中心城市、次区域中心城市乃至一些中小城市，有必要建设一批适应他们居住的国际化社区。这些国际化社区作为来自不同国家、不同文化背景人们的社会生活共同体，应该按国际标准建设和管理，有中西交汇的建筑形态，有完备的公共服务设施，有融合亲和的社区文化。以这些国际化社区为平台，吸引更多的海外资本、技术人员的进入，提升长三角的国际化水平。

四 开拓区域合作思路推进长三角的战略升级

长三角向一体化、同城化、国际化的战略升级，是"十三五"期间乃至一个较长时期的一项战略性工程。必须树立创新、协调、绿色、开放、共享五大发展理念，城市群各成员城市应加强联合，以共建共享为原则，以区域合作为路径，构建有活力的区域合作机制，推进长三角的战略升级。

自1996年长三角组合以来，各成员城市走的就是区域合作之路，构建了具有自身特色的合作协调机制，合作共建效果明显，但也存在着合作面不够广、合作度不够深、合作机制不够完善等缺陷。为推进长三角向具有竞争力世界级城市群的战略升级，区域合作也必须开拓思路、走向升级。总结长三角过去20年合作共建的实践经验，在"十三五"期间，应从以下六个方面开拓区域合作思路，推进区域合作升级：

一是在合作领域上，推进由经济合作为主向全面合作的拓展。在前20年，长三角的区域合作是以经济合作为主，如今不同了，因为要建设具有竞争力的世界级城市群，并且要成为具有活力的资源配置中心、具有全球影响力的创新高地、全球重要的现代航运和先进制造业中心、亚太地区重要的国际门户、全国新一轮改革开放排头兵和美丽中国建设示范区，区域合作也应向全面合作拓展，包括拓展在科技、教育、文化、卫生、公共服务、生态环境、社会发展等方面的区域合作。

二是在合作运作上，推进由事务性合作向制度性安排的对接。区域合作是一个不断发展的过程，需要在实践中探索、丰富和深化，在过去的

20年，长三角的区域合作处于探索阶段，大多只是事务性的合作，很多合作事项只是就事论事，还没有上升到制度性安排下的区域合作，尽管有广度，但缺乏深度，限制了合作效果的最大化。如今，长三角的区域合作已进入成熟期，而成熟的区域合作，应该抛弃就事论事，努力构建制度性安排下的区域合作体制。在近期，关键是推进由事务性合作向制度性安排的对接，转变合作运作方式，平稳地拓展区域合作深度。

三是在合作空间上，推进由局部性统筹向整体性谋划的深扩。1996年以来，长三角的区域合作是以经济合作为主，在空间上只能是局部性的统筹，难免会有局限性，如今，扩容后的长三角区域合作由经济合作为主向全面合作拓展，而全面合作不仅是内容上的增加，还应有空间上的拓展，尤其是要带动边远地区也融入城市群的一体化格局，区域合作就更要向整体性谋划深扩，推进城市群全域迈向一体化的战略升级。

四是在合作主体上，推进由政府间的单一合作向政府、企业、社会组织多元合作的联动。政府、企业和社会组织是区域合作的三大主体，政府是区域合作的行政主体和发动者、组织者，为区域合作中搭建各种平台；企业是区域合作的市场主体，是区域合作项目的呼应者、投资者和建设者，决定着区域合作的成败；社会组织包括的行业协会、商会等中介组织则是介之于政府与企业之间的第二合作平台，在区域合作中具有政府与企业不可替代的作用。长三角过去20年的区域合作，政府的主体作用最为突出，企业次之，社会组织的作用发挥不够，形成政府间单一合作的局面。如今，这种情况应尽快加以改进，积极构建政府、企业、社会组织多元合作的联动格局。

五是在合作动力上，推进由行政推动为主向市场机制引导为主的转换。在过去的20年，由于政府在区域合作的主体作用最为突出，市场机制的作用不够凸显，客观上形成了行政推动为主的合作动力，很难适应新常态下区域合作的深度发展。如今要建设具有竞争力的世界级城市群，区域合作应加强市场机制的培育，特别是随着政府、企业、社会组织多元合作主体联动合作格局的形成，会显著推进合作动力的转换，形成以市场机制引导为主的更具活力的区域合作机制。

六是在合作成果上，推进由合作互惠向联动共享的延伸。合作者得到互惠，这是正确的，但还是不够的，因为长三角区域合作的目的是推进向一体化、同城化、国际化的战略升级，这样，"水涨船高"，长三角发展了，全体居民的福祉可以得到提高，区域合作成果就不仅仅是合作者们分享，而是城市群全体居民的共享，这也是贯彻党的十八届五中全会提出的共享发展理念的要求，体现中国特色社会主义的本质特征。因此，作为推进长三角一体化、同城化、国际化战略升级路径的区域合作，也应该体现共享发展理论，在合作成果上推进由合作互惠向联动共享的延伸，使所有参与一体化、同城化、国际化战略升级的个人与单位，都能分享区域合作和战略升级的成果。而要落实区域合作成果的联动共享，城市群各成员城市党委和政府还有大量的工作要做。

可以预见，在"十三五"乃至今后一个较长的时期内，长三角通过上述六个方面开拓区域合作思路，可以显著提高区域合作效果，全面推进城市群向一体化、同城化、国际化的战略升级，逐步形成一体化程度较高的空间结构，同城化程度较高的城镇体系，国际化程度较高的中心城市，公共服务均等化程度较高的城乡一体化发展新格局，成为具有竞争力的世界级城市群，也会有强大的经济、科技实力带动全国的发展。

参考文献

[1] 国务院：《国务院关于依托黄金水道推动长江经济带发展的指导意见》（国发〔2014〕39号），中华人民共和国中央人民政府网，http://www.gov.cn/zhengce/content/2014-09/25/content_9092.htm，2016-05-30。

[2] 国家发展改革委、住房城乡建设部：《关于印发长江三角洲城市群发展规划的通知》（发改规划〔2016〕1176号），中华人民共和国国家发展和改革委员会办公厅，http://bgt.ndrc.gov.cn/zcfb/201606/t20160603_806400.html，2016-05-30。

[3] 程必定：《从区域视角重思城市化》，经济科学出版社2011年版。

长三角城市群率先实现全面小康关键路径：适应新常态，补齐旧短板

章寿荣　王树华　杜宇玮　孟　静[①]

"到2020年全面建成小康社会"是党的十八大确定的奋斗目标。长三角作为世界第六大都市圈，是我国经济发展的主引擎、经济社会协调发展的示范区和参与国际竞争的前沿区，肩负着率先全面建成小康社会的重要使命。"十三五"时期，在全面建成小康社会的决胜阶段，长三角应充分借鉴国内外全面小康社会建设和现代化理论与实践经验，在评估长三角全面建成小康社会进程的基础上客观认识长三角小康社会建设的现状与短板，以"十三五"规划为引领，提出长三角率先实现全面小康的关键路径与对策建议。

一　"十三五"规划决胜全面小康战略背景下的长三角

（一）全面小康和现代化建设经验对长三角的启示

1. 全面小康是中国特色现代化的阶段性目标

习近平总书记《在庆祝中国共产党成立95周年大会上的讲话》指出，

[①] 章寿荣，江苏省社会科学院科研组织处研究员；王树华，江苏省社会科学院区域现代化研究院副研究员；杜宇玮，江苏省社会科学院区域现代化研究院副研究员；孟静，江苏省社会科学院区域现代化研究院助理研究员。

"历史总是要前进的","只有与历史同步伐、与时代共命运的人,才能赢得光明的未来"。小康理论经历了"总体小康"到"全面建设小康社会"再到"全面建成小康社会"三个发展阶段,为实现中国梦提供了明确的历史方位和清晰的路线图。从理论发展来看,全面建成小康社会是"两个一百年"奋斗目标的第一步,全面建成小康社会将为如期实现中国现代化奠定坚实基础。"十三五"时期是承前启后的关键阶段,承前就是全面建成小康社会,启后就是开启现代化建设新征程,长三角作为我国经济社会发展的先导区,要主动对接现代化建设新征程,站在为基本实现现代化奠定基础的高度反观和审视全面建成小康社会实践,要有更宽广的视野、更宏大的战略,实现经济模式、生产方式乃至文明形态的根本性飞跃。

(1) 邓小平用"小康"描述中国现代化的特质

"小康社会"是邓小平同志规划中国经济社会发展蓝图时提出的重大战略构想。1979年12月6日,邓小平同志会见日本首相大平正芳时提出:"我们实现四个现代化,首先是中国式的四个现代化。我们的四个现代化的概念,不是像你们那样的现代化的概念,而是'小康之家'。"[①] 邓小平的小康思想是立足我国社会主义初级阶段基本国情的实事求是的考量,小康社会就是中国式的现代化。从这个角度看,我们不能把全面小康与现代化割裂开来。1987年10月,党的十三大提出"三步走"战略,正式把"人民生活达到小康水平"上升为国家战略,列为"三步走"战略的第二步目标,即到2000年人均GDP达到800多美元。

(2)"全面建设小康"理论与时俱进的发展

在实践基础上,我们党不断丰富社会主义现代化总目标和阶段性目标的内涵。2000年10月,在总体达小康的基础上,为解决发展不协调、不平衡的问题,党的十五届五中全会提出"全面建设小康社会"。2002年11月,党的十六大报告对"全面建设小康社会"作了系统论述,全面小康就是"惠及十几亿人口的更高水平的小康社会","经济更加发展、民主更加健全、科教更加进步、文化更加繁荣、社会更加和谐、人民生活更加殷实",它涵盖了中国特色社会主义经济、政治和文化的全面发展,使小康社会的标准更加明晰。2007年10月,党的十七大报告阐述了全面建

---

① 《邓小平文选》(第2卷),北京:人民出版社1994年版,第237页。

设小康社会的新要求：一是，增加了"生态建设"，形成"五大建设"，建设生态文明上升为国家战略；二是，从"六个更加"到"五个成为"，目标越来越明确。

（3）"全面建成小康社会"是党对人民的承诺

2012年11月，党的十八大在总结改革开放30多年经验的基础上，提出"确保到2020年实现全面建成小康社会宏伟目标"，"实现国内生产总值和城乡居民人均收入比2010年翻一番"，第一次提出"全面建成小康社会"概念。全面建成小康社会不仅意味着人均GDP超过3000美元，而且是包含社会、法治、生态、文化诸要素在内的综合性概念。它集中力量于"建成"，使邓小平建设小康社会思想落在实处，使"中国式的现代化"进程趋于现实。2014年12月，习近平总书记在江苏省调研时确定了全面建成小康对"四个全面"的引领和统率作用，提出"协调推进全面建成小康社会、全面深化改革、全面推进依法治国、全面从严治党"，其中的"全面建成小康社会"对另外三个全面起着统帅和引领作用。

2. 现代化是以人的现代化为核心的整体性概念

（1）现代化理论的形成与重建

全面建成小康社会体现了中国现代化的核心内涵。现代化理论产生于20世纪50年代后期的西方，迪尔凯姆提出的"传统社会"与"现代社会"是现代化理论最基本的概念，韦伯对现代社会的分析、对现代化动因的结论是现代化理论的基本内容。70年代中期以来，现代化理论经历了重建，重建后的现代化理论认为：无论传统性还是现代性都包含合乎现代化发展的要素，许多传统因素可以在现代化过程中发挥积极作用；不同国家存在着多种多样的现代化发展路向和模式；不再忽视外部环境的作用，期望从内、外因素的相互作用中考察现代化过程；不再把现代化简单描述成适应能力升级的过程，试图把各种压制、不平等和冲突现象纳入分析的范围。

（2）现代化的内涵

"现代化"一般指以技术革命、工业化为动力，推动人类社会由传统的农业社会或发展中社会，向现代工业社会乃至发达的现代工业社会发展转变的历史过程。瑞典经济学家缪尔达尔将现代化的特征概括为四个方面："理性"，即人的活动及经济战略合乎逻辑、现实可行，科学技术、生产方法同现代化的思维和活动方式相适应；"计划化"，即对经济计划的调节、经济政策或战略体系的制定，按照严密的计划和步骤进行；"平等化"，包括财富和收入分配的平等，也包括生活水平、机会、政治地位、社会形象等方面的平等；"社会制度的改善"，包括土地租赁权制、社会和经济的垄断制、教育和宗教结构、政府的管理和计划系统等的有益变化；人们态度的转变，可以用"现代人"概念来体现。

（3）现代化的主要内容

中国特色社会主义道路是我国实现社会主义现代化的必由之路。现代化是一个整体性概念，包含经济、科技、社会、政治、文化、组织与管理制度、人的现代化等多层次、多方面内容。第一，科技现代化，即简单的传统知识与技术为不断更新的现代科学知识和技术的应用所代替。第二，经济现代化，产业结构在完成了由农业为主体向工业为主体的转变后，进一步向服务业为主体升级；在此基础上，劳动分工更加细致、管理方法更加合理、技术不断改进。第三，社会和文化现代化，国民的文化水平提高，城市化程度提高，生活方式和社会组织随着工业化而发生相应的变化。第四，政治现代化，指民众能以多种方式参与政治生活，各阶级、各阶层之间的社会流动加强。第五，人的现代化，即人的价值观念、思维方式、审美趣味、道德情操、宗教情绪、民族性格和生活方式等向现代的文化心理状态的过渡，在我国更是指"人民是历史的创造者，是真正的英雄"。

3. 全面建成小康社会与现代化建设的经验

（1）全面、协调促发展的全国经验

为确保2020年全面建成小康社会，主要进行了以下探索：第一，转变经济发展方式，实施创新驱动战略，形成以现代服务业为主体、战略性新兴产业为引领、先进制造业为支撑的新型产业体系。第二，确保全面发展，加强民主制度建设和依法行政，提升文化软实力，确保基本公共服务均等化和社会保障全覆盖，建设资源节约型、环境友好型社会。第三，推进共享发展，将"老少穷农"等难点地区和人群作为全面建成小康社会的重点，进一步加大支持经济薄弱县区发展的力度，加大精准扶贫政策力度。第四，盯住排尾指标，跟踪波动指标，保民生实现居民人均可支配收入翻番，密切观察已经达标但人民群众期望值在不断提升且容易出现波动的指标。国家统计局《中国全面建设小康社会进程统计监测报告（2011）》显示，2010年我国小康指数达80.1%，较2000年增加了 20.5%。

(2) 四个优先的江苏省经验

全面建设小康社会过程中，江苏省始终坚持以科学发展观统领经济社会发展，走率先发展、科学发展、和谐发展的道路。第一，富民优先，大力弘扬"创业、创新、创优"的新时期江苏人精神，把发展民营经济作为富民最直接有效的途径，高度重视兼顾各方利益，安排好困难群众的生产生活，完善"五道保障"体系。第二，科教优先，把经济社会发展转到主要依靠科技进步和提高劳动者素质轨道上来，确保科技、教育的优先发展，发挥科教的先导性作用。第三，环保优先，将生态建设、环境保护与经济发展、生活水平、社会发展一同纳入全面小康指标体系，并把环境质量综合指数列为核心指标。第四，节约优先，始终把节能减排作为生态文明建设的第一任务，坚持源头控制、科技支撑、严格监管"三管齐下"。2012年，江苏省有10个省辖市、49个县（市、区）达到省定全面小康标准，达标比例均接近八成。

(3) 全面转型升级的浙江省经验

浙江省作为全面小康建设先试先行的省份，转型发展取得了重大突破。第一，推动经济转型：全民创业、全面创新是全面建成小康社会的动力源；新型工业化与新型城市化是全面建成小康社会的关键环节；民营经济、县域经济、中小企业、专业市场是浙江省的先发优势；发展战略性新兴产业、现代服务业、现代农业，改造传统产业，"山上浙江省""海上浙江省"成为新增长点。第二，推动社会转型：浙江省的社会治理创新长期走在全国前列，率先推进省域治理体系和治理能力现代化，"三治合一"即法治、德治、自治合一是社会治理创新的主方向，呈现出市场体系发育、政府治理创新、社会组织成长良性互动的格局。第三，推动人地关系转型，促进绿色发展与可持续发展：实施"五水共治"、"两美"浙江省政策，进行生态补偿，包括政府的直接财政补偿和在经济发达市给生态保护市招商。第四，推动先富带后富向共同富裕转型：经过精准施策，以全国绝对贫困线两倍的标准让21万户低收入农户全面脱贫；走城乡一体化道路，解决二元经济结构问题，农民的财产性收入大大增加，城乡服务更均等。2015年，浙江省人均GDP超过12000美元，全面小康社会实现程度为97.2%。

(4) 国外不同发展阶段国家的现代化经验

从现代化的动因看，大体可分为三类。一是内源型，以英美法为代表，由社会自身力量引起内在变革，自下而上的推进，表现出渐进、缓慢、稳步、和谐的特征，大体经历了思想启蒙、政治变革、经济飞跃这样的发展次序。二是后发型，以日韩等为代表，由国际外部冲击引起内部的思想和政治变革推动经济变革，由国家政权自上而下或上下结合的强力推进，表现出急剧变迁、突进的特征，可实行跨越战略。三是新发型，指正在向现代化迈进国家的发展模式，从国情出发发挥优势，探索不同的发展道路和模式。

各种现代化发展类型的共同经验有：第一，经济现代化，高度重视科技发展的先导作用，用于科研的资金一般占GDP的3%左右，建立成熟的市场经济体系，确保生产要素自由流动和交易方式的现代化，宏观经济管理得宜，利用财政、金融、产业政策和经济立法等手段及经济杠杆进行调节。第二，优先发展教育，保障充足的教育经费，采取各种有效措施促进教育公平。第三，注重生态文明建设，完善生态环境法律法规体系，综合使用包括环境税、排污收费、生态补偿、排污权交易等环境政策。第四，重视文化建设，国家用政策法规主导文化发展战略，调动社会公众积极参与文化建设。

（二）"十三五"规划关于全面建成小康社会的指导思想

长三角作为世界第六大都市圈，是我国经济发展的主引擎、经济社会协调发展的示范区和参与国际竞争的前沿区，肩负着率先全面建成小康社会、提前开启现代化新征程的重要使命。根据国家"十三五"规划纲要和《长江三角洲城市群发展规划》，长三角将围绕引领经济新常态，贯彻新发展理念，落实国家宏观政策要稳、产业政策要准、微观政策要活、改革政策要实、社会政策要托底的五大政策支柱，着力推进结构性改革特别是供给侧结构性改革，发展新经济、开拓新市场、投资新领域、培育新动能，努力实现更高质量、更有效率、更加公平、更可持续的发展。为顺利实现率先全面建成小康社会的战略目标，更好地发挥长三角对全国经济社会发展的引领和带动作用，长三角全面建成小康社会必须着力完成如下重要任务：（1）加快实现创新驱动发展，打造具有国际影响力的创新高地；

(2）加快推动产业升级，扩大新兴产业和现代服务业发展规模，打造全球先进制造业基地；（3）加快建立全方位开放型经济体系，更高层次参与国际合作与竞争；（4）在公共服务均等化、社会文明程度提高、生态环境质量改善等方面走在前列；（5）坚持生态优先、绿色发展的战略定位，把修复长江生态环境放在首要位置，推动长江上中下游协同发展、东中西部互动合作，把长三角建设成为我国生态文明建设的先行示范区。

1. "四个全面"战略是全面建成小康社会的行动指南

"十三五"规划提出，"坚持全面建成小康社会、全面深化改革、全面依法治国、全面从严治党的战略布局"，是实现"两个一百年"奋斗目标和中国梦的理论指导和实践指南。其中，全面建成小康社会是"四个全面"战略的战略目标和统率。全面建成小康社会的核心在"全面"，难点也在"全面"。它的涵盖内容更全面，要使经济、政治、文化、社会、生态各领域都有长足发展，最终目标是把我国建设成为富强、民主、文明、和谐、美丽的现代化强国；它的覆盖人群更加全面，要使人人都能公平地享受到发展的成果。

（1）全面建成小康社会，首先要求全面深化改革。改革开放以来，长三角经济社会建设取得一系列令世人瞩目的成绩，但不平衡、不协调、不可持续的问题依然存在，制约发展的深层次体制机制障碍依然存在，这些都有待于全面深化改革来破解。需要健全市场在资源配置中起决定性作用和更好发挥政府作用的制度体系，完善各方面体制机制，在创新变革中获取发展的动力。（2）全面依法治国是实现小康社会的手段和现实路径，是全面深化改革的现实需要，全面推进依法治国需要深化改革来保障。要确保改革沿着法制轨道有序推进，加快建设法治经济和法治社会，把经济社会发展纳入法制轨道。（3）全面建成小康社会、实现现代化和中华民族的伟大复兴，只有中国共产党能够担当这一重任。必须全面从严治党、依规治党，以党的先进性、纯洁性增强党的凝聚力和战斗力，巩固党的执政基础和群众基础，把党锻造成为中国特色社会主义事业的坚强领导核心。

2. "五大发展"理念是全面建成小康社会的必然要求

"五大发展"理念实现了我国现代化理论的新突破，系统地回答了发展目标和怎样发展这一时代性课题，不仅在"十三五"期间，在全面建成小康社会后仍将发挥指导作用。

（1）以创新为引擎，使创新成为长三角发展最鲜明的特征和最强劲的动力。长三角的发展进入了一个新的历史阶段，站在了一个以前没有过的高度，在很多方面没有创新就无法前行，"十三五"规划强调"创新是引领发展的第一动力"。推动创新，关键是营造良好的创新环境，强化知识产权保护、搭建开放的创新平台、形成有效激励、营造万众创新的社会氛围，激发各类创新主体的活力；同时还要发挥好政府的作用，特别是政府统筹创新资源、推动创新主体合作的作用，形成创新合力。（2）协调发展注重解决发展不平衡问题，突出表现在区域、城乡、经济和社会、物质文明和精神文明、经济建设和国防建设的融合发展，正确处理发展中的重大关系，不断增强发展的整体性、均衡性。（3）生态环境是长三角未来发展的硬约束，坚持绿色发展，要在生态环境治理这一末端着力；更要从生产、流通、消费这一社会再生产全过程的视角，促进产业结构的升级，倡导绿色生活方式，从源头上减少污染的排放；同时要推动以生态环境约束为前提的"逆规划"，确保生态空间连续性。（4）坚持开放发展，就是要更加主动融入国家全方位对外开放总布局，坚持内外需协调、进出口平衡，引资和引技、引智并举，发挥产业集聚和外向配套型本土企业的发展的优势，吸引跨国公司价值链较高端环节进入，发展更高层次的开放型经济。（5）共享体现了社会主义的本质要求，也体现了马克思主义关于人的自由全面发展的价值追求。在收入差距矛盾日益凸显的背景下，必须把促进公平摆到重要的议事日程，没有公平的效率是难以维系的效率。坚持共享发展，即同时推动"人人参与""人人享有"，发展为了人民、发展依靠人民、发展成果由人民共享。

3. 坚持问题导向，着重补其短板

长三角全面建成小康社会、开启现代化建设新征程，需要立足区域内外的现实基础和实践需要，"坚持问题导向，坚持以我们正在做的事情为中心"，要比对全面建成小康社会指标体系和目标值自查，在补齐短板上多用力。

第一，从发展内容的全面性看，长三角各领域发展不平衡的现象依然突出，社会、文化、生态等领域存在不少"短板"。"择校风"、医患关系紧张折射出教育、医疗等社会资源供给领域的短板；文化快餐消费的快速增长，折射出文化精品的严重匮乏；资源环境负荷已经接近或达到承载力上限，迅速的工业化和城市化使长三角可用于开发的新增空间越来越少，近年来发生的蓝藻等水环境事件、严重雾霾事件、垃圾跨省填埋事件表明，环境污染已严重影响居民身心健康。

第二，从发展的惠及面看，也在相当程度上存在成果分享不公平的问题。主要是：广大农村居民所享受的发展成果与城市居民存在明显差距；城镇低收入阶层所享受的发展成果与高收入阶层存在显著差距；江苏省苏南、苏北、苏中，浙江省浙东南、浙西北，安徽省皖南、皖北的区域发展水平依然存在较大差距；广大外来人口及其子女依然无法享受平等的市民待遇，以家庭为单位的市民化程度不够。

第三，寻找长三角发展的短板，既要对照全面小康目标值进行静态考察，又要立足国内外发展环境和长三角发展趋势进行动态分析，寻求未来发展的不稳定因素和可能出现的问题。长三角发展受到国际市场的外部需求约束明显增强，在各国竞争日渐激烈的同时，全球化进程却出现了波折，发展将面临更强烈的外部竞争；"未富先老"，支撑制造业发展的劳动力成本优势已经丧失，必须将产业从全球价值链的中低端移向中高端；经济活动"未实先虚"，实体经济受制于金融而收缩的问题突出，企业效益下滑。所有这些都可能影响长三角经济未来的增速。

（三）长三角决胜全面小康、开启现代化新征程的总体思路

思路决定出路。长三角率先全面建成小康社会，应立足经济发展新常态的新形势和长三角经济社会发展的现实基础，围绕优化发展和长治久安两大目标，综合考虑生产和消费，实现由工具理性向价值理性的超越、由工业文明向知识文明的跨越。

1. 战略目标

促进区域科学、和谐、持续、健康发展，建设经济繁荣发达、人民富裕安康、社会文明程度高、社会保障全覆盖、环境优美宜居、阶层关系和谐、区域协调发展、城市功能完善、富有活力特色的城市群。

实现"三个领先"，即城市化水平、居民收入水平、社会保障水平三项指标在全国处于领先行列。实现"四个提升"，即产业结构升级，经济运行质量和效益提升，自主创新能力提升，区域一体化程度提升。实现

"六个更加",即发展环境和人居环境更加优化,人民生活更加宽裕,城市功能更加完善,民主更加健全,阶层关系更加和谐,社会发展更加繁荣。

2. 主要任务

长三角经济发展新常态下,速度变化、结构优化和动能转换三大特点更趋明显,要充分释放改革红利、科技红利、开放红利。为此必须:

第一,稳增长,确保经济运行在合理区间。要善于创新宏观调控思路和方式,以经济体制改革为开路先锋,充分发挥市场在配置资源中的决定性作用,进一步激发企业和社会活力,大力培育经济发展的内生动力,更好地改善民生。

第二,促转型。以供给侧结构性改革为主线,着力提高发展质量和效益,通过适度扩大投资补足基础设施、公共服务等短板,用改革的办法推进结构调整;实施创新驱动发展战略,对接"中国制造2025"战略,加快智能制造、先进制造业发展,提升服务业能级,促进移动互联网、物联网、云计算、大数据等产业发展;充分激发民间资本和微观主体的活力,重点激发经济的内在活力和持久动力。

第三,加强政治建设和制度建设,将政府自身的改革作为下一个改革重点。政府要把工作重点转向提供公共服务和加强社会治理上,加快建设法治政府、创新政府、廉洁政府和服务型政府,增强政府执行力和公信力,促进国家治理体系和治理能力现代化。

第四,提升三种素质,实现人的全面小康。提升思想道德素质,坚持依法治国与以德治国相结合,深入实施公民道德建设工程;提升科学文化素质,让人民享有健康丰富的精神文化生活,促进教育公平发展和质量提升;培育公共精神,增强居民参政、议政的能力。

第五,补短板。补齐短板领域,提升基本公共服务水平、法治和平安建设水平,提升环境质量;补齐短板地区,加快经济薄弱县区的发展,推动优质教育、医疗、文化等资源向相对落后地区、向郊区、向农村辐射延伸。

3. 发展思路

(1) 以人的现代化为核心,让人民共享发展成果

人的全面发展是全面建成小康社会的基础工程和最高目标,知识经济

时代人作为知识载体对推动区域的作用更为重要,长三角的发展必须以营造适宜居民生活、发展的家园为目的。第一,发展依靠人民。要尊重人的主体地位,调动人民的积极性、主动性、创造性,培育有远见卓识的领导人、务实肯干的居民,鼓励企业家精神,确保民众在政策制定中的主体地位及在政策执行中的监督地位。第二,发展为了人民。人的需求是多方面的,发展要全面提升居民的物质、经济、社会和精神生活质量,发展的理想结果是广大居民利益的更多满足,必须在个人利益追求的基础上,通过利益协调与平衡实现整体的社会利益。第三,实现人的现代化。即文化和生活方式、价值观念等的现代化,国民意识的自主性、科学性不断增强,要重视区域社会系统、人际关系系统和文脉特征的保存,创造积极、友善的社会活动空间。

(2) 以经济转型为中心,适应和引领经济发展新常态

必须坚持以经济建设为中心,全面把握新常态下经济发展呈现的速度变化、结构优化、动力转换三大特点,加大结构性改革力度,加快转变经济发展方式,实现更高质量、更有效率、更加公平、更可持续的发展。第一,坚持创新发展,加快构建具有国际影响力的创新中心,建立一些信息科技制造业基地,进一步推进特色小镇建设,为居民提供创业和创意条件,实现向"智力经济"的转变。第二,战略性新兴产业是世界经济新的制高点,是加快转变经济发展方式的重中之重,长三角具备产业集群的协同优势,制造业实力雄厚,全面建成小康社会,必须大力发展战略性新兴产业。第三,以创意产业发展重塑活力,创意城市是拥有脱离大生产体系的灵活而富于创造性的"自由修正型"城市经济体系的城市,重要的是能够在各个领域创造性地解决问题并不断引发连锁反应从而导致原有体系改变的流动性。

(3) 确保社会事业发展惠及全民,引领全国文化建设

长三角需要在和人民群众生活密切相关的就业、住房、教育、保障等问题方面投入更多的精力,在继续增加收入和增进福利的同时,满足人民群众对生活质量和幸福感受的追求。第一,搞好社会保障,设定多元化保障目标,扩大保障范围和覆盖面,丰富社会保障结构和资金筹集方式,动态设计社会保障标准推进。第二,实现基本公共服务均等化,最大限度地使有劳动能力的人能够实现就业,实现教育公平,积极推进城乡一体化的

基本医疗保险制度和最低生活保障标准,逐步将流动人口及其随迁子女纳入城乡居民社会保障体系。第三,全面推进文化发展理念、体制、手段的改革创新,积极探索有利于解放和发展文化生产力的新举措、新办法和新载体、新途径,加快文化机制、内容、业态、形式等各方面的创新步伐。

(4) 加强制度建设,创新社会治理模式

推动法治、德治、自治三治合一:法治强调法律强制力,德治以道德为社会规范,自治着重群体规范。第一,以法律为社会利益调节的最高权威,提高政府依法决策、依法行政的能力,把法治精神、法治观念内化到人们的思想意识、落实于日常行为中,形成遵法守法的社会氛围。第二,治理主体向多元治理主体转变,由政府自上而下的控制性管理向更有弹性的治理方式的转变,政府在社会治理中发挥主导功能,公民依法、理性、有序参与社会治理,在社会治理中发挥主体地位。第三,加强基层社会管理,强化社区服务功能,把问题解决在基层、把矛盾化解在萌芽状态,加快推进"一委一居一站一办"的城乡社区组织新架构,把更多的人力、物力、财力投向基层。

(5) 建立生态补偿机制,塑造连续的生态基底

现代生态观不同于传统意义上的环境决定论或激进的环境理论,它强调生态环境保护与经济社会发展、人类与自然的和谐共生、相互促进、协同进化,既实现了现代化的生态转型,又实现了生态的现代化转型。第一,建立资源节约型的经济体系,发展循环经济,在生产环节力求节约资源,在消费环节倡导合理消费,促进人口和经济向中心城市、中心镇和中心村的集中,提高土地、空间等资源的利用效率。第二,科学技术进步是实现生态现代化的关键动力因素和强大后盾,通过发展环境友好型技术可以提高资源、能源利用的生态效率,减少对资源的消耗和对自然的影响,实现经济社会发展与环境保护的双赢。第三,村镇承载了大量生态用地,是区域发展的生态基底,江苏省、浙江省、安徽省的古镇、名村大都是生态文明的典范,应大力发展生态农业、绿色农业和有机农业,加快对传统农业的升级改造,建立新型农业生态复合系统。

(6) 形成长三角利益共同体,立足全国甚至亚太地区实现发展

第一,建成多中心巨型城市区域,城市间形成广泛、深入的联系,能够充分调动各要素在经济发展中的活性,避免单一城市经济总量不足的劣

势；城市间分工、合作更为合理，各城市均能集中发挥自己的优势，具有自我完善的机能；城市的组织具有层次性和等级梯度特征，适应了产业结构升级的需要，核心城市是区域的科技、人才、信息和金融中心，担负着创新和对外联系的功能。第二，改革户籍制度，打破城乡壁垒、营造公平的政策环境，完善涉农相关政策，实现城乡价值观念和生活方式的一体化。第三，采取特殊政策，加快经济薄弱县区的全面建设小康进程，确保农村地区建成全面小康社会，对经济落后地区由优先发展起来的群体或地区通过投资与消费一系列经济活动来带动其发展和富裕，加大精准扶贫政策力度，采取设立专项基金扶贫、金融扶贫、互助资金扶贫、厂商扶贫、合作社扶贫等多种形式。

二 长三角全面建成小康社会进程的评估与分析

（一）长三角全面建成小康社会指标体系和目标值

1. 小康指标体系的演进

20世纪90年代中期，国家统计局会同国家计委和农业部共同制定出了《全国人民小康生活水平的基本标准》《全国农村小康生活水平的基本标准》《全国城镇小康生活水平的基本标准》三套小康标准，作为衡量全国人民小康生活水平实现程度的尺度。考虑到城市与农村存在较大差别的客观性，为了从本质上更为准确地反映居民生活水平的实际提高程度，制定出城镇标准和农村标准作为全国标准的细化和补充。其中，《全国人民小康生活水平的基本标准》是作为全国人民小康生活的统一标准来设计的，是测量全国人民小康生活水平的一个基本标准，包括五个方面共16项指标：第一类为经济发展水平，由人均国内生产总值1项指标组成；第二类为物质生活水平，由城镇人均可支配收入、农民人均纯收入、城镇人均居住使用面积、农村居民人均钢筋砖木结构住房面积、人均蛋白质日摄入量、城市居民每万人拥有铺装道路面积、农村通公路的行政村比重、恩格尔系数8项指标组成；第三类为人口素质，由成人识字率、人均预期寿命和婴儿死亡率3项指标组成；第四类为精神生活，由教育娱乐支出比重和电视机普及率2项指标组成；第五类为生活环境，由森林覆盖率和农村初级卫生保健基本合格以上县百分比2项指标组成。《全国城镇小康生活水平的基本标准》由经济水平、物质生活、人口素质、精神生活和生活环境与社会保障五个部分组成，共包括12项指标；《全国农村小康生活水平的基本标准》由收入水平、物质生活、人口素质、精神生活、生活环境和社会保障与安全六个部分组成，共包括16项指标。

2008年6月，国家统计局贯彻党的十七大精神，按照党的十七大对全面建设小康社会的总体要求，制定了《全面建设小康社会统计监测方案》（国统字〔2008〕77号），整个指标体系由经济发展、社会和谐、生活质量、民主法制、文化教育和资源环境六大方面23项指标组成：第一类为经济发展，由人均GDP、R&D经费占GDP比重、第三产业增加值占GDP比重、城镇人口比重、失业率（城镇）5项指标组成；第二类为社会和谐，由基尼系数、城乡居民收入比、地区经济发展差异系数、基本社会保险覆盖率、高中阶段毕业生性别差异系数5项指标组成；第三类为生活质量，由居民人均可支配收入、恩格尔系数、人均住房使用面积、5岁以下儿童死亡率和平均预期寿命5项指标组成；第四类为民主法制，由公民自身民主权利满意度、社会安全指数2项指标组成；第五类为文化教育，由文化产业增加值占GDP比重、居民文教娱乐服务支出占家庭消费支出比重、平均受教育年限3项指标组成；第六类为资源环境，由单位GDP能耗、耕地面积指数、环境质量指数3项指标组成。

党的十八大首次提出了全面建成小康社会国内生产总值和城乡居民人均收入"两个翻番"的目标，并提出了经济持续健康发展，人民民主不断扩大，文化软实力显著增强，人民生活水平全面提高，资源节约型、环境友好型社会建设取得重大进展的五个方面的新要求。2013年10月，国家统计局按照党的十八大提出的全面建成小康社会新要求，对全面建设小康社会指标体系进行了修改和完善，形成了《全面建成小康社会统计监测指标体系》，分别对全国（方案一）、东部地区、中部地区、西部地区（方案二）设置目标值，由经济发展、民主法制、文化建设、人民生活和资源环境五大方面39个一级指标构成（见表1）。

2. 全面建成小康社会指标体系和目标值

与2008年制定的《全面建设小康社会统计监测方案》（原指标体系）相比，2013年修订的《全面建成小康社会监测指标体系》变动很大，从六大类23项指标，调整为五大类39项指标，大类减少，但项目增加很多，其中保留指标 15 项，调整指标 3 项，删减指标 5 项，新增指标 21 项，主要指标（如人均 GDP、城乡居民人均收入等）的目标值也有所提升。此外，新指标体系不再以 2000 年为基期，而是采用以 2010 年为基期，部分指标采用 2010 年不变价。

分大类和具体指标来看，《全面建成小康社会监测指标体系》总共有五大类 39 项指标。第一类是经济发展，包括人均 GDP、第三产业增加值占 GDP 比重、居民消费支出占 GDP 比重、R&D 经费支出占 GDP 比重、每万人口发明专利拥有量、工业劳动生产率、互联网普及率、城镇人口比重、农业劳动生产率 9 项指标；第二类是民主法制，包括基层民主参选率、每万名公务人员检察机关立案人数、社会安全指数、每万人口拥有律师数 4 项指标；第三类是文化建设，包括文化及相关产业增加值占 GDP 比重、人均公共文化财政支出、有线广播电视入户率、"三馆一站"覆盖率、城乡居民文化娱乐服务支出占家庭消费支出比重 5 项指标；第四类是人民生活，包括城乡居民人均收入、地区人均基本公共服务支出差异系数、失业率、恩格尔系数、基尼系数、城乡居民收入比、城乡居民家庭人均住房面积达标率、公共交通服务指数、平均预期寿命、平均受教育年限、每千人口拥有执业医师数、基本社会保险覆盖率、农村自来水普及率、农村卫生厕所普及率 14 项指标；第五类是资源环境，包括单位 GDP 能耗、单位 GDP 水耗、单位 GDP 建设用地占用、单位 GDP 二氧化碳排放量、环境质量指数、主要污染物排放强度指数、城市生活垃圾无害化处理率 7 项指标。

表 1　　全面建成小康社会统计监测指标体系（2013 年修订）

指标分类	监测指标	单位	权重	目标值（方案一）	目标值（方案二）东部地区	目标值（方案二）中部地区	目标值（方案二）西部地区
经济发展	1. 人均 GDP（2010 年不变价）	元	4	≥57000	比 2010 年翻一番	比 2010 年翻一番	比 2010 年翻一番
	2. 第三产业增加值占 GDP 比重	%	2	≥47	≥50	≥47	≥45
	3. 居民消费支出占 GDP 比重	%	2.5	≥36	≥36	≥36	≥36

续表

指标分类	监测指标	单位	权重	目标值（方案一）	目标值（方案二）		
					东部地区	中部地区	西部地区
经济发展	4. R&D经费支出占GDP比重	%	1.5	≥2.5	≥2.7	≥2.3	≥2.2
	5. 每万人口发明专利拥有量	件	1.5	≥3.5	≥4	≥3.2	≥3.0
	6. 工业劳动生产率	万元/人	2.5	≥12	≥12	≥12	≥12
	7. 互联网普及率	%	2.5	≥50	≥55	≥50	≥45
	8. 城镇人口比重	%	3	≥60	≥65	≥60	≥55
	9. 农业劳动生产率	万元/人	2.5	≥2	≥2	≥2	≥2
民主法制	10. 基层民主参选率	%	3.5	≥95	≥95	≥95	≥95
	11. 每万名公务人员检察机关立案人数	人/万人	3.5	≤8	≤8	≤8	≤8
	12. 社会安全指数	%	4	=100	=100	=100	=100
	13. 每万人口拥有律师数	人	3	≥2.3	≥2.3	≥2.3	≥2.3
文化建设	14. 文化产业增加值占GDP比重	%	3	≥5	≥5	≥5	≥5
	15. 人均公共文化财政支出	元	2.5	≥150	≥150	≥150	≥150
	16. 有线广播电视入户率	%	3	≥60	≥60	≥60	≥60
	17. 每万人口拥有"三馆一站"公用房屋建筑面积	平方米	2.5	≥400	≥400	≥400	≥400
	18. 城乡居民文化娱乐服务支出占家庭消费支出比重	%	3	≥5	≥5	≥5	≥5

续表

指标分类	监测指标	单位	权重	目标值（方案一）	目标值（方案二）		
					东部地区	中部地区	西部地区
人民生活	19. 城乡居民人均收入（2010年不变价）	元	4	≥25000	比2010年翻一番	比2010年翻一番	比2010年翻一番
	20. 地区人均基本公共服务支出差异系数	%	1.5	≤60	≤60	≤60	≤60
	21. 失业率	%	2	≤6	≤6	≤6	≤6
	22. 恩格尔系数	%	2	≤40	≤40	≤40	≤40
	23. 基尼系数	—	1.5	0.3—0.4	0.3—0.4	0.3—0.4	0.3—0.4
	24. 城乡居民收入比	以农为1	1.5	≤2.8	≤2.6	≤2.8	≤3.0
	25. 城乡居民家庭人均住房面积达标率	%	2	≥60	≥60	≥60	≥60
	26. 公共交通服务指数	%	2	=100	=100	=100	=100
	27. 平均预期寿命	岁	2	≥76	≥76	≥76	≥76
	28. 平均受教育年限	年	2	≥10.5	≥10.5	≥10.5	≥10.5
	29. 每千人口拥有执业医师数	人	1.5	≥1.95	≥1.95	≥1.95	≥1.95
	30. 基本社会保险覆盖率	%	3	≥95	≥97	≥95	≥93
	31. 农村自来水普及率	%	1.5	≥80	≥85	≥80	≥75
	32. 农村卫生厕所普及率	%	1.5	≥75	≥80	≥75	≥70

续表

指标分类	监测指标	单位	权重	目标值（方案一）	目标值（方案二）		
					东部地区	中部地区	西部地区
资源环境	33. 单位GDP能耗（2010年不变价）	吨标准煤/万元	3	≤0.6	≤0.55	≤0.62	≤0.65
	34. 单位GDP水耗（2010年不变价）	立方米/万元	3	≤110	≤105	≤110	≤115
	35. 单位GDP建设用地占用面积（2010年不变价）	公顷/万元	3	≤60	≤55	≤62	≤65
	36. 单位GDP二氧化碳排放量（2010年不变价）	吨/万元	2	≤2.5	—	—	—
	37. 环境质量指数	%	4	=100	=100	=100	=100
	38. 主要污染物排放强度指数	%	4	=100	=100	=100	=100
	39. 城市生活垃圾无害化处理率	%	3	≥85	≥90	≥85	≥80

（二）长三角全面建成小康社会的进程评估

1. 上海市

上海市在经济建设和社会发展等诸多领域在全国处于绝对领先水平，因此小康水平也高居全国前列。按照国家统计局制定的全面建设小康社会评价标准，上海市绝大多数指标已经达到小康社会目标值，并始终保持了较高的发展水平。

（1）以《全面建设小康社会统计监测方案》评估上海市全面小康社会建设进程（2000—2010年）

按照国家统计局2008年印发的《全面建设小康社会统计监测方案》，上海市于2011年发布了《上海市全面建设小康社会统计监测报告》，监测报告对上海市2000—2010年全面建设小康社会实现程度进行了统计与监测。监测结果显示，2000年，上海市全面建设小康社会总体实现程度为85.3%，此后呈逐年稳步提高态势，2004年首次突破90%，2010年达到94.1%，累计提高8.8个百分点，总体实现程度在全国居于领先水平。

从分类指标来看，各项指标实现程度多数有明显提升。在经济发展方面，2010年全面建设小康社会实现程度为100%，比2000年提高6.7个百分点。其中，第三产业增加值占GDP比重、城镇人口比重和失业率三个指标在2000年即已达到预期目标；人均GDP指标在2001年达到预期目标；R&D经费支出占GDP比重指标呈逐年稳步提升态势，由2000年的1.61%提升至2010年的2.81%，实现程度也于2008年达到100%。

在社会和谐方面，2010年全面建设小康社会实现程度为96.4%，比2000年提高17.6个百分点。其中，基尼系数、城乡居民收入比和地区经济发展差异系数在2000年均已达到预期目标；基本社会保险覆盖率随着上海市社会保障体系逐步完善，实现程度明显提高，2010年达到93.8%，比2000年提高了34.3个百分点；高中阶段毕业生性别差异系数实现程度则呈现波动态势，2010年实现程度为94.2%。

在生活质量方面，2010年全面建设小康实现程度为100%，比2000年提高16.2个百分点。其中，5岁以下儿童死亡率和平均预期寿命指标在2000年已达到预期目标；恩格尔系数和居民人均可支配收入指标实现程度分别在2002年和2004年达到100%；人均住房居住面积指标则随着上海市房地产市场的健康发展和居民住房保障体系的不断完善，实现程度逐步提高，从2007年起，已连续四年达到100%。

在民主法制方面，2010年全面建设小康社会实现程度为78.4%，比2000年提高10.5个百分点。

在文化教育方面，2010年全面建设小康社会实现程度为98.2%，比2000年提高3.7个百分点。其中，文化产业增加值占GDP比重指标实现程度在2000年已达到100%；平均受教育年限指标稳步提高，由2000年的9.5年提高到2010年的10.7年，实现程度也由2000年的90.5%提高到2010年的100%，提高9.5个百分点；居民文教娱乐服务支出占家庭消费支出比重指标有所波动，2003—2005年曾一度连续三年实现程度达到100%，而后又连续五年低于预期目标，2010年实现程度为87.6%。

在资源环境方面，2010年全面建设小康社会实现程度为77.2%，比

2000年下降4.2个百分点,是六类指标中唯一实现程度降低的类别。其中,单位GDP能耗指标作为约束性指标,其实现程度逐年提高,2009年首次达到预期目标,比2000年提高了27.1个百分点;环境质量指数指标则受益于政府环保投入力度的不断加大和居民环保意识的不断增强,实现程度也有所提高,由2000年的81%提高到2010年的87.8%,提高6.8个百分点;但常用耕地面积指数指标受制于上海市域土地面积开发强度持续提高和耕地面积持续减少的现实,严重影响了资源环境分类指标实现程度的提升。

表2　　主要年份上海市全面建设小康社会实现程度（单位:%）

年份	2000	2005	2006	2007	2008	2009	2010
经济发展	93.3	99.0	99.7	99.8	100.0	100.0	100.0
社会和谐	78.8	92.8	93.7	94.4	95.6	96.7	96.4
生活质量	83.8	98.2	99.2	100.0	100.0	100.0	100.0
民主法制	67.9	73.2	77.9	78.3	79.9	78.7	78.4
文化教育	94.5	96.3	96.3	95.2	94.7	94.9	98.2
资源环境	81.4	69.6	72.3	74.2	75.4	76.7	77.2
总体进程	85.3	91.2	92.5	93.0	93.4	93.7	94.1

（2）以《全面建成小康社会监测指标体系》评估上海市全面小康社会发展水平（2011—2015年）。按照国家统计局2013年修订的《全面建成小康社会监测指标体系》,上海市全面建成小康社会的主要指标完成情况如下:

①经济发展

从经济发展方面来看,上海市人均GDP指标在2007年已经达到预期目标（大于57000元）。如果按照方案二"人均GDP比2010年翻一番"的要求,2015年上海市人均GDP为10.31万元,是2010年的1.36倍,实现程度为67.8%。

②民主法制

从民主法制方面来看,基层民主参选率、每万名公务人员检察机关立案人数、每万人口拥有律师数等各项指标均已达到目标值。

③文化建设

从文化建设方面来看,2014年,上海市文化产业增加值占GDP的比重为12%,远远超过5%的目标值。城乡居民文化娱乐服务支出占家庭消费支出比重分别为16.2%和7%,超过5%的目标值,城乡发展差距依然较大。此外,人均公共文化财政支出、有线广播电视入户率、每万人口拥有"三馆一站"公用房屋建筑面积均已达到目标值。

④人民生活

从人民生活方面来看,2015年,上海市全市居民人均可支配收入49867元,其中城镇常住居民人均可支配收入52962元,农村常住居民人均可支配收入23205元,分别是2010年的1.56倍和1.68倍,按照方案二"比2010年翻一番"的要求,实现程度分别为78%和84%。城乡居民恩格尔系数分别为35%和40.5%,城市居民恩格尔系数近年来均达到了"低于40%"的目标要求。但农村居民恩格尔系数有一定波动,2011—2014年上海市农村居民恩格尔系数分别为40.1%、40%、39.7%和40.5%,仅在2013年达到"低于40%"的目标要求,其余年份均未达到目标要求。

⑤资源环境

在资源环境方面,2011—2014年上海市单位GDP能耗分别为0.589吨标准煤/万元、0.552吨标准煤/万元、0.528吨标准煤/万元和0.482吨标准煤/万元,达到了"≤0.6"的目标要求。

2. 江苏省

江苏省作为东部沿海发达地区,明确把"两个率先"作为21世纪之初江苏省发展的总定位和总目标。在广泛调查研究、充分吸收国内外研究成果的基础上,江苏省于2003年制定出台《江苏省全面建设小康社会主要指标》,提出了四大类18项25个指标要求的省级全面小康指标体系。这一指标体系包括三项核心指标以及多项具体指标,对"两个率先"进程起到了重要的导向、激励和监测作用。三项核心指标是人均GDP、城镇居民人均可支配收入、农民人均纯收入指标,具体指标包括科研经费支出占GDP的比重、高中教育阶段毛入学率目标值、卫生服务体系健全率、社会保障覆盖面、人民群众对社会治安的满意度、城乡居(村)民依法自治达标率、包含绿化和环境质量指数的生态环境指标等。

2012年召开的党的十八大对实现全面建成小康社会目标提出了新要求，习近平总书记在今年全国"两会"期间对江苏省工作提出了新要求，有必要对江苏省相关指标体系进行进一步的修订。在进行了深入的研究论证，并广泛征求了省内外专家及各地各部门意见的基础上，对原省定全面建设小康社会指标体系（2003年制定）进行修订，形成了《江苏省全面建成小康社会指标体系（2013年修订，试行）》。此次对小康社会指标体系进行了较大幅度的修改调整，由原来的四大类18项25个指标扩展到五大类22项36个指标。一是新增了部分指标，主要包括现代农业发展水平、文化产业增加值占GDP比重、单位GDP能耗、城乡居民收入达标人口比例等；二是强化了部分指标，主要包括研发经费指出占GDP比重、城镇化率、居民收入水平等；三是替换了部分指标，替换成信息化发展水平、居民住房成套比例、现代教育发展水平等。

（1）全面建成小康社会进程总体评估

对照《江苏省全面建成小康社会指标体系（2013年修订，试行）》，2014年，江苏省全省全面建成小康社会监测统计综合得分为94.1分，保持在达标基准（90分）之上。各大类目标实现度分别为：经济发展94.8分、人民生活85.2分、社会发展96分、民主法治99.6分、生态环境98.2分。在36个省级小康统计监测指标中，有23个指标达标，达标比例超过6成。其中，城镇化率、研发经费支出占GDP比重、文化产业增加值占GDP比重、城乡基本养老保险覆盖率、林木覆盖率等5个指标为新达标指标。在13个未达标指标中，9个指标的目标实现度在80%—100%之间，其余4个指标的目标实现度在50.2%—77.2%之间。

（2）全面建成小康社会监测指标进程评价

对照《江苏省全面建成小康社会指标体系（2013年修订，试行）》，江苏省各项指标完成情况如下：

①经济发展

在经济发展大类6个评价指标中，4个达标指标是：二、三产业增加值占GDP比重，信息化发展水平，城镇化率，研发经费占GDP比重；人均GDP、现代农业发展水平2个指标为未达标指标。其中，人均GDP为75895元（2010年不变价），目标（9万元）实现度为84.3%，如果按照国家统计局的标准，2020年人均GDP比2010年翻一番，2015年江苏省人均GDP为87995元，是2010年的1.66倍，目标实现程度为88%。现代农业发展水平78.1%，目标（85%）实现度为91.9%。

②人民生活

在人民生活大类9个评价指标中，4个达标指标是：城镇登记失业率、恩格尔系数、城镇家庭住房成套比例、行政村客运班线通达率。5个未达标指标为：城镇居民人均可支配收入为34346元，实现度为74.7%，按照国家统计局标准，实现程度为81%；农村居民人均可支配收入为14958元，实现度74.8%，按照国家统计局标准，实现程度为82%；城乡居民收入达标人口比例为25.1%，目标实现度50.2%；农村家庭住房成套比例为61.7%，实现度77.2%；城市万人公交车拥有量为14.1标台，实现度94%。

③社会发展

在社会发展大类9个评价指标中，7个达标指标是：城乡基本养老保险覆盖率、城乡基本医疗保险覆盖率、失业保险覆盖率、每千名老人拥有养老床位数、文化产业增加值占GDP比重、人均拥有公共文化体育设施面积、每千人拥有医生数。2个未达标指标为：现代教育发展水平和城镇住房保障体系健全率。其中，现代教育发展水平为71.6%，目标（85%）实现度为84.3%；城镇住房保障体系健全率为84.3%，目标（90%）实现度为93.7%。

④民主法治

在民主法治大类5个评价指标中，4个达标指标是：法治建设满意度、公众安全感、城镇居委会依法自治达标率、农村村委会依法自治达标率；1个未达标指标为党风廉政建设满意度为79.1%，目标（80%）实现度为98.9%。

⑤生态环境

在生态环境大类7个评价指标中，4个达标指标是：单位GDP能耗、空气质量达到二级标准的天数比例、地表水好于Ⅱ类水质的比例、林木覆盖率，3个未达标指标分别为：城镇污水达标处理率为88.1%，目标（90%）实现度为97.9%；村庄环境整治达标率为85%，目标（95%）实现度为89.5%；城镇绿化覆盖率为36.8%，目标（38%）实现度为96.7%。

3. 浙江省

浙江省的全面建成小康进程总体走在全国前列,且从 2002 年以来,全面建成小康指数领先于全国指数的优势均保持在两位数,仅次于上海市、北京市,位居全国第 3 位。

(1) 全面建成小康社会进程总体评估

根据浙江省统计局在 2014 年最新发布的《浙江省全面建成小康社会进程统计监测评价》,2012 年,浙江省小康指数高于全国(83.55%)12.27 个百分点。2000—2012 年,浙江省全面建成小康社会进程测算结果显示,浙江省全面建设小康指数逐年提升,2010—2012 年连续 3 年达到 90% 以上,近 3 年年均提高 2.53 个百分点,基本实现了全面小康目标。2012 年小康指数距离 100% 全面实现目标还差 4.2 个百分点,剩余 8 年时间年均只需提高 0.53 个百分点。这表明,浙江省有望提前率先全面实现建成全面小康社会的目标任务。

表3　　　　主要年份浙江省全面建设小康社会实现程度　　　(单位:%)

年份	2000	2005	2006	2007	2008	2009	2010	2011	2012
经济发展	46.60	61.40	66.11	72.30	78.92	84.75	92.03	95.10	96.69
民主法制	67.03	67.03	67.85	69.37	72.09	75.58	77.72	81.70	84.26
文化建设	59.28	80.98	82.16	83.49	87.31	88.21	94.13	95.67	98.11
人民生活	72.96	84.42	86.83	87.71	90.02	91.91	94.08	95.79	97.72
资源环境	67.06	79.65	84.37	87.88	91.92	94.58	90.64	95.49	96.81
小康指数	62.73	75.47	78.55	81.40	85.37	88.22	91.02	93.95	95.82

(2) 全面建成小康社会监测指标进程评价

①经济发展

在经济发展大类 9 项评价指标中,有 6 项指标的目标实现度已达到 100%,3 个未达标指标为人均 GDP、R&D 经费支出占 GDP 比重、工业劳动生产率。其中,2015 年浙江省人均 GDP 为 77644 元,已经达到方案一"≥57000 元"的目标要求,如果按照方案二"比 2010 年翻一番"的要求,其目标实现度为 75%;R&D 经费支出占 GDP 比重在 2014 年达到 2.26%,目标实现度为 90.4%;2014 年浙江省工业劳动生产率为 9.18 万元/人，目标实现度为76.5%。

②民主法制

根据浙江省2012年统计监测数据，在民主法制大类4项评价指标中，没有1项指标评价值达到100%。其中，基层村级民主参选率为94.9%（2011年数据），目标实现度为99.9%；社会安全指数为64.2%，目标实现度为64.2%；每万人拥有律师数为2.13人，目标实现度为92.7%。

③文化建设

文化建设大类的5项指标均已达到目标值，其中，文化产业增加值占GDP比重在2013年首次达到5%以上，为该大类中最后一个达标的文化建设类指标。

④人民生活

在人民生活大类13项评价指标中，有9项指标达标，未达标的3项指标分别为：城乡居民人均收入、平均受教育年限和基本社会保险覆盖率。2015年，浙江省城乡居民人均收入为35537元，按照2010年不变价"≥25000元"的目标，实现程度为100%，如果按照2020年比2010年翻番目标，目前水平仅为2010年的1.59倍，实现程度为79.5%。2012年，浙江省平均受教育年限为9.10年，实现程度为86.7%；基本社会保险覆盖率达到85.5%，实现程度接近90%。

⑤资源环境

在资源环境大类7个评价指标中，未达标指标有2项，分别为环境质量指数和主要污染物排放强度指数。在资源环境大类指标中，反映资源利用的3项评价指标实现程度均达到100%，表明资源利用效率相对较好。其中，单位GDP能耗处于全国先进水平，2014年为0.5吨标准煤/万元。2015年浙江省单位GDP用水量为44.9立方米，自2007年开始目标实现程度连续8年达到100%；单位GDP建设用地自2005年开始目标实现程度连续10年达到100%。环境质量有所改善，2012年浙江省环境质量指数为89.7，目标实现程度为89.7%。减排工作有效推进，2012年主要污染物排放强度指数为94.4，评价值为94.4%；城市垃圾无害化处理率达到98.97%，除2003和2005年外，其余11年评价值均达到100%。

4. 安徽省

安徽省全面建成小康社会进程总体顺利，仍存在不足，与实现全面小康社会还有一定的距离。

(1) 以《全面建设小康社会统计监测方案》评估安徽省全面小康社会建设进程(2000—2011年)

按照国家统计局2008年印发的《全面建设小康社会统计监测方案》，表4对安徽省2006—2011年全面建设小康社会实现程度进行了统计与监测。监测结果显示，安徽省全面建成小康社会综合实现度呈稳步上升趋势，2006—2011年的五年间安徽省全面小康社会综合实现度共提高了16.03个百分点，体现出安徽省全面小康社会建设保持了较快的发展速度。

从分类指标来看，"资源环境"和"生活质量"的完成度超过了综合实现度，并且都达到了90%以上的水平。"社会和谐"类指标实现程度与综合实现度基本相当，五年间提高了22.07个百分点，是子系统中提升速度最快的，体现出安徽省和谐社会建设的成果。经济发展、民主法制、文化教育三大类指标实现程度较低，都没有超过70%，但经济发展实现程度继续保持了较快的发展速度，而民主法制和文化教育提升进度较慢，成为全面建成小康社会建设进程中的难点。

在经济发展方面，2006—2011年，安徽省经济保持着快速发展，经济发展指标实现程度提高了16.83个百分点。其中，人均GDP实现程度上升了37.51个百分点，是经济发展类指标增长幅度最快的。虽然R&D经费占GDP的比重有大幅度提升，但由于安徽省研发经费较少，并且缺乏创新激励机制，造成企业创新能力不足。安徽省重点发展第二产业，为经济发展提供了有力支撑，但也造成了产业结构单一，第三产业发展不足，使得第三产业增加值占GDP的比重呈现负增长趋势。

在社会和谐方面，安徽省和谐社会建设保持着较为稳定的发展，实现程度年均增加4.14个百分点。安徽省城乡居民收入差距逐年缩小。同时，社会保障支出的大幅度增加进一步调节了社会各阶层的收入分配，使改革福利惠及更多群众，稳定了社会关系。

在生活质量方面，安徽省生活质量水平已经接近了全面小康水平，2011年的实现度达到90.24%，恩格尔系数、5岁以下儿童死亡率都基本达到了全面小康水平。但收入的增长速度仍落后于GDP和财政收入的增长，高房价、就医难等问题使得居民生活压力逐年加大，生活幸福感也由此降低。

在民主法制方面,安徽省民主法制水平提升速度较慢,五年间只提高了 7.77 个百分点。

在文化教育方面,2011 年安徽省文化教育类指标实现程度在所有二级指标中是最低的,仅为 63.89%,五年间只提高了 4.67 个百分点,增长速度也低于其他二级指标。

在资源环境方面,安徽省资源环境类指标实现程度高,为 95.84%,在所有二级指标中是最高的,基本达到了全面小康水平。安徽省单位 GDP 能耗已经实现了全面小康的目标,且绿化工作也取得了一定进展,森林覆盖率已经超过了全国平均水平。

表 4　　　　　主要年份安徽省全面建设小康社会实现程度　　　（单位:%）

年份	2006	2007	2008	2009	2010	2011
经济发展	47.66	49.84	53.63	56.73	59.64	64.49
社会和谐	53.51	59.93	62.27	67.08	71.29	75.58
生活质量	68.37	70.38	78.35	82.61	85.20	90.24
民主法制	61.12	62.69	65.61	65.72	66.97	68.89
文化教育	59.22	60.13	58.57	59.87	64.54	63.89
资源环境	79.4	80.67	82.39	84.68	89.14	95.84
总体进程	60.10	62.35	65.95	68.87	72.14	76.13

(2) 以《全面建成小康社会监测指标体系》评估安徽省全面小康社会发展水平 (2012—2015 年)

按照国家统计局 2013 年修订的《全面建成小康社会监测指标体系》,安徽省全面建成小康社会的主要指标完成情况如下:

①经济发展

从经济发展方面来看,2015 年安徽省人均 GDP 为 35997 元,按照方案一要求,实现程度为 63.2%。如果按照方案二"人均 GDP 比 2010 年翻一番"的要求,2015 年安徽省人均 GDP 实现程度为 86.2%。

②民主法制

从民主法制方面来看,各项指标增长良好。2014 年,安徽省拥有律师数6763人，比2010年增长34.75%。

③文化建设

2014年，安徽省文化、体育和娱乐业增加值154.96亿元，占GDP的比重为0.74%，远低于5%的目标值。城乡居民文化娱乐服务支出占家庭消费支出比重分别为10.25%和9.21%，超过5%的目标值。

④人民生活

从人民生活方面来看，2015年，安徽省常住居民人均可支配收入18363元，按照方案一要求，实现程度为73.45%。其中，城镇常住居民人均可支配收入26936元，农村居民人均纯收入为10821元，分别是2010年1.71倍和2.05倍，按照方案二要求，其实现程度分别为85.3%和102.4%。2014年，安徽省城乡居民恩格尔系数分别为33.3%和35.6%，达到目标值要求。

⑤资源环境

在资源环境方面，2012—2015年，安徽省单位GDP能耗从0.722吨标准煤/万元下降为0.601吨标准煤/万元，基本达到全面小康要求；2014年单位GDP水耗为130.46立方米/万元，距离110立方米/万元的目标要求尚有一定距离。

（三）长三角建成全面小康的短板与不足

对照国家统计局2013年修订的《全面建成小康社会监测指标体系》，长三角全面建成小康社会的主要短板指标可以划分为以下四类：

第一类是以"人均GDP"为代表的经济发展指标。表5显示，按照方案一"≥57000元"的目标要求，除安徽省外，沪苏浙三省市均已达到全面建成小康的目标值。但如果按照方案二关于人均GDP的目标值要求（"2020年人均GDP比2010年翻一番"），沪苏浙皖四省市的实现程度分别为67.8%、88%、75%和86.2%。虽然长三角经济发展水平在全国各省市总体处于领先水平，但人均GDP要在2010年基数较高的基础上领先于全国大多数省份率先实现翻一番的目标，存在一定难度。

第二类是以"城乡居民收入"为代表的民生幸福指标。按照方案一"≥25000元"的要求，沪苏浙三省市已经达到全面小康建设标准，而安徽省达标程度为73.5%。但如果按照方案二"2020年目标值比2010年翻一番"的要求，沪苏浙皖四省市的实现程度分别只有83.6%、84.4%、79.4%和93.5%。"GDP含金量"（人均GDP与人均可支配收入的比值）被认为是衡量民生幸福的一项重要指标。据测算，浙江省、上海市和安徽省略高于全国44.5%的平均水平，但江苏省GDP含金量仅为33.6%，明显低于全国平均水平。

第三类是以"R&D经费支出占GDP比重"为代表的科技创新指标。统计显示，2015年沪苏浙皖四省市R&D经费支出占GDP比重分别为3.7%、2.55%、2.26%和1.96%。除上海市已经达标外，苏浙皖三省均未达到目标要求。与发达经济体3%以上的平均水平相比，苏浙皖三省在科技创新的投入仍然有一定差距。

第四类是以"单位GDP能耗""单位GDP二氧化碳排放量"等为代表的生态环境指标。在资源环境方面，随着近年来节能降耗工作的深入推进，长三角资源能源利用水平和生态环境保护均得到明显改善。但长三角四省市均是资源和能源消耗大省，2014年长三角四省市能源消费总量占全国的比重为16.9%，废水排放量占全国的比重更是高达21.1%，表明长三角尚未实现由粗放型增长方式向集约型增长方式的根本转变，空气、水、土壤等方面污染仍较严重，需要重点关注。

表5 长三角三省一市全面小康社会建设的短板指标（2015年）

省份	未达标指标	现值	实现程度（方案一）	实现程度（方案二）
上海市	(1)人均GDP	10.31万元	达标	67.8%
	(2)城乡居民人均收入	49867元	达标	83.6%
江苏省	(1)人均GDP	87995元	达标	88%
	(2)城乡居民人均收入	29539元	达标	84.4%
	(3)R&D经费支出占GDP比重	2.55%	达标	94.4%
浙江省	(1)人均GDP	77644元	达标	75%
	(2)城乡居民人均收入	35537元	达标	79.4%
	(3)R&D经费支出占GDP比重	2.26%	90.4%	83.7%
安徽省	(1)人均GDP	35997元	63.2%	86.2%
	(2)城乡居民人均收入	18363元	73.5%	93.5%
	(3)R&D经费支出占GDP比重	1.96%	78.4%	85.2%
	(4)第三产业增加值占GDP比重	37.3%	79.4%	79.4%

三 "十三五"规划引领长三角率先
实现全面小康的路径与对策

长三角率先全面建成小康社会,要积极适应把握引领经济发展新常态,按照"四个全面"战略布局要求,以"创新、协调、绿色、开放、共享"五大发展理念为指导,以率先全面建成高水平小康社会为总目标,进一步提高发展质量和效益,在现代化建设中继续走在前列,共同谱写"十三五"长三角协同发展的新篇章,为全国经济又好又快发展做出更大贡献。在新形势下,长三角率先实现全面小康,关键是要补齐旧常态下在增长方式、发展动力、协调发展、生态环境和民生建设等方面的"短板"。

(一)长三角率先实现全面小康的关键路径

1. 推进经济结构调整,转变经济增长方式

进入新常态后,长三角经济既要稳增长,也要转方式、调结构。对于发展中经济体来说,经济下滑过快,既不利于社会稳定,也不利于经济结构调整和发展方式的转变。因此,在世界经济不确定不稳定因素较多、国内经济下行的复杂经济形势下,保持经济运行在合理区间仍然是长三角"十三五"期间的首要任务。但是,长三角的"稳增长",肯定不能沿用粗放型发展方式来保持经济较快的增速,而是要以提高经济发展质量和效益为中心,推进需求结构和供给结构的双侧调整,通过调经济结构和深化改革来实现经济增长速度和发展效益的双重提升。

从需求结构来看,促进经济增长的因素主要包括消费、投资、政府支出和出口。长期以来,长三角出口导向型经济决定了其经济增长是以"高出口、高投资和低消费"为主要动力的,这符合长三角经济"追赶式增长"的内在逻辑。在经济新常态下,长三角应把扩大内需作为经济发展的基本立足点和长期战略方针,持续扩大居民消费需求,着力优化投资需求,促进经济增长由出口—投资驱动型向消费、投资、出口协同驱动型增长格局转变,不断增强经济增长的内生动力。从供给结构来看,以往经

济增长主要依赖于土地、劳动力和资源环境成本优势形成的国际代工制造业驱动的。而随着长三角经济进入后工业化时代和上中等收入阶段，产业结构逐渐从工业经济为主转向服务经济为主，服务业即第三产业将成为经济增长的重要驱动力量。当然，经济结构的服务化并不意味着要抛弃工业制造业，而是要以信息化和工业化深度融合和生产性服务业发展带动传统产业升级，促进劳动生产率提高，构建以高新技术产业为主导、服务经济为主体、先进制造业为支撑、现代农业为基础的现代产业体系。促进经济增长由主要依靠第二产业带动向依靠第一、第二、第三产业协同带动转变。

2. 实施创新驱动发展，增强经济发展动力

进入新常态的过渡期需要重塑驱动力量，而从小康走向基本现代化的决定因素就是创新驱动。创新驱动对经济发展的作用机制在于通过科研资金、人力资本、时间和空间上的投入，开展新技术的创新和研发，并将其运用到企业的生产活动中，企业通过各种途径把已经首次商品化的技术创新成果向科技、经济和社会各领域渗透、转移和扩展，并实现技术创新成果的商业化、产业化和社会化过程。发展创新型经济，是五大发展理念的首要内容，也是长三角经济进行"第三次转型"的核心内容。随着人口老龄化日趋显著，农业富余人口减少，劳动力优势弱化，低成本要素规模驱动力减弱，经济增长将更多依靠人力资本质量、技术进步和管理创新；经济发展动力从要素驱动、投资驱动转向创新驱动，由"汗水经济"向"智慧经济"转型；全社会形成大众创业、万众创新的良好氛围，区域创新能力显著增强，科技进步对经济增长的贡献突出，经济发展更加注重知识积累、品牌建设、智力资源、信息技术、制度规范等高级要素的投入。在加快推进全面高水平小康过程中，创新驱动将成为长三角进一步"扬长"的重要方略、基本路径和强大动力。

2014年，习近平总书记在视察江苏省时曾提出，强化科技同经济、创新成果同产业、创新项目同现实生产力、研发人员创新劳动同其利益收入的"四个对接"，促进科技创新与经济社会发展的紧密结合。落实"四个对接"，释放科技创新活力，体现科技创新效果，成为包括江苏省在内的长三角实施创新驱动发展战略的重要标准。从宏观层面来看，就是要通过科技创新推动产业升级，提高发展质量效益，促进人民生活改善，形成

良好的创新创业的社会氛围。科技创新要以产业转型升级、提高产业竞争力为导向，以突破一批关键核心技术和共性技术为目标，通过产学研融合促进自主创新能力提升，为长三角高新技术产业和战略性新兴产业破除技术瓶颈，推动传统产业加快升级，培育更多新经济增长点。从微观层面来看，就是要强化企业创新的主体地位。利用市场的供求和竞争规律，用利益诱导、资源约束和市场约束下的"需求引致的创新"机制来引导和激励企业加强自主创新，推动创新政策、创新资源、创业人才向企业集聚。从区域层面来看，江苏省、浙江省、安徽省既要充分吸收上海市的创新知识外溢效应，也要充分利用较好的产业基础和内需市场，虹吸创新要素资源，营造"大众创业、万众创新"的良好创新环境，不断提升区域创新能力。

3. 加快推进长三角一体化，统筹城乡区域协调发展

在实现总体基本小康的第一轮发展中，长三角凭借优越的地理条件、制度优势，率先开启工业化进程，成为我国改革开放战略的"排头兵"和区域不平衡发展战略中的受益者。然而，长三角内部各省市之间、各省市内部不同地区之间也存在着显著的区域不平衡状况。从各省市来看，上海市作为全国最大的城市，凭借其特殊的历史地位和经济功能，是长三角当仁不让的核心，产业结构显著优于江、浙、皖；而江苏省和浙江省作为制造业大省，在经济总量、人均收入、创新能力和市场活力上都位于全国前茅，其经济发展水平远高于地处中部地区的安徽省。从各省市内部来看，区域差距也普遍存在。比如，浙江省的东、中部地区发展水平较高，而西部地区的衢州、丽水则相对落后。江苏省的苏南地区凭借邻近上海市的区位优势和外资集聚的产业优势，成为全国发展水平最高的县域；而苏中、苏北地区则普遍"塌陷"，总体上形成了"重南轻北"的区域发展格局。区域不平衡问题已是长三角率先全面小康进程中最需迫切需要解决的重大问题之一。在进入新常态过程中，补齐区域发展"短板"的关键不是靠发达地区源源不断地"输血"，而是要让落后地区能够自己"造血"，形成长三角区域统筹协调发展的长效机制，一体化则是实现城乡和区域协调发展的基础条件和主要路径。

一体化的内涵是实施统一的经济政策和措施，消除商品、要素、金融等市场的人为分割和限制，以分工为基础来提高经济效益和获得更大经

效果，把各地区的经济融合起来形成一个区域性经济联合体的过程。因此，长三角一体化至少包含以下几方面内容：一是推进交通一体化，主要是要完善交通基础设施，强化长三角各省市之间、内部的交通连接及其向其他省市的对外连接，充分发挥长江黄金水道的运输功能和辐射功能，加强港口合作、江海河联运，港口与铁路、高速的无缝对接，建设长江中下游综合交通运输枢纽，同时加大综合交通物流配套建设，形成港口、跨江大桥、高速公路、城际快速通道、城际铁路和高速铁路客运专线相互融通的综合交通运输网络。二是推进市场一体化，包括商品市场的一体化和要素市场的一体化，消除长三角各省市之间的地方市场分割，促进商品和人才、资金、技术、旅游等要素在地区内无障碍化流动，使得资源要素可以进行有效配置，形成完善、统一、开放、有序的市场。三是推进城乡发展一体化，坚持城市化与新农村建设相结合，大力推进新型城镇化建设，建立健全城乡规划、产业布局、基础设施、社会管理、公共服务一体化和均等化的城乡统筹机制，形成以工促农、以城带乡的长效机制，促进城乡合理分工，优化城乡资源配置，形成体制接轨、发展互动、服务共享的城乡发展一体化格局，促进城乡共同繁荣。

4. 积极发展绿色循环经济，推进社会生态文明建设

实施生态文明建设战略，是我国全面建设小康社会的主要目标和内在要求，也是长三角建设生态宜居城市群的首要任务和核心内容。当前，长三角作为全球重要的制造业基地，造成了大量的能源消耗和温室气体排放，生态空间挤占、工业污染治理不力、空气质量不高等生态环境短板仍然较为突出，生态环境形势仍十分严峻。与传统过度依赖资源消耗的"黑色发展"模式不同，"绿色发展"是在传统发展基础上的一种模式创新，是人类对传统工业化和城市化模式所存在问题的不断质疑和对自身生产、生活方式的反省，是建立在环境容量和资源承载力的约束条件下，是一种有利于资源节约和环境保护的新发展模式。当前，绿色发展已成为国际竞争中的一个重要趋势和新一轮工业革命的潮流。许多发达国家围绕绿色发展和新能源进行科技创新和科技储备，加快发展节能环保产业，积极推广应用低碳技术，实现了由"能源经济"向"绿色经济"的转型。当前，美、日、欧等世界主要国家和地区已经把新能源作为战略性产业加以支持，基于新能源的循环经济产业可能成为未来技术革命和产业革命的重

点之一。

"十三五"时期，拥有良好制造业基础、全国科教资源丰富、区域创新能力最强的长三角，应当把握以低碳经济为核心的绿色能源革命带来的机遇和挑战，发展绿色循环经济，积极发展生态化和低碳化产业，大力推进节能减排，形成节约能源资源和保护生态环境的产业结构、增长方式和消费模式，实现集约化、生态化、一体化发展。一是积极发展低碳技术和绿色制造。着力推进节能减排，着力推进能源、原材料等传统重化工业的高新化、集约化、清洁化和循环化，加快推进产业发展由传统的"高投入、高排放"模式向"高效益、低排放"的可持续发展模式转变。二是向生态节约型产业倾斜。生态节约化概念应该贯穿到整个城市建设中的各个环节，包括从宏观到微观的战略选择、布局、管理和监督，以及技术改造，到流通和消费领域各个环节，使生态化贯穿到整个产业链。三是要以生态宜居为标准，推行新型城市化，加强世界级城市群建设和新农村建设。

5. 实施基于内需的双重开放战略，提升开放型经济水平

在经济全球化背景下，只有充分利用国内外市场，才能真正发挥市场在资源配置中的基础性作用，实现资源的最优配置。一个特定区域经济的开放往往带有国际国内"双重开放"的特征，两者都会通过增强经济增长的动力来对区域经济发展产生作用，且相互之间存在着一定的协同与互补效应。对于对外（国外）开放而言，参与全球价值链分工，广泛吸收国际先进技术和管理经验，有利于全面增强区域经济增长的速度与效率、质量与效益；对于对内（国内）开放而言，区域市场的有效整合或区域一体化有利于提高区域经济的发展效率。以长三角为代表的我国东部沿海地区，有对外开放的良好基础和条件，在向全面建成小康社会目标迈进的进程中，更是要以双重开放为抓手来推动创新型经济发展，为全国起到更好的率先示范作用。

但是，与第一轮以加工贸易和吸收 FDI 的"出口导向型"对外开放模式不同，长三角实行第二轮对外开放战略模式的重点在于，在转换需求结构的过程中，利用内需市场的吸引力促进本土企业从加入全球价值链，逐步走向加入全球创新价值链。在开放经济条件下利用全球创新要素尤其是高级人才发展本土创新型经济，其主要目的是为了得到更多的全球智慧

和资源，为建设创新型经济所用。不仅要注重"高水平引进来"——通过国内平台环境的建设，利用内需虹吸全球人力资本、技术资本和知识资本，更要强调"大规模走出去"——依托国内市场和出口导向战略中掌握的资源，在全球广泛配置那种可以就地吸收和利用的上述各种先进生产要素和资本；不仅要注重基于要素比较优势参与全球价值链分工、获取国际贸易与分工利益的对外开放，还要注重基于内需市场优势构建国内价值链、获取区域分工利益、促进区域协调发展的对内开放。这种基于内需的双重开放战略，是一种更加积极主动、互利共赢的开放战略，将使长三角整体更好地融入"一带一路""长江经济带"等国家战略，从而成为长三角率先实现全面小康和基本现代化进程中的内生动力。

6. 围绕富民优先的根本目的，改善民生福利

全面建成小康，就是要通过发展生产来满足人民群众日益增长的物质文化生活需求，使每一个人都能在比较平等自由的环境下得到全面发展，归根结底就是要改善民生福利、增进民生幸福。其核心要义是不断提高人民的生活水平和生活质量，让老百姓感到收入明显增加了、日子更加好过了、幸福感日益增强了。长三角的三省一市，在努力实现经济"稳增长"的同时，更要注重"高质量"和"惠民生"。所谓"高质量"，就是要求不单单追求经济规模和经济增长速度，而是要注重人均 GDP；而所谓"惠民生"，则要求千方百计提高城乡居民收入水平，让人民群众共享改革发展的成果。要紧紧围绕富民优先这一发展的根本目的，积极推进创业富民、就业惠民、社保安民，着力保障和改善民生，提高基本公共服务均等化水平，使发展成果惠及全体人民，实现经济发展与民生改善的有机统一。

在物质财富方面，一是要把增加收入作为民生幸福的重要基础，大力实施居民收入倍增计划，切实促进居民收入水平的持续增长；在不断提高劳动生产率基础上，千方百计增加城乡居民尤其是中低收入者收入，扩大中等收入者比重。二是要规范收入分配秩序，努力提高居民收入在国民收入分配中的比重、劳动报酬在初次分配中的比重，实现财富公平分配，逐步缩小部门、城乡、区域差距。三是要进一步扩大社会保障覆盖面，完善各项社会保障制度，发展社会救助和社会福利，稳步提高社会保障水平。

在精神财富方面，一是要加大教育投入，同时努力实现居民教育体系

的均衡发展和教育机会的公平发展。二是要重视各领域的人才引进与培养，营造有利于创新创业人才集聚的优良环境。三是要完善公共文化服务体系，通过政府与市场相结合的方式加快发展具有长三角地域特色的文化产业，提升文化产业的规模、效益和竞争力，促进文化的现代化发展。

（二）长三角率先实现全面小康的对策建议

1. 促进消费与优化投资并举，有效推进需求结构调整

从需求侧角度来看，外需低迷和内需不足并存，是当前长三角经济下行最主要的因素。外需低迷主要是外因，内需不足则是内因。因此，长三角经济增长方式转变，亟须调整需求结构，其重点应该放在促进消费需求和优化投资需求两个方面。

在促进消费需求上，需要从消费能力、消费倾向和消费环境几个方面着手。

一是在消费能力方面，应按照城乡居民共享经济发展成果的要求，通过扩大就业、建立合理的分配秩序和再分配政策，不断提高居民的收入水平，提升城乡居民的消费能力，解决居民"钱不够花"的问题。二是在消费倾向方面，要完善社会保障体系，拓宽保障的覆盖面，提升保障水平，降低城乡居民过高的预防性储蓄动机，解决居民"不敢花钱"的问题。三是在消费环境方面，积极培育新的消费产品、消费业态、消费模式，实施信息消费、信用消费和绿色消费，进一步释放居民消费潜能。遵循"互联网+"模式，大力发展消费金融，加强各类放心消费平台建设，同时加大对假冒伪劣产品的打击力度，切实维护消费者的合法权益，为城乡居民"快乐花钱"提供良好的消费环境，解决居民"怎么花钱"的问题。

在优化投资需求上，也需要从多个方面入手。一是提升新兴产业和软投资比重。促进战略性新兴产业投资和现代服务业投资，加大新工艺、新技术、新设备等技术改造的投资力度。二是继续推进基础设施投资。以"一带一路"、长江经济带建设、新型城镇化为抓手，科学规划、统筹完善交通、轨道、港口等重大基础设施建设，进而提升区域经济一体化和城乡统筹发展水平。三是引导促进外资和民间投资的有序增长。要落实新兴产业和服务业的开放政策，通过项目引导、协助研发、分散风险、财政补贴、税收减免和公共平台建设，鼓励民间资本投向实体经济和价值链高端

环节，避免民间投资"脱实入虚"。四是提高投融资的政策效率。有效整合工业类、科技类、创新人才类等财政专项资金，增强资金分配使用的规范性。灵活运用最新金融政策改善融资结构，降低投资杠杆率，通过股权投资和"债转股"，增加市场化主体在企业债中的比重。

2. 突出信息化、智能化和服务化，加快推动产业转型升级

新一轮科技革命和产业变革是信息技术与制造业的深度融合，是以制造业数字化、网络化、智能化为核心，建立在物联网和务（服务）联网基础上，同时叠加新能源、新材料等方面的突破而引发的新一轮变革，将给世界范围内的制造业带来深刻影响。长三角应当把握全球智能制造新趋势，加快推进产业转型升级。一是突出信息化引领。顺应"互联网＋"的发展趋势，加速推进信息化和工业化深度融合，着力发展先进制造业，重点发展新一代信息技术、高档数控机床和机器人、海洋工程装备及高技术船舶、先进轨道交通装备、节能与新能源汽车、电力装备、新材料、生物医药及高性能医疗器械、农业机械装备等战略性新兴产业领域，做大做强"长三角制造"。二是突出智能制造。构建新型制造体系，引导制造业向分工细化、协作紧密方向发展，促进信息技术向市场、设计、生产环节渗透，推动生产方式向柔性、智能、精细转变。实施企业制造装备升级计划，向数字化、智能化提升，建设一批智能车间、智能工厂，发展"长三角智造"。三是突出服务化转型。实施"突破关键环节、提升价值链"的战略，大力发展面向制造业的工业设计、第三方物流、节能环保、互联网金融、电子商务、管理咨询等生产性服务业，促进制造业服务化，为传统制造业价值链上游和下游提供人才支撑和智力支持。通过技术创新、产品创新、市场创新、管理创新和商业模式创新，加快制造业实现由价值链中低端向中高端攀升。

具体措施包括：一是在人力资源保障上，重点培养融通互联网思维与实体经济规律的科技型企业家及复合型人才。采取核心人才带动、团队引进等多种方式引进互联网技术带头人、学科带头人等领军人才和复合型人才。二是在产业资金扶持上，加快互联网科技创新资源与产业资本、金融资本的融合，建立包括天使基金、创业投资、种子基金、担保资金和政府创投引导基金等覆盖创新产业链全过程的金融服务体系，为智能制造企业和服务企业提供信贷担保、贷款贴息、技术创新补贴等。三是在财税政策

引导上,加大财政对制造业信息化与网络化深度融合、现代服务业与先进制造业深度融合的扶持力度,着力打造智慧制造与电子商务流通推进产业结构优化的示范工程;鼓励智能制造高新技术企业参加各类资格条件企业类别认定,符合条件的企业同等享受相关税收优惠政策。四是在公共服务平台上,探索设立专业"孵化器",支持建立互联网与实体产业融合、产学研用结合的实训基地;开展产业链协同信用体系建设,构建可信交易环境;积极开展标准化试点和应用,加强安全认证体系建设,等等。

3. 加强创新体制机制建设,充分激发创新创业活力

实施创新驱动战略的关键在于企业特别是本土企业能否成为科技创新的主体,这需要营造和完善有利于本土企业自主创新的市场环境和制度环境。在市场环境方面,为企业内生创新提供良好的产品和要素市场环境。一是有效激发和利用内需市场。需要激发国内的庞大市场,抓住国际经济不景气的契机,借助"走出去"以及"引进来"的方式,发展研发外包,发挥其对创新要素的"虹吸"作用,提高对创新资源的全球配置、利用和整合能力。同时,利用高速成长的内需市场,迅速实现研发成果的产业化,做大做强创新型产业特别是战略性新兴产业的市场,进而通过培育本土市场势力为其提供内生的动力机制、盈利机制和再投入保障机制。二是通过财富效应来驱动创新效应。财富驱动效应的主要实现机制是资本市场,可以通过大力发展非银行金融机构总部经济,营造风险投资和股权投资的良好氛围。三是建设产学研用协同创新平台。围绕推进大学和科研院所改革,支持骨干企业与科研机构、高等院校组建技术研发平台和产业技术创新战略联盟,形成资源互补、价值整合、开放创新和规模经济效应,推动更多科研成果在长三角产业化。四是实施服务业全球化战略。现代服务业尤其是现代生产性服务业是聪明的"脑袋"和起飞的"翅膀",发展现代服务业等同于发展创新驱动型经济。通过发展现代服务业集聚区,形成高端创新人才集聚的新型"特区"。

在制度环境方面,构建有利于创新驱动的制度体系。一是深化科技体制改革。经济发展方式难以转变的主要原因是存在着体制性障碍,政府保持着过大的配置资源的权力。政府应适当放权,将更多的人力、物力和财力用于基本社会保障、公共服务等方面。以战略转型带动体制机制转型,从而激励创新驱动发展方式的确立。二是完善知识产权保护制度。推进知

识产权强省（市）建设，提升知识产权创造水平，增强企业知识产权战略运用能力，培育知识产权密集型产业，着力发展知识产权市场，切实加大知识产权执法力度和保护力度。三是完善高端人才培育制度。推动大规模高层次创新人才培养政策，围绕重点产业和科技优先发展领域，大力培养和引进科技领军人才、拔尖人才和创新创业团队，以及具有战略眼光的高素质管理人才和企业急需的高技能人才，并强化人才服务体系建设。同时，加快国家重点实验室、工程技术研究中心、企业技术中心、院士工作站、博士后工作站等研发机构建设，打造吸引和集聚全球领军人才和团队的平台，使得人才引得进、留得住、用得好、出成果。四是营造积极的创新文化氛围。营造"鼓励创新、宽容失败"的创新文化环境，形成尊重创新愿望、发挥创新才能、包容创新失败、肯定创新成果的创新文化氛围。通过创新文化的建设，构建创新经济的"精气神"。破除扼杀创新精神的官本位意识和小农意识，鼓励全社会尊重和敬畏创新、创业、创意的企业家精神，形成大众创业、万众创新的良好社会氛围。

4. 加快淘汰低端落后产能，加强区域生态环境治理

长期以来，作为全球制造业基地，长三角的经济增长模式基本上以粗放型的资源消耗式扩张为主，产业发展过度依赖于普通劳动力等初级要素的投入，产业附加值水平和资源利用率较低，污染物排放率较高。因此，改善长三角生态环境，首先要从根本上淘汰低端落后产能。一是严格防止新增落后产能。严格实施项目能评和环评制度，新建高耗能、高排放项目能效水平和排污强度必须达到国内先进水平，把主要污染物排放总量指标作为环评审批的前置条件。对未通过节能评估和审查的项目，一律不得开工建设。结合产业发展实际和环境承载力，通过提高能源消耗、污染物排放标准，严格执行特别排放限值要求，加大执法处罚力度。二是加快形成落后产能退出机制。充分发挥资源性产品价格机制、税收等政策的引导作用，以高于国家要求的质量、能耗限额、污染物排放标准为标准，对超过能耗限额标准和环保不达标的企业实施电价、水价等差别价格政策，形成倒逼落后产能退出机制。对原有高耗能产业产能实行能耗等量或减量置换，强化项目能评验收监督，实现能评审查闭环管理。

同时，也要加强生态治理和环境保护，通过生态环保一体化共建联防，破解资源生态难题，共建环境优美、生态良好的宜居家园。一是加强

区域环境保护,长三角各地区联动实施大气、水、土壤污染防治行动计划,开展新一轮新安江生态补偿合作,继续加强长江、淮河及太湖、千岛湖、巢湖等流域水环境综合治理与保护,筑牢生态安全屏障。二是加大对企业技术改造和节能降耗的金融支持。发挥财政资金的引导带动作用,以省内自主研发节能环保新技术、新产品为重点,组织实施一批节能产业化工程。三是鼓励第三方环保治理。积极培育"节能医生"、节能量审核、碳排放核查等第三方机构,鼓励通过合同能源管理方式为用能单位提供节能服务,在污染减排重点领域加快推行环境污染第三方治理,提高节能减排效率。四是持续加强环境监管体系建设。实行严格的环境准入标准、污染物排放标准和产品能耗限额标准,执行节能、节地、节水、环境等市场准入新标准,严格实施新建固定资产投资项目能评和环评制度。建立健全环境基础设施和环境管理体系,持续开展生态化改造和企业清洁生产,切实提高企业环境责任意识。五是深化和完善各类环境政策试点。包括率先实施环境税费改革,探索建立排污权有偿使用与交易制度,建立跨界断面水质管理的补偿与赔偿政策,实行清洁能源供应保障与补贴政策,以及继续深入推进环境资源区域补偿、绿色信贷、环境污染责任保险等政策,扩大覆盖范围,完善实施机制。

5. 加快政府职能转变,增进区域民生福祉

作为公共产品,民生事业的发展离不开政府的支持。发挥政府的能动性作用,需要从根本上改变以 GDP 增长为核心的政绩考核方式。地方政府官员政绩标准需要更加注重和谐发展,更多地转变到以收入增长和民生幸福为核心上来,注重向"民生投入"与"福利支出"并重的公共财政理念的转变。改革公共财政收支体系,简政放权,压缩"三公"经费,控制行政支出,集中财力和资源提升居民的社会保障水平和福利水平。

"十三五"期间,长三角各地方政府投资既要严格控制在公共产品和服务领域,加大民生领域的财政投入,又要尤其注重群众的大量生活需求等各领域激发潜在市场需求,形成新的投资点。一是发挥提供就业和再分配中的统筹职能。提高就业质量包括增加就业机会,提升劳动者的就业能力,维护劳动者的合法权益,促进居民收入增长。在再分配当中强化政府的统筹保障职责,要促进农民特别是纯农地区的农民增收,逐步抬高底部。二是扩大公共基础设施投资。增加向区域(城市)之间以及区域

（城市）内部的基础设施投资，如高铁网络、地铁、城市地下管道和污水处理、部分城市棚改等。加强公共文化基础设施建设，完善公共文化服务网络，全面提升文化事业发展水平，保障人民群众基本文化权益，同时加快发展文化产业，以满足人民群众多样化精神文化需求。三是扩大重要民生服务投资。从解决重要民生领域供给瓶颈的角度出发，加快构建终身教育、就业服务、社会保障、基本医疗卫生、住房保障、社会养老服务"六大体系"，健全基本公共服务体系，推进城乡基本公共服务均等化，提高广大群众的幸福指数。四是推动长三角区域公共服务一体化。通过建立长三角跨区域协调机构，推动完善三省一市及各个城市的政府间合作与发展联席会议制度，鼓励和加强长三角区域间多方面的合作。依靠地方政府间的合作、协商统筹推进一些大型基础设施和医疗、养老、社保等方面的一体化。此外，还可以在公共服务供给领域中引入市场竞争机制，打破政府的垄断地位，建立多元化供给模式，提高公共服务供给的效率和水平。五是探索基础设施和民生工程投入的新体制。按照"政府主导、社会参与、市场运作、规范有序"的总体思路，对具备一定条件的基础设施和公共服务类项目，通过建立公平的市场运行环境和合理的投资回报机制，鼓励和引导社会资本积极参与，建立投资、补贴与价格的协同机制，不断提高基础设施运营质量和效益，满足人民群众对公共产品和服务的需求，推动长三角全体人民共同迈入全面小康社会。

全面建成全球一流品质的世界级城市群：大上海都市圈需要做什么？

上海财经大学课题组[①]

一　研究背景

（一）概念界定

所谓"都市圈"，也称城市圈、大都市连绵带、大都市经济圈，其本质是城镇密集区的一个发展阶段和一种空间形态，是在城市圈层结构理论和城市群、城市带、大都市区等相关概念基础上发展产生的。一般认为，都市圈是指由一个或多个核心城镇，以及与这个核心具有密切社会、经济联系的，具有一体化倾向的邻接城镇与地区组成的圈层式结构。也有学者认为，都市圈是指在地域上集中分布的若干大都市和特大城市集聚而成的庞大的、多核心、多层次城市集团，是大都市区的联合体，其实质是由各等级城市形成的相互串联、高度集中的中心经济地带。

《长江三角洲城市群发展规划》明确了长三角范围，在上海市、江苏省、浙江省、安徽省"三省一市"中，由以上海为核心、联系紧密的多个城市组成，主要分布于国家"两横三纵"城市化格局的优化开发和重点开发区域。规划范围包括：上海市，江苏省的南京、无锡、常州、苏州、南通、盐城、扬州、镇江、泰州，浙江省的杭州、宁波、嘉兴、湖

[①] 课题组成员：刘乃全。

州、绍兴、金华、舟山、台州，安徽省的合肥、芜湖、马鞍山、铜陵、安庆、滁州、池州、宣城，共26市，国土面积21.17万平方公里，2014年地区生产总值12.67万亿元，总人口1.5亿人，分别约占全国的2.2%、18.5%、11.0%。"长三角要建成具有全球影响力的世界级城市群，上海的龙头作用至关重要。"

上海"十三五"规划提出，"十三五"时期，上海应进一步打破行政区划的制约，在更大范围优化区域产业和空间布局，着力构建网络化、多中心、扁平化的城市体系。随着全球城市化的快速推进，传统的大都市圈和城市群将逐渐向"巨型城市区域"演变，以这些巨型城市区域为代表的空间单元将重塑世界经济地理格局。未来30年，长三角将发展成为巨型城市区域，上海与南京、杭州等城市共同构成区域内的核心节点，不同节点之间密切联系，形成网络化协同发展格局，上海本身也将发展成为巨型城市。

按照"上海2040"以及"十三五规划"，大上海都市圈可以看作有两个维度的界定：一是立足贯彻落实国家战略和要求，并实现上海全球城市发展目标，上海将把在交通通勤、产业分工、文化认同等方面与上海关系更加紧密的地区作为上海大都市圈的范围，形成90分钟交通出行圈，重点是积极推动上海大都市圈同城化发展，完善区域功能网络，加强基础设施统筹，推动区域生态环境共建共治，形成多维度的区域协同治理，引领长三角一体化发展；二是从行政区划上提出的上海大都市圈包括上海、苏州、无锡、南通、宁波、嘉兴、舟山在内的"1+6"城市群范围，总面积为2.99万平方公里，是区域一体化发展的核心。

因此，从长三角一体化发展的视角，建议从空间体系对大上海都市圈界定为以上海十七区为核心（全域面积8359平方公里，其中陆域面积6833平方公里），以生态基底为约束、以重要的交通走廊为骨架，本报告从两个维度进行研究对象的界定：一是"广义"的立足区域功能网络和交通廊道建设视角，即大上海都市圈上海、苏州、无锡、南通、宁波、嘉兴、舟山在内的"1+6"城市群范围；二是"狭义"的立足经济社会协同发展以及发展阶段现实诉求，聚焦上海及近沪地区的"1+4"都市圈协同发展地区，即"1"上海市域范围内的大都市核心区+"4"浦东滨江沿海战略协同区、杭州湾北岸战略协同区、长江口战略协同区、环淀山湖战略协同区，重点剖析其经济、交通、生态、社会等层面的都市圈一体化发展。

专栏1　《上海2040》：推动大都市圈功能网络一体化

具体分为四方面：

第一，强化生态环境共保共治。加强区域衔接，共同完善长江口、东海海域、环太湖等生态区域的保护，通过林地绿地建设、河湖水系的疏浚、生态环境的修复，共同形成长江生态廊道以及滨海生态保护带。推动长三角以及更大区域实施大气污染联防联治。

第二，加强区域交通设施的互联互通。强化浦东国际机场与长三角城际铁路网络等对外交通系统的衔接。加强上海港与长江下游及杭州湾地区港口的分工合作，构建长三角现代化港口群。构建以高速铁路、城际铁路和高速公路为骨干、多种方式综合支撑的区域城际交通网络。

第三，促进区域市政基础设施的共建共享。统筹区域水资源分配，研究流域跨境引水方案。实现市政廊道无缝衔接，统筹上海天然气管网连接西气东输、川气东送、中俄东线等天然气管道系统。统筹以上海为核心的区域高速信息廊道布局。探索数据中心服务的跨省市合作途径。推动区域综合防灾体系构建。

第四，加强区域文化的共融共通。依托海派文化包容并蓄的底蕴，以推动东、西方文化交融为目标，构建中国传统历史文化网络，联合环太湖古镇群，打造成为世界级水乡古镇文化休闲和生态旅游度假区，并探索古镇联动开发和世界文化遗产申请等策略。对外引入并传播国际先进文化，强化文化软实力。

资料来源：摘编自《上海市城市总体规划（2015—2040）》。

专栏2　《上海2040》：近沪地区发展构建开放紧凑的空间体系

1. 浦东滨江沿海战略协同区，整合空港、海港、海洋生态空间、城镇等要素，发挥中国（上海）自由贸易试验区的引领作用，对接"一带一路"，形成面向全球和亚太的战略空间。聚焦临港—舟山等滨海地区分工协作发展，加强生态环境改善，积极引入战略性新兴产业，发展现代远洋渔业，合理利用滨海岸线和海域资源。

2. 杭州湾北岸战略协同区，整合战略性产业、滨海岸线、港口、海洋空间资源等，推进奉贤—金山—嘉善—平湖等海湾地区协作发展，增强江海、陆海、海空多式联运能力，强化战略性产业和创新型产业集聚。加强生态环境修复和保护，合理利用滨海岸线、杭州湾海洋资源。

3. 长江口战略协同区，整合长江沿岸、入海口的城镇、港口、生态资源等，打造衔接"一带一路"和长江经济带、辐射带动内陆地区发展的战略空间。聚焦宝山—崇明—海门—启东等跨界地区的协作发展，以及崇明国际生态示范岛的建设。

4. 环淀山湖战略协同区，整合湖泊、水网、古镇、生态等要素，保护江南水乡历史文化和自然风貌，形成文化生态休闲的战略空间。聚焦青浦—环淀山湖地区，在加强生态环境建设的同时，推动水乡古镇文化休闲和旅游资源的整体开发利用。

资料来源：摘编自《上海市城市总体规划（2015—2040）》。

(二) 研究综述

第一，大都市区、大都市圈及城市群概念最早源自国外，随着中国奇迹式增长和城市化进程加快，逐渐被引入用于中国问题研究。美国 1910 年首次提出"大都市区（Metropolitan District）"，1950 年拥有 1230 万人口的纽约是世界上唯一的大城市，美国行政管理与预算局推出标准大都市区（Standard Metropolitan Area）的界定及规范，从此大都市区概念成为国际范例被其他国家广泛应用。1965 年，拥有 1980 万人的东京取代纽约成为世界上最大的城市，日本在 20 世纪 60 年代提出了"都市圈"概念，并随着五次"国土综合开发法/全国综合开发计划"逐渐加强并完善。根据 2010 年日本普查报告的定义，日本都市圈由一个或多个中心城市以及与其相关联的周边市町村构成。2014 年日本拥有 10 个主要的大都市圈，4 个一般大都市圈。Gottman（1957）使用"都市连绵区"刻画华盛顿—纽约—波士顿的区域，并适用于东京、大阪、京都及名古屋构成的新干线走廊。目前，国际学术界对大都市圈的研究集中在两个主要方面：一是都市圈的类型、形态特征与功能特征，二是大都市圈不同演化阶段的划分及其演化规律的研究，包括大都市圈的空间形态特征与经济生态特征的结合，大都市圈内部的资源配置方式实证研究等（拉谦，2010）。就中国而言，一批地理学者较早提出了城市统计区（周一星，1986）、城市经济区（顾朝林，1991）等类似都市区的概念。大都市区和都市圈概念被上海部分学者用于上海研究（宁越敏等，1998）。可能由于都市圈概念容易引起城市之间"中心与外围"圈层分歧问题，其推广应用受到了限制，姚士谋等（2001）提出的看似更为平等的"城市群"概念被广为接受。《国家新型城镇化规划 2014—2020》明确了全国以城市群为主体形态的发展目标。方创琳等（2015）系统总结了近年来国内专家提出的多种中国城市群空间组织格局方案，代表性的包括："5+6+11"的空间组织格局、"5+9+6"空间组织格局、"3+7+17"空间格局、"10+6"新格局、"10+3"新格局等，各方案对于珠三角城市群、长三角、京津冀城市群、成渝地区城市群、长江中游城市群 5 个国家级城市群形成了高度共识。

第二，1983 年国务院设立了上海经济区，21 世纪初中国加入 WTO 后长三角作为全球第六大城市群兴起以及 2010 年《长江三角洲地区区域规划》的通过，导致长三角一体化研究不断升温，主要包括：产业集聚与长三角产业地域分工问题（范剑勇，2004；陈建军等，2009）、长三角产业结构、空间结构关系问题（沈玉芳，2010；闫海洲，2010）、长三角金融合作问题（张靖等，2010）、市场分割和长三角产业一体化问题（李郇和徐现祥，2006；黄新飞等，2014）、产业承接与转移问题（杨继军等，2008；左学金，2010）以及长三角经济一体化的历程、动力和演进规律等（陈建军，2005；汪后继等，2011）。同时，2005年《深圳2030城市发展策略》在国内首次提出的"同城化"概念被用于研究长三角城市一体化（王振，2010；上海财经大学区域经济研究中心，2012）。所谓同城化是指两个或两个以上城市因地域相邻、经济和社会发展要素紧密联系，具有空间接近、功能关联、交通便利、认同感强的特性，通过城市间经济要素的共同配置，使城市间在产业定位、基础设施建设、土地开发和政府管理上形成高度协调和统一的机制，使市民弱化属地意识、共享城市化所带来的发展成果的现象（张建军等，2008）。事实上，同城化概念的提出并成为关注焦点可能与我国城市间行政区划分割的客观约束相关。高秀艳等（2007）提出"同城化"实际上是区域经济发展过程中为打破传统的行政分割，促进区域市场、产业、基础设施一体化，提高区域经济整体竞争力的一种发展战略。王德等（2008）归纳总结了国内正在实施同城化战略的产生背景、基本特征，指出同城化是行政区划调整限制下城市合作的现实选择。谢俊贵等（2009）则对同城化的社会功能进行了分析，强调同城化是指没有行政隶属关系相邻城市的居民形成一种有如生活在同一城市空间的社会生活感受的城市整合发展过程。朱金海（2009）指出区域同城化将带来人口多向流动、区域社会资源相互融合、产业分工不断优化等新的总体趋势。上海在同城化条件下如何充分发挥和利用同城效应，需要在加大改革开放力度、加快社会事业改革进程等方面需要进行深入探索。2010年国务院批准《长江三角洲地区区域规划》明确长三角"亚太地区重要的国际门户、全球重要的现代服务业和先进制造业中心、具有较强国际竞争力的世界级城市群"的战略定位。在政府协调机制方面，1992年14个城市成立的协作部门主任联席会不断升级扩容，目前已包含30个城市的第十六届"长三角经济协调会"刚于今年3月在金华举办，主题为："互联网＋"长三角城市合作与发展。

第三，近年来，美国和欧洲开始重视大都市与区域之间的有机联系和相互融合。主要体现在两个方面，其一，巨型区域规划。2005年美国制定的《2050区域发展新战略》中提出"巨型城市区域"的概念，也称"巨型区域"。巨型区域是以大都市区划分为基础，在更大空间尺度上考虑生态环境系统、基础设施系统、经济系统、制度及文化系统相似性和联系性。据此，2008年《美国2050空间战略规划》中划分出11个巨型区域，约占美国人口70%左右，其中纽约属于东北部区域（刘慧等，2013）。与此同时，在欧洲，彼得·霍尔和凯西·佩恩在《多中心大都市：来自欧洲巨型城市区域的经验》一书中指出，网络化的多中心巨型城市区域是21世纪的一种新城市现象，它们在全球围绕一个或多个城市发展，其特点是形成一个城镇集群，在物质空间上分散，但在劳动力空间分配上却密集地网络化。书中分析了欧洲正在出现的8个多中心巨型城市区域，分别是：英格兰东南部、兰斯塔德、比利时中部、莱茵鲁尔、莱茵—美茵、瑞士北部、巴黎区域、大都柏林地区。其二，"全球城市区域"对应"全球城市"。在"世界城市"（弗里德曼，1986）和"全球城市"（萨森，1991）基础上，斯科特进一步提出了"全球城市区域"的概念（Scott，2001）。这是因为经验发现全球化的影响波及广泛的城市地区，而不仅仅是城市本身，在全球化高度发展的前提下，以经济联系为基础，由全球城市及其腹地内经济实力较为雄厚的二级大中城市扩展联合而形成的全球城市区域，是当代全球经济的基本空间单位，并成为全球城市发展的地域空间基础（周振华，2007）。以Krugman为代表的新经济地理学用空间溢出（spatial spillover）、运输成本（transportation cost）来解释基础设施改善对城市带来的经济效应（Krugman，1999）；Duranton（2004）从理论上探讨了城市群发展共享，互补与学习机制三种类型的微观基础，通过纳入交通因素对模型进行拓展，对基础设施影响城市群发展的理论解释提供了精确描述；日本产业技术综合研究所（AIST）分直接（新干线自身的高收益）和间接（时间价值、环境效益、科技效益等）两个层面研究了日本新干线对沿线城市的经济社会综合效益等。

第四，一直以来，上海在城市形态布局、产业发展、功能定位及结构转型方面的学术研究和国家战略紧密结合。重视、依托及运用战略研究，已然成为上海持续提升城市发展定位、准确把握发展方向的重要"基因"

（屠启宇，2009）。2014年开始，上海组织各方面力量，集中精力开展"三个上海战略"的研究，分别是"十三五规划思路研究（2016—2020）"，"上海城市总体规划修编（2021—2040）"以及"上海城市发展（2020—2050），即面向未来30年的上海发展战略研究"。"十三五"发展规划思路、上海城市总体规划以及上海城市未来发展战略。积极发挥国内外各类智库作用，同一时间开展2020年、2040年和2050年三个发展阶段的上海战略和规划，有助于进一步指导上海未来真正走向创新驱动发展和产业升级转型，实现新的历史方位下上海发展的新目标，也是提升上海国际化大都市治理体系和治理能力现代化的重要举措（权衡，2015）。其中，上海在国内率先提出建设全球城市，其样本和实践充实了全球城市体系的理论研究（肖林，2016）。《开放改革引领创新转型：上海"十三五"发展规划思路研究》（王战等，2015）一书中，上海社科院课题组呼吁：上海可建立半径100公里左右的"泛上海大都市圈"，借鉴日本东京都市圈经验，规划相应轨交战略，打造全球城市。值得强调的是，上海城市发展定位与国家战略互动关系历来受到研究重视。在大多数亚洲国家，特大城市与国家之间的关联度要比世界上其他地方的中心城市更为密切（拉谦，2010）。上海是一个典型例子，不同于国内多数城市，上海发展的历史轨迹、城市定位及转型发展长期以来被置于全球化背景和国家总体战略布局中认识和解读（刘乃全等，2015）。上海自贸区制度创新也应与上海市及其他重点地区的实践探索形成梯度对接和改革互动（李鲁和张学良，2015）。

（三）理论框架

1992年，曼纽尔·卡斯特在普林斯顿大学召开的"新城市化"会议中提出流动空间（space of flows）是通过流动而运作的共享时间的社会实践的物质组织。1996年他在《网络社会的崛起》中指出，互联网的广泛应用为一种流动空间的建立提供了强大的后盾，在这种虚拟网络所创造的新的生产与管理模式将改变人们的生活与生产方式。在日益强大的全球化经济带动下，流动空间将逐渐弱化城乡区域的内部行政边界、社会关系及政治制度的限制作用。在人流、物流、资金流、信息流等各种"流"的作用下，功能化和等级化的网络节点将生产、分配和管理功能定位在最有利的区位，并通过电信网络将所有活动联系起来。总之，全球化与信息化所带来的"流动"将成为今后各种要素功能的集中再扩散的主导因素。周振华（2007）结合全球城市的发展将流动空间的概念内涵进行了丰富和拓展，认为流动空间与长期以来具有历史根源的、共同经验的空间组织，即地方空间（space of places）是有本质区别的——其样貌是：地方并未消失，但是地方的逻辑和意义已被吸纳进了网络，由于社会的功能与权力是在流动空间里组织，其逻辑的结构性支配根本性地改变了地方的意义与形态。

同信息技术一样，快速交通设施的建设无疑将进一步推动城市地理空间向流动空间的转型。信息技术和交通基础设施的发展，共同作用使空间形态发生新的变化。新的城市群形态，即基于快速交通和通信网络以及范围经济的多中心城市集合体——网络城市应运而生。围绕人流、物流、资金流、技术流和信息流等要素流动而建立起来的空间，并通过节点将流向不同方向的各种流动相互连接，以创造有目的、反复的、可程式化的动态流动运动。网络化逻辑的扩散改变了生产、经验、权力与文化过程中的操作与结果，进而影响城市在区域乃至全球的空间关系的整合。在这一背景下，人口、企业的集聚活动以及城市政府间的竞合关系都需要在新的理论框架下进行重构。

流动空间通过大都市区、城市群、大都市带和全球城市构筑的城市节点与核心，在跨越地方与疆界的交通流线与网络流线的支持下，在占支配地位的管理精英以及跨国公司的作用下，重新整合了城市、区域乃至全球的空间关系。在区域流动空间中，空间不再停留于地方，而是在流动空间中被重新整合。基于"流动空间"的中心城市将是信息和交通网络传输的节点。城市本身则通过网络融入区域、国家和全球经济的各个层次中去，全球城市区域作为当代全球经济的基本空间单位无疑可以为理解同城化提供更好的分析基础。全球城市区域既不同于普通意义上的城市范畴，也不同于仅因地域联系形成的城市群或城市辐射区，而是在全球化高度发展的前提下，以经济联系为基础，由全球城市及其腹地内经济实力较为雄厚的二级大中城市扩展联合而形成的一种独特空间现象。

以全球城市网络的角度看来，城市就是一个与其他城市有着内在连接的节点，并作为该网络系统的组成部分。而城市作为节点，其价值主要体现为与其他节点之间的相关性，即城市间的联系是决定城市兴衰发展的关键因素。对此，城市作为节点的功能更多地依赖于城市网络中的联系，而不是使对其资源的占有、新技术的开发及其路径产生依赖。作为网络节点的城市，处于流动的空间中。在城市网络结构中，城市的机遇更多的来自于节点之间的结构严密和联系紧密的相互作用。某一城市在网络中重要性的衡量可以由关联密度和关联广度来衡量。从关联密度来看，城市间相互关联的层次越密集，节点所能完成的吸收、传递和处理的功能越强，该城市的重要性就越大。从关联广度来看，该节点与其他节点的联系及相互作用越多，该节点在网络中就越处于中心位置。因此，连贯性是衡量全球城市网络中节点重要性的依据。在全球城市网络体系中，存在一个中心城市。节点和中心的区别可根据其与世界联系性强度及其影响范围的大小来划分。在全球城市网络中，具有最广泛、最密集的全球网络连通性的城市，将是全球城市网络中的中心节点，否则将是网络中的一般节点。这些中心节点可以是处于最高基层的世界城市（例如作为世界著名金融中心的伦敦、纽约和东京），特定工业行业的支配性城市（例如以石油工业闻名的美国休斯敦），或国家的政治或经济中心（例如华盛顿特区）。因此，中心和节点都根据它们在网络中的相应权重呈等级分布。这种全球城市体系的组织和划分原则为我国城市功能的国际化提供了发展空间。

正如20世纪全球竞争的地理单元从城市增长演变到大都市区增长一样，巨型区域——"大都市区内劳动力市场、基础设施和土地利用一体化的区域"将在21世纪迅速占有一席之地。新兴的"巨型区域"正在成为新的以促进各大都市区之间商品、劳动力和资本流动为特征的全球经济竞争地理单元。从趋势上看，巨型区域可以在一个单一的地理单元内充分利用业已存在的各种经济职能（从总部经济到最低端的制造业）助力核心城市提升全球竞争力。

二 经验借鉴

结合都市圈发展历程及路径机理，本部分重点梳理东京和纽约两大都市圈发展历程及主要经验，并总结其启示。

(一) 东京都市圈联动发展的经验

日本是世界上最早提出"都市圈"概念，并且对都市圈进行统一规划和跨区域联合治理的国家，在都市圈发展与治理方面积累了非常丰富的经验。这其中，以东京都为主要核心城市的"东京都市圈"最具代表性。对东京都市圈的界定有狭义和广义之分。狭义的东京都市圈是指东京都及周边的埼玉、千叶、神奈川（即"一都三县"），面积1.34万平方公里（占全国3.5%），人口规模4000多万（占全国约1/3），经济总量接近全国一半，城市化率超过90%。广义的东京都市圈又称"首都圈"，是在"一都三县"的基础上加入茨城、枥木、群马及山梨四县（即"一都七县"），总面积达3.69万平方公里（占全国9.8%）。从20世纪50年代至今，东京都市圈在日本政府的主动引导和优化重构下，以"集中分散化"的空间扩展模式，将早期的"一极单核"空间结构转变为当前的"多核分散"区域格局，不同城市既保持了一定的独立性（内部功能平衡），又形成了特色鲜明、错位发展的分工格局（外部功能互补），相互间也通过发达的交通体系保持了紧密联系。这种大都市圈的发展模式既有效疏解了过度集聚的中心城市功能，突破了"单极依赖"的发展瓶颈，还通过发展多个自立型都市区，实现了整个大都市圈均衡、有序、协调发展的目标。

1. 问题导向，明确都市圈构建及发展的总体愿景，厘清发展目标并形成广泛共识

东京强化首都圈的构建是基于持续增长的时代结束后，针对老龄化、少子化的核心问题，针对提高国际竞争力、提升市民的生活品质、加快交通基础设施建设、促进国内外活跃交流等诉求，强调通过东京都及周边各地区的广泛联合，充分利用约3300万人集聚的优势加快区域内一体化进程。这不仅仅是提升首都圈乃至日本发展活力的需要，同时也是构建与环境共生的具有魅力的首都圈巨型城市群所不可或缺的。

为此，东京都制定了《首都圈巨型城市群构想》，并向东京都市民为主的广大国民以及国家和首都圈巨型城市群的各行政主体发出倡议——作为首都圈巨型城市群的目标，"21世纪的首都远景"将包含历史、地理、社会、经济和文化等几方面特征，具体包括：约3300万人集聚的世界最大的首都；与一国经济实力相当的世界主导城市；引领亚洲新文明的生活

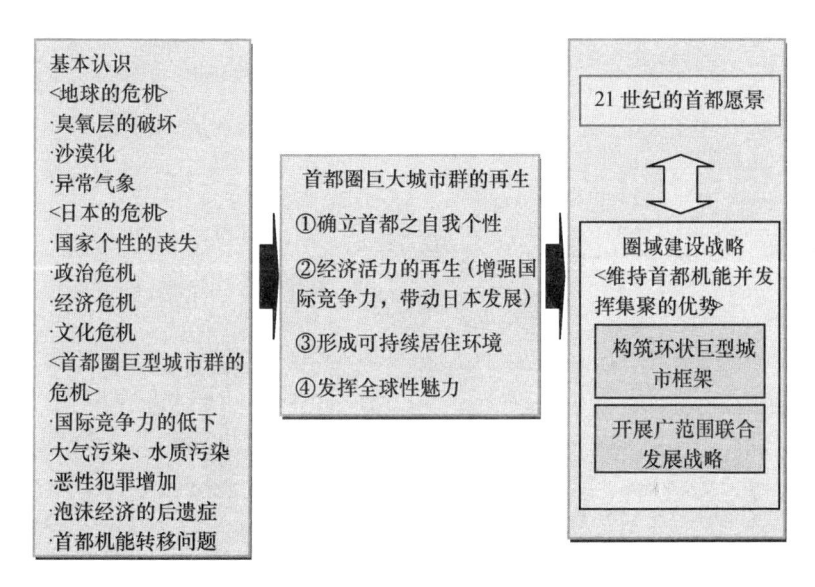

图 1　21 世纪的首都愿景与区域建设战略

城市；有 400 年历史、具有深厚魅力的文化城市；与山、海、河流等丰富自然环境共生的环境城市；能克服地震等自然灾害的防灾城市。

2. 基础先行，构筑环状巨型城市框架，助力培育形成首都圈巨型城市群集聚优势

为了克服首都圈巨型城市群的危机，"将首都圈巨型城市群的各种机能分担给各个地区，通过紧密的交通网络体系促进地区间的活跃交流，开展充满活力和魅力的城市活动，促进整个区域都市结构重组为焕然一新的'环状巨大城市框架'"成为首要任务。东京重视都市圈快速化、网络化的交通体系建设。东京都市政厅编制的《首都圈规划构想》[①] 中，提出通

[①] 1999 年 11 月，日本国会众议院提出，将中央政府机构和职能迁出东京，疏解东京过度集中的首都功能。东京不赞同迁都，其提出应该在首都圈内优化改善市区功能，近距离疏散城市功能。在这一背景下，东京都市政厅编制了《首都圈规划构想》，并于 2001 年 4 月正式发布。《首都圈规划构想》仍然保留了东京在日本的中心地位，同时强调加强与周边城市的协同发展。《首都圈规划构想》的范围是指承担首都功能的 7 个都县市，分别是：埼玉县、千叶县、东京都、神奈川县、横滨市、川崎市、千叶市。首都圈规划的主要目的，是为了提升日本国际竞争力，提高老百姓的生活水平，7 个都县市联合健全交通网络，发挥 3300 万人口聚集的优势，联合打造一体化的区域经济。

过环状布局交通网,实现首都圈的紧密联系。由位于环状都市交通网节点上的首都副中心分担总部基地、居住社区、工业产业、物流、文化等城市功能,如图2所示。

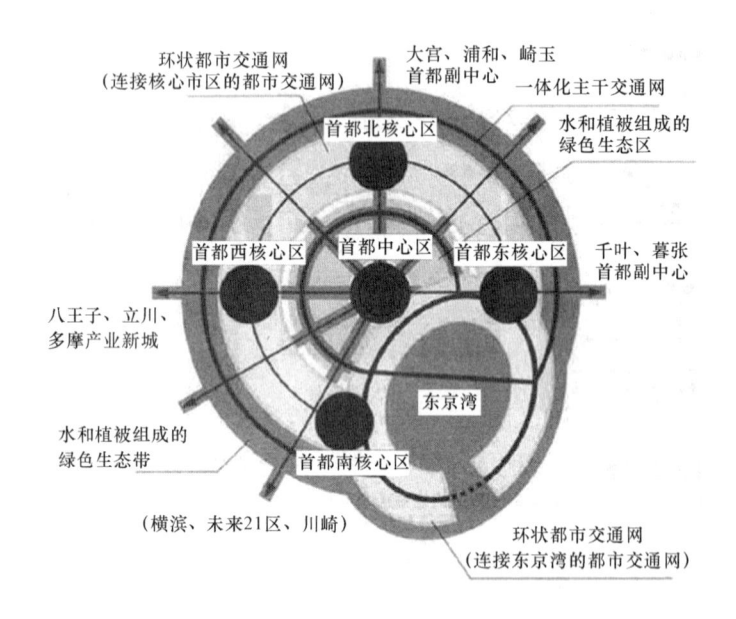

图2 东京首都圈环状都市交通网

《首都圈规划构想》出台若干营建环状都市交通网和实现7个都县市协同发展的一体化战略的具体措施,主要包括:第一,实现广泛对接、快速换乘的交通网络;第二,充分应用机场的航空运输功能;第三,搭建高效、高覆盖率的物流系统;第四,构建首都圈信息网络。最终取得显著效果,如首都圈内的汽车行驶速度提升10%;环状都市交通网上的交通量增加,带动各个首都副中心的经济社会发展;减少20万乘轨道交通经过中心区的通勤人口,缓解交通压力;中心城区的进出城交通量减少30%,缓解交通压力,降低中心城区的环境负荷等。东京圈有60km的居住圈,每天通勤通学占交通量的90%以上。东京圈的发展得益于四通八达、方便快捷的交通网络,特别是轨道交通在联结城市流动上发挥了重要作用(东京的轨道交通网络承担总交通客运量的86.5%)。目前,东京有67%的人口依靠公共交通出行。布局在首都圈内参与公共交通的城市快速轨道交通线路里程为2305公里，其中地铁292公里、JR线（不包括新干线）887公里、私营铁路（包括单轨铁路）1126公里。目前，东京首都圈的公共交通每天可运送乘客4315万人，地铁、JR线、私营铁路运送人数为3658万人，达到84.8%。东京首都圈构建了高速公路——城区地铁——城市轻轨——城际高铁为主体的城市立体交通网络。高速公路体系的建设使首都圈内城市间的通勤距离逐步缩短；又通过建立地铁、轻轨和铁路等立体化轨道交通网络，使首都圈内的城市经济距离不断拉近，从而使城市间人口和生产要素的自由流动加快，使得城市功能定位与产业合理布局拥有坚实基础，促使东京首都圈联动和一体化发展。

3. 战略引导，开展广域范围内的全域协作发展战略，发挥都市圈区域一体化机能

为实现21世纪的首都愿景，在构筑环状巨大城市框架的同时，必须全面开展区域一体化战略建设。

表1　　　　　　　区域一体化建设战略与具体措施一览

序号	区域一体化建设战略	主要举措
1	实现快速交通连接	●建设首都圈三条环线道路、第二东京湾沿岸道路等 ●有效利用高精度道路交通系统（ITS），加强交通疏导和控制
2	通过都县联动提升空港功能	●调整空港之间的功能分工（对国际航线、国内航线进行重编） ●改善机场的交通接入性
3	东京湾的一体化建设	●改善城市基础设施，提升东京湾沿岸区域的潜力 ●建设城市休闲地
4	构筑高效的广域物流系统	●强化国际性物流基础设施 ●构筑广域物流网络
5	推进广域联合防灾	●有效利用道路、河流、港湾，加强防灾据点建设 ●建立完善区域灾害应对组织
6	加强首都机能（国家中枢机能）的应急管理	●强化危机管理体制 ●完善支持国家中枢机能的应急体制
7	采取综合措施，改善东京湾水质	●建立一元化体制 ●制定新制度等

续表

序号	区域一体化建设战略	主要举措
8	形成大气污染防治合力	●采取限制汽车尾气的综合措施 ●确立广域大气污染监测体制
9	废弃物处理与再利用	●建设废弃物再利用和集中处理设施 ●采取区域性措施,规范产业废弃物处置
10	首都圈巨型城市群信息网络	●加强信息基础设施建设 ●构筑广域行政信息网络
11	培养支撑21世纪发展的人才	●采取共同行动,培育具有健全人格、能担负未来的下一代 ●加强各领域人才培养和人才交流
12	构筑产业政策方面的跨区域网络	●构筑产业振兴网络 ●广泛加强联动,构建循环型社会
13	区域行政管理创新	●探索研究新型广域自治体相关体制

比如,东京都市圈注重人力资源的跨区域管理或跨区域共享,主要着眼于如下三个方面:第一,树立现代化人才资源管理观。现代化人才资源管理强调政府和企业都尊重人才的择业自由,并且人才的流动不受地域、户籍、社会保障方面的限制,人才的充分流动,使人的潜能得以有效挖掘,人才资源得以创造最大的效益。第二,建立了现代人才资源开发与共享的技术支撑系统。要实现人才资源的自由流动与共享,政府需要建立包括整个区域范围内的人才资源数据及各个微观层面的动态信息的技术支撑系统。第三,利用信息技术整合人才资源管理系统,实现人才资源管理技术支撑系统的数字化运转,提高信息资源的有效性和科学性,建立动态、集中的人才信息网络,从而极大地提高人才资源管理与共享的效率。东京在人力资源方面形成了中央政府的派出机构、地方政府的相关管理机构、遍布全市的人力资源管理网络、民间的人才开发与培训公司相互促进、相互补充的完整体系。

(二)纽约都市圈联动发展的经验

纽约都市圈(又名为美国大西洋沿岸城市群)是世界十大都市圈之一,北起缅因州,南至弗吉尼亚州,跨越了美国东北部的10个州,面积约占美国本土面积的五分之一。纽约都市圈拥有纽约、波士顿、费城、巴尔的摩和华盛顿5座大城市,以及40个10万人以上的中小城市。在这个区域中，人口达到 6500 万，占美国总人口的 20%，城市化水平达到 75% 以上。纽约都市圈的制造业产值占全美的 30% 以上，被视为美国经济的中心。作为世界经济和国际金融的神经中枢之一，纽约占据了区域内的核心地位，而位于波士顿郊区的 128 号公路两侧则聚集了数以千计的研究机构和高科技企业，被称为"美国东海岸的硅谷"。

历史上，纽约都市圈经历过三次重大调整：1921 年第一次调整主要是向郊区扩散，带来的却是城市规划铺张、土地资源利用率低下的问题。1968 年的第二次规划，重点是建立多个城市中心，但结果还是因为土地利用效率降低，城市空洞化现象严重等问题而以失败告终。1996 年，美国东北部大西洋沿岸城市带的规划，确立了拯救纽约都市圈的全新理念。这一理念的核心是在经济全球化进程中扩大地区竞争力的视野，纽约与新泽西州和康涅狄格州共同繁荣的重要性，以及再连接，再中心化的思路。这次规划的结果是，区域经济得以整体、协调发展，中心城市以其科技、资本和产业优势，在产业结构调整中发挥了先导和创新作用。中心城市的实力和地位得到增强，而周围地区也获得了良好的发展契机。

1. "交通—空间"一体化筑好网络基底

区域间的交通运输网络是纽约都市圈发展的重要载体，其中，自配小汽车与通勤铁路成了都市圈交通的主要工具，并引领了都市圈空间结构的改变，促进了圈内产业结构的合理分工，加快了纽约都市圈经济的发展。纽约都市圈的交通设施主要有公路和区域铁路两大系统。公路系统主要包括高速公路、汽车专用路、骨干公路；区域铁路系统主要是指地铁、通勤铁路、城际铁路等轨道交通系统。纽约都市圈内的主要交通工具有小汽车、公共汽车、公共交通、地铁、通勤铁路、城际铁路等。相比东京都市圈而言，纽约都市圈的交通组织模式主要是以自配小汽车为主，通勤铁路为辅。纽约是世界上小汽车拥有量最多的大都市之一，其公路网络系统发达，高速公路是纽约城市的主要通道。纽约都市圈城际间的交通联系主要依赖于公路系统，交通工具主要是小汽车。纽约中心城市与都市圈内其他区域主要是通过高速公路联系起来的，公路干线则是近郊区域与中心城市的辅助交通方式。由于纽约都市交通圈发达的公路系统，导致了纽约都市圈形成了分散的多中心城市布局。纽约都市圈的区域铁路网络规模与公路网络规模是互补的。虽然纽约都市圈内居民的出行主要是以自配小汽车为主,特别是在那些远郊区域,但是纽约城拥有历史悠久的地铁网络,其地铁网络规模仅次于伦敦,位居世界第二,并且区域内所有的地铁路线都是由曼哈顿中心向郊区辐射的。

2. 经济分工协作助力都市圈效率最大化

纽约与周围城市合理的地域分工和产业链形成,成为都市圈持续发展的基础和保障。纽约都市圈遵循了都市圈发展的普遍规律,经历了近两百年的漫长演进过程,在市场机制主导下自发形成。市场机制以价值杠杆为手段,在城市化与市场化的互动过程中,形成了工业发展、社会分工和市场细化的自然结果。纽约都市圈受政治、经济、地理、历史等因素的共同作用,形成了以纽约、波士顿、费城、华盛顿等为核心的四大城市,并带动其他区域的发展。这四大核心城市各具特色,产业互补性强,经济错位发展。纽约拥有发达的商业和生产性服务业,是世界三大金融中心之一;费城具有多元化的经济结构和港口优势,交通运输业发达;华盛顿是全美的政治文化中心,发挥着政治核心的作用;波士顿集中了高科技产业和哈佛等世界名校,高新技术和教育业相当发达。纽约都市圈内的四个核心城市分工协作明确、功能定位合理,使得区域内的产业结构出现多元化和互补性强的格局。同时,都市圈内各个区域的经济发展路径是根据与核心城市的关联度而定的,并最终形成了不同产业集群的空间组织形式。

3. 非政府组织推动区域经济协调发展

纽约都市圈的强调区域合作的规划是在大纽约市政府和非政府的纽约区域规划协会、纽约大都市区委员会等组织的积极倡导下完成的。政府和非政府机构的紧密合作,在区域规划和区域发展协调机制形成等方面发挥了重要作用。纽约城市规划起始于1929年,由非官方和非营利性组织"纽约区域规划协会(RPA)"编制,迄今为止,RPA共进行过三次纽约区域规划。RPA认为,纽约都市区是美国卓越的城市地区,同时也是全球性机会的象征,纽约都市区必须集聚所有力量,依托该市所在3个州综合安排区域的发展,保持并提高它作为世界一流城市的地位,占据发展的制高点,所以应特别考虑城市与区域的可持续发展。这些跨行政区的协调组织或者都市区政府的存在,并没有剥夺地方政府的权力,而是对传统行政管理体制的必要补充。它的存在极大地强化了规划的科学性、民主性和权威性,并使区域经济协调发展成为可能。

(三) 主要启示

从东京、纽约两个都市圈的形成与发展过程来看，他们的发展是与其城市化进程和交通圈发展同步的。两个都市圈内均有先进的、多样化的出行交通工具。高速公路、高速地铁、轻轨、铁路等交通基础设施的建立，形成了四通八达的网络化交通体系，是都市经济圈成长的关键因素。这两个都市圈都拥有便捷的、覆盖面广的城际轨道交通网络，且居民在出行中，利用该交通网络的比例相对较大。与此同时，公共汽车网络也很发达，但是一个日趋严重的问题也出现了，即：因城市拥挤，产生交通状况变化大的问题。不良的交通状况，造成了公交车的运行时间表不明确，耽误了居民的行程安排，导致了乘客的日趋减少，因而地铁和小汽车占据了越来越重要的位置。

1. 基础设施建设是根本性的诱致性因素

基础设施的建设和完善是东京、纽约都市圈发展的基础，他们都有纵横交错、四通八达的海陆空构成的区域性交通网络，其中发达的轨道交通和公路系统是都市交通圈空间结构的核心骨架。交通网络的延伸尺度以及建设水平决定了都市圈的规模。从东京、纽约两都市圈的发展来看，地铁、轻轨、铁路和高速公路等基础交通设施的建设以及各空港和海港的建设，组成了高效、便捷的网络化交通系统。都市圈的空间结构是通过这些交通系统的网络化联系并结合起来的。

2. 区域性统一规划机制不可或缺

日本的"首都圈整备规划"始于20世纪50年代，先后于1958年、1968年、1976年、1986年、1999年制定了五轮次，期间经历了日本经济从战后复兴、高速增长、稳定发展到泡沫破灭、经济衰退等半个多世纪的发展进程，规划所面对的时代背景和外部环境发生了多次历史性转折，也都具有很强的针对性和鲜明的时代特征。从第一次首都圈规划到第五次首都圈规划，核心目标都是致力于解决区域经济一体化过程中的空间结构、功能布局和因人口、资源和城市功能过度密集所引发的各类区域性问题。首都圈规划作为日本政府进行区域空间布局调控的重大公共政策，依靠完备的法律保障、合理的机构设置和配套的财政金融政策，在不同历史时期发挥了各自的作用。纽约都市圈采取了自生自发秩序占主导和支配地位的

"多中心"治理机制,将政府与非政府、行政手段与市场手段相结合,通过行动者之间的互动,在其城市管理中运用城市土地审批程序(UL-URP),从制度上为公众、社区、规划委员会、地方政府、市议会等利益主体提供了法定途径。该大都市管理程序通过整合不同的社区、团体以及公众的利益,协调大都市建设与管理的现实矛盾,以减少负面影响。

3. 都市圈城市间逐步形成适宜自身特点的产业链分工体系

纽约都市圈的城市发展主要以港口为基础,港口的合理分工表现出其有序的区域分工格局。都市圈内的不同城市各具特色、优势互补,承担着不同的职能分工,共同形成聚集优势,从而使得整个都市圈的产业组织模式具有明显的产业结构地域分布和区域职能分工的特征,且最终形成了产业集群的空间组织形式。

三 现状问题

长三角是我国经济最具活力、开放程度最高、创新能力最强的区域之一,大上海都市圈居于长三角的东侧,是"一带一路"与长江经济带的重要交汇地带,经过多年发展,长三角一体化和大上海都市圈发展已经取得了显著成效,在国家现代化建设和全方位开放格局中占据举足轻重的战略地位。

表2　　　　　　周边邻沪城市"十三五"规划对接上海概况

城市	对接上海的部署安排
苏州	●积极对接上海全球科技创新中心建设,主动承接上海科技创新资源辐射。 ●积极对接上海国家级技术转移交易平台,大力推动苏州在科技人才、科技投入、科技管理等科技创新体制机制上与上海接轨。 ●主动对接上海新一轮发展,主动对接并复制推广自贸区成功经验。 ●稳步推进太仓港集装箱四期、沿江港口等工程建设,打造集装箱干线港,全面对接上海国际航运发展综合试验区,积极争取享受综合试验区相关政策,努力把苏州港建成上海国际航运中心的重要组合港。 ●按照建设上海全球城市区域的方向,布局苏州轨道交通系统,加快推进苏州轨道交通系统以及苏昆沪市域快线与上海地铁11号线、17号线对接,积极推进交通基础设施对接大虹桥商务区等核心功能区。

续表

城市	对接上海的部署安排
杭州	●完善长三角合作协调机制，全面接轨大上海，巩固提升"一基地四中心"功能，加强重大战略平台和重点专题领域合作，做好区域规划衔接，共同打造我国最具活力和国际竞争力的世界级城市群。 ●加强中国（杭州）跨境电子商务综合试验区与中国（上海）自由贸易试验区合作，推动自贸区改革创新经验在杭州复制推广。 ●以创新要素资源一体化为方向，强化杭州国家自主创新示范区与上海张江国家自主创新示范区、苏南国家自主创新示范区的战略合作。
宁波	●主动加强与上海战略对接，积极参与长三角建设，深化医疗、教育、旅游、环保等领域合作，探索共建科研院所、研发产业园和成果转化基地。 ●主动对接上海全球科创中心建设，积极引进高水平研发机构和技术资源。
南通	●积极对接苏南国家自主创新示范区、江苏省建设具有全球影响力的产业科技创新中心以及上海科技创新中心建设，塑造更多依靠创新驱动、更多发挥先发优势的引领型发展。 ●以建成沪通长江大桥、建设上海多机场体系重要成员机场等为重点，以火车站、汽车站、港口、机场等为重要节点，加快推进铁路网、高速路网、快速路网、航道网、航空网等交通设施建设。 ●促进港口优势互补、错位发展，推动洋口、吕四等沿海港区加快提高产出效益，加快建成上海国际航运中心北翼江海组合强港。 ●吸引上海、苏南等创新高地高端要素，推动战略性新兴产业在空间、资源、人才等方面有效集聚，引进一批新兴产业重大项目，形成长三角具有较强竞争力的现代产业集群。 ●促进规划对接、产业对接、功能对接，强化融合发展、配套发展、特色发展，构建更加快捷便利的交通体系，更多分享上海、苏南城市功能，积极承接产业、资源等转移辐射，深入推进园区共建共享，建立和完善科技、人才、教育、医疗、旅游、农产品供给等合作机制。 ●复制用好上海自贸区建设经验，全面实行准入前国民待遇加负面清单管理制度，深化开放型经济体制改革和商事制度改革，推进"三证合一、一照一码"登记制度改革，全面实施国际贸易单一窗口和通关一体化，推进跨境电子商务试点，加快发展综合保税区，努力成为上海自贸区辐射带动的先行区。

续表

城市	对接上海的部署安排
嘉兴	●努力建设浙江省全面接轨上海示范区。抓住上海建设中国（上海）自贸试验区的契机，全面实行准入前国民待遇加负面清单管理制度，深化开放型经济体制改革和商事制度改革，推进"三证合一、一照一码"登记制度改革，全面实施国际贸易单一窗口和通关一体化业、生态环境等领域的互联互融，加快与上海在市场监管、政府服务、社会管理等方面的无缝对接，努力打造长三角（沪嘉）产业协同创新区和浙江省全面接轨上海示范区。 ●以上海迪士尼开园及嘉兴市引进启动一批百亿级重大旅游项目为契机，坚持市场化导向，着力推进旅游资源整合和产品开发，促进旅游业和其他产业相融合。努力实现服务业成为第一大产业。 ●实施与沪杭同城战略。充分发挥我市区位优势，以及市场机制和行政推动协同作用，积极参与大上海都市经济圈、杭州都市圈等发展，以交通基础设施对接为基础，推进与沪杭在产业发展、要素配置、公共服务、政策环境等领域的同城化，实现区域优势互补、资源共享、关联发展，切实提高区域竞争力和对内对外开放水平。
无锡	全面对接服务上海。借鉴和复制上海自贸区可复制的改革试点经验，扩大金融、航运、商贸、文化、社会等服务业开放政策先行先试。 ●主动对接上海国际航运中心建设，加快对接上海快速（城际）铁路、高速公路、港口航道等基础设施规划建设，完善口岸、海关、商检等一体化服务功能体系。 ●主动对接上海国际金融中心建设，优化完善太湖新城、锡东新城等载体设施和服务功能，以产业金融为核心，重点承接金融服务外包业、金融中介服务业以及高端商务服务业，努力把无锡打造成为上海国际金融中心的辐射区、承接区和拓展区。 ●对接上海科技创新中心建设，推动各类公共服务平台互联互通，积极承接相关产业转移。

（一）发展现状

目前，国家针对长三角发展的规划已经出台了《国家新型城镇化规划（2014—2020年）》《长江经济带发展规划纲要》《全国主体功能区规划》《全国海洋主体功能区规划》和最新出台的《长江三角洲城市群发展规划》，指引了整个区域的发展方向。大上海都市圈作为长三角一体化发展的核心区域，当前交通、要素市场、产业分工等也已经初具形态。具体来看：

专栏3　长三角一体化发展现状及优势

一是区位优势突出。长三角处于东亚地理中心和西太平洋的东亚航线要冲，是"一带一路"与长江经济带的重要交汇地带，在国家现代化建设大局和全方位开放格局中具有举足轻重的战略地位。交通条件便利，经济腹地广阔，拥有现代化江海港口群和机场群，高速公路网比较健全，公铁交通干线密度全国领先，立体综合交通网络基本形成。

二是自然禀赋优良。长三角滨江临海，环境容量大，自净能力强。气候温和，物产丰富，突发性恶性自然灾害发生频率较低，人居环境优良。平原为主，土地开发难度小，可利用的水资源充沛，水系发达，航道条件基础好，产业发展、城镇建设受自然条件限制和约束小，是我国不可多得的工业化、信息化、城镇化、农业现代化协同并进区域。

三是综合经济实力强。长三角产业体系完备，配套能力强，产业集群优势明显。科教与创新资源丰富，拥有普通高等院校300多所，国家工程研究中心和工程实验室等创新平台近300家，人力人才资源丰富，年研发经费支出和有效发明专利数均约占全国30%。国际化程度高，中国（上海）自由贸易试验区等对外开放平台建设不断取得突破，国际贸易、航运、金融等功能日臻完善，货物进出口总额和实际利用外资总额分别占全国的32%和55%。

四是城镇体系完备。长三角大中小城市齐全，拥有1座超大城市、1座特大城市、13座大城市、9座中等城市和42座小城市，各具特色的小城镇星罗棋布，城镇分布密度达到每万平方公里80多个，是全国平均水平的4倍左右，常住人口城镇化率达到68%。城镇间联系密切，区域一体化进程较快，省市多层级、宽领域的对话平台和协商沟通比较通畅。

1. 上海龙头作用及联动发展意识诉求日趋明确

上海作为长三角的"龙头"，至2040年的发展新目标为：建成卓越的全球城市，国际经济、金融、贸易、航运、科技创新中心和文化大都市，成为"令人向往的创新之城、人文之城、生态之城"。对此，上海将把在交通通勤、产业分工、文化认同等方面与本市关系更加紧密的地区作为上海大都市圈的范围，形成90分钟交通出行圈。积极推动上海大都市圈同城化发展，完善区域功能网络，加强基础设施统筹，推动区域生态环境共建共治，形成多维度的区域协同治理，引领长三角一体化发展。

2. 都市圈核心区域基础设施建设形成广泛共识，十三五及未来一段时期内将加速布局

按照表2梳理周边邻沪各城市"十三五"规划不难发现，各城市以高速铁路、城际轨道交通为典型代表的基础设施正在加速布局。以苏州为

例,"十三五"期间苏州将新建 5 条铁路,围绕未来的"三横一纵"的"丰"字形格局(具体为"三横"为沿江沪通通道、沪宁通道、湖苏沪通道;"一纵"为通苏嘉通道),新建太仓港疏港铁路、通苏嘉城际铁路、南沿江城际铁路、湖苏沪铁路、沪通铁路二期工程,基本建成沪通铁路、南沿江城际铁路以及太仓港疏港铁路,实现市市通铁路,苏州、张家港、常熟、太仓、昆山都有铁路站点,使每市的群众在本地均可乘坐铁路,铁路网密集布局并将实现与上海都市圈的无缝对接,其较之前花桥等局部地区的轨道交通建设相比,将有更加纵深的影响。

3. "接轨上海"多维推进,从传统招商引资向合作共建、产业协作逐渐过渡

表 2 显示,邻沪地区"十三五"规划都明确提出了"接轨上海"的总体战略部署,嘉兴、宁波等城市都发布了"接轨上海"三年行动计划等具体的部署和安排,明确了嘉善、杭州湾新区等对接上海的具体载体和平台。以太仓为例,"十一五"期间,太仓引入上海项目投资额每年只有几亿元,占引进内资比重不足 10%。"十二五"期间,太仓共引进 529 个沪上项目,注册资本 130.71 亿元,比"十一五"期间增长 88.6%,上海项目占引进内资的比重已近 30%。以港口、产业园区合作建设等为契机,在承接上海的产业转移过程中,太仓也与上海逐渐形成全新的功能配套,带来了物流等生产成本的降低。园区合作共建更是成为普遍现象。

(二)瓶颈问题

但是,总体来看,长三角城市间既有地缘地域相依、产业基础相似、发展水平相当的优势,也有城市间分工协作不够,制造业附加值不高,高技术和服务经济发展相对滞后,低水平同质化竞争严重等矛盾,综合调研来看,长三角一体化与大上海都市圈联动发展还存在以下几个方面具体的瓶颈问题:

1. 国际竞争力较弱,参与国际分工的层次较低

上海全球城市功能相对较弱,中心城区人口压力大。与纽约、东京、伦敦等全球城市相比,上海城市国际竞争力和国际化程度不够,落户上海的世界 500 强企业总部仅为纽约的 10%,外国人口仅占常住人口比重的 0.9%。一般性加工制造和服务业比重过高,国际经济、金融、贸易和航

运中心功能建设滞后。公共资源过度集中，人口过度向中心城区集聚，带来了交通拥堵、环境恶化、城市运营成本过高等"大城市病"问题。

城市群发展质量不高，国际竞争力不强。制造业附加值不高，高技术和服务经济发展相对滞后，高品质的城市创业宜居和商务商业环境亟须营造。城市间分工协作不够，低水平同质化竞争严重，城市群一体化发展的体制机制有待进一步完善。人均地区生产总值、地均生产总值等效率和效益指标，与其他世界级城市群相比存在明显差距。

表3　　　　　　　长三角与其他世界级城市群比较

城市群	中国长三角城市群	美国东北部大西洋沿岸城市群	北美五大湖城市群	日本太平洋沿岸城市群	欧洲西北部城市群	英国中南部城市群
面积（万平方公里）	21.2	13.8	24.5	3.5	14.5	4.5
人口（万人）	15033	6500	5000	7000	4600	3650
GDP（亿美元）	20652	40320	33600	33820	21000	20186
人均GDP（美元/人）	13737	62030	67200	48315	45652	55305
地均GDP（万美元/平方公里）	974	2920	1370	9662	1448	4485

? 上海作为都市圈核心城市龙头作用发挥有限

上海自主创新能力不足，能级有待进一步提升。上海经济持续高增长主要依靠投资驱动带动，自主创新带动有待进一步加强。20世纪90年代以来，上海在外延式规模扩张中，逐步形成了出口导向战略。在对外依存度较大幅度提升的同时，对资源的需求也大幅度攀升。在这一时期，资源自给程度大幅下降，企业投入大量资源购进技术，同时出让市场。与国际发达城市群相比，上海能级有待进一步提高。因此，上海需进一步增强自主创新能力，提高城市首位度。

表 4　　　　　　　　长三角各城市规模等级

规模等级		划分标准 （城区常住人口）	城市
超大城市		1000 万人以上	上海市
特大城市		500 万—1000 万人	南京市
大城市	Ⅰ型 大城市	300 万—500 万人	杭州市、合肥市、苏州市
	Ⅱ型 大城市	100 万—300 万人	无锡市、宁波市、南通市、常州市、绍兴市、芜湖市、盐城市、扬州市、泰州市、台州市
中等城市		50 万—100 万人	镇江市、湖州市、嘉兴市、马鞍山市、安庆市、金华市、舟山市、义乌市、慈溪市
小城市	Ⅰ型 小城市	20 万—50 万人	铜陵市、滁州市、宣城市、池州市、宜兴市、余姚市、常熟市、昆山市、东阳市、张家港市、江阴市、丹阳市、诸暨市、奉化市、巢湖市、如皋市、东台市、临海市、海门市、嵊州市、温岭市、临安市、泰兴市、兰溪市、桐乡市、太仓市、靖江市、永康市、高邮市、海宁市、启东市、仪征市、兴化市、溧阳市
	Ⅱ型 小城市	20 万人以下	天长市、宁国市、桐城市、平湖市、扬中市、句容市、明光市、建德市

3. 周边城市与上海的有效对接机制仍未建立

上海与长江三角洲地区其他 15 个城市虽然构成了城市群，但更是一个地理上的城市延绵区，各市基本上是自顾发展，存在着习惯性的"群散性"倾向，城市之间"群合性"不足，区域一体化功能较弱。上海周边城市"我要对接"和"要我对接"缺乏有效沟通机制，上海与周边城市的对接工作呈现"单向"态势，即：周边城市对接上海，并没有形成真正的"双向"融入。这源于上海与周边城市彼此之间的工作均缺乏有效的沟通和机制保障。在部门具体工作层面缺乏沟通，调研发现：在省级领导之间的沟通有了机制支撑，但在具体委办局层面还缺乏沟通。

政府以经济对接为主，市场自发及社会对接薄弱。周边城市对接上海主要是两个层面：一是政府部门之间的对接；二是企业业务来往的对接。

在政府层面，国家已经出台了《长江三角洲城市群发展规划》，上海与浙江、江苏、安徽等省也形成了省部级联席交流机制，比如长三角合作与发展联席会议，形成了一系列的成果。在市场层面，目前，市场在城市对接中的作用已经显现，但还有待进一步加强，调研发现：企业层面的对接主要在贸易往来等方面，在协同发展、产业链分工方面还不够强，企业在"对接上海"战略中的作用尚待充分激发。

政府考核尚未涵盖对接工作，体制机制上存在漏洞。目前，政府内部仍以对部门的常规性工作考核为主，对接上海涉及面大，尚不在具体考核范围之内。由于缺乏考核，一旦招商引资发挥不了预期作用，地方的积极性会下降。比如，在嘉兴市建立的上海自贸区嘉善项目协作区，在南通建立的祝桥启东产业园等。调研发现，周边城市几乎都已经将"对接上海"作为十三五规划重要组成部分，但是，具体负责部门的工业推进路径尚不明晰。在对接上海的过程中，一些城市多依靠课题委托建立紧密关系，但在与各委办局、园区、企业等对接时流于形式，加上各城市的行政级别不对等，造成对接处在一个相对较低的层次，继续建立一个行之有效、公平对称的机制。

缺乏有效宣传和示范带动，务虚为主务实相对较少。目前，上海与周边对接还未被有效宣传，急需一个平台来整合这些信息和资源。周边城市在对接上海过程中各显神通，尤其是嘉善、平湖等以委托课题的形式邀请上海的专家出谋划策，与上海的委办局、重要园区建立起交流机制，一些想法已经落实在实际操作层面。比如，在土地减量等园区合作共建模式方面，共建了上海市北（南通）高新科技城、上海漕河泾新兴技术开发区海宁分区、嘉善上海人才创业园、上海交大（嘉兴）科技园等，但这些模式是否适合复制推广，目前尚不明确。此外，还有一些周边城市都有意愿对接上海，但是观望、务虚的层面较多，实质性推进的不多。一些城市在推进后遇到问题，又搁置暂缓。

4. 城市建设无序蔓延，空间利用效率不高

2013年长三角建设用地总规模达到36153平方公里，国土开发强度达到17.1%，高于日本太平洋沿岸城市群15%的水平，后续建设空间潜力不足。上海开发强度高达36%，远超过法国大巴黎地区的21%、英国大伦敦地区的24%。粗放式、无节制的过度开发，新城新区、开发区和工业园区占地过大，导致基本农田和生态空间减少过快过多，严重影响到区域国土空间整体结构和利用效率。

5. 城市功能定位与分工不明

上海的城市首位度只占全国GDP不到5%。与国际发达国家首位城市占全国的GDP比重相比较，差距较大。如纽约占24%，东京占26%，伦敦占22%，首尔占26%。长三角城市在产业分工中未形成梯度层次，制造业结构严重雷同，同质竞争态势十分突出，各城市的经济同构化，城市的定位和职能分工模糊。在长三角经济发展中，区域内产业结构趋同，缺乏分工，导致城市功能不明的现象严重。例如，在相距不远的15个城市中，有11个选择了汽车零配件制造，有8个选择通信产业。在港口建设方面也是如此。同时，上海与长三角的重大基础设施的配套和衔接方面有待进一步改善。

(三) 主要原因

长三角之间的合作很复杂，各个城市要按照各自的GDP进行考核，财政收入也归各个地方所有。当前在分税制的财政体制和晋升锦标赛模式的城市管理取向下，城市群内部城市发展往往脱离不了"诸侯经济"的怪圈。行政区划分割的存在还具有必然性和长期性。在改变人们出行和生活方式的同时，由于存在区域间的行政分立，同经济相互关联、消费市场扩大相比，相互之间公共资源设施不能利用，如高水平医院、学校、体育中心、展览馆等，但周边城市立足自身需求"迫不得已的重复建设"，其功能和水平又难以与中心城市相比，难以适应区际"块状"经济的需要。城市群真正要做到一体化，就需要在医疗、社保、教育等公共服务领域进行协调。

上海与长三角行政区差别明显，生产要素难以自由流动。由于长三角城市之间财政体制的分割，地方政府作为利益主体，要把本地就业、税收放在重要位置来考虑，使得上海及长三角各城市出台的政策和法律往往是以有利于本地区经济发展为出发点，在不同程度上造成了地区封锁和经济割据的现象。由于受到追求地方利益的政府短期行为的干扰，各城市之间恶性竞争现象普遍存在，影响了产业链的分工协作关系。

一方面地方保护主义和重复建设在长三角发展和竞争中比较普遍，使上海与长三角的交通、能源、通信等重大基础设施的配套和衔接方面存在较大缺陷。长三角一些部门从自身利益出发，造成一些地区基础设施重复建设，集中反映在港口等重大交通设施方面。长江岸线的开发利用缺乏综合规划，区域内凡有港口资源的城市，都把水陆运输枢纽和临港重型工业作为自身发展的支撑条件，竞相建设集装箱港口。

另一方面的问题则来自于招商引资中存在恶性竞争。长三角一直是全国招商引资最活跃、最有成效的地区之一。各地为了招商引资使出浑身解数，甚至不惜牺牲地方利益。区域内的城市建立了大大小小的经济开发区，以优惠的政策吸引有限的外来资金，陷入"倾销式"竞争。这不仅难以形成区域竞争的合力，最终也会导致整个地区经济利益的损害。同时各地又在外贸产品出口上竞相压价，导致过度竞争，人为阻挠商品和生产要素的自由流动，对异地投资企业实行双重征税政策，严重影响了优势企业跨地区的迁移、兼并与重组。

四 路径机制

《长江三角洲城市群发展规划》于2016年5月通过国务院常务会议，意味着长三角一体化的契机再次来临。新一轮发展与以往最大的不同在于，发展的动力从行政要求和单向需求转向了双方共同需求，长三角要进一步发展，需要与上海全面对接，上海要崛起成为全球城市也需要整个长三角的全面支持，造就了更具实质意义的"双动力"。站在新的发展起点，长三角一体化发展的内涵进一步丰富，六大都市圈的角色地位进一步凸显，上海全球城市定位引领长三角参与全球顶级都市圈的城市群网络更为迫切。在推进长三角一体化与大上海都市圈联动发展方面则必须选择符合发展实际的差异化路径，体现前瞻的谋划和战略层面的引导，实现城市功能能级在全球地位的跃升。

为此，我们建议，在发展路径上聚焦在"改革、创新、协调"上，探索具有中国特色、符合地方实际，可复制可推广的发展路径。具体而言就是，首先聚焦在比规划更具实质性和可操作性的改革上，理顺共同发展的体制机制形成发展合力；同时，创新发展模式，打造支撑人才、资本、技术、物流等资源要素自由流动的功能平台，依托市场力量加快长三角与大上海都市圈的联动；此外，要配置与这一系列举措相匹配的推进机制，使它们相协调，实现统筹全面布局，从而更加科学、更加协调、更加实质性地协同发展。

上海作为发展的龙头，应主动对接国家战略，以开放促改革、创新促发展驱动城市转型，发挥"四个中心"建设作用和优势，瞄准全球城市定位，致力于打造对外开放新格局的"高地"和开放新体制的"标杆"，做到硬联通、软联通与人联通一体化发展，全面提升长三角发展水平，打造中国的核心增长极。

（一）改革先行，优化体制机制引领长三角与上海都市圈联动发展

围绕都市圈发展导向，继续深化"三级运作、统分结合、务实高效"的区域合作机制，在三省一市合作机制框架下，再造六大都市圈这一中间层级的合作机制，推动合作机制上升为联动机制。深度激发都市圈的发展动力、联动活力，以小联大，形成大分散、小集聚的发展格局。深化体制机制改革，营造联动发展的制度环境、政策环境，尤其是破解制约资源要素跨区域流动的制度壁垒，全面提升长三角地区的区域一体化功能。着力突破行政区划的制约，制定与长三角一体化发展相匹配的考核体系，适当增加联动发展在考核中的权重。借鉴美国的做法，建立多种形式的区域联合组织，协调地区之间的利益关系，制定区域协调发展的政策和制度。从法律层面入手，对区域一体化和城市群的协调发展进行立法，从而使得一体化和城市群协调发展的体制机制有一个坚实的法律基础，保持进程的规范性、连续性、稳定性，提高运营效率，为地方政府合作构筑良好制度基础。

表5　　　　　　　　　　城市群协调发展机制比较

城市群	协调机制	做法及效果
英国	大伦敦城市群行政架构的一体化协调模式	新建更高层次的行政协调机构，并进行立法保护，直接运用高层次政府的行政力量，着眼于全局和长远发展战略规划的一体化协调

续表

城市群	协调机制	做法及效果
美国	城市协调会、政府协议会和特设机构模式	建立大都市区政府，县市合并，设地方政府议会，设立单一功能特别区或专门协调机构，就重大公共设施建设、社会治安及环境等领域签订地方政府间专项协议
日本	核心城市主导协调模式	东京以中心城市超级综合实力主导城市群一体化发展，利用产业政策、区域功能分工、大交通、自然环境等许多专项的规划与政策协调。国家层面上给予强有力的法律保障
法国	市镇联合体协调模式	颁布《城市（市镇）联合体法》，通过调查研究、征求各方意见和建议，按照"酝酿协商—起草方案和讨论修改—共同签署—共同行动"路线图进行城市合作。该法律还规定了市镇联合体有专项税源和第三方评估监督机制等
长三角	三级运作协调机制	包括：决策层：三省一市主要领导座谈会（八巨头会议）；协调层：长三角地区合作与发展联席会议等；执行层：合作专题协调推进制度等

（二）模式创新，打造高效率、跨区域功能平台支持资源要素自由流动

加强软、硬功能平台建设，全面支持资本、人才、科技、土地、信息等资源要素的跨区域流动，促进资源要素在长三角优化配置，最大限度发挥潜力。抓住长三角规划落地契机，发挥各省市政府的引导功能，积极引入企业、中介组织，在政府、企业、中介组织之间构建更加完善的"统分结合"区域合作新机制，形成政府、企业、中介组织在区域合作中的联动。政府应尊重企业作为区域合作市场主体的地位与作用，遵循市场经济规律的客观要求，放手企业自主决策，自由合作，共同组织合作事项的实施，引领资源要素的跨区域流动。发挥中介组织作为政府之外的"第二合作平台"的功能，积极为长三角地区政府与企业的区域合作服务。逐步形成以政府为主导、企业为主体、中介组织为支持的区域一体化发展新格局。

> 专栏4　《长三角市场一体化发展合作机制主要内容》（2014）
>
> ——规则体系共建。结合上海、南京率先开展国内贸易流通体制改革和发展综合试点，打破条块分割的政策和体制障碍，加快探索建立统一的区域市场规则体系。
>
> ——创新模式共推。加快市场流通技术和模式创新，提高区域市场流通现代化水平。
>
> ——市场监管共治。推动监管互认、执法互助，形成权责一致、运转高效的区域市场综合监管体系。
>
> ——流通设施互联。健全长三角基础设施网络，完善综合运输通道和区际交通骨干网络，形成互联式、一体化的交通网络体系。
>
> ——市场信息互通。推进三省一市地方电子口岸平台逐步实现互联互通和信息共享，形成联网申报、核查和作业的通关协作机制，建立长三角便捷通关企业统一认定标准和管理互认机制。
>
> ——信用体系互认。推动长三角流通企业信用信息系统的互联互通，实现流通企业的行政许可、资质认定、行政处罚、法院判决裁定等信用信息共享，逐步开展企业信用分类管理。

（三）规划协调，强化各区域、各部门在一体化发展中的地位和任务

充分发挥《长江三角洲城市群发展规划》的引领作用，在编制细化的子规划和具体工作推进方案时打破按行政区划编制的传统模式，转而采用分条线、跨区域编制模式，形成一系列具有行政效力，需要地方政府完成的子规划和工作方案。同时，做好长三角一体化发展的工作协调，在经济产业布局、社会服务项目落地、交通网络建设等方面有序协调。为凝聚共识，实现共同发展的目标，必须创新体制机制，当务之急是建立合理的利益补偿机制，并发挥长三角现有的三级区域合作机制，包括三省一市主要领导座谈会、长三角合作与发展联席会议等，发挥三省一市股权交易中心等平台的协同引导作用。

五　对策建议

长三角虽然已成为中国经济强劲的"火车头"和世界经济最富有活力的区域之一，但也面临日益激烈的国内外竞争的挑战。面对国家新一轮发展战略，应以全球化视野重新系统审视大上海都市圈、苏锡常都市圈、杭州都市圈、宁波都市圈、南京都市圈、合肥都市圈的定位和需求，以建

设全球城市区域成为目标，以疏解非核心功能为抓手，以功能平台建设为突破口，以交通等基础设施建设为先导，以长三角机制优化为支撑，引导区域内主体联动发展和资源要素优化配置，循序渐进、动态推进长三角一体化与大上海都市圈联动发展。

（一）以建设全球城市为中心，打造世界一流的全球城市区域

发达国家早期形成的全球城市通常表现为单极化发展格局，即若干个别单体城市发展为全球城市，但是由于融入或参与全球化与信息化进程的方式不同，发展中国家不可能复制发达国家早期全球城市单独形成的发展模式，必须依托全球城市区域的不断兴起。为此，上海应充分借鉴大纽约、大伦敦、大巴黎、大东京发展成为全球城市过程中的经验和教训，以全球城市区域的理念引导自身及与周边城市的协同发展。

历史经验显示，全球城市区域至少有两个突出的功能：一是核心城市的国际化程度很高，具有高端国际化功能。如纽约、芝加哥、东京、伦敦、巴黎，五大世界级城市群的这些核心城市都是如此，区别只是这些城市高端国际化的特色或领域有所不同。二是城市群地区的区域一体化功能很强，城市之间具有"群合性"，区域一体化功能使每个城市都具有国际性，整个城市群地区都是国际化地区。如北美五大湖城市群和欧洲西北部城市群都是跨国城市群，要素流动打破国境，分布于不同国家的相邻城市之间大多具有一定程度的"同城效应"，城市之间具有很好的"群合性"，区域一体化都达到了较高的水平；至于同处一个国家的美国波士华城市群、日本东海道城市群、英国中南部城市群，情况更是如此。三是做强全球枢纽功能，助力提升上海全球城市能级与层次，构建基于上海为核心的长三角城市网络体系及全球城市网络体系。

为此，上海应充分发挥国家经济中心城市的国际影响力和辐射带动作用，推进南京、杭州、合肥、苏锡常、宁波等都市圈同城化发展，通过规划引领，实现周边城市对接上海和上海依托周边的平衡。进一步优化长三角"流空间"结构，逐步在交通通勤、产业分工、文化认同等方面与上海关系更加紧密的地区作为上海大都市圈的范围，形成90分钟交通出行圈，在长三角打造一个高效的区域"流空间"的顶级枢纽。

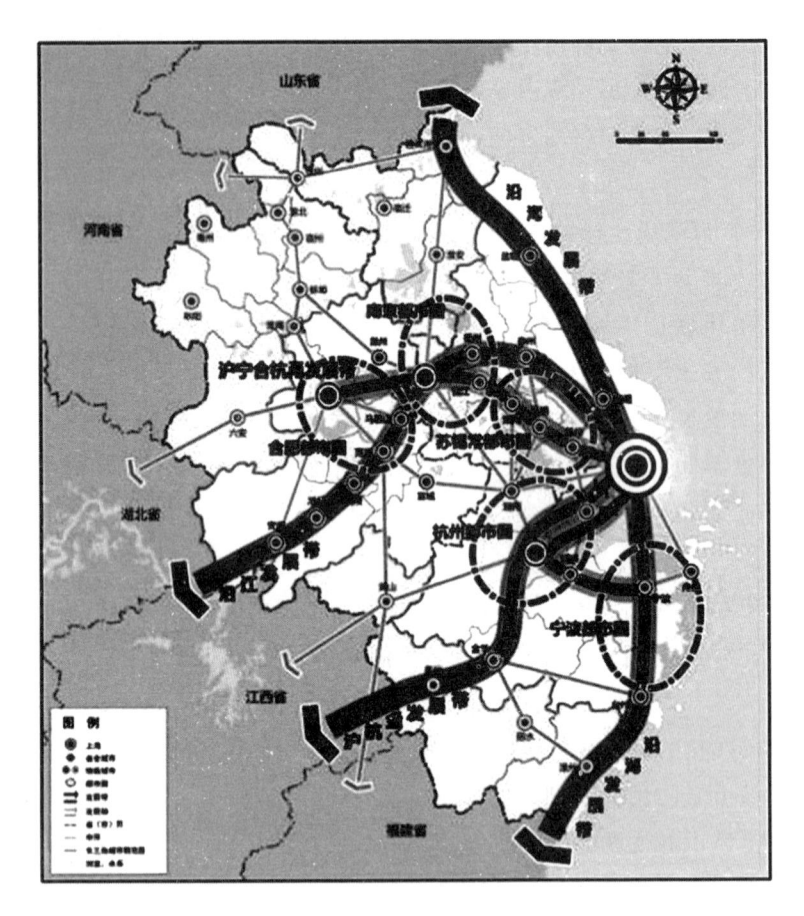

图3　长三角空间格局示意图

(二) 以科创中心建设为依托，打造具有全球影响力的创新区域

把握国家赋予上海建设具有全球影响力的科技创新中心的契机，打造新知识、新技术、新产品的策源地，成为创新要素的集聚地和创新网络的枢纽节点，在长三角创新体系中发挥强大的引领带动作用，并带领长三角成为具有全球影响力的创新区域，带动整个长三角对接全球科技创新网络，承接全球高端创新要素的系统性东移，努力建设一个基于"流空间"特性的上海城市网络结构。包括建设以"纽约+波士顿"为指向、具有全球影响力的"上海+杭州+南京"创新区域、与周边城市之间"重大基础性知识性创新+技术性创新+产业化基地"的创新分工体系、区域

创新集群提升计划的构建（如进行卓越创新集群、尖端创新集群、走向集群目标等不同类型创新集群的划分与激励及评估等），从而提升整个区域及特定产业集群的创新能力。如上海的生物医药产业集群创新计划、上海及长三角汽车产业的集群创新计划等。

（三）以疏解非核心功能为抓手，推进大上海都市圈联动发展破题

目前，上海进一步发展面临着人口、交通、土地、环境等资源要素的约束，全市正在深入推进"疏解非核心功能"的前期研究，推动长三角一体化与大都市圈联动发展迫切需要抓住这一历史机遇，以疏解非核心功能为抓手，力争早日破题。

专栏 5

《上海市十三五规划纲要》的四个硬约束指标：
- 常驻人口总量控制在 2500 万以内；
- 建设用地总量控制在 3185 平方公里以内；
- PM2.5 年平均浓度下降到 42 微克/立方米左右；
- 年能源消耗总量控制在 1.25 亿吨标准煤以内。

非核心功能的疏解具有梯度性，可能的"落脚地"包括上海市的郊区和周边的其他城市等。建议首先将大上海都市圈空间划分为核心城市、核心区域与外围区域三个层次，将上海中心城区打造成全球城市承载核心功能的核心载体，强化全球城市核心功能；联动打造包括上海、苏州、无锡、南通、嘉兴、湖州构建大上海都市圈的核心区域，再逐步向长三角的外围区域城市拓展。从产业发展角度，上海在重点发展以金融、科创为主的产业体系外，贸易、航运等部分功能可以与南通、宁波、杭州等城市实现对接与转移，以疏解上海的人口、交通及空间的压力。

以疏解非核心功能为引领，引导周边城市有序梯度承接，强化与周边城市的联系，促进规划对接、产业对接、功能对接。依托区域交通运输网络助力非核心功能疏解，逐步实现与南京都市圈、杭州都市圈、合肥都市圈、苏锡常都市圈、宁波都市圈的同城化和联动发展，加快构建"一核五圈四带"的网络化空间格局。积极探索跨区板块，跨省市板块的联动

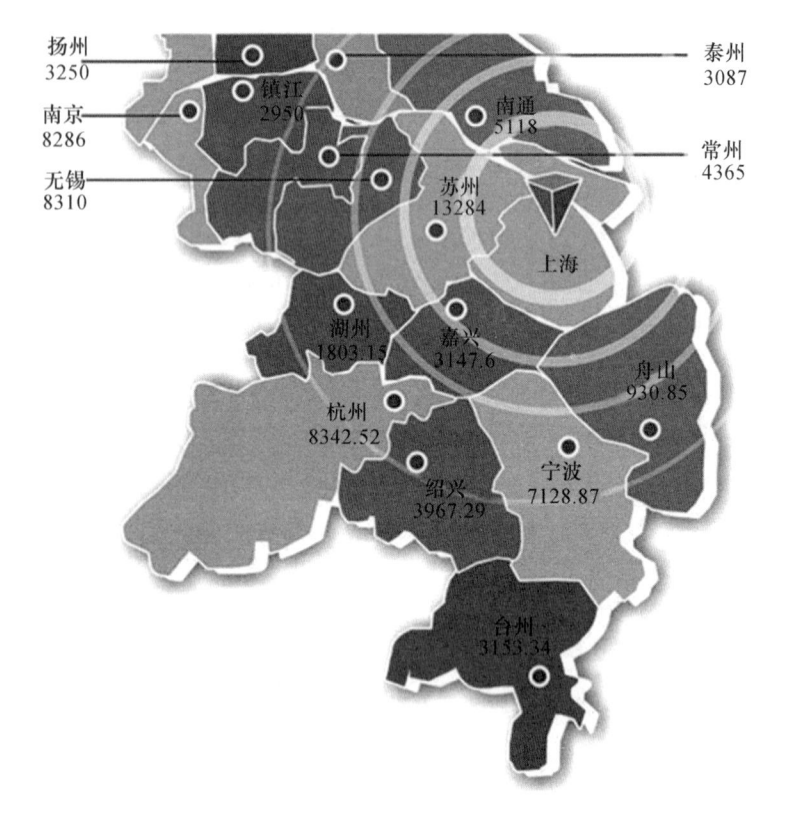

图 4 上海大都市圈分层

发展，在城市内部的虹桥商务区以及上海与浙江、江苏接壤重点地区探索突破行政区划束缚，实现联动发展的联合规划，梯度地带动杭州、南京的非核心功能有序疏解，推动上海与长三角其他省市在一体化发展基础上实现紧密对接。

按照习总书记提出的"三个在上海、三个在外面"的要求，即研发在上海，生产在外面；头脑在上海，身体在外面；关键制造在上海，一般产业链在周边，有序疏解非核心功能。未来可根据发展进程，将空间架构再划分为全球城市核心、大上海都市圈核心区域和外围区域层次，形成"网络化、多中心、组团式、集约型"的空间体系，以规划联动促进各城市的差异发展、错位发展、互补发展，构建开放协调的全球城市发展格局。

（四）破解行政区划制约，对接制度创新，促进大上海都市圈建设

区域一体化趋势下区域空间结构的重塑直接对城市间的竞合关系提出了新的要求。空间关系的"被迫"调整，同过去运用行政区划这一"藩篱"相比，城市的管理者如果仍然遵循原有的框架，规划城市发展，那么可能带来效率的损失或贻误发展良机。因此，必须在制度等领域突破传统的发展模式，进一步优化原有的体制机制，建立新的联动制度机制并确保这一机制的有效运转，配套建构起良好的制度环境、合理的组织安排和完善的区域合作规则。

在现有的行政区划下，地区分割是难以逾越的行政屏障。而长三角可在上海市政府的倡导下建立跨行政区的组织协调机构，在地方政府的共同利益之上协调各方利益，以更好地发挥影响城市间相互作用的制度增量分配机制、呼吁（VOICE）机制和谈判（NEGO）机制的正面效应，从而最大限度地压缩行政壁垒带来的影响，提高政府的合作效率，以利用同城化带来的优势更好地促进长三角的经济协调发展。在此基础上，以重点项目跨区域建设、利益跨区域共享为突破口，引导跨区域合作项目落地，缩小区域之间基本公共服务、开放政策、先进技术等之间的差距，为长三角平衡协调发展创造条件。

在全国统一的法律和政策体系的指导下，逐步修正和统一各成员地区的地区性法规和政策，协调各地既有的经济社会发展战略，以有意识地适应区域经济一体化的需要。创新体制机制，采用"市场+政府"、市场为主导的协作机制机构，更多地发挥市场的手段，运用价格机制等手段吸引市场力量推进更为高效公平的结构调整和资源配置，减少行政干预。根据周边城市对接上海列出的清单需求，采取"标准动作+自选动作"模式共同布局，围绕全球科技创新中心建设、自贸区、迪士尼国际旅游度假区等具有引领带动功能的领域，探索共谋发展、共享发展的沟通交流机制，争取在跨区域重大基础设施建设、毗邻地区生态环境保护、主导产业布局、城市功能互补等方面开展规划共谋、合作共建。在养老、医疗、教育等方面实现政策对接。

分类建立更具实质性、可操作性的改革试点方案。加强长三角科技合作，集聚科技资源优势，研究制订长三角科技发展战略和中长期发展规

划，实行科技资源开放共享，协同规划建设长三角高性能宽带信息网，共建技术产权交易网，同举办国际科技论坛和科技博览会、展销会及学术交流会，联合实施国际科技合作项目等，联手打造区域科技创新体系。推进区域社会事业制度合作，建立科学规范的长三角劳动力流动制度，形成合理控制人口区域规模的区域性综合人口管理制度。加强上海与长三角医疗卫生制度的协调，合理配置长三角的医疗卫生资源、统筹长三角城乡关系、提高区域公共服务的公平性，通过对社会保障、医疗卫生、文化、教育等制度协调，深化长三角一体化与大上海都市圈联动发展。

可以考虑从以下几个方面着手：一是着力突破行政区划的制约，实现区域规划中的有效衔接。二是从原来的经济对接为主逐步向经济对接与社会对接同等重要的位置转换，因为教育、医疗等社会方面的对接对于劳动力要素的流动、区域分工及都市圈的形成有着密切的关系。三是围绕这些对接要有制度创新与推广。包括社会对接制度的创新、区域合作制度及机制的创新，等等。如深化"三级运作、统分结合、务实高效"的区域合作机制，在三省一市合作机制框架下，再造六大都市圈这一中间层级的合作机制，推动合作机制上升为联动机制。制定与长三角一体化发展相匹配的考核体系，适当增加联动发展在考核中的权重。从法律层面入手，对大上海都市圈的协调发展进行立法或者制订条例，经各方人大会议通过后执行等。

（五）以企业为主体，通过功能性平台建设，实现要素有效配置

发挥企业市场行为主体的作用，通过并购、重组、合作等方式使企业在长三角之间产业分工、产业链协同领域发挥重大作用。优化和提升上海科技市场、资本市场、人才市场、商品市场等市场体系及服务功能，更好发挥上海市场对长三角资源要素的配置作用。同时要发挥中介组织作为政府之外的"第二合作平台"的功能，积极为长三角地区政府与企业的区域合作服务。逐步形成以政府为主导、企业为主体、中介组织为支持的区域一体化发展新格局。

全球城市是上海未来30年发展的战略目标，其核心的要义在于成为一个各类资源要素流动和集聚的全球性枢纽节点，而打造这样一个全球性枢纽节点的关键在于支持资源要素跨区域自由流动的功能性平台。深化上海服务长三角要素合作，完善创新体系建设，搭建创新共享平台，充分发挥上海人才和科技资源优势，以大型企业的研发机构为依托，整合高等院校、科研院所等科技资源，构建长三角企业技术创新和产业化平台。加强金融改革创新，积极搭建新金融功能平台，在不良资产等市场急需领域试点区域性功能平台建设。重点探索建设通用的信息平台、人才交流服务平台、科技交易平台、土地跨区域流转平台、碳排放交易平台、不良资产交易服务平台、工业企业转移和承接平台、跨区域交通网络信息平台，等等，促进长三角股权交易中心合作交流，引导社会资源参与政府搭建各类功能服务平台。

此外，重点放大上海建设国际金融中心及科创中心的功能作用，大力发展商务经济。包括总部经济、服务贸易、专业服务和会展经济等，提升商务机构的集聚力、辐射力和影响力。积极推进现代物联网技术的发展与应用，为商务机构发展提供强有力的后台支持。不断完善陆家嘴金融区、虹桥综合商务区、浦东综合保税区等重点地区的基础设施、服务功能和政策配套，更好地服务长三角，提高上海的产业集聚度、市场成熟度以及经济开放度，增强对整个三角洲地区周边城市的辐射带动能力。

（六）以交通基础网络建设为引导，系统推进区域协调发展

一体化发展是要在经济、文化、社会、生态等各方面铲除不公平的人为体制，建立起符合城乡协调互助原则的发展体制和机制。纽约、东京等大都市圈发展的经验表明，区域间的交通运输网络是都市圈一体化发展的重要载体，其中，自配小汽车与通勤铁路成了都市圈交通的主要工具，并引领了都市圈空间结构的改变，促进了圈内产业结构的合理分工，加快了都市圈经济的发展。

为促进整个长三角的进一步发展，必须加强以上海为核心的周边城市的交通运输规划，并协调各市的机场、公路、铁路、航道、信息、能源等基础设施建设。以上海为典型，加快交通运输和信息网络的管理体制改革，探索区域性基础设施协调发展的经营机制和投融资体制。依托交通引导形成分工合作机制，以高铁同城效应为引领，加快研讨部署大都市圈域的城际轨道交通体系，完善优势互补、错位发展、功能联动的江河海组合港口体系，完善大上海"多机场"体系，以火车站、汽车站、港口、机场等为重要节点，加快推进铁路网、高速路网、快速路网、航道网、航空网等交通设施建设。强化浦东国际机场与长三角城际铁路网络等对外交通系统的衔接。加强港口的分工合作，构建长三角现代化港口群。构建以高速铁路、城际铁路和高速公路为骨干、多种方式综合支撑的区域城际交通网络。

（七）以园区为重要载体，实现双向对接及区域联动发展

目前上海漕河泾、张江等园区已经在长三角共建了 20 多家合作园区，如下表所示：

表6　　　　　　　　上海在（泛）长三角跨省共建园区

园区名称	合作方	产业定位	省份
上海嘉定工业区建湖科技工业园	上海嘉定工业区	机械产业、绿色照明产业	江苏
上海西郊工业园区东台工业园	上海西郊工业园全额出资	机械制造、电子电气、新材料	
上海南汇工业园区响水工业园	上海出资 3000 万元，占 60%；响水出资 2000 万元，占 40%	电子信息、纺织服装、机械加工	
上海漕河泾新兴技术开发区盐城工业园	上海占 60%，盐城占 40%	新能源汽车及汽车零部件、新光源和新能源装备制造、生产性服务业和区域总部经济	
上海市工业综合开发区滨海工业园	上海方占 60%，滨海方占 40%	泵阀机械、高新技术、新型材料等	
上海闵行盐都工业园	注册资本 5000 万元，其中莘庄工业园出资 3000 万元	通信电子产业	
上海外高桥（启东）产业园	上海外高桥保税区、启东滨海工业园各占股本 60% 和 40%	高端机械、电子产业	
上海嘉定汽车产业园区亭湖工业园	注册资本 5000 万元，其中上海嘉定汽车产业园 2000 万元	汽车零部件、光伏新能源、电子、通信	
上海杨浦（海安）工业园	海安县与上海杨浦区共建	电子制造业和机械装备业	
复旦大学海门远达科技创业园	江苏海门、上海复旦远达科技发展有限公司、上海复舒置业有限公司	科研成果产业化	

续表

园区名称	合作方	产业定位	省份
合肥创新创业园	合肥经济技术开发区 上海漕河泾高新技术开发区	新兴科技产业、服务外包	安徽
上海徐汇（国家级）软件基地马鞍山软件园	马鞍山花山经济开发区、上海徐汇国家级软件基地	电子信息、三网融合、生物医药镜像检测、动漫及衍生产品	
池州市长宁产业园	安徽池州市、上海长宁区	现代制造业	
白茅岭飞地经济园区	广德县、上海市	机械电子配套	
南谯川沙工业园	滁州南谯工业园、上海川沙功能区	机械加工	
上安铜由工业园	含山县铜闸镇工业园 上海奉贤区南桥镇光明A3工业园	机械加工、纺织	
上海漕河泾新兴技术开发区海宁分区	沪浙首个跨省合作共建开发区	电子信息、新能源、新材料、机械装备、汽车零部件等先进制造业和现代服务业	浙江
张江杭州湾科技园	上海金山区、上海张江科技园发展有限公司、浙江平湖市	国际化生态智慧型科技新城	
上海张江平湖科技园	平湖市政府、上海张江高新技术产业开发区	制造业、现代服务业、现代农业	

所以说，依托上海园区发展的品牌优势及产业转移、空间载体建设的需要，上海可以通过与其他城市共建及合作园区的方式，实现城市之间的产业转移、制度推广、地区功能分工与大上海都市圈的融合发展，而且运行模式已经比较成熟，合作共建经验值得推广。

参考文献

[1] Bairoch, P., *Cities and Economic Development: From the Dawn of History to the Presen*, Chicago: Univ. Chicago Press, 1988.

[2] Duranton, G. and Diego P., "Micro-foundations of urban agglomeration economies", *In Handbook of Regional and Urban Economics*, vol. 4, 2004.

[3] Dwight W., "Do Urban Agglomeration Effects and Household Amenities have a

Skill Bias?", *Journal of Regional Science*, vol. 44, 2004.

［4］Glenn B., "New Estimates of Quality of Life in Urban Areas", *American Economic Review*, vol. 1, 1988.

［5］Gottmann J., "Megalpolis or the urbanization of the northeastern", *Economic Geography*, vol. 33, 1957.

［6］"Scott A Regional motors of the global economy", *Future*, vol. 28, 1996.

［7］［美］阿普罗迪西奥·A·拉谦：《跨越大都市——亚洲都市圈的规划与管理》，李寿德、张敬一译，格致出版社/上海人民出版社2010年版。

［8］［美］彼得·霍尔、凯西·佩恩：《多中心大都市：来自欧洲巨型城市区域的经验》，罗震东等译，中国建筑工业出版社2009年版。

［9］陈建军：《长江三角洲区域经济一体化的三次浪潮》，《中国经济史研究》2005年第3期。

［10］陈建军、黄洁、陈国亮：《产业集聚间分工和地区竞争优势——来自长三角微观数据的实证》，《中国工业经济》2009年第3期。

［11］方创琳、毛其智、倪鹏飞：《中国城市群科学选择与分级发展的争鸣及探索》，《地理学报》2015年第4期。

［12］范剑勇：《长三角一体化、地区专业化与制造业空间转移》，《管理世界》2004年第11期。

［13］顾朝林：《中国城市经济区划分的初步研究》，《地理学报》1991年第2期。

［14］黄新飞、陈珊珊、李腾：《价格差异，市场分割与边界效应——基于长三角15个城市的实证研究》，《经济研究》2014年第12期。

［15］李鲁、张学良：《上海自贸试验区制度推广的"梯度对接战略"探讨》，《外国经济与管理》2015年第2期。

［16］李郇、徐现祥：《边界效应的测定方法及其在长江三角洲的应用》，《地理研究》2006年第5期。

［17］刘慧、樊杰、李扬：《美国2050空间战略规划及启示》，《地理研究》2013年第1期。

［18］刘乃全、李鲁、刘学华：《上海服务"一带一路"战略的定位探析》，《经济与管理评论》2015年第5期。

［19］宁越敏、施倩、查志强：《长江三角洲都市连绵区形成机制与跨区域规划研究》，《城市规划》1998年第1期。

［20］上海财经大学区域经济研究中心：《2012中国区域经济发展报告：同城化趋势下长三角协调发展》，上海财经大学出版社2012年版。

［21］上海市人民政府发展研究中心与上海社会科学院课题组：《长三角的同城化趋势及其对上海的影响》，2010年1月。

［22］沈玉芳：《长三角产业结构演进与城镇空间结构的对应关系和影响要素》，《中国浦东干部学院学报》2010年第2期。

［23］权衡：《"三个上海战略"研究的不同定位与相互呼应》，《东方早报》2014年8月13日。

［24］屠启宇：《上海城市发展与战略研究》，《科学发展》2009年第3期。

［25］肖林：《实现科技创新中心与国家战略全面联动发展》，《科学发展》2015年第6期。

［26］肖林：《上海建设全球城市对全球城市理论的发展与贡献》，《科学发展》2016年第2期。

［27］闫海洲：《长三角产业结构高级化及影响因素》，《财经科学》2010年第12期。

［28］杨继军、张如庆、张二震：《承接国际服务外包与长三角产业结构升级》，《南京社会科学》2008年第5期。

［29］王战：《长三角改革发展中的理论探索与实践创新》，《学习与实践》2013年第12期。

［30］王战等：《开放改革引领创新转型：上海"十三五"发展规划思路研究》，上海社会科学院出版社2015年版。

［31］王振：《长三角的同城化趋势及其对上海的影响》，《科学发展》2010年第4期。

［32］汪后继、汪伟全、胡伟：《长三角经济一体化的演进规律研究》，《浙江大学学报》（人文社会科学版）2011年第6期。

［33］张婧等：《区域金融协调发展研究——基于长三角经济一体化的实证》，《地域研究与开发》2010年第5期。

［34］张建军、邹荦、佟耕：《区域协作规划的探索——以沈抚同城化规划为例》，《"生态文明视角下的城乡规划——2008中国城市规划年会"论文集》，2008年。

［35］周一星：《关于明确我国城镇概念和城镇人口统计口径的建议》，《城市规划》1986年第3期。

［36］周振华：《全球城市区域：全球城市发展的地域空间基础》，《天津社会科学》2007年第1期。

［37］左学金：《泛长三角产业转移与区域合作》，《江淮论坛》2010年第1期。

长三角城市群产业融合之策：
制度共建、资源共享、利益共赢

徐 赟[①]

一 长三角经济一体化的形成与发展

（一）长三角经济一体化的内涵

长三角一体化是一个综合概念，既包括经济领域又包括制度和文化方面，甚至包括城乡一体化，而经济一体化是长三角一体化的基础。1931年，瑞典经济学家 Heckscher 首次在其著作《重商主义》中使用"经济一体化"一词。对经济一体化这一定义的内涵，各经济学家均有自己的见解，Tinbergen（1954）曾较早地研究经济一体化，特别是从政府促进经济一体化措施角度把经济一体化区分为消极一体化（Negative Integration）和积极一体化（Positive Integration），前者指取消各种法规政策以消除对各国生产要素流动的障碍；后者指建立新的法规制度以纠正自由市场的错误信号，强化自由市场正确信号的效果，从而加强自由市场的一体化力量。Balassa（1961）进一步将经济一体化定义为既是一个过程，又是一个状态。作为一个过程，一体化意味着取消国家间的经济歧视；作为一种状态，一体化意味着国家间不存在各种经济歧视。他认为经济一体化的形式是多种多样的，区域经济一体化进程具有 5 个阶段，即自由贸易区—关税同盟—共同市场—经济联盟—完全经济一体化。美国经济学家 Fritz 认

[①] 上海社会科学院部门经济研究所助理研究员。

为经济一体化可以是各国之间的，也可以是一国内部各地区的一体化，从而把经济一体化的研究引向国内区域的经济发展问题。

区域经济一体化理论中，除了关税同盟等理论外，大市场理论、协议分工理论对于研究我国区域经济一体化有直接的指导作用。大市场理论论述了区域经济一体化动态的竞争效应。茨陶斯基和德南认为共同市场统一了成员国之间独立、分散的市场，为成员国企业提供更大的市场，从而产生规模经济效应。同时，共同市场将使区内企业间竞争更加激烈，小规模、经营能力较弱的企业将被淘汰，以规模经济为特征的大企业将主导市场，促进大规模的生产，导致生产成本和价格的下降，增加大众消费，从而进一步扩大市场。

协议分工理论由日本经济学家小岛清于20世纪70年代提出。协议性分工理论主要论述区域经济一体化的动态规模经济效应。其核心的观点是，对于规模报酬递增的部门，不同国家之间可以通过协议相互提供市场，以共同分享规模经济效应。其认为各国的规模经济、竞争激化等导致了企业集中和垄断，限制了内部市场和贸易的扩大，为此国家间可以通过协议，实行专业化国际分工，在长期边际成本递减规律的作用下，降低商品成本，这样两国均能增加收益。其实施条件为易于达成分工协议的经济体，即经济一体化必须在同等发展水平的国家之间建立，而不能在工业国和初级产品生产国之间建立。

新中国建立后，上海市和江浙地区之间在计划经济的安排下，形成了一种江苏省和浙江省以发展农业为主、上海市以发展工业为主的区域经济关系。显然，在计划经济体制下的垂直分工一体化体系时代，协议分工理论的现实意义并不明显。但是，20世纪70年代，随着苏南地区和浙北地区乡镇企业的迅速发展，显示出了突破这种体制障碍的内在张力，从而引发了"长三角"各区域间以"华东局"为组织协调架构、以垂直分工为主要合作框架的经济一体化体制走向终结，开启了具有转型经济特征和现代市场经济特征的长三角经济一体化的新阶段。

关于长三角经济一体化的概念，不同的学者的出于研究的需要进行了不同的定义，陈建军（2009）认为所谓的长三角经济一体化指的是长三角范围内要素自由流动，各次区域本着发挥比较优势的原则，实现有效的产业分工，从而形成分工明确、机制灵活的有机的经济体。吴柏均

(2008)认为长三角经济一体化包含了要素流动、自由贸易、企业合作、公共设施共享、行政法规统一等特征。从空间角度看，长三角经济一体化包括了产业发展一体化、生产要素市场一体化和区域城市发展一体化，其中，最基本的和基础的是市场一体化。

关于长三角经济一体化的内在机制很多学者都承认规模经济在经济一体化中的作用，如史晋川、谢瑞平（2003）从规模经济、范围经济和外部经济三个角度研究了长三角经济一体化的动因问题。陈建军（2008）则指出长三角内部存在着内生性的一体化动力因素，而且可以通过产业集聚和外部经济性、产业转移和产业水平分工、要素流动网络以及空间距离等变量加以解释。吴柏均（2008）认为社会分工和专业化才是决定区域经济一体化的关键因素和基础条件。

产业分工必然涉及产业转移，换句话说，产业分工是产业转移的结果，因此，研究产业分工与经济一体化与研究产业转移与经济一体化是等价的。如范剑勇（2004）通过新经济地理学分析框架认为，一体化必然带来制造业的空间转移和地区结构差异性增强。李廉水和周彩红（2007）运用相似系数等方法从三个维度分别对长三角制造业产业层次、行业层次和产品层次的区际分工状况进行测度，他们认为江苏省、浙江省和上海市在制造业领域的地区专业化分工已逐步形成，而且这种区域分工已经成为推动长三角制造业发展水平提高的重要驱动力。李廉水和袁克珠（2007）通过对长三角两省一市制造业的经济创造能力、科技创新能力和环境资源保护能力的比较后认为三地有必要发挥比较优势推进长三角一体化进程。

综上所述，社会分工和专业化才是决定区域经济一体化的关键因素和基础条件。长三角产业分工的演进的确与长三角经济一体化发展息息相关。本节的以下内容，首先对长三角经济一体化发展历程予以梳理，其次对长三角经济一体化模式，即产业分工的演进模式展开总结，从而不仅可以揭示长三角产业分工发展的背景，也可以通过把握长三角经济一体化发展现状，展望未来长三角经济一体化模式的变化。

（二）长三角经济一体化的发展历程

长三角经济一体化的快速发展，既得益于天然的区位优势，更受益于体制变迁的政策优势。陈建军（2008）将其归纳为三个阶段：第一阶段是上海市经济区时期,宏观特征是"区域经济合作",微观特征是上海市国有企业和江浙的乡镇企业的技术转移和产业转移;第二阶段则是浦东开发开放时期,这一阶段的特点就是上海市新的资源优势的形成;第三阶段则是 21 世纪以来的经济全球化时期,更多地表现为制度层面上的竞争与合作。在长三角经济一体化进程中,政府和市场作为推动者,在三个发展阶段的资源优化配置中发挥的作用有所不同。

1. 探索发展阶段

1982 年 12 月,国务院下发《关于成立上海经济区和山西能源基地规划办公室的通知》,决定建立以上海市为中心,包括江苏省苏州、无锡、常州、南通和浙江省杭州、嘉兴、湖州、宁波、绍兴等 10 个城市的上海经济区。1983 年 3 月,国务院成立上海经济区的领导机构——上海经济区规划办公室。1983 年 8 月,第一次上海经济区规划工作会议召开,建立了包括上海市、江苏省和浙江省的"首脑"会议制度、10 市长联席会议制度。1986 年 7 月,通过《上海市经济区章程》。1988 年 6 月,国家计划经济委员会发出通知,撤销上海经济区规划办公室。上海经济区的区域范围,在历经多次扩容后,已扩至上海、江苏、浙江、安徽、江西、福建五省一市。

上海经济区规划办公室是上海经济区的协调组织,生命力并不长:一是当时地方的行政管理体制严格,办公室缺乏足够的协调能力;二是包罗的区域范围太大,牵涉到五省一市的行政组织;三是没有统一的章程,无章可循(朱金海,1995)。上海经济区的实践在组织形式上不能说是成功的,但是在内涵层面上,上海经济区成立对当时江浙地区的经济发展起到了积极作用,这种积极作用更多的是体现在微观层面上,上海经济区成立刚好是江浙地区的乡镇企业大发展的时期,因此,上海经济区在很大程度上为浙江省和江苏省,特别是苏南和浙北、浙东北地区的乡镇企业利用上海市的资源提供了便利(陈建军,2006)。

2. 稳步发展阶段

1990 年 4 月 18 日,国务院总理李鹏在上海市大众汽车有限公司成立五周年庆祝大会上宣布,党中央、国务院同意上海市加快浦东地区开发,在浦东实行经济技术开发区和某些经济特区的政策。浦东开发启动之后,有实力的跨国公司、中外金融机构纷纷踏上这片改革开放的热土,外商投资逐年增加。一个外向型、多功能、现代化的新城区开始奇迹般地崛起，带动了全上海市以及长江三角洲和整个长江流域经济的新飞跃。浦东由此成为新上海市的象征，也成为 20 世纪 90 年代中国改革开放取得显著成就的重要标志。1992 年，由上海、无锡、宁波、舟山、苏州、扬州、杭州、绍兴、南京、南通、常州、湖州、嘉兴、镇江 14 个市经协委（办）发起、组织，成立长江三角洲十四城市协作办（委）主任联席会。1993 年，上海市正式提出推动"长三角"大都市圈发展的构想，实行强强联合，由江苏省、浙江省、上海市两省一市组成新的"长三角"经济圈。1996 年，国家提出要"以上海市为龙头带动'长三角'及长江流域经济的发展"的构想。1997 年，上述 14 个城市的市政府和新成立的泰州市共 15 个城市通过平等协商，自愿组成新的经济协调组织——长江三角洲城市经济协调会。

浦东开发开放战略巩固和加强了上海市在长三角、长江流域乃至中国经济中的核心地位。随着浦东开发开放的推进，20 世纪 90 年代中后期，长三角经济一体化出现了显著的变化。在合作的方式上，由过去单一的横向配套协作，逐步向整合生产要素、共同进行制度创新发展；在合作的领域上，由过去单一的生产加工销售，逐步向商贸、金融、旅游、产权、生态环境以及科研、人才交流等方面发展；在合作的机制上，由过去单一的企业行为，逐步向政府搭台、企业唱戏、市场运作的方向发展；在合作的流向上，由过去单一的上海市的要素流向各地，逐步向双向流动的格局发展（张兆安，2002）。

3. 快速发展阶段

2001 年 12 月 11 日，中国正式加入世界贸易组织（WTO），成为其第 143 个成员。中国加入 WTO 是长三角经济一体化快速发展的重要契机。在中国加入 WTO 的新形势下，长三角经济一体化发展的外部环境发生了重大变化。沈玉芳（2003）认为，中国加入 WTO 对区域经济带来深远的影响：加入 WTO 所带来的冲击直接会映射至各区域；全球分工体系会直接打破"小而全"的地区产业组织体系；地方政府管理区域经济的职能趋于规范，外资投入的变化直接影响区域经济发展；区域竞争力成为影响区域长远发展的决定力量。伴随着跨国公司和国外资本的大规模进入，中国成为世界范围内经济增长最快、经济活力最强的国家之一。在经济全球化背景下，跨国公司基于国际分工体系的考虑，在全球范围内配置资源，在公司内部实行配套的水平分工与技术的垂直分工的管理经营模式，给长三角带来巨大的挑战与冲击的同时，更带动长三角迈入重大的战略机遇期。

上海市的政策资源优势继续强化。2005年6月21日，国务院批准上海市浦东新区综合配套改革先行先试。2009年4月14日，国务院发表《关于推进上海市加快发展现代服务业和先进制造业，建设国际金融中心和国际航运中心的意见》。2009年5月，国务院批复上海市《关于撤销南汇区建制将原南汇区行政区域划入浦东新区的请示》，同意撤销上海市南汇区，将其行政区域并入上海市浦东新区。"大浦东"突破行政区划，使得土地、政策、资金、竞争等诸多掣肘迎刃而解，上海市国际金融和航运中心建设、迪士尼项目等将能通盘考虑。2013年8月，国务院正式批准设立中国（上海市）自由贸易试验区。上海市自贸区范围涵盖上海市外高桥保税区（核心）、外高桥保税物流园区、洋山保税港区和上海市浦东机场综合保税区等4个海关特殊监管区域，是设于上海市的一个自由贸易区，也是中国大陆境内第一个自由贸易区，并将为上海市带来十年发展红利。

2008年9月，《国务院关于进一步推进长江三角洲地区改革开放和经济社会发展的指导意见》中指出了进一步推进长江三角洲地区改革开放和经济社会发展的重要意义、总体要求、主要原则和发展目标。2010年6月，国务院批复《长江三角洲地区区域规划》，明确了长江三角洲地区发展的战略定位，即亚太地区重要的国际门户、全球重要的现代服务业和先进制造业中心、具有较强国际竞争力的世界级城市群；到2015年，长三角率先实现全面建设小康社会的目标；到2020年，力争率先基本实现现代化。"泛长三角"被首次写入中央文件，规划指出，长三角周边的安徽省等地区具有区位、自然资源、劳动力资源的比较优势，与长三角经济联系紧密，是长三角产业转移和直接辐射区。2010年1月，国务院正式批复《皖江城市带承接产业转移示范区规划》，安徽省沿江城市带承接产业转移示范区建设纳入国家发展战略。示范区建设的一个重要目的，就是要深化"泛长三角"分工合作，着力打造承接产业转移平台，探索建立利益共享机制，调动承接方与转移方两个积极性，把示范区建成长三角产业拓展的优选区，形成与长三角优势互补、分工合理、共同发展的产业格局。

长三角经济一体化过程中，一直存在着两种协调机制，一种是基于组织架构的协调机制，另一种是基于市场因素的协调机制。在表现形式上，前者更多的是利用有形的制度平台，而后者更多地依靠微观主体的主动行为。由于牵涉到更为宏观的制度安排，当组织架构不能很好地发挥功能时，如何利用微观主体的主动行为，是长三角次区域各方在长三角一体化的地区博弈中争取主动的重要途径（陈建军，2008）。长三角合作机制建设，在这一阶段逐渐完善。2001年，三省市发起成立了由常务副省（市）长参加的沪苏浙经济合作与发展座谈会制度，旨在建立长期性、战略性、整体性区域合作框架。2003年8月，台州加入长江三角洲城市经济协调会，成为第16个成员；2004年11月，长江三角洲城市经济协调会由每两年开一次改为一年一次。2004年，启动了最高决策层的三省市主要领导座谈会制度，为推动长三角经济一体化向更深层次迈进注入了强大动力。2008年，在宁波召开的主要领导座谈会进一步明确了长三角合作新的机制框架和新一轮重点合作事项。由决策层、协调层、执行层构成的长三角合作机制，是我国目前跨省区城市群合作中较为成熟的一种模式。

2011年11月，在合肥举行的长三角主要领导座谈会原则同意《长三角合作与发展共同促进基金管理办法（试行）》。该基金主要用于两省（市）以上合作共建项目，解决跨区域发展过程中任何一方难以单独解决的重大问题，从而促进区域一体化。目前，该基金更侧重于区域环境防治方面的合作。

（三）长三角经济一体化的演进模式

国际产业分工是劳动分工跨越国家和地区界限后的产物，是社会分工发展到一定历史阶段的必然结果。20世纪80年代以来，以信息技术、生物技术、新材料技术为主导的高技术产业迅猛发展，以发达国家为主导的国际分工格局不断调整与变革，国际分工体系逐渐从垂直型分工向混合型分工演变，呈现为从产业间分工（Inter-industry Specialization）到产业内分工（Intra-industry Specialization），再到产品内分工（Intra-product Specialization）的演变特征，初步形成了多种模式并存发展的多层次新型国际分工体系。本文对长三角产业分工模式的考察，将根据这三种类型的产业分工与合作模式展开分析，并结合长三角经济一体化的发展现状，展望未来长三角产业分工模式的进一步的演变方向。

1. 长三角产业间分工模式

在长三角，产业间分工既表现为第一、第二和第三产业之间的分工，更集中地表现为同一大类产业内部不同细分行业之间的分工。改革开放以前，从区域产业分工视角看，上海市与周边地区的经济联系呈现为垂直型分工特征。1978 年，上海市第二产业比重高达 77.4%，第一产业比重仅为 4.0%；江苏省第一产业和第二产业的比重分别为 27.6% 和 52.6%；浙江省第一产业和第二产业的比重分别为 38.1% 和 43.3%。在中央计划体制下形成的上海市和江浙地区（主要是浙江省地区）的垂直产业分工体系，除了双方互为邻域的地理条件之外，双方的资源禀赋的结构差异是一个重要的因素，比如，上海市拥有较多的科技能力、资本和较为完备的基础设施等资源，因而具有发展工业的比较优势。在长三角经济一体化的历史过程中，上海市经济区时期是一个转折期，它表明，上海市和周边的江浙地区之间的产业分工开始从垂直分工向水平分工方向发展（陈建军，2005）。

在长三角经济一体化探索发展阶段，长三角产业间分工模式有所发展，但总体上处于较低水平。20 世纪 80 年代初期，中央推出一系列分权改革的措施，提出要发展横向联合，加强区域协作，以削弱各地区之间在发展经济方面的激烈竞争，提高产业分工水平。从微观层面上看，上海市经济区的实践对包括江苏省、浙江省甚至安徽省在内的上海市周边地区乡镇企业的发展具有比较重要的推动作用。然而，由于体制改革的滞后，长三角一体化的市场机制尚未形成，行政区经济的力量较为强大，区域产业间分工模式受到体制瓶颈的制约。从省级层面看，1985 年，长三角工业结构相似指数高达 0.8289，工业分工系数仅有 0.1074；1990 年，长三角工业结构相似指数略微下降至 0.8198，工业分工系数提升至 0.1159。

表 1　1985—2013 年长三角省级区域工业结构相似指数和工业分工系数

年份	工业结构相似指数	工业分工系数	年份	工业结构相似指数	工业分工系数
1985	0.8289	0.1074	2000	0.8018	0.1200
1986	0.8253	0.1123	2001	0.7852	0.1292

续表

年份	工业结构相似指数	工业分工系数	年份	工业结构相似指数	工业分工系数
1987	0.8261	0.1091	2002	0.7834	0.1307
1988	0.8254	0.1096	2003	0.7635	0.1425
1989	0.8252	0.1123	2004	0.7577	0.1449
1990	0.8198	0.1159	2005	0.7589	0.1400
1991	0.8185	0.1165	2006	0.7616	0.1355
1992	0.8204	0.1148	2007	0.7630	0.1340
1993	0.8060	0.1231	2008	0.7717	0.1330
1994	0.8066	0.1233	2009	0.7750	0.1307
1995	0.8151	0.1171	2010	0.7783	0.1302
1996	0.8072	0.1212	2011	0.7745	0.1367
1997	0.8020	0.1252	2012	0.7697	0.1344
1998	0.8096	0.1135	2013	0.7653	0.1348
1999	0.8017	0.1217			

注：长三角包括一市三省，分别是上海市、江苏省、浙江省和安徽省。

在稳步发展阶段，伴随着区域经济一体化进程的推进，长三角产业间分工模式得以较好地发展。在浦东开发开放的影响下，长三角的改革、开放和经济发展也进入了一个新阶段。浦东的开发开放推动了要素市场的高速发展，加快了企业改革、体制转换、政府职能转变的步伐，摆脱了旧体制对上海市经济发展的约束，通过集聚和辐射，服务和带动全国经济特别是长三角和长江流域经济的发展，上海市经济发展再度崛起。在这一阶段，长三角经济发展的另一个显著特点是对外开放程度大幅度提高。1990年中央决定开发开放浦东的决策、1992年邓小平"南行讲话"，以及同年国务院决定进一步开放南京等6个沿江港口城市，使长三角的外向型经济进入快速发展阶段。2000年，长三角进出口商品额达到1281.8亿美元，比1992年增长5倍；当年外商直接投资额达112亿美元，比1992年增长2.8倍（周艳群，2008）。从省级层面看，2000年，长三角工业结构相似指数进一步下降至0.8018，工业分工系数则提升至0.1200。

在长三角经济一体化快速发展阶段，长三角产业间分工模式历经较长时期的较快发展后,开始步入比较稳定的发展态势。中国加入 WTO 以来,长三角的经济结构、市场体系、基础设施和城市布局之间的分工合作趋势日益明显,长三角经济融合前所未有地展开。上海市开始放弃与江浙两地对低端制造业的争夺,改而向高端生产、服务业融合领域进军,并为长三角世界级制造基地提供服务支撑;其他城市逐渐开始充分考虑自身在长三角中的位置、本身的资源禀赋以及发展现状进行城市功能的定位,在承接上海市制造业的转移和支持上海市服务业的发展两方面与之接轨(周艳群,2008)。随着区域分工协作发展的推进,长三角产业间分工模式继续得以发展,步入到比较稳定的发展阶段。2004 年,长三角工业结构相似指数最低下降为 0.7577,比 1985 年下降了 8.6%;工业分工系数最高提升至 0.1449,比 1985 年大幅度提高了 34.9%。2005 年以来,长三角产业间分工模式保持在比较稳定的相对高位运行态势。

分地区看,图 1 描绘了长三角各省市的专业化系数的变化态势。显然,不同地区的专业化水平有所不同。横向比较而言,在多数年份,总是安徽省的专业化水平最高,接下来依次是上海市、浙江省和江苏省。纵向比较而言,不同地区专业化水平的发展态势略有差异。江苏省和浙江省呈现为平稳中略有上升的变化态势,上海市呈现为震荡上升的变化态势,而安徽省则呈现为平稳中快速上升后又快速回落的变化态势。

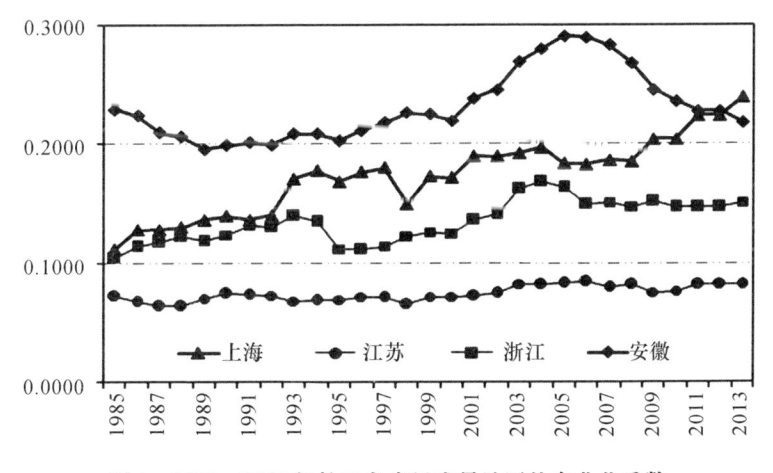

图 1 1985—2013 年长三角省级成员地区的专业化系数

图 2 描绘了长三角各省市的结构相似指数的变化态势。横向比较而言，在多数年份，总是安徽省的结构相似指数最低，接下来依次是上海市、浙江省和江苏省。纵向比较而言，上海市呈现为震荡回落的变化态势，而其他三个地区的结构差异指数均大致呈现为先震荡回落后略有回升的变化态势。

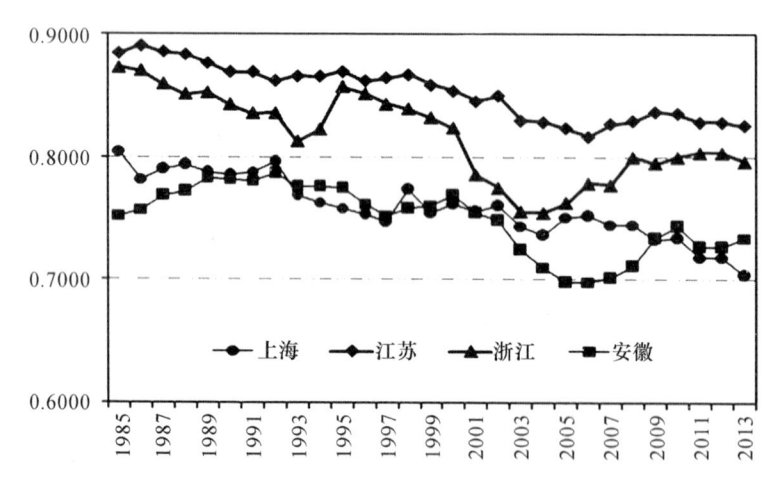

图 2　1985—2013 年长三角省级成员地区的结构相似指数

从各省市的专业化系数和结构差异指数的横向比较看，不同地区的排序主要与两个方面的因素相关。一是经济发展水平不同。安徽省在长三角经济发展水平低于其他成员地区，从而产业结构也差异较大，专业化水平相对较高。二是与不同地区的相对规模有关。由于参照标准是长三角整体的工业结构，必然是相对规模较大的成员地区偏离参照标准相对较小，而相对规模较小的成员地区偏离参照标准相对较大。

表 2　　　　　1998—2010 年长三角核心区城市的专业化系数

地区	1998	1999	2000	2001	2002	2003	2004	2005	2006	2007	2008	2009	2010
上海	0.137	0.154	0.156	0.175	0.178	0.180	0.171	0.163	0.163	0.170	0.176	0.197	0.193
南京	0.289	0.281	0.295	0.253	0.243	0.236	0.292	0.301	0.289	0.291	0.246	0.219	0.208
苏州	0.139	0.144	0.158	0.159	0.172	0.210	0.222	0.209	0.212	0.202	0.221	0.242	0.239
无锡	0.149	0.162	0.199	0.213	0.195	0.199	0.203	0.203	0.187	0.170	0.172	0.194	0.190

续表

地区	1998	1999	2000	2001	2002	2003	2004	2005	2006	2007	2008	2009	2010
常州	0.199	0.209	0.225	0.230	0.201	0.223	0.234	0.235	0.238	0.236	0.228	0.238	0.230
镇江	0.266	0.292	0.320	0.343	0.301	0.324	0.352	0.346	0.346	0.332	0.323	0.286	0.287
南通	0.280	0.267	0.283	0.288	0.295	0.300	0.294	0.298	0.303	0.297	0.278	0.262	0.267
扬州	0.280	0.284	0.293	0.282	0.277	0.294	0.313	0.306	0.286	0.274	0.290	0.257	0.268
泰州	0.326	0.335	0.345	0.347	0.336	0.317	0.318	0.313	0.308	0.293	0.286	0.301	0.307
杭州	0.191	0.172	0.169	0.164	0.164	0.182	0.164	0.170	0.148	0.177	0.177	0.199	0.196
宁波	0.276	0.290	0.305	0.286	0.281	0.280	0.269	0.267	0.243	0.213	0.201	0.193	0.189
嘉兴	0.382	0.385	0.399	0.423	0.420	0.440	0.419	0.409	0.397	0.380	0.365	0.370	0.352
湖州	0.391	0.406	0.454	0.455	0.423	0.446	0.444	0.426	0.384	0.380	0.370	0.352	0.356
绍兴	0.358	0.370	0.381	0.396	0.397	0.408	0.432	0.440	0.419	0.414	0.415	0.400	0.397
舟山	0.564	0.554	0.588	0.605	0.647	0.629	0.596	0.621	0.645	0.651	0.624	0.652	0.645
台州	0.368	0.389	0.409	0.424	0.400	0.421	0.448	0.464	0.461	0.465	0.445	0.423	0.408
长三角	0.208	0.218	0.231	0.235	0.233	0.242	0.247	0.244	0.238	0.236	0.236	0.245	0.242

资料来源：樊福卓等（2014）。

表2列出了长三角核心区城市的专业化系数。总体而言，在长三角经济一体化快速发展阶段，从市级层面看，长三角产业间分工态势与从省级层面得出的判断基本是一致的。分城市看，不同城市之间的专业化水平差异较大。1998年，上海市的专业化系数最低，为0.137；舟山的专业化系数最高，为0.564，是上海市的4.10倍。2010年，宁波的专业化系数最低，为0.189；舟山的专业化系数最高，为0.645，是宁波的3.40倍。在1998—2010年期间，在长三角的16个城市中，有9个城市的专业化水平有所提高，其中，苏州、上海市和无锡的专业化系数提高幅度靠前，分别提高了71.9%、40.8%和27.5%；有7个城市的专业化水平有所降低，其中，宁波、南京和湖州的专业化系数降低幅度靠前，分别为31.5%、28%和9%。

2. 长三角产业内分工模式

陈建军（2004）把行业分类推进到更细分化的产业分类层面，测算了纺织、化工、黑色家电、白色家电和机械产业的相似系数，发现浙江省和上海市、浙江省和江苏省的产业同构问题实际上并不是很严重，并认为如果进一步细化产品分类，相信相似系数还会进一步降低。邱风等

(2005) 证实了这一判断，发现随着产业的进一步细分，长三角的产业结构相似系数又有所下降。他们对产业结构相似系数的计算公式进行了改动，发现从三次产业到细分产业Ⅰ、细分产业Ⅱ、细分产业Ⅲ，再到产品结构，发现 2002 年长三角产业结构相似系数（均值）由 0.97 到 0.89、0.85、0.65，再到 0.43，产业结构相似系数下降趋势非常明显（图 3）。他们还计算了 1995—2002 年长三角产品层次上的结构差异系数，发现长三角在产品层次上的结构差异越来越大，从 1995 年的 0.746 上升到 2002 年的 0.876，从侧面印证了长三角产业结构趋异的基本判断。

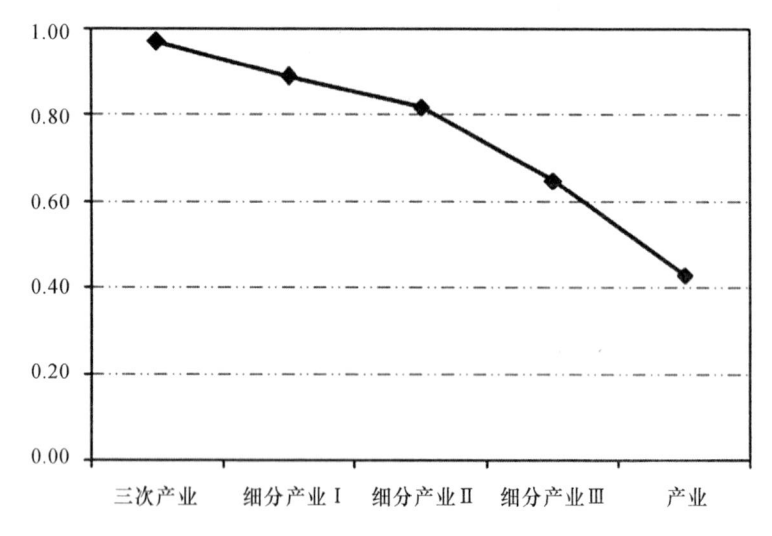

图 3　2002 年长三角不同层次产业结构相似系数

资料来源：邱风等（2005）。

从陈建军（2004）、邱风等（2005）的研究可以得出这样的判断，随着产业分类的进一步细分，长三角分工水平会呈现为上升的趋势，也就是说即便在大类产业结构出现趋同，大类产业的整体产业转移的动能出现钝化，凭借产业内分工模式的逐步完善，推动长三角经济一体化的发展动力依然强劲。从地区路径看，这样的判断则转化为，在长三角，随着地区划分程度的细化，长三角分工水平将进一步提高。

樊福卓（2011）从省级层面与市级层面对长三角工业分工做了较为系统的比较统计分析，发现，在 1998—2008 年期间，长三角的工业结构发生了较大的变化，在这一变化过程中，长三角工业分工水平呈现为先升后降的态势，并相对于20世纪90年代末期有了一定的提高。分析表明，相对于省级层面而言，在市级层面，长三角工业分工水平相对较高。这给予我们重要的启示，也就是，长三角工业分工水平的高低，与次级区域的划分存在着重要的关联：随着进一步聚焦次级区域间的经济一体化发展，长三角工业分工水平或许会出现相应地提高，未来次级区域间的分工合作关系将更为紧密。

根据国际产业转移和产业分工格局的变化趋势看，我们认为，改革开放以来，伴随着长三角水平型分工的发展，产业内分工模式也得以适度地发展，成为长三角一种重要的分工模式。但是，这样的判断并不能从陈建军（2004）、邱风等（2005）、樊福卓（2011）的研究中得以证实。要对长三角产业内分工模式的变化态势做出科学地判断，必须要利用合适的测度方法，在两级行业分类下，对长三角产业分工进行组群分解与测算。就目前而言，尚无研究者对长三角产业分工组群分解加以实证研究。

3. 长三角产品内分工模式

产品内分工有两种基本类型，即：企业内产品内分工和企业间产品内分工。在企业内产品内分工中，一个企业从事产品生产的全部工序、区段、环节，并根据各地区的比较优势布局产品设计、原料采购等产业链环节。在企业间产品内分工中，不同企业从事产品生产的不同工序、区段、环节，并布局在不同的地区。从长三角的实践看，同一产品的生产或许会表现为二者的结合。

在长三角，企业内产品内分工可分为两种类型：一种是跨国公司主导的企业内产品内分工，一种是本土企业主导的企业内产品内分工。20世纪90年代以前，长三角的FDI投资主体多为中小型企业；20世纪90年代以后，大型跨国投资主体开始进入长三角；20世纪90年代后期以来，大型跨国公司和高新技术产业投资成为FDI的主流。例如上海市，截止至2014年10月底，外商在上海市累计设立跨国公司地区总部484家（其中亚太区总部24家），投资性公司295家，研发中心379家。外商投资企业比较看重上海市的国际影响力，将上海市作为其全球战略和协同体系的核心，纷纷将地区总部落户上海市，地区总部的质量和规模进一步得到提升。跨国公司将产品设计、终端零售等环节布局在上海市，将加工制造布局在长三角其他地区,以充分利用各地区相对独特的资源禀赋优势。例如,食品巨头卡夫公司在苏州建设饼干工厂,而将总部设在上海市。世界最大的电信设备制造商之一诺基亚西门子通信公司在上海市设立全球下一代城域网(NGN)业务部门总部,在杭州设立网络全球研发中心,在苏州建设移动网络产品工厂(楚天骄,2011)。

在长三角,本土企业主导的企业内产品内分工已经获得了较为普遍的发展。例如,1999年宁波的杉杉集团将总部迁往上海市;2000年4月,生产基地位于江苏省泰州的春兰公司在上海市设立"春兰上海市总部";2003年1月,浙江省吉利集团将企业管理总部、营销总部和研发总部近200余人迁往杭州,同时,将投资总部设在上海市(楚天骄,2011)。一项对宁波市532家企业的调查结果显示,34.2%的宁波市企业已在上海市或长三角其他地区设立分支机构,并有49.9%的企业对在上海市或长三角其他地区设立分支机构有所考虑。从已设立的分支机构类型看,设立销售部门的占63.8%,设立生产部门的占12.7%,设立研究开发部门的占15.7%,设立其他管理部门的占7.8%;从欲设立分支机构的类型看,64.4%的宁波企业认为,在接轨大上海市或长三角其他地区过程中首先考虑设立销售部门,9.8%的企业欲设立生产部门,16.0%的企业欲设立研究开发部门,9.8%的企业欲设立其他管理部门(周国红和楼锡锦,2007)。

以外包、战略联盟等松散型合作的企业间产品内分工,可以在更大的区域范围内搜寻合作伙伴。在上海市桑塔纳轿车共同体名录中,176家成员单位中大多数是苏浙企业,而那些徘徊在共同体名录之外、不定期、非正式为上海市配套的苏、浙企业数,则超过共同体正式成员数的2倍(楚天骄,2011)。2004年10月,浙江省企业调查队对在杭州、宁波、嘉兴、湖州、绍兴、舟山和台州7个市的450家工业企业所进行的一项调查也表明,长三角工业企业之间的上下游联系渐趋紧密,半数左右企业的原材料供应和生产线配置在长三角内实现。调查中当被问及"生产用原料或半成品的主要来源地"时,32.7%的企业回答来自本部所在地,19.2%的企业回答来自长三角其他地区,即来自长三角的达到51.9%。同时,28.4%的企业生产所需的生产线和生产工具来自企业本部所在地,18.5%的企业来自长三角其他地区,两者合计也达46.9%(浙江省企调队课题组，2005）。

实际上，在长三角，在研发、生产、销售等环节形成的跨区域产业链分工网络已经成为提升区域竞争力的关键所在。陈建军等（2009）基于长三角地级市企业数据利用Elison和Glaeser（1997）提出的E-G指数测算了在产业和空间两个层面上长三角二位数产业的集聚程度、三位数产业集聚间的分工状态以及与此相关的区域溢出效应。他们认为，产业集聚间分工的形成和深入，使得长三角的产业集聚通过以下三个步骤的累积循环锁定了区域竞争力：（1）处于产业集聚中的企业跨区域发展，在次级产业集聚间产生了分工；（2）深入和稳定的分工加速了要素和产品流动，提高了专业化生产水平，产业集聚进一步深化和广化；（3）在区域溢出效应的作用下，产业集聚"定位"于区域溢出效应显著的地区，进而产生集聚呼唤集聚的"累积循环效应"。通过这一过程，长三角原本分散的产业集聚被有机地组织在一起，在空间因素的作用下，形成了地域更为广大、产业联系更为紧密的"广域的产业集聚"或"集聚束"，进而成为整个地区的竞争优势，既保持了各原有产业集聚的竞争力，又避免了地区内的恶性竞争。

（四）小结

在长三角经济一体化进程中，政府和市场作为推动者，在不同阶段的资源优化配置中发挥着相互促进的作用。从区域产业分工的角度而言，长三角经济一体化发展模式表现出从最初的垂直分工模式逐步转向水平分工模式的深化发展，即最初的轻工业部门大规模从上海市逐步向周边省市转移的模式，逐渐向产业间细分化分工模式深化，进而向由企业内和企业间主导的产品内工序分工模式进一步演进。再从区域产业分工的空间分布来讲，随着长三角经济一体化发展模式的不断细化演变，分工的空间布局从相对集中的要点城市（如上海、杭州、南京、苏州和宁波等），向区域内三、四线城市进一步扩散。这一点从长三角政府间合作机制的发展也能得到相应的佐证。

到目前为止，长三角已经基本形成了层次分明的四级区域合作与协调机制，第一层是建立和实施每两年举办一次的沪苏浙（现在已经包括了安徽省）等省市主要领导出席的定期会商机制，主要决定长三角合作方向、原则、目标与重点等重大问题；第二层是常务副省（市）长主持的每年一次的"沪苏浙经济合作与发展座谈会"机制，主要任务是落实主要领导座谈会的部署，协调推进区域重大合作事项；第三层是每年举办一次的长三角 16 城（现在已经扩大到 22 城）市长参加的"长江三角洲城市经济协调会"机制，主要任务是将宏观的合作目标变成合作专题，在城市之间以专题形式进行不同领域内的合作，主要开展交通、港口、规划、旅游、科技、信息及产权等专题项目的合作；第四层是部门间及行业间的合作机制，长三角城市政府相关职能部门间也建立了联席会议、论坛、合作专题等合作机制。

二 长三角经济一体化与区域经济、产业融合发展机制研究

（一）长三角经济协调发展的内涵

通过上一节的内容，可以将区域经济一体化理解为建立生产要素充分流动的机制实现生产要素的优化配置提高整体的经济效率。值得注意的是，区域经济一体化所考虑的是整体的经济效率而不是区际公平，而区域经济协调发展强调的是区际公平。我们可以首先从国家层面的区域经济发展战略的变化来看我国对区域经济效率与区际公平相互关联的考量。

改革开放以后我国第一个完整的五年计划即"六五"计划（1981—1985 年），明确提出要积极利用沿海地区的经济技术区位优势，充分发挥它们的特长，带动内地经济进一步发展，并开始采取一系列措施向沿海地区倾斜。1986 年，"七五"计划（1986—1990 年）明确把全国划分为东部、中部、西部三大经济地带，提出了按三大地带序列推进区域经济发展的战略思路。可以说，一直到 20 世纪 90 年代中后期，我国总体上实施的是区域经济非均衡发展战略。这种战略划分了三大地带，确定了区域经济发展按东中西部三大经济地带梯度推移的战略思路，并实施了一系列向东部区域倾斜的政策措施。在此期间，作为东部经济地带的长三角的经济发展率先获得政策红利，这种全局性的战略布局意在解决在有限的发展资源制约下，快速提高整体的经济效率问题。期间，长三角经济一体化开始了其探索建立生产要素充分流动的机制实现生产要素的优化配置的发展

时期。

进入20世纪90年代，随着改革开放的不断深化，地区发展差距，特别是东西部地区发展差距也随之扩大，如何促进地区经济协调发展被提到了重要的战略高度。例如，1995年9月八届人大四次会议审议通过的《中华人民共和国国民经济和社会发展"九五"计划和2010年远景目标纲要》从建立7个跨省市的经济区域角度，明确提出了区域经济协调发展的方向和具体政策措施。在此期间，长三角仍然通过产业间分工和产业内分工模式稳步推动经济一体化的发展。

产业分工必然涉及产业转移，产业分工是产业转移的结果。而大规模整体性的产业转移往往不仅能够提升长三角经济的整体效率，而且能够引发长三角内各省市产业结构的变动，为区域内承接生产力转移的欠发达地区带来新的经济增长动力。从这一点而言，长三角经济一体化发展符合长三角经济协调发展的目标。但是，当区域间大规模整体性的产业转移时期的完结到来时，上海市的制造业已无法维持像20世纪90年代，甚至于如21世纪初一样的向外转移的速度与能级，产业结构也更为偏重第三产业时，对上海市而言，以何种模式进一步推进长三角经济一体化，如何统筹长三角经济一体化发展和长三角经济协调发展的目标就成为当前需要深入研究的重要问题。

区域科学认为，区域是具有一定结构和功能的经济空间。由于区域内部的一致性与区域之间的差异性，区域之间存在着互相作用和互相依赖，形成区域系统（艾萨德，1991）。概括地说，资本和劳动力等生产要素在区域内是可以流动的，资本流动和产业结构变化会引发劳动力流动和产业前后相关联的区域间变化。由于劳动力流动引起的工资收入分配变化会造成区域间需求结构变化。另外，中间使用需求结构变化形成的产业关联效应也会导致区域间需求结构变化。区域间需求结构变化又会进而引发产业集聚和劳动力流动，形成循环累积效应。

显然，产业分工或产业转移是推动区域经济一体化的核心因素，但是由于一体化必然带来制造业的空间转移和地区产业结构差异性增强，若只关注生产力的转移，而忽视了生产力的转移后的产业结构变化带来的市场需求变化，从而将派生的一系列循环累积效应置于盲区，将不利于把握长三角经济协调发展的情况。

为了实现上述区域间经济循环的研究，艾萨德（Isard，1951）最先拓展了投入产出分析框架并应用到空间经济的研究，为区域科学的发展奠定了坚实的基础。Chenery（1953）和 Moses（1955）先后提出了区域间进口竞争型 I – O 模型，引入了区域间交易系数的概念。Leontief, Strout（1963）首次将引力模型应用到区域间交易矩阵的推算。在哈佛经济研究项目（HERP）的大力推动下，区域间 I – O 模型在 20 世纪 50、60 年代已在美国的区域经济学中得到广泛应用（Miller and Blair，2009）。

在区域层面上，各区域产业结构表现为各自经济发展过程中形成的各次产业间的相互关联和数量比例关系；在国民经济层面上，各区域产业结构表现为各区域之间的生产协作关系。因此，可将区域（地区）产业结构分为 2 个层面理解，即：（1）对特定经济体按照一定划分标准划分后，在各经济空间内的发展过程中所形成的各次产业间的相互关联和数量比例关系；（2）与不同经济空间之间的产业间相互关联和数量比例关系。勿论，在全国生产分工系统中，依照行政区划分的长三角各省市可视为子系统，不仅各子系统的对外进出口贸易，各子系统间的省际贸易也对各省市的经济发展发挥着重要作用。

以下分别对 1997—2012 年间上海市、浙江省、江苏省和安徽省的主导产业展开比较分析，区分对外贸易和省际贸易对长三角内四省市的经济增长的不同影响，结合前述相关理论，梳理长三角各省份主导产业的演变趋势，从而把握各省市经过以产业转移为抓手的经济一体化之后，产业结构的异同，为探讨未来如何推动长三角经济协调发展提供实证依据。

(二) 长三角各省市产业结构变化对区域经济协调发展的影响分析

1. 分析方法和数据

罗斯托在《经济增长的阶段》中提出，现代经济增长依附于现代技术所提供的生产函数的累积扩散中，其变化只能从部门角度加以研究，因此经济增长本质上是一个部门的过程，总量指标只是部门活动的总结。在他看来，发展就是作为"领头羊"的主导产业部门首先获得增长，再通过包括"回顾效应"（主导产业在高速增长阶段，根据其技术特点而对各种生产要素产生新的投入要求，从而刺激这些要素供给产业的发展），"前瞻效应"（由于主导产业的发展而对新技术、新材料和新能源等产生的诱导作用)和"旁侧效应"(由于主导产业的发展而对其周围地区的经济影响)的扩散效应,诱发其他产业部门的增长,最终带动经济总量的增长和产业结构的演变。

赫希曼(Hirshman,1958)应用投入产出分析的框架,从产业关联度基准的角度,提出发展中国家应首先发展产业关联度高的产业作为主导产业。罗斯托在《经济增长的阶段》中按各阶段带动经济增长的部门特征总结出,主导部门的急剧扩张率在保持经济的总体增长势头方面发挥着关键的直接和间接作用,增长阶段的技术基础部分原因就在于主导部门次序的变化。H. B. Chenery(1958、1960)在使用I-O理论的基础上,进一步提出了从最终需求角度分析诱发经济增长的主要因素的DPG(比例增长偏差)模型。在非均衡增长的前提下,DPG模型可以用来识别哪些产业在分析期内增长得相对迅速并且影响力较大,即被视为该阶段的主导产业部门,进而分析哪些主要因素对这些影响力较大的主导产业的增长起到了相对较大的推动作用。显然,这种分析逻辑与罗斯托的主导产业扩散理论也息息相关。

本文使用的数据是国务院发展研究中心根据1997年和2007年的中国地区投入产出表和海关统计数据编制的地区I-O扩展表。该表共有30个省份和33个产业部门,并对调出和出口、调入和进口进行了拆分,具体的制表方法可以参照李善同、齐舒畅等(2010)。结合国家统计局公布的2012年中国地区投入产出表,本文进一步将产业统合为32部门,使用1997年、2007年和2012年的上海市、浙江省、江苏省和安徽省的投入产出表作为本文的分析数据。

2. 上海市产业结构变化

表3给出了1997—2012年上海市各部门的产出额DPG值、各主要因素的贡献值与所有正的产出额DPG合计值的相对比例。从产出额DPG值来看,通信设备、计算机及其他电子设备制造业(本节简称:电子设备制造业),商务服务及社会服务业,交通运输仓储业(本节简称:运输业),教科文卫业和批发零售业的迅速发展是推动1997—2012年间上海市经济发展和产业结构变化的最主要的5个部门,其产出额DPG分别为16.9、33.1、16.7、7.6和14.5。其中,商务服务及社会服务业的增长速度最快,从诱发该产业发展的主要因素看,除了中间投

入变化（19.9）以外，区际调出（13.4）对上海市电子设备制造业的发展也起到了重要推动作用。与全国主导产业演变特征不同的是，上海市的生产性服务业，如商务服务及社会服务业，运输业，科教文卫业作为主导产业的功能更为突出。值得注意的是，虽然上海市产业结构服务化是长期趋势，但是全球金融危机后上海市经济的发展模式发生了显著变化。

表4给出了1997—2007年上海市各部门的产出额DPG值，与1997—2012年上海市DPG分析的不同点是，1997—2007年间出口因素对上海市经济增长起到了至关重要的作用，尤其对制造业的发展起到了决定性影响。例如，电子设备制造业的增长速度最快，但从诱发该产业发展的主要因素看，出口贸易（27.3）对上海市电子设备制造业的发展起到了最重要的推动作用。

表5给出了2007—2012年上海市各部门的产出额DPG值，由于全球金融危机后，世界主要发达经济体需求的长期疲软制约了上海市制造业的发展，加快了产业结构服务化的节奏，并且促成了上海市经济发展模式从出口导向型向国内省际调出依存型的转变。例如省际调出是带动交通运输设备制造业产出增长的最主要因素。另外，对食品制造及烟草加工业、化学工业等部门省际调出也发挥了重要的带动作用。另外，上海市对国内省际调入的依存也出现大幅上升（合计值：-147.6），与1997—2007年相比，上海市经济的发展模式从依附国际经济大循环发展逐步向嵌入国内经济循环转型。

从运输业和批发零售业的快速发展对上海市经济发展的影响力来看，上海市产业结构的变迁是符合建设国际航运中心和国际贸易中心这2个发展目标的。特别是，调出因素对上海市运输业、批发零售业和金融业的带动作用明显（29，27.2和17.6），这充分说明了上海市的国际航运中心、贸易中心和金融中心的成功打造离不开长三角的综合发展，做大做强区际贸易，深化区域内生产分工体系的相互依存度，加快长三角经济一体化进程是未来上海市4个中心建设成败的关键所在。

表3　1997—2012年上海市经济增长的DPG因素分析

部门编号	部门名称	DPG	农村居民	城市居民消费	政府消费	固定资本形成总额	省内调出	出口	其他	省外调入	进口	中间投入变化
1	农林牧渔业	-4.4	-0.3	-0.2	0.0	-0.1	-0.2	-0.3	0.0	0.6	-2.6	-1.3
2	煤炭开采和洗选业	0.0	0.0	0.0	0.0	0.0	0.0	0.0	0.0	0.3	-0.3	0.0
3	石油和天然气开采业	0.0	0.0	0.0	0.0	0.0	0.0	0.0	0.0	-0.9	0.9	0.0
4	金属矿采选业	0.0	0.0	0.0	0.0	0.1	0.4	0.0	0.0	1.6	-0.1	-1.9
5	非金属矿及其他矿采选业	0.0	0.0	0.0	0.0	0.0	0.0	0.0	0.0	-0.1	0.0	0.0
6	食品制造及烟草加工业	-3.6	-0.1	-0.1	0.0	0.0	5.7	-1.9	0.0	-5.3	-2.0	-0.1
7	纺织业	-15.7	0.0	0.3	0.0	0.0	-1.4	-3.7	0.2	-11.8	-0.6	1.5
8	纺织服装鞋帽皮革羽绒及其制品业	-7.7	0.1	0.0	0.0	0.0	1.4	-4.3	-0.1	-3.7	-0.9	-0.5
9	木材加工及家具制造业	-0.2	0.0	0.3	0.0	0.0	0.7	0.5	0.0	-1.1	-0.3	0.0
10	造纸印刷及文教体育用品制造业	-2.4	0.0	0.3	0.0	0.3	1.3	-0.9	-0.5	0.8	-1.8	-1.9
11	石油加工、炼焦及核燃料加工业	1.8	0.0	0.3	0.1	0.2	2.5	1.0	0.0	-3.8	-0.8	2.5
12	化学工业	-16.4	-0.1	0.1	0.1	0.0	6.5	2.0	0.3	-7.3	-16.8	-0.8
13	非金属矿物制品业	-3.8	0.0	0.0	0.0	-0.9	1.3	0.1	0.5	-3.8	-0.4	-0.6
14	金属冶炼及压延加工业	-17.0	0.0	0.0	0.0	-0.5	0.5	0.3	-0.1	-11.0	-7.2	0.5
15	金属制品业	-6.0	0.0	-0.1	0.1	0.2	-0.2	0.1	0.2	-3.1	-0.3	-2.6
16	通用、专用设备制造业	-1.0	0.0	0.0	0.0	1.9	11.9	4.9	0.2	-8.3	-11.9	0.3

续表

部门编号	部门名称	DPG	农村居民	城市居民消费	政府消费	固定资本形成总额	省内调出	出口	其他	省外调入	进口	中间投入变化
17	交通运输设备制造业	-2.0	0.0	0.2	0.0	-1.2	15.0	1.7	-0.1	-10.7	-6.6	-0.4
18	电气机械及器材制造业	-8.2	0.0	0.0	0.0	0.0	0.7	2.0	0.0	-8.0	-2.9	0.0
19	通信设备、计算机及其他电子设备制造业	16.9	0.0	0.0	0.0	0.1	5.9	21.4	0.1	-6.1	-3.7	-0.8
20	仪器仪表及文化办公用机械制造业	-2.2	0.0	-0.3	-0.1	1.2	1.4	-0.1	0.1	-1.3	-4.6	1.5
21	其他制造业	-3.7	0.0	0.2	0.0	0.0	-0.1	-0.5	0.0	-3.0	0.1	-0.2
22	电力、热力的生产和供应业	1.5	-0.1	0.1	0.0	0.0	1.1	0.5	1.8	-3.4	-2.3	3.7
23	燃气生产和供应业	1.1	0.0	-0.1	0.0	0.0	0.1	0.0	0.0	0.2	-0.2	0.9
24	水的生产和供应业	-0.4	0.0	0.7	0.0	0.0	-0.1	0.0	0.0	-0.3	0.0	0.1
25	建筑业	-5.1	0.0	0.0	0.0	-22.4	2.4	0.1	7.1	4.5	0.1	2.4
26	交通运输仓储业及邮政业	16.7	0.0	0.2	0.1	0.0	22.0	2.1	0.0	-1.5	-5.3	-0.6
27	批发和零售业	14.5	-0.5	16	0.0	-1.4	12.9	3.8	-0.2	-0.2	-3.5	3.3
28	金融业	0.8	-0.4	1.0	0.0	0.3	0.1	0.9	-0.8	-2.4	-2.6	4.1
29	房地产业	4.2	-0.1	2.8	0.0	4.2	-0.6	0.3	-0.1	-2.3	-0.4	2.1
30	商务服务及社会服务业	33.1	-0.4	1.1	-0.2	1.5	13.4	5.9	-0.1	-5.9	-3.7	19.9
31	教育文卫业	7.6	0.0	0.6	3.9	-0.1	4.1	0.8	0.2	0.6	-2.9	-0.1
32	公共管理和社会组织	1.7	0.0	0.6	-0.8	0.0	0.1	0.0	0.1	1.1	0.2	0.3

表4　1997—2007年上海市经济增长的DPG因素分析

部门编号	部门名称	DPG	农村居民	城市居民消费	政府消费	固定资本形成总额	省内调出	出口	其他	省外调入	进口	中间投入变化
1	农林牧渔业	-4.1	-0.2	0.4	0.0	-0.1	-0.6	0.0	0.0	1.7	-4.2	-1.1
2	煤炭开采和洗选业	0.0	0.0	0.0	0.0	0.0	0.0	0.0	0.0	5.1	-5.1	0.0
3	石油和天然气开采业	0.2	0.0	0.0	0.0	0.0	0.1	0.0	0.0	2.0	-2.0	0.0
4	金属矿采选业	0.0	0.0	0.0	0.0	0.0	-0.6	0.0	0.0	0.6	0.0	0.0
5	非金属矿及其他矿采选业	0.0	0.0	0.0	0.0	0.0	0.0	0.0	0.0	1.3	-1.3	0.0
6	食品制造及烟草加工业	-5.2	-0.9	-2.0	0.0	0.1	-1.6	0.9	-0.1	1.2	-2.6	-0.1
7	纺织业	-14.7	-0.1	-0.1	0.0	0.0	-1.6	-7.2	-0.2	-2.0	-1.5	-2.0
8	纺织服装鞋帽皮革羽绒及其制品业	-7.3	-0.1	-0.8	0.0	0.0	2.3	-6.8	0.2	-2.1	0.2	-0.1
9	木材加工及家具制造业	0.6	-0.1	-0.3	0.0	0.0	-0.1	1.1	0.1	2.0	-0.2	-1.9
10	造纸印刷及文教体育用品制造业	-3.5	-0.1	-0.4	0.1	0.1	-0.6	-0.9	-0.4	2.9	-1.2	-2.8
11	石油加工、炼焦及核燃料加工业	3.8	0.0	0.2	0.0	-0.1	4.7	0.9	0.0	0.0	-3.2	1.4
12	化学工业	-12.3	-0.4	0.2	0.3	-0.6	-7.1	4.2	0.6	-3.3	-5.3	-0.8
13	非金属矿物制品业	-2.9	0.0	0.0	0.0	-2.1	0.7	0.5	0.8	-1.8	0.2	-1.2
14	金属冶炼及压延加工业	-8.2	0.0	0.0	0.0	-2.0	-2.5	8.2	0.9	3.4	-19.2	2.9
15	金属制品业	-3.7	-0.1	-0.1	0.0	0.6	1.1	-1.2	-0.3	-1.2	-0.9	-1.6
16	通用、专用设备制造业	2.7	0.0	0.0	0.0	-2.5	11.8	7.2	-0.4	-2.3	-10.8	-0.2
17	交通运输设备制造业	-7.5	-0.1	0.1	0.0	-0.5	-3.2	14.4	0.2	-12.6	-4.1	-1.7

续表

部门编号	部门名称	DPG	农村居民	城市居民消费	政府消费	固定资本形成总额	省内调出	出口	其他	省外调入	进口	中间投入变化
18	电气机械及器材制造业	-4.5	-0.1	-0.1	0.0	0.6	-3.2	8.5	-0.2	-4.8	-4.4	-0.9
19	通信设备、计算机及其他电子设备制造业	38.6	0.0	0.0	0.0	0.5	17.6	27.3	-0.8	-3.1	-3.5	0.5
20	仪器仪表及文化办公用机械制造业	-0.9	0.0	0.5	0.1	-0.6	-1.0	-0.7	-0.1	-0.6	1.1	0.5
21	其他制造业	-3.1	-0.2	-0.3	0.0	-0.1	-1.1	0.3	0.0	-1.2	-0.2	-0.8
22	电力、热力的生产和供应业	-0.7	-0.5	-0.1	0.1	-1.2	-1.0	1.0	1.3	-2.2	-1.6	3.4
23	燃气生产和供应业	0.3	0.0	-0.4	0.0	0.0	-0.1	0.0	0.0	0.7	0.0	-0.2
24	水的生产和供应业	0.1	0.0	0.1	0.1	-0.1	-0.1	0.1	0.0	0.1	-0.2	0.8
25	建筑业	-9.2	0.0	-0.5	0.1	-24.0	0.3	0.1	7.0	5.6	-0.1	1.7
26	交通运输仓储业及邮政业	13.1	-0.4	-1.7	0.1	-0.1	7.8	1.7	1.3	3.6	-4.6	4.3
27	批发和零售业	-9.9	-0.5	0.5	0.1	-0.9	-2.1	-0.6	0.2	-3.5	-2.0	1.1
28	金融业	-2.2	-0.7	1.8	0.1	0.0	-10.4	2.8	0.2	-1.5	-1.8	8.7
29	房地产业	6.7	-0.3	1.3	0.1	-4.9	-1.5	0.3	0.5	-0.1	-0.4	1.3
30	商务服务及社会服务业	24.4	-0.5	-0.7	-0.5	-0.1	1.4	3.2	1.7	-3.6	-3.1	24.6
31	教科文卫业	7.6	-0.1	0.0	2.9	-0.1	2.0	1.2	1.1	0.6	-1.5	2.2
32	公共管理和社会组织	1.9	0.0	0.0	-0.1	0.0	0.0	-0.1	0.4	1.3	0.2	0.1
	合计	0.0	-5.0	-2.5	3.2	-28.3	11.4	66.3	14.0	-13.8	-83.4	38.1

表5　2007—2012年上海市经济增长的DPG因素分析

部门编号	部门名称	DPG	农村居民	城市居民消费	政府消费	固定资本形成总额	省内调出	出口	其他	省外调入	进口	中间投入变化
1	农林牧渔业	-1.0	-0.1	-1.3	0.0	0.0	0.6	-0.5	0.0	-1.1	1.5	-0.2
2	煤炭开采和洗选业	0.0	0.0	0.0	0.0	0.0	0.0	0.0	0.0	-4.9	4.9	0.0
3	石油和天然气采选业	-0.3	0.0	0.0	0.0	0.0	0.1	0.0	0.0	-9.8	9.4	0.0
4	金属矿采选业	0.0	0.0	0.0	0.0	0.1	1.4	0.9	0.0	2.6	-2.9	-2.0
5	非金属矿及其他矿采选业	0.0	0.0	0.0	0.0	0.0	0.0	0.0	0.0	-2.4	2.3	0.0
6	食品制造及烟草加工业	2.2	0.0	0.2	0.0	0.0	12.8	-4.6	0.0	-6.2	0.1	-0.1
7	纺织业	-3.6	0.0	-0.3	0.0	0.0	-0.1	0.9	0.1	-4.9	0.3	0.2
8	纺织服装鞋帽皮革羽绒及其制品业	-1.7	0.0	0.0	0.0	0.0	-1.1	2.9	0.0	-1.6	-1.0	-0.4
9	木材加工及家具制造业	-1.4	0.0	0.0	0.0	0.0	1.4	-0.6	0.0	-2.2	-0.2	0.1
10	造纸印刷及文教体育用品制造业	1.4	0.0	1.0	0.0	0.6	3.1	-0.2	-0.4	-1.7	-0.9	-0.2
11	石油加工、炼焦及核燃料加工业	-3.1	0.0	0.2	0.0	0.4	-3.4	0.7	0.2	-10.2	5.8	3.2
12	化学工业	-8.9	0.0	0.1	0.1	0.0	22.1	0.3	-0.1	-8.1	-21.5	-1.8
13	非金属矿物制品业	-1.9	0.0	0.1	0.0	0.2	1.4	-0.5	-0.1	-2.2	-0.8	-0.1
14	金属冶炼及压延加工业	-16.8	0.0	0.1	0.0	0.0	5.9	-9.9	0.2	-29.5	17.9	-1.5
15	金属制品业	-4.6	0.0	0.1	0.1	-0.3	-2.1	3.4	0.4	-3.4	0.3	-3.0
16	通用、专用设备制造业	-6.2	0.0	0.0	0.0	0.6	2.9	-1.5	-0.3	-5.5	-2.3	-0.2
17	交通运输设备制造业	8.9	0.0	0.2	0.0	-1.5	32.8	-21.6	-0.3	1.5	-3.2	1.0

续表

部门编号	部门名称	DPG	农村居民	城市居民消费	政府消费	固定资本形成总额	省内调出	出口	其他	省外调入	进口	中间投入变化
18	电气机械及器材制造业	-7.2	0.0	0.0	0.0	0.0	6.9	-9.7	0.0	-5.9	1.6	0.0
19	通信设备、计算机及其他电子设备制造业	-34.5	0.0	0.0	0.0	0.8	-13.2	2.2	-0.7	-16.2	-5.4	-2.0
20	仪器仪表及文化办公用机械制造业	-2.5	0.0	1.0	-0.1	0.6	4.1	1.5	-0.3	-2.1	-11.2	4.0
21	其他制造业	-1.4	0.2	1.0	0.0	0.0	1.5	-1.0	0.0	-0.9	-0.3	-0.7
22	电力、热力的生产和供应业	4.0	0.1	0.3	0.0	0.3	4.5	-0.4	0.7	-0.3	-1.0	-1.0
23	燃气生产和供应业	1.5	0.0	0.1	0.0	0.0	0.4	-0.1	0.0	-0.6	0.0	1.4
24	水的生产和供应业	-1.0	0.1	1.3	0.0	0.0	-0.1	0.0	0.0	-0.7	0.0	-0.3
25	建筑业	6.3	0.0	-0.1	0.0	3.5	3.7	0.4	0.4	-1.6	-0.2	-1.2
26	交通运输仓储业及邮政业	8.1	0.2	4.6	0.1	0.0	29.0	2.5	0.2	-14.0	-9.0	-0.5
27	批发和零售业	42.8	0.2	2.3	0.0	0.7	27.2	7.2	-1.2	6.3	-2.8	0.6
28	金融业	5.2	0.0	0.1	0.0	0.6	17.6	-0.7	-1.8	-3.8	-5.2	-4.0
29	房地产业	-3.8	0.0	3.5	0.0	2.7	1.9	0.5	-0.8	-10.0	-0.5	2.3
30	商务服务及社会服务业	18.6	-0.2	2.9	0.4	3.6	21.8	9.9	-3.1	-7.5	-4.6	-5.1
31	教科文卫业	1.0	0.1	1.1	3.4	0.1	4.3	0.6	-1.0	-0.8	-5.2	-3.5
32	公共管理和社会组织	-0.1	0.0	0.0	-1.4	0.0	0.2	0.1	-0.5	-0.1	0.0	0.4
	合计	0.0	0.7	18.4	2.6	13.1	187.5	-17.4	-8.7	-147.6	-34.1	-14.5

3. 江浙皖产业结构变化对区域经济增长的影响分析

从表6分析结果看，浙江省的主导产业发展趋势与上海市的趋势既有相同点也有不同之处。首先，与上海市的发展趋势一样，生产性服务业，如金融业、商务服务及社会服务业、房地产业、教科文卫业和作为主导产业的交通运输仓储业及邮政业发展势头迅猛，其产出额DPG分别达到18.4、11.3、8、8.8和1.6。但是，产业结构出现服务化的特征没有上海市明显。

其次，电子设备制造业的发展在浙江省并不突出，与该产业在区域内其他省份担当最主要的主导产业不同，体现了区域内分工格局。其三，重化工产业部门发展速度显著，如石油加工、炼焦及核燃料加工业（产出DPG值：1.1下同），金属冶炼及压延加工业（8.3），通用、专用设备制造业（5），交通运输设备制造业（8），电气机械及器材制造业（4.9）和电力、热力的生产和供应业（13）的发展积极促进了浙江省经济增长。

值得注意的是，调出因素与出口因素一样发挥了重要的带动作用，如调出因素对石油加工、炼焦及核燃料加工业（7.4），金属冶炼及压延加工业（-3.1），通用、专用设备制造业（0.5）和交通运输设备制造业（-2.2）增长的诱发作用已超过了出口因素的作用，这反映出浙江省的工业化路径不仅仅倚重国际生产分工体系，同时更加注重国内生产分工体系的深化发展，有利于长三角的整体性发展。但是，从表7可以看出，与上海市相比，浙江省经济的发展模式对省外的依存度相对较小。

从表8分析结果看，江苏省的主导产业发展趋势与上海市和浙江省明显迥异，其制造业发展速度明显快于服务业，未出现产业结构服务化的征兆，继续保持工业化发展路径的特征明显。特别是，电子设备制造业，金属冶炼及压延加工业，电气机械及器材制造业，交通运输设备制造业和仪器仪表及文化办公用机械制造业的产出DPG值分别达到22.7，20.9，16.4，11.8和4.2。产业结构向资本密集型和技术密集型产业倾斜的特征十分明显。

表6 1997—2012年浙江省经济增长的DPG因素分析

部门编号	部门名称	DPG	农村居民	城市居民消费	政府消费	固定资本形成总额	省内调出	出口	其他	省外调入	进口	中间投入变化
1	农林牧渔业	-23.0	-7.4	0.4	0.1	0.1	-4.2	-0.5	-0.2	-3.9	-1.0	-6.3
2	煤炭开采和洗选业	-0.2	0.0	0.0	0.0	0.0	0.0	0.0	0.0	-0.1	0.0	0.0
3	石油和天然气开采业	0.0	0.0	0.0	0.0	0.0	-0.1	0.2	0.0	-2.4	2.4	-0.1
4	金属矿采选业	-0.1	0.0	0.0	0.0	0.0	1.0	-0.2	0.0	0.4	-1.0	-0.3
5	非金属矿及其他矿采选业	-2.1	0.0	0.0	0.0	0.0	0.0	-0.3	0.0	-1.8	0.0	0.1
6	食品制造及烟草加工业	-8.4	-5.1	-0.6	0.0	0.2	-0.4	-0.9	-1.0	0.1	-0.8	0.2
7	纺织业	-31.5	-1.4	0.6	0.0	0.2	-6.5	6.3	-4.9	-8.2	-0.5	-17.2
8	纺织服装鞋帽皮革羽绒及其制品业	-1.7	-0.9	1.6	0.0	0.2	7.7	-2.6	-1.3	-2.7	0.2	-3.9
9	木材加工及家具制造业	3.3	-0.1	0.2	0.0	0.0	1.6	3.0	0.6	-0.7	-0.4	-1.1
10	造纸印刷及文教体育用品制造业	2.1	-0.6	0.9	0.2	0.2	3.2	1.3	0.0	-1.4	0.0	-1.6
11	石油加工、炼焦及核燃料加工业	1.1	0.0	0.5	0.0	0.1	3.4	0.2	0.0	-2.8	-0.6	0.4
12	化学工业	1.6	-2.8	2.1	0.4	0.5	8.5	9.7	-1.9	-4.5	-8.7	-1.7
13	非金属矿物制品业	-7.0	0.0	-0.2	0.0	0.4	-0.6	0.8	-0.1	-5.7	-0.1	-1.3
14	金属冶炼及压延加工业	8.3	-0.6	0.3	0.1	-0.7	5.7	4.2	0.2	-7.6	0.1	6.7
15	金属制品业	-3.5	-0.7	0.1	0.1	0.5	2.7	2.1	-0.6	-1.3	-0.2	-6.2
16	通用、专用设备制造业	5.0	-0.9	0.4	0.1	-3.3	2.8	7.9	1.1	-1.7	1.2	-2.7
17	交通运输设备制造业	8.0	-2.4	2.1	0.1	-3.2	7.9	4.6	-0.9	-0.5	-0.1	0.4

续表

部门编号	部门名称	DPG	农村居民	城市居民消费	政府消费	固定资本形成总额	省内调出	出口	其他	省外调入	进口	中间投入变化
18	电气机械及器材制造业	4.9	-1.7	0.3	0.1	-1.4	3.2	7.3	-1.4	-1.9	-0.7	1.1
19	通信设备、计算机及其他电子设备制造业	-5.2	-0.4	0.4	0.0	-2.2	1.6	0.3	-0.5	-4.3	1.5	-1.6
20	仪器仪表及文化办公用机械制造业	1.0	-0.1	0.1	0.0	-0.1	0.8	1.2	0.0	-0.2	-0.8	0.1
21	其他制造业	-9.1	-0.3	0.0	0.0	-0.1	-4.2	0.6	0.0	-1.2	-4.1	0.1
22	电力、热力的生产和供应业	13.0	-0.8	1.1	0.1	0.0	1.1	2.0	0.9	-1.7	-1.0	11.2
23	燃气生产和供应业	0.1	0.1	0.1	0.0	0.0	0.0	0.0	0.0	0.0	0.0	0.0
24	水的生产和供应业	0.7	0.0	0.3	0.0	0.0	-0.1	0.0	0.0	0.1	0.0	0.3
25	建筑业	2.0	0.1	0.0	0.0	1.1	0.0	0.0	1.5	0.0	0.0	-0.7
26	交通运输仓储业及邮政业	1.6	-1.0	0.8	0.4	-0.1	1.9	1.7	-0.2	-2.5	-0.8	1.4
27	批发和零售业	-8.4	-1.5	0.6	0.1	-0.1	1.2	3.0	-1.4	-6.1	-1.7	-2.6
28	金融业	18.4	-1.7	2.4	0.1	0.1	1.5	2.1	-0.3	0.7	-0.9	14.3
29	房地产业	8.0	-1.1	-0.1	0.0	7.0	0.1	0.2	0.0	0.8	-0.1	1.1
30	商务服务及社会服务业	11.3	-1.8	5.9	-0.7	0.2	3.1	2.7	-0.4	-2.4	-1.2	6.0
31	教科文卫业	8.8	-0.1	1.4	3.0	0.0	1.4	0.4	0.0	-0.3	-0.3	3.2
32	公共管理和社会组织	0.9	-0.3	0.1	0.6	0.0	-0.8	0.0	0.2	-0.2	0.0	1.3
	合计	0.0	-33.5	21.7	4.7	-0.3	43.6	57.6	-10.9	-63.9	-19.6	0.6

表7 2007—2012年浙江省经济增长的DPG因素分析

部门编号	部门名称	DPG	农村居民	城市居民消费	政府消费	固定资本形成总额	省内调出	出口	其他	省外调入	进口	中间投入变化
1	农林牧渔业	-4.2	-0.8	2.0	0.0	-1.7	2.6	-2.6	-1.5	-1.0	-0.7	-0.5
2	煤炭开采和洗选业	0.1	0.0	0.0	0.0	0.0	0.1	0.0	0.0	0.1	-0.1	0.0
3	石油和天然气开采业	0.0	0.0	0.0	0.0	0.0	-0.2	0.8	0.0	-0.7	0.1	0.1
4	金属矿采选业	-0.7	0.0	0.0	0.0	0.1	3.9	0.3	-0.1	-1.0	-2.8	-1.1
5	非金属矿及其他矿采选业	-2.8	0.0	0.0	0.0	0.1	-4.9	0.0	0.1	-4.0	5.9	0.1
6	食品制造及烟草加工业	-1.7	-1.0	0.1	0.0	0.1	4.6	-5.8	-1.7	6.3	-1.1	-3.0
7	纺织业	-24.5	0.2	2.1	0.0	-0.1	1.4	-28.5	-0.7	25.0	-0.4	-23.5
8	纺织服装鞋帽皮革羽绒及其制品业	-5.5	0.4	5.0	0.0	-0.2	9.7	-13.7	3.5	-3.5	0.3	-7.4
9	木材加工及家具制造业	-5.2	0.1	0.4	0.0	-0.2	-1.2	-2.4	1.6	-0.7	0.0	-2.7
10	造纸印刷及文教体育用品制造业	8.8	-0.1	0.9	0.2	0.2	5.1	-3.8	2.0	2.6	0.1	1.4
11	石油加工、炼焦及核燃料加工业	-2.7	0.1	0.9	0.0	0.1	7.4	1.6	0.2	-11.1	-1.1	-0.8
12	化学工业	6.5	-0.4	3.2	0.9	-0.1	11.6	-12.2	0.4	7.8	2.1	-6.9
13	非金属矿物制品业	-2.6	-0.1	0.3	0.0	0.7	-0.6	-0.7	-0.5	-4.6	0.3	2.7
14	金属冶炼及压延加工业	2.4	0.0	0.6	0.1	-2.6	-3.1	-7.9	1.7	18.0	0.3	-4.7
15	金属制品业	-6.2	0.2	0.6	0.2	1.8	0.5	6.8	2.4	10.2	1.2	-30.3
16	通用、专用设备制造业	0.1	-0.1	0.7	0.4	-2.5	-26.5	2.2	5.4	-2.1	5.7	16.8
17	交通运输设备制造业	-2.2	0.1	0.5	-0.1	-9.6	-2.2	-5.7	-4.1	-1.9	0.4	20.3

长三角城市群产业融合之策:制度共建、资源共享、利益共赢 / 173

续表

部门编号	部门名称	DPG	农村居民	城市居民消费	政府消费	固定资本形成总额	省内调出	出口	其他	省外调入	进口	中间投入变化
18	电气机械及器材制造业	2.6	0.1	2.0	0.2	-9.2	-5.8	-8.6	1.0	3.4	5.1	14.5
19	通信设备、计算机及其他电子设备制造业	-17.3	0.3	0.9	0.1	-6.3	-1.4	-12.5	2.4	-2.6	3.3	-1.6
20	仪器仪表及文化办公用机械制造业	-0.3	0.0	0.2	0.0	-0.4	-3.3	-1.8	0.4	-0.1	2.6	2.2
21	其它制造业	-16.2	0.0	0.2	0.0	-0.1	-6.9	-4.4	0.5	-3.4	-0.7	-1.4
22	电力、热力的生产和供应业	4.7	1.4	3.2	0.1	-0.3	-4.5	-3.9	3.7	7.6	0.9	-3.3
23	燃气生产和供应业	1.1	0.5	0.6	0.0	0.0	0.4	0.0	0.1	0.5	0.0	-1.0
24	水的生产和供应业	0.6	0.2	0.9	0.0	0.0	-0.5	-0.1	0.1	0.1	0.0	-0.1
25	建筑业	2.3	-0.5	0.0	0.0	0.9	0.0	0.0	3.1	0.0	0.0	-1.3
26	交通运输仓储业及邮政业	5.3	-0.7	-0.5	-1.2	-1.0	1.6	-2.3	-1.9	5.4	0.6	5.3
27	批发和零售业	13.1	-0.3	2.6	0.1	0.2	6.9	3.9	-1.4	3.6	-2.9	0.2
28	金融业	33.2	-0.3	1.1	0.0	-0.4	1.3	-1.8	-2.0	2.4	-0.2	33.1
29	房地产业	2.4	-4.2	-7.3	0.0	15.4	0.3	0.1	-1.5	0.1	-0.1	-0.4
30	商务服务及社会服务业	11.8	-0.1	7.6	-0.9	-2.4	4.7	4.2	-3.3	-0.3	-4.0	6.4
31	教科文卫业	5.1	-0.6	0.2	8.6	-0.2	2.7	-0.3	-2.1	-2.2	0.5	-1.6
32	公共管理和社会组织	-7.8	0.0	0.2	-8.2	-0.1	0.1	-0.1	-1.4	0.0	0.0	1.8
	合计	0.0	-5.7	29.2	0.6	-17.5	3.8	-99.2	6.5	53.9	15.2	13.1

表8　1997—2012年江苏省经济增长的DPG因素分析

部门编号	部门名称	DPG	农村居民	城市居民消费	政府消费	固定资本形成总额	省内调出	出口	其他	省外调入	进口	中间投入变化
1	农林牧渔业	-24.8	-12.1	-5.1	0.4	-0.8	-10.6	-0.6	-1.2	8.1	-3.1	0.1
2	煤炭开采和洗选业	-0.6	0.0	0.0	0.0	0.0	-0.3	0.1	0.0	-0.7	-0.1	0.4
3	石油和天然气开采业	-0.3	0.0	0.0	0.0	0.0	-0.1	0.0	0.0	-0.5	0.2	0.0
4	金属矿采选业	-0.1	0.0	0.0	0.0	0.0	-0.1	0.0	0.0	0.2	-0.3	0.1
5	非金属矿及其他矿采选业	-1.5	0.0	0.0	0.0	0.0	0.0	0.0	0.0	-1.8	0.0	0.4
6	食品制造及烟草加工业	-12.7	-6.6	-2.8	0.1	0.3	-5.4	-0.5	-1.4	2.6	-0.7	1.9
7	纺织业	-22.1	-1.1	-0.7	0.0	0.3	-12.4	-2.6	-4.1	8.0	1.4	-11.0
8	纺织服装鞋帽皮革羽绒及其制品业	-6.0	-0.8	-0.9	0.0	0.1	0.4	-0.8	-3.3	-0.1	0.2	-0.8
9	木材加工及家具制造业	0.8	-0.3	0.0	0.0	0.0	1.2	1.0	-0.2	-0.9	0.1	-0.2
10	造纸印刷及文教体育用品制造业	-2.4	-0.3	0.2	0.0	0.3	-2.7	0.2	-0.3	0.3	-0.1	-0.1
11	石油加工、炼焦及核燃料加工业	2.3	0.1	0.6	0.1	0.0	-0.3	0.2	0.2	1.9	0.2	-0.7
12	化学工业	1.6	-2.9	-1.2	0.4	1.1	-7.9	5.2	-1.8	11.2	-3.0	0.5
13	非金属矿物制品业	-10.2	-0.4	-0.4	0.0	-0.6	-0.7	1.0	-0.7	-6.4	-0.3	-1.6
14	金属冶炼及压延加工业	20.9	-0.7	0.2	0.1	0.6	3.6	5.8	1.2	3.2	0.4	6.5
15	金属制品业	-1.8	-0.7	-0.1	0.1	0.8	-6.5	1.3	0.1	5.3	0.2	-2.4
16	通用、专用设备制造业	-1.5	-0.2	0.0	0.1	-2.1	-3.4	4.1	-0.5	1.4	0.4	-1.4
17	交通运输设备制造业	11.8	-0.3	1.8	0.0	3.7	2.2	2.1	-0.5	5.1	-0.1	-2.2

长三角城市群产业融合之策:制度共建、资源共享、利益共赢 / 175

续表

部门编号	部门名称	DPG	农村居民	城市居民消费	政府消费	固定资本形成总额	省内调出	出口	其他	省外调入	进口	中间投入变化
18	电气机械及器材制造业	16.4	-1.0	-0.4	0.1	4.9	8.7	5.1	-0.3	2.9	-0.6	-2.9
19	通信设备、计算机及其他电子设备制造业	22.7	-0.4	-0.1	0.0	1.5	2.7	16.1	0.3	5.7	-2.7	-0.5
20	仪器仪表及文化办公用机械制造业	4.2	-0.1	0.1	0.0	0.0	2.8	0.3	0.1	1.0	-0.1	0.0
21	其他制造业	-1.7	-0.4	-0.3	0.1	-0.3	-2.1	0.0	-0.1	3.8	0.1	-2.4
22	电力、热力的生产和供应业	0.8	-0.4	-0.1	0.1	0.2	-1.3	0.8	-1.2	0.9	-0.1	1.9
23	燃气生产和供应业	-0.8	0.0	0.2	0.0	0.0	-0.9	0.0	-0.2	-0.5	0.0	0.6
24	水的生产和供应业	-0.2	0.0	-0.3	0.0	0.0	0.0	0.0	0.0	0.0	0.0	0.2
25	建筑业	-7.4	0.1	0.1	0.0	-7.1	12.7	0.0	0.2	-12.9	0.0	-0.5
26	交通运输仓储业支邮政业	1.0	-1.0	0.1	1.1	0.1	0.9	-0.9	-0.5	-0.1	0.2	1.1
27	批发和零售业	-4.2	-2.3	3.3	-0.1	0.7	-1.9	-1.8	-1.0	9.1	0.1	-10.2
28	金融业	4.4	-0.7	1.5	0.1	0.6	-0.2	0.3	-0.5	0.8	0.2	2.2
29	房地产业	3.9	-1.6	1.2	0.0	4.4	-0.6	0.0	-0.2	0.2	0.0	0.5
30	商务服务及社会服务业	8.2	-1.9	1.6	-0.6	0.4	2.7	-0.3	-0.5	0.6	0.7	5.5
31	教科文卫业	1.0	-0.8	-0.9	2.8	0.3	-1.3	0.1	0.3	0.9	-0.1	-0.4
32	公共管理和社会组织	-1.7	0.0	0.3	-1.1	0.0	-1.1	0.0	0.0	0.0	0.0	0.1

值得注意的是，出口因素对诱发资本密集型和技术密集型产业的发展起到重要作用。特别是，电子设备制造业的出口因素达到 16.1，说明国外市场的需求对促进江苏省电子设备制造业的发展起到至关重要的作用。但是，与上海市的同产业发展相比，其特征有所不同，即调出因素对该产业的发展未能表现出强劲的诱发作用，这说明了与上海市相比，江苏省的电子设备业嵌入国内生产分工体系的程度相对较小。

另外，与上海市和浙江省的制造业发展特征相比来看，投资与调入因素对江苏省制造业发展起到了更为积极的带动作用，例如，投资因素对带动江苏省的交通运输设备制造业（3.7）和电气机械及器材制造业（4.9）的产出快速增加起到与出口因素相近或更大的作用，而在上海市和浙江省的同产业发展中则未出现相同情况；调入因素对江苏省的化学工业（11.2），金属冶炼及压延加工业（3.2），通用、专用设备制造业（1.4），交通运输设备制造业（5.1）的发展也起到了关键作用。

不难发现，江苏省的发展路径与全国机械制造业的发展路径极为相似，即通过国外市场扩大销路，做好出口创汇的同时，引导区内产业结构向"高加工度化""分工化"发展，牢牢把握各产业间中间产品需求的扩大所带来的发展动力，以至于提高自身的生产力。随着这条路径顺利推进，必然会引来相应的追加投资，这更加便于营造出促进产业发展的良性循环。

必须指出的是，全球金融危机后，江苏省经济发展的特点与浙江省有相同之处，即制造业发展依然相对快速。如电气机械及器材制造业和交通运输设备制造业的 DPD 值分别是 22.2 和 17.7（表 9）。不仅如此，经济发展模式也从出口导向型转变为国内省际调出依存型；城镇化发展促进城市居民消费上升，从而带动经济增长的趋势也十分明显。

比较分析来看，安徽省的主导产业发展趋势与上海市和江苏省不同，与浙江省类似。产业结构向资本密集型产业倾斜的特征十分明显。但是，安徽省的经济发展模式与江浙沪都有一定区别。其一，无论全球金融危机发生前还是之后，安徽省的经济发展模式都没有出现出口导向型特征。其二，全球金融危机发生前带动其制造业发展的主要因素是投资与国内省际调出；金融危机发生之后，国内省际调出成了制造业发展的最重要因素。其三，全球金融危机发生之后，轻工业产出的快速增长趋势十分明显。

表9 2007—2012年江苏省经济增长的DPG因素分析

部门编号	部门名称	DPG	农村居民	城市居民消费	政府消费	固定资本形成总额	省内调出	出口	其他	省外调入	进口	中间投入变化
1	农林牧渔业	-8.0	-8.2	-8.6	0.5	-2.0	9.2	-4.6	-2.7	11.2	3.9	-6.7
2	煤炭开采和洗选业	-0.4	0.1	0.1	0.0	-0.1	-0.7	-0.2	0.1	-9.3	8.5	1.0
3	石油和天然气开采业	-0.4	0.0	0.0	0.0	0.0	0.1	0.0	0.0	-10.1	10.2	-0.6
4	金属矿采选业	-0.1	0.0	0.0	0.0	0.0	-0.7	-0.1	0.0	-6.0	6.7	0.0
5	非金属矿及其他矿采选业	-0.2	0.0	0.0	0.0	0.1	-0.2	0.0	0.0	-0.8	-0.2	0.9
6	食品制造及烟草加工业	1.6	-2.9	-4.9	0.1	-2.0	9.7	-2.2	-2.2	8.8	-1.0	-1.8
7	纺织业	-31.9	0.5	0.8	0.0	-1.6	3.5	-30.2	0.5	0.2	1.2	-6.7
8	纺织服装鞋帽皮革羽绒及其制品业	-7.5	0.4	-0.6	0.0	-0.3	8.4	-13.4	1.9	0.4	0.0	-4.2
9	木材加工及家具制造业	0.1	0.2	0.3	0.0	0.4	2.5	-1.9	0.6	0.3	-0.3	-1.9
10	造纸印刷及文教体育用品制造业	-3.7	0.5	1.0	0.0	-0.2	-3.1	-2.7	0.6	-2.3	1.7	0.7
11	石油加工、炼焦及核燃料加工业	0.3	1.1	1.7	0.6	0.0	2.5	-0.3	0.5	5.2	1.4	-11.8
12	化学工业	1.6	-1.0	-1.1	0.6	-9.0	26.3	-3.5	-5.9	-0.4	-22.2	17.7
13	非金属矿物制品业	1.4	0.0	-0.2	0.0	1.0	5.2	0.4	-0.1	-6.1	-0.7	1.8
14	金属冶炼及压延加工业	-12.9	0.4	1.4	0.1	-7.4	-3.1	-10.2	6.3	-24.4	2.5	21.5
15	金属制品业	-2.5	0.2	0.2	0.2	-6.4	-4.3	2.9	2.5	-1.0	0.1	3.4
16	通用、专用设备制造业	-12.5	0.1	0.4	0.1	-10.0	4.9	14.8	2.6	-10.2	-8.2	-6.9
17	交通运输设备制造业	17.7	1.0	5.9	0.0	-5.5	20.8	3.1	2.2	4.0	-0.7	-13.1

续表

部门编号	部门名称	DPG	农村居民	城市居民消费	政府消费	固定资本形成总额	省内调出	出口	其他	省外调入	进口	中间投入变化
18	电气机械及器材制造业	22.2	-0.1	-0.4	0.1	-3.0	21.1	0.6	3.9	2.4	-1.4	-1.0
19	通信设备、计算机及其他电子设备制造业	-14.6	0.0	-0.2	0.0	-7.4	1.4	-27.1	4.1	31.6	-8.9	-8.1
20	仪器仪表及文化办公用机械制造业	4.8	0.0	0.3	0.0	-1.8	10.8	-0.5	0.3	1.5	-5.0	-0.8
21	其他制造业	0.4	-0.1	-0.3	0.1	-0.8	0.8	-0.1	0.7	-2.5	0.8	1.7
22	电力、热力的生产和供应业	-2.5	1.0	1.3	0.0	-1.4	0.2	-2.4	2.3	-0.5	0.3	-3.3
23	燃气生产和供应业	0.6	0.2	1.0	0.0	0.0	-0.6	-0.1	0.1	-0.6	0.0	0.7
24	水的生产和供应业	-0.2	0.0	0.1	0.0	0.1	-0.3	-0.1	0.0	0.0	0.0	0.0
25	建筑业	10.7	0.6	0.0	0.0	14.6	6.5	0.1	2.0	-13.9	0.4	0.4
26	交通运输仓储及邮政业	3.1	-0.5	0.4	-0.1	-1.5	9.4	-4.2	-1.3	-1.5	2.6	-0.2
27	批发和零售业	4.3	-0.1	4.8	-0.2	-7.3	10.7	-1.6	-2.2	-1.3	-0.2	1.7
28	金融业	13.6	3.2	4.4	-1.0	-1.0	6.3	-1.8	-1.2	1.4	0.2	3.1
29	房地产业	6.1	1.0	1.4	0.0	1.5	0.8	-0.3	-0.9	2.0	0.0	0.6
30	商务服务及社会服务业	11.5	0.7	-1.0	-1.5	-3.0	18.3	-4.1	-2.5	-8.8	0.6	12.9
31	教科文卫业	-1.9	0.0	-1.1	4.5	0.2	-1.0	-0.1	-1.7	4.1	0.2	-7.1
32	公共管理和社会组织	-0.7	0.1	0.8	-0.9	0.0	0.0	0.0	-0.9	0.0	0.0	0.2
	合计	0.0	-1.6	8.0	2.4	-54.1	165.5	-89.8	9.6	-26.8	-7.5	-5.8

表10 1997—2012年安徽省经济增长的DPG因素分析

部门编号	部门名称	DPG	农村居民	城市居民消费	政府消费	固定资本形成总额	省内调出	出口	其他	省外调入	进口	中间投入变化
1	农林牧渔业	-43.2	-17.2	-4.0	0.2	0.2	-17.6	-0.2	-0.8	3.6	-0.9	-6.5
2	煤炭开采和洗选业	1.1	-0.1	0.0	0.0	0.1	4.4	0.0	0.0	-3.7	0.0	0.5
3	石油和天然气开采业	0.0	0.0	0.0	0.0	0.0	0.0	0.0	0.0	-0.1	0.1	0.0
4	金属矿采选业	2.0	0.0	0.0	0.0	0.0	2.8	-0.2	0.0	-0.5	-0.5	0.1
5	非金属矿及其他矿采选业	-4.0	0.0	0.0	0.0	0.1	-1.5	-0.1	-0.1	-2.9	0.0	0.6
6	食品制造及烟草加工业	-6.2	-8.1	-2.7	0.0	0.6	5.7	-0.2	-1.3	0.5	-0.8	0.0
7	纺织业	-9.1	-0.7	-0.2	0.0	0.4	-5.5	0.4	-0.6	1.2	0.0	-3.3
8	纺织服装鞋帽皮革羽绒及其制品业	-0.3	-1.2	-0.9	0.0	0.3	2.8	0.7	0.0	-2.2	0.1	0.3
9	木材加工及家具制造业	-3.3	0.0	0.0	0.0	0.2	-0.8	0.9	-0.9	-3.1	0.0	0.4
10	造纸印刷及文教体育用品制造业	-3.8	-0.2	0.1	0.0	0.0	-1.4	0.0	-1.3	-1.5	-0.1	-0.7
11	石油加工、炼焦及核燃料加工业	-1.0	0.0	0.0	0.0	0.0	1.9	0.7	0.0	-2.8	0.0	-0.1
12	化学工业	-0.9	-1.9	0.0	0.4	0.7	8.5	0.5	-0.6	-7.8	-0.1	-0.8
13	非金属矿物制品业	-16.5	-0.2	-0.1	0.0	1.5	-10.8	-0.3	-1.0	-3.2	-0.2	-2.9
14	金属冶炼及压延加工业	5.8	-0.1	0.0	0.0	0.6	15.5	0.4	-0.1	-12.9	0.5	2.6
15	金属制品业	-1.2	-0.1	-0.1	0.0	1.0	1.8	0.8	-0.6	-0.6	0.0	-2.9
16	通用、专用设备制造业	0.6	-0.2	0.1	0.1	2.8	0.3	0.8	-0.9	-3.0	0.9	-0.4
17	交通运输设备制造业	10.1	-0.2	0.3	0.0	-0.8	13.1	1.1	-0.1	-1.8	0.0	-1.5

续表

部门编号	部门名称	DPG	农村居民	城市居民消费	政府消费	固定资本形成总额	省内调出	出口	其他	省外调入	进口	中间投入变化
18	电气机械及器材制造业	18.0	-0.3	0.0	0.0	1.5	18.9	1.1	0.3	-1.3	0.1	-2.4
19	通信设备、计算机及其他电子设备制造业	4.6	-0.3	0.0	0.0	-0.3	4.2	0.5	0.0	1.0	0.1	-0.7
20	仪器仪表及文化办公用机械制造业	0.3	0.0	0.0	0.0	0.0	0.3	0.1	0.0	0.2	-0.1	-0.2
21	其它制造业	-5.9	-0.1	-0.1	0.0	0.3	-3.8	0.0	-0.6	-2.1	-0.2	0.9
22	电力、热力的生产和供应业	12.4	-1.1	0.3	0.1	0.5	5.9	0.1	0.6	8.2	-0.1	-2.2
23	燃气生产和供应业	0.2	0.0	0.1	0.0	0.0	0.3	0.0	0.0	0.2	0.0	-0.3
24	水的生产和供应业	0.1	0.0	0.0	0.0	0.0	0.1	0.0	0.0	-0.1	0.0	0.1
25	建筑业	11.2	0.0	0.3	0.0	9.1	1.0	0.0	3.4	-2.6	0.0	0.0
26	交通运输仓储业及邮政业	4.9	-0.2	-0.1	0.1	0.3	10.0	-0.2	0.0	-5.2	0.0	0.3
27	批发和零售业	-4.7	0.3	-0.4	0.0	-0.5	7.9	0.0	0.0	-11.5	0.0	-0.6
28	金融业	6.5	-0.1	1.4	0.1	0.3	4.0	0.0	0.1	1.1	0.0	-0.5
29	房地产业	4.6	-1.6	2.3	0.0	1.1	1.2	0.0	0.1	0.8	0.0	0.7
30	商务服务及社会服务业	4.7	-1.1	1.2	0.0	0.6	7.5	-0.3	0.2	-6.2	0.0	2.7
31	教科文卫业	9.5	-0.4	2.4	2.8	0.2	5.1	-0.1	0.1	-0.1	0.0	-0.7
32	公共管理和社会组织	3.4	0.0	0.0	-0.3	0.0	1.9	0.0	0.2	1.4	0.0	0.2
	合计	0.0	-35.2	-0.1	3.7	21.4	83.6	5.8	-3.9	-56.9	-1.4	-17.1

表11　2007—2012年安徽省经济增长的DPG因素分析

部门编号	部门名称	DPG	农村居民	城市居民消费	政府消费	固定资本形成总额	省内调出	出口	其他	省外调入	进口	中间投入变化
1	农林牧渔业	-30.2	-3.6	-4.6	-0.1	-0.3	2.4	-0.4	-11.3	-6.8	-0.7	-4.8
2	煤炭开采和洗选业	-5.4	-0.1	-0.1	0.0	-0.2	-3.6	0.0	1.2	-2.8	0.0	0.1
3	石油和天然气开采业	0.0	0.0	0.0	0.0	0.0	0.0	0.0	0.0	-0.1	0.1	0.0
4	金属矿采选业	1.6	0.0	0.0	0.0	-0.2	3.4	0.0	0.4	-1.5	0.3	-0.7
5	非金属矿及其他矿采选业	0.9	0.0	0.0	0.0	-0.5	-0.6	0.0	0.9	0.2	0.0	0.9
6	食品制造业及烟草加工业	11.2	-2.4	-3.5	0.0	0.8	27.1	-0.8	-4.1	-9.0	0.0	3.1
7	纺织业	-1.5	-0.2	-0.4	0.0	0.6	-0.1	-1.1	-0.4	-1.5	0.0	1.5
8	纺织服装鞋帽皮革羽绒及其制品业	5.6	-0.5	-1.1	0.0	0.5	3.1	0.0	1.1	2.9	0.0	-0.4
9	木材加工及家具制造业	2.9	0.0	-0.2	-0.1	-0.6	2.7	0.8	0.7	-0.4	0.0	0.0
10	造纸印刷及文教体育用品制造业	3.1	-0.2	-0.2	-0.2	-0.1	1.0	1.6	0.2	-2.1	0.3	2.7
11	石油加工、炼焦及核燃料加工业	-2.4	0.0	0.0	0.0	-0.1	-0.8	0.0	0.1	-1.8	0.1	0.0
12	化学工业	2.8	-0.8	-1.1	-0.5	-1.1	5.1	0.0	-2.7	-0.1	0.7	3.3
13	非金属矿物制品业	7.7	-0.9	-0.2	0.0	-5.1	3.8	1.1	2.4	7.1	-0.2	-0.2
14	金属冶炼及压延加工业	-11.8	-0.1	-0.1	0.0	-2.3	11.8	-0.3	0.9	-22.9	0.3	0.8
15	金属制品业	4.9	-0.6	-0.3	-0.1	-2.5	5.7	1.0	4.3	3.8	0.1	-6.4
16	通用、专用设备制造业	11.9	-0.2	-0.2	-0.2	-8.7	-3.2	-0.1	7.7	13.9	1.8	1.2
17	交通运输设备制造业	0.9	-0.2	0.1	0.0	-1.2	5.6	-2.1	-4.6	5.3	0.2	-2.1

续表

部门编号	部门名称	DPG	农村居民	城市居民消费	政府消费	固定资本形成总额	省内调出	出口	其他	省外调入	进口	中间投入变化
18	电气机械及器材制造业	14.2	-0.4	-0.6	-0.1	-2.7	14.6	1.8	-5.3	8.1	-0.2	-1.1
19	通信设备、计算机及其他电子设备制造业	7.1	-0.3	-0.6	0.0	-1.5	3.6	0.3	-0.6	8.4	-0.7	-1.4
20	仪器仪表及文化办公用机械制造业	0.2	0.0	-0.1	0.0	-0.7	-0.4	0.0	-0.3	3.4	-0.5	-1.1
21	其他制造业	0.4	-0.3	-0.9	0.0	-4.8	-3.9	-1.3	2.2	8.0	0.4	0.9
22	电力、热力的生产和供应业	3.5	-0.8	-1.4	-0.3	-1.8	4.3	0.0	3.4	-1.8	0.1	1.6
23	燃气生产和供应业	0.6	0.1	0.1	0.0	0.0	-0.7	0.0	1.5	0.8	0.0	-1.0
24	水的生产和供应业	-0.3	-0.1	-0.2	0.0	-0.1	0.1	0.0	0.1	-0.5	0.0	0.4
25	建筑业	11.3	0.0	-0.3	-0.1	-32.7	1.7	0.0	22.3	19.0	0.0	1.3
26	交通运输仓储业及邮政业	-15.4	-0.2	-0.5	-0.4	-0.6	7.2	0.0	-0.2	-21.9	0.5	0.8
27	批发和零售业	-1.8	0.2	0.0	0.0	0.5	7.0	-0.8	-1.0	-10.7	2.0	1.1
28	金融业	9.0	-0.6	-0.5	-0.4	-0.9	3.9	-0.1	-0.1	-6.4	0.2	13.9
29	房地产业	0.1	-1.6	-2.1	-0.2	-3.4	1.6	0.0	1.3	0.7	0.1	3.7
30	商务服务及社会服务业	-16.8	-1.5	-3.1	-0.3	-1.8	4.1	0.1	0.3	-24.3	0.2	9.6
31	教科文卫业	-12.6	-2.0	-1.4	-3.9	-2.8	9.3	0.1	0.5	-8.6	0.0	-3.7
32	公共管理和社会组织	-1.7	0.0	0.0	-5.4	0.0	3.7	0.0	0.0	-0.1	0.0	0.1
	合计	0.0	-17.2	-23.6	-12.4	-74.3	119.4	-0.1	20.7	-41.6	5.0	24.1

4. 小结

根据以上的实证分析结果，我们发现长三角各省市经过以产业转移为抓手的经济一体化之后，不仅各自的产业结构出现明显转变，各自经济的发展模式也出现了不同变化。从产业分工的角度而言，全球金融危机之后，不但上海市的轻工业，即便重化工业和大多数机械制造业也已不再具有区域比较优势。事实上，随着长三角经济一体化进程的不断深化，上海市制造业的生产力不断向周边省市扩散，不仅导致在产业结构上偏重服务业发展，而且引发上海市的发展模式从之前的国外市场导向型逐步向国内市场倚重型发展。也就是说，对上海市而言，原先基于制造业产业间分工、产业内分工，乃至产品内分工的长三角经济一体化模式，在上海市制造业竞争力普遍下降，产业规模明显萎缩的现状下，未来已经难以为继。

显然，从提升欠发达地区的制造业生产能力，从而带动其收入水平上升的角度而言，之前的长三角经济一体化模式符合推动长三角经济协调发展的目标。但是，在上海市已经难以持续此类模式的前提下，继续推动长三角经济一体化，并兼顾长三角经济协调发展的目标，就必须找到新的区域经济发展模式。

DPG 分析结果显示，上海市经济的主导产业已经转向服务业。其中，交通运输仓储业、金融业、商务服务及社会服务业等生产性服务业的发展明显倚重其他省市的需求。因此，我们认为树立产业融合发展观，推动长三角产业融合发展，是今后进一步深化长三角经济一体化的有效路径，也是现阶段上海市继续参与深化长三角经济一体化进程的唯一可行的模式。

三 强化长三角经济一体化与协调发展的核心抓手——产业融合发展

（一）产业融合的概念梳理

关于产业融合的思想，最早来源于 Rosenberg 对于美国机械设备业演化的研究。在研究美国机械设备演化过程中，Rosenberg（1963）将技术融合定义为在产品功能和性质完全无关的产业采用同一技术而出现的技术扩散。麻省理工学院媒体实验室创始人 Negreoponte 在 1987 年通过观察技术发展趋势，分别用圆圈表示电子计算机、广播业和印刷业，圆圈的重叠部分表示这三个产业间的相互技术融合，而创新最多和成长最快的领域为这三个产业的交合处。Negreoponte 这个著名的图例第一次将不同产业间的技术融合这一观点形象地演示出来。此后，一些学者将不同产业间采用同一技术基础和知识的过程定义为技术融合。随着数字技术的快速发展，国外一些学者开始"从数字融合"的视角定义产业融合，逐渐以"数字融合"取代"技术融合"进行产业融合的解释。

其后，部分学者从产业的视角进行产业融合的定义。Greensteina and Khanna（1997）认为产业融合是指在产业增长过程中，产业间边界出现的收缩甚至消失的现象。植草益（2001）通过研究信息通讯业的产业融合案例，将产业技术创新和降低产业间的进入壁垒，从而提高产业间的竞争合作程度定义为产业融合。Malhotra and Gupta（2001）认为融合意味着两个及其以上的不同产业的企业间的关系发展为直接竞争关系，而这个过程是建立在企业间相互发生关联的基础上。Lind（2004）运用建立产业生命周期理论模型，将产业技术创新导致重新划分产业边界的现象定义为产业融合。另外也有一些学者从其他角度定义产业融合，例如，欧洲委员会（1997）认为产业融合是发生在技术网络平台、产业联盟和合并以及市场等方面的融合。

相对于国外学者，国内学者周振华（2002）认为产业融合是指在经济结构服务化和传统产业边界模糊化的基础上，产业间重新建立新型的竞争合作关系，以获得更好的经济效应。厉无畏（2003）认为产业融合是一个过程，即同一产业内的不同行业、不同产业间在高新技术的作用下，相互发生交叉和渗透，最后融为一体，从而产生 1+1>2 的经济效应和生产效应，最终产生一个新产业的动态变化过程。马健（2006）认为产业融合是由于政府规制的放松和技术的进步，引起产业交叉处和产业边界发生技术融合，进而导致原有产业产品的重要特征发生改变，同时也使产品的市场需求发生变化，重新审视产业间的竞争合作关系，最终使得产业边界模糊化。胡永佳（2008）从分工的角度定义和理解产业融合，认为产业融合是将分工由产业间逐渐变为产业内，以及将产业间分工逐渐内部化的过程。

(二) 长三角产业融合发展的结构性需求

未来，推进长三角经济一体化和协调发展受到来自自身和外部这两方面的结构性约束。首先，从外部来看，发达国家和地区都高度重视制造业的转型升级，纷纷制定相关政策大力推动制造业服务化的快速发展。这些政策主要有：第一，在"再工业化"战略中重点扶持技术密集型的制造业服务化新兴产业。欧美的"再工业化"战略主要表现为以制造业信息化和服务化为核心特征的现代制造技术和先进制造业的发展，通过技术手段试图用"现代知识型员工"替代大量"传统简单劳动者"。例如欧洲2020战略就计划将就欧洲的制造业打造成为以复杂产品系统为基础的"高附加价值欧洲制造""知识为基础的工厂"。美国的"再工业化"战略的重点就是培育人工智能、3D打印、工业机器人等技术密集型制造业，试图通过领先的研发基础、金融服务优势以及丰富的新技术产业化经验、系统集成等专业服务优势，使其占据新一轮新兴产业革命的制高点，率先在全球范围内实现第三次工业革命，再次形成对主要竞争对手的技术与产业锁定，重新切割全球产业版图，从而将美国从经济困局和金融危机中解脱出来，再度形成对中国和其他国家的在技术方面的先发优势。

第二，加强多层次的制造业服务化人才培养。例如日本通过确立专业人才能力开发和客观评价的体系建立多层次的人才培训体系和科学的人力资源开发培养体系，为制造服务业发展提供大量专业人才。此外日本还非常注重从世界各国引进制造业服务化领域的专业人才。

第三，政府对制造业服务化发展给予引导和资金支持。例如芬兰国家技术创新局（Tekes）长期将"服务业和服务创新"作为重点推进工作之一，提出"建立以顾客为中心的服务业是芬兰竞争力的来源"，先后部署创新制造（SISU2010）、创新服务（Serve）、创新运营模式（Concept of Operations）等工作计划，对制造业服务化发展给予引导和资金支持。

第四，建立一整套机制顺畅的政策支持体系来推动制造业服务化。如韩国在推动工业设计服务业发展时制定了长期而具体的规划和计划，连续制定3个五年设计振兴计划，从组织机构、资金支持体系、优惠政策、基地或园区、人才培养等方面建立长效机制，从国家层面健全和完善工业设计服务业的系统政策服务体系。

第五，制订相关技术标准，为制造业服务化发展提供重要支撑。发达国家和地区不仅重视制造业的转型升级，而且纷纷制定相关政策大力推动制造业服务化的快速发展，究其根本在于这些国家和地区的产业结构逐步偏向服务业，在传统制造业领域受到来自于我国强劲的国际竞争力的冲击下，因势利导地做出了新的战略回应。反过来讲，这就从外部环境上对长三角产业转型升级进一步造成了结构性制约。以招商引资的方式，继续承接国际生产力的转移，从而提升产品贸易竞争力，促进产业升级的传统做法，在外部的结构性制约下，已经无法帮助长三角产业在全球价值链上继续攀升。

另外，长三角的自身产业结构已经对区域产业可持续增长造成了结构性制约，如上海市已经明显偏重服务业，大部分传统制造业领域已经无法在上海市继续发展，生产性服务的发展对上海市经济增长的影响越来越大。无论从外部，还是从自身的情况来看，谋求产业融合发展已是长三角经济协调发展的结构性需求，立足长远为了能够使长三角经济一体化可持续发展，推动区域产业融合发展是势在必行的趋势。

(三) 长三角产业融合水平

产业融合水平是指产业融合发展的程度。产业融合发展引起的产业界限模糊性，决定了产业融合度测算必须进行综合评价。对于产业融合水平的计算，国内外还没有形成系统的对产业融合程度的测度标准及方法，存在较大的争议。

由于技术融合是产业融合的前提条件，国内外较多的学者用技术融合度来近似衡量产业融合水平，目前主要有赫尔达尔—赫希曼指数、产业间专利相关系数、产业中间投入系数等。

Wan et al (2001) 尝试定量分析 ICT 产业部门之间及与其他经济部门之间的联系，采用产业融合的二维度分类方法，即供给性/需求性融合和替代性/互补性融合，运用投入产出表，对我国产业的融合水平进行测算。国内许多学者根据投入产出表计算产业投入系数进行衡量，李美云 (2007) 运用服务业投入总额占制造业产出的比重来衡量服务业的跨产业融合的融合指标，该数值越大表示服务业与制造业融合程度越高。徐盈之 (2009) 在此基础上提出信息产业与制造业产业融合的测算方法，是以制造业细分行业生产过程中信息技术投入占总产出的比重来衡量，王亚男（2011）也以此方法测算我国制造业各细分行业的信息融合程度。汪德华、江静、夏长杰（2010）使用制造业细分行业总产值中生产性服务业所占比重进行衡量。赵彦云、秦旭、王杰彪（2012）使用生产性服务业和制造业投入率和消耗率衡量生产性服务业与制造业融合程度。

根据以上分析，以下借鉴李美云（2007）、汪德华、江静、夏长杰（2010）、王亚男（2011）、赵彦云、秦旭、王杰彪（2012）等所采用方法的思想，基于投入产出表进行判断，以制造业在生产过程中的生产性服务业投入占总产出比重来近似表示产业融合程度，计算公式为：生产性服务业与制造业融合度＝制造业生产过程中服务业投入/制造业总产出。

从上式可知，生产性服务业与制造业融合度的取值在0—1之间，该数值越大，表明融合程度越高，说明生产性服务业与制造业融合越好；数值越小，表明融合程度越低。

根据表12、13、14、15所列的计算结果分析，可以总结两个特点：一是在细分行业制造业部门之中，与浙江省、江苏省和安徽省相比，上海市大多数制造业部门的生产性服务业与制造业融合度相对较高。二是随着长三角经济一体化进程的深化，一方面由于上海市的制造业生产力向外转移，从而导致制造业的生产性服务业与制造业融合度出现下滑；另一方面，浙江省、江苏省和安徽省的制造业生产力相应得到提高，进而引发制造业的生产性服务业与制造业融合度出现上升趋势。

结合上一节DPG分析结果，我们认为长三角生产性服务业与制造业融合的发展现状，恰恰反映出长三角产业结构演变的结果。在当前主导上海市经济发展的部门已从制造业转变为服务业，并且其主要发展诱因在于国内其他省份的市场需求的情况下，应继续开发周边省份制造业对上海市生产性服务的需求，依据大市场理论和协议分工理论，进一步推动地方政府间及地方与中央政府间协调合作机制的完善，逐步撤销生产性服务业的地区性行业规制，完善服务业的跨区域行业标准，切实提升长三角产业融合发展水平。

表12 上海市生产性服务业与制造业融合度

年份	生产性服务业	食品制造及烟草加工业	纺织业	纺织服装鞋帽皮革羽绒及其制品业	木材加工及家具制造业	造纸印刷及文教体育用品制造业	石油加工、炼焦及核燃料加工业	化学工业	非金属矿物制品业	金属冶炼及压延加工工业	金属制品业	通用、专用设备制造业	交通运输设备制造业	电气机械及器材制造业	通信设备、计算机及其他电子设备制造业	仪器仪表及文化办公用机械制造业	其他制造业
1997	交通运输及仓储业	0.012	0.008	0.010	0.007	0.006	0.037	0.016	0.040	0.035	0.025	0.015	0.011	0.013	0.007	0.011	0.011
	批发和零售业	0.052	0.033	0.063	0.042	0.038	0.047	0.026	0.042	0.021	0.009	0.015	0.039	0.027	0.054	0.028	0.018
	金融业	0.011	0.008	0.006	0.006	0.006	0.008	0.009	0.013	0.018	0.025	0.014	0.015	0.008	0.008	0.007	0.007
	商务服务业	0.026	0.008	0.009	0.006	0.006	0.006	0.011	0.011	0.008	0.006	0.011	0.007	0.013	0.010	0.006	0.014
	社会服务及教科文卫业	0.006	0.001	0.002	0.002	0.003	0.002	0.004	0.003	0.002	0.001	0.005	0.004	0.005	0.004	0.004	0.003
	合计	0.107	0.058	0.089	0.062	0.058	0.101	0.066	0.107	0.084	0.066	0.060	0.076	0.065	0.083	0.067	0.052
2007	交通运输及仓储业	0.026	0.025	0.077	0.079	0.028	0.033	0.030	0.039	0.037	0.022	0.026	0.019	0.029	0.011	0.026	0.018
	批发和零售业	0.039	0.052	0.016	0.042	0.056	0.046	0.043	0.045	0.044	0.049	0.022	0.014	0.041	0.042	0.051	0.051
	金融业	0.008	0.012	0.018	0.047	0.019	0.019	0.021	0.015	0.023	0.015	0.022	0.031	0.039	0.013	0.011	0.076
	商务服务业	0.070	0.070	0.086	0.081	0.112	0.042	0.068	0.063	0.044	0.064	0.068	0.114	0.084	0.056	0.039	0.056
	社会服务及教科文卫业	0.001	0.004	0.002	0.001	0.002	0.000	0.001	0.002	0.001	0.003	0.011	0.040	0.003	0.006	0.005	0.004
	合计	0.143	0.162	0.199	0.250	0.216	0.140	0.163	0.165	0.147	0.153	0.148	0.218	0.197	0.128	0.132	0.205

续表

年份	生产性服务业	食品制造及烟草加工业	纺织业	纺织服装鞋帽皮革羽绒及其制品业	木材加工及家具制造业	造纸印刷及文教体育用品制造业	石油加工、炼焦及核燃料加工业	化学工业	非金属矿物制品业	金属冶炼及压延加工业	金属制品业	通用、专用设备制造业	交通运输设备制造业	电气机械及器材制造业	通信设备、计算机及其他电子设备制造业	仪器仪表及文化办公用机械制造业	其他制造业
2012	交通运输及仓储业	0.019	0.021	0.012	0.025	0.020	0.004	0.024	0.027	0.011	0.023	0.022	0.011	0.017	0.006	0.021	0.030
	批发和零售业	0.040	0.021	0.107	0.058	0.043	0.003	0.040	0.050	0.008	0.038	0.036	0.059	0.055	0.045	0.022	0.051
	金融业	0.010	0.010	0.012	0.010	0.010	0.004	0.012	0.017	0.018	0.012	0.013	0.010	0.010	0.011	0.121	0.008
	商务服务及社会服务业	0.078	0.060	0.113	0.044	0.062	0.008	0.056	0.059	0.027	0.055	0.068	0.046	0.055	0.021	0.064	0.084
	教科文卫业	0.004	0.001	0.003	0.001	0.002	0.000	0.003	0.001	0.001	0.003	0.004	0.008	0.004	0.001	0.008	0.006
	合计	0.152	0.114	0.246	0.140	0.136	0.019	0.135	0.155	0.065	0.131	0.143	0.133	0.141	0.084	0.237	0.179
1997—2007	交通运输及仓储业	0.014	0.017	0.067	0.072	0.022	−0.004	0.014	−0.001	0.002	−0.003	0.011	0.008	0.016	0.004	0.015	0.007
	批发和零售业	−0.013	0.013	−0.047	0.000	0.018	−0.001	0.017	0.003	0.023	0.040	0.006	−0.025	0.015	−0.012	0.023	0.033
	金融业	−0.003	0.004	0.013	0.042	0.013	0.012	0.012	0.002	0.004	−0.010	0.008	0.016	0.031	0.006	0.004	0.069
	商务服务及社会服务业	0.044	0.062	0.077	0.075	0.107	0.036	0.057	0.053	0.036	0.058	0.057	0.107	0.071	0.046	0.034	0.042
	教科文卫业	−0.005	0.002	0.000	−0.001	−0.001	−0.002	−0.003	−0.001	−0.001	0.002	0.006	0.037	−0.002	0.002	0.001	0.001
	合计	0.037	0.105	0.110	0.188	0.158	0.040	0.097	0.057	0.063	0.087	0.088	0.142	0.132	0.045	0.075	0.153

续表

年份	生产性服务业	食品制造及烟草加工业	纺织业	纺织服装鞋帽皮革羽绒及其制品业	木材加工及家具制造业	造纸印刷及文教体育用品制造业	石油加工、炼焦及核燃料加工业	化学工业	非金属矿物制品业	金属冶炼及压延加工业	金属制品业	通用、专用设备制造业	交通运输设备制造业	电气机械及器材制造业	通信设备、计算机及其他电子设备制造业	仪器仪表及文化办公机械制造业	其他制造业
2007—2012	交通运输及仓储业	-0.007	-0.004	-0.065	-0.054	-0.008	-0.029	-0.006	-0.012	-0.026	0.001	-0.004	-0.008	-0.012	-0.005	-0.005	0.012
	批发和零售业	0.001	-0.032	0.091	0.016	-0.013	-0.044	-0.003	0.005	-0.036	-0.011	0.015	0.044	0.014	0.003	-0.029	0.000
	金融业	0.002	-0.002	-0.006	-0.037	-0.009	-0.015	-0.009	0.002	-0.004	-0.003	-0.008	-0.021	-0.029	-0.002	0.110	-0.068
	商务服务及社会服务业	0.008	-0.009	0.026	-0.037	-0.050	-0.033	-0.012	-0.004	-0.017	-0.009	0.000	-0.067	-0.029	-0.034	0.025	0.028
	教科文卫业	0.003	-0.002	0.001	0.000	0.000	0.000	0.002	-0.001	0.000	0.000	-0.008	-0.033	0.000	-0.005	0.003	0.002
	合计	0.008	-0.049	0.047	-0.111	-0.080	-0.122	-0.027	-0.009	-0.083	-0.022	-0.005	-0.085	-0.056	-0.044	0.104	-0.026

长三角城市群产业融合之策:制度共建、资源共享、利益共赢 / 191

表13 浙江省生产性服务业与制造业融合度

年份	生产性服务业	食品制造及烟草加工业	纺织业	纺织服装鞋帽皮革羽绒及其制品业	木材加工及家具制造业	造纸印刷及文教体育用品制造业	石油加工、炼焦及核燃料加工业	化学工业	非金属矿物制品业	金属冶炼及压延加工业	金属制品业	通用、专用设备制造业	交通运输设备制造业	电气机械及器材制造业	通信设备、计算机及其他电子设备制造业	仪器仪表及文化办公用机械制造业	其他制造业
1997	交通运输及仓储业	0.017	0.007	0.006	0.017	0.013	0.051	0.021	0.032	0.031	0.055	0.026	0.018	0.015	0.012	0.020	0.011
	金融业	0.003	0.005	0.002	0.005	0.004	0.001	0.004	0.011	0.006	0.028	0.033	0.001	0.002	0.001	0.003	0.002
	商务服务业	0.015	0.005	0.004	0.009	0.023	0.011	0.012	0.017	0.013	0.050	0.019	0.008	0.018	0.009	0.014	0.009
	社会服务及教科文卫业	0.001	0.000	0.000	0.001	0.004	0.000	0.001	0.001	0.001	0.002	0.001	0.000	0.001	0.001	0.002	0.001
	合计	0.036	0.018	0.012	0.033	0.044	0.064	0.039	0.062	0.050	0.135	0.049	0.027	0.036	0.023	0.039	0.023
2007	交通运输及仓储业	0.018	0.013	0.014	0.024	0.019	0.003	0.019	0.042	0.015	0.022	0.021	0.017	0.019	0.019	0.021	0.017
	金融业	0.008	0.012	0.008	0.014	0.013	0.006	0.012	0.018	0.010	0.013	0.012	0.012	0.011	0.009	0.014	0.012
	商务服务业	0.033	0.008	0.020	0.018	0.014	0.003	0.015	0.022	0.007	0.013	0.020	0.019	0.023	0.019	0.022	0.019
	社会服务及教科文卫业	0.004	0.008	0.009	0.006	0.010	0.002	0.009	0.006	0.006	0.006	0.014	0.013	0.011	0.015	0.013	0.012
	合计	0.062	0.041	0.051	0.062	0.057	0.014	0.054	0.088	0.038	0.054	0.067	0.062	0.064	0.062	0.069	0.060

续表

年份	生产性服务业	食品制造及烟草加工业	纺织业	纺织服装鞋帽皮革羽绒及其制品业	木材加工及家具制造业	造纸印刷及文教体育用品制造业	石油加工、炼焦及核燃料加工业	化学工业	非金属矿物制品业	金属冶炼及压延加工业	金属制品业	通用、专用设备制造业	交通运输设备制造业	电气机械及器材制造业	通信设备、计算机及其他电子设备制造业	仪器仪表及文化办公用机械制造业	其他制造业
2012	交通运输及仓储业	0.027	0.010	0.013	0.027	0.018	0.010	0.020	0.047	0.011	0.018	0.015	0.012	0.012	0.009	0.012	0.021
	金融业	0.024	0.022	0.020	0.021	0.027	0.006	0.029	0.043	0.027	0.026	0.021	0.022	0.020	0.015	0.014	0.013
	商务服务及社会服务业	0.034	0.018	0.032	0.031	0.025	0.004	0.028	0.032	0.011	0.025	0.030	0.018	0.020	0.024	0.030	0.026
	教科文卫业	0.002	0.002	0.003	0.004	0.003	0.000	0.004	0.003	0.001	0.006	0.005	0.003	0.004	0.003	0.006	0.003
	合计	0.088	0.052	0.067	0.083	0.072	0.020	0.081	0.125	0.051	0.074	0.071	0.056	0.055	0.051	0.062	0.063
1997—2007	交通运输及仓储业	0.001	0.006	0.009	0.007	0.006	−0.047	−0.002	0.010	−0.016	−0.033	−0.005	0.000	0.004	0.007	0.000	0.006
	金融业	0.004	0.007	0.006	0.008	0.009	0.005	0.008	0.007	0.005	−0.015	0.008	0.011	0.009	0.008	0.011	0.010
	商务服务及社会服务业	0.018	0.003	0.016	0.009	−0.009	−0.009	0.002	0.005	−0.006	−0.037	0.001	0.011	0.005	0.009	0.008	0.010
	教科文卫业	0.003	0.008	0.008	0.005	0.007	0.001	0.008	0.005	0.005	0.005	0.013	0.013	0.010	0.014	0.011	0.010
	合计	0.026	0.024	0.039	0.029	0.013	−0.050	0.016	0.026	−0.012	−0.081	0.017	0.035	0.028	0.039	0.031	0.036

续表

年份	生产性服务业	食品制造及烟草加工业	纺织业	纺织服装鞋帽皮革羽绒及其制品业	木材加工及家具制造业	造纸印刷及文教体育用品制造业	石油加工、炼焦及核燃料加工业	化学工业	非金属矿物制品业	金属冶炼及压延加工业	金属制品业	通用、专用设备制造业	交通运输设备制造业	电气机械及器材制造业	通信设备、计算机及其他电子设备制造业	仪器仪表及文化办公用机械制造业	其他制造业
2007—2012	交通运输及仓储业	0.010	-0.003	-0.001	0.003	-0.001	0.007	0.001	0.005	-0.003	-0.004	-0.007	-0.006	-0.008	-0.010	-0.009	0.004
	金融业	0.016	0.010	0.012	0.008	0.013	0.000	0.017	0.025	0.017	0.013	0.009	0.010	0.009	0.006	0.000	0.001
	商务服务及社会服务业	0.001	0.010	0.011	0.013	0.011	0.001	0.013	0.010	0.005	0.012	0.010	-0.001	-0.003	0.005	0.008	0.007
	教科文卫业	-0.002	-0.006	-0.006	-0.002	-0.008	-0.001	-0.005	-0.003	-0.005	-0.001	-0.009	-0.010	-0.007	-0.012	-0.006	-0.009
	合计	0.026	0.011	0.016	0.022	0.015	0.006	0.026	0.038	0.013	0.020	0.004	-0.007	-0.008	-0.011	-0.007	0.003

表14　江苏省生产性服务业与制造业融合度

年份	生产性服务业	食品制造及烟草加工业	纺织业	纺织服装鞋帽皮革羽绒及其制品业	木材加工及家具制造业	造纸印刷及文教体育用品制造业	石油加工、炼焦及核燃料加工业	化学工业	非金属矿物制品业	金属冶炼及压延工业	金属制品业	通用、专用设备制造业	交通运输设备制造业	电气机械及器材制造业	通信设备、计算机及其他电子设备制造业	仪器仪表及文化办公用机械制造业	其他制造业
1997	交通运输及仓储业	0.011	0.005	0.005	0.014	0.009	0.036	0.021	0.039	0.014	0.020	0.014	0.013	0.008	0.008	0.010	0.006
	金融业	0.005	0.006	0.005	0.004	0.007	0.010	0.009	0.009	0.006	0.033	0.009	0.007	0.005	0.005	0.005	0.006
	商务服务业	0.023	0.005	0.017	0.029	0.014	0.010	0.016	0.014	0.008	0.017	0.017	0.011	0.018	0.008	0.008	0.009
	教科文卫业	0.001	0.001	0.003	0.001	0.003	0.002	0.002	0.001	0.001	0.003	0.003	0.002	0.002	0.002	0.001	0.001
	合计	0.040	0.017	0.029	0.049	0.033	0.057	0.049	0.064	0.028	0.073	0.042	0.033	0.033	0.022	0.023	0.022
2007	交通运输及仓储业	0.025	0.017	0.023	0.033	0.022	0.022	0.024	0.040	0.020	0.020	0.023	0.014	0.017	0.011	0.018	0.010
	金融业	0.009	0.014	0.010	0.014	0.012	0.006	0.013	0.025	0.012	0.007	0.009	0.008	0.008	0.024	0.006	0.005
	商务服务业	0.020	0.009	0.032	0.016	0.015	0.013	0.018	0.016	0.013	0.017	0.017	0.014	0.020	0.017	0.021	0.007
	教科文卫业	0.005	0.005	0.005	0.005	0.008	0.003	0.008	0.008	0.006	0.008	0.013	0.012	0.008	0.008	0.012	0.002
	合计	0.060	0.044	0.070	0.069	0.056	0.044	0.063	0.090	0.052	0.052	0.062	0.049	0.055	0.060	0.057	0.023

续表

年份	生产性服务业	食品制造及烟草加工业	纺织业	纺织服装鞋帽皮革羽绒及其制品业	木材加工及家具制造业	造纸印刷及文教体育用品制造业	石油加工、炼焦及核燃料加工业	化学工业	非金属矿物制品业	金属冶炼及压延工业	金属制品业	通用、专用设备制造业	交通运输设备制造业	电气机械及器材制造业	通信设备计算机及其他电子设备制造业	仪器仪表及文化办公用机械制造业	其他制造业
2012	交通运输及仓储业	0.015	0.014	0.087	0.035	0.022	0.002	0.016	0.028	0.009	0.017	0.020	0.008	0.017	0.008	0.014	0.012
	金融业	0.011	0.020	0.018	0.017	0.021	0.006	0.014	0.011	0.012	0.020	0.016	0.013	0.009	0.007	0.017	0.002
	商务服务及社会服务业	0.045	0.021	0.106	0.033	0.040	0.005	0.025	0.016	0.021	0.019	0.030	0.035	0.018	0.019	0.042	0.009
	教科文卫业	0.001	0.001	0.002	0.006	0.002	0.000	0.001	0.001	0.001	0.001	0.006	0.002	0.006	0.002	0.001	0.000
	合计	0.072	0.055	0.213	0.091	0.084	0.014	0.057	0.056	0.043	0.056	0.071	0.057	0.050	0.037	0.075	0.023
1997—2007	交通运输及仓储业	0.014	0.012	0.018	0.019	0.012	−0.014	0.003	0.001	0.007	0.000	0.009	0.002	0.009	0.004	0.008	0.003
	金融业	0.004	0.008	0.005	0.010	0.005	−0.004	0.004	0.016	0.006	−0.026	0.000	0.001	0.004	0.019	0.001	−0.001
	商务服务及社会服务业	−0.003	0.003	0.015	−0.013	0.001	0.003	0.002	0.003	0.005	0.000	0.001	0.003	0.003	0.009	0.013	−0.001
	教科文卫业	0.004	0.001	0.003	0.004	0.005	0.001	0.005	0.007	0.005	0.005	0.010	0.010	0.007	0.007	0.010	0.001
	合计	0.020	0.028	0.041	0.020	0.024	−0.013	0.014	0.026	0.023	−0.021	0.020	0.016	0.022	0.038	0.033	0.002

续表

年份	生产性服务业	食品制造及烟草加工业	纺织业	纺织服装鞋帽皮革羽绒及其制品业	木材加工及家具制造业	造纸印刷及文教体育用品制造业	石油加工、炼焦及核燃料加工业	化学工业	非金属矿物制品业	金属冶炼及压延工业	金属制品业	通用、专用设备制造业	交通运输设备制造业	电气机械及器材制造业	通信设备、计算机及其他电子设备制造业	仪器仪表及文化办公用机械制造业	其他制造业
2007—2012	交通运输及仓储业	-0.010	-0.003	0.064	0.002	0.000	-0.020	-0.008	-0.013	-0.011	-0.003	-0.004	-0.007	-0.001	-0.003	-0.004	0.002
	金融业	0.002	0.006	0.009	0.002	0.009	0.000	0.001	-0.014	0.000	0.012	0.008	0.004	0.001	-0.017	0.011	-0.003
	商务服务及社会服务业	0.024	0.012	0.074	0.017	0.024	-0.008	0.007	0.000	0.008	0.002	0.013	0.021	-0.002	0.003	0.022	0.002
	教科文卫业	-0.004	-0.004	-0.003	0.001	-0.006	-0.003	-0.007	-0.007	-0.005	-0.007	-0.007	-0.010	-0.002	-0.006	-0.010	-0.001
	合计	0.012	0.011	0.143	0.022	0.027	-0.030	-0.006	-0.034	-0.009	0.004	0.009	0.008	-0.004	-0.024	0.019	0.000

表15 安徽省生产性服务业与制造业融合度

年份	生产性服务业	食品制造及烟草加工业	纺织业	纺织服装鞋帽皮革羽绒及其制品业	木材加工及家具制造业	造纸印刷及文教体育用品制造业	石油加工、炼焦及核燃料加工业	化学工业	非金属矿物制品业	金属冶炼及压延加工业	金属制品业	通用、专用设备制造业	交通运输设备制造业	电气机械及器材制造业	通信设备、计算机及其他电子设备制造业	仪器仪表及文化办公用机械制造业	其他制造业
1997	交通运输及仓储业	0.016	0.010	0.014	0.032	0.010	0.029	0.020	0.034	0.051	0.019	0.042	0.014	0.013	0.013	0.022	0.016
	金融业	0.017	0.022	0.053	0.034	0.026	0.050	0.023	0.032	0.023	0.078	0.026	0.016	0.044	0.021	0.036	0.037
	商务服务业及社会服务业	0.029	0.007	0.042	0.036	0.022	0.010	0.014	0.020	0.030	0.022	0.024	0.013	0.039	0.033	0.030	0.019
	教科文卫业	0.001	0.001	0.003	0.002	0.004	0.002	0.002	0.003	0.007	0.003	0.003	0.003	0.005	0.002	0.003	0.003
	合计	0.063	0.040	0.112	0.104	0.062	0.090	0.059	0.089	0.111	0.122	0.095	0.046	0.100	0.069	0.092	0.075
2007	交通运输及仓储业	0.024	0.020	0.028	0.040	0.026	0.027	0.032	0.045	0.029	0.021	0.026	0.024	0.027	0.026	0.031	0.033
	金融业	0.003	0.006	0.004	0.004	0.004	0.004	0.007	0.006	0.005	0.003	0.003	0.004	0.002	0.002	0.002	0.001
	商务服务业及社会服务业	0.019	0.006	0.008	0.007	0.012	0.003	0.022	0.010	0.014	0.009	0.012	0.018	0.017	0.016	0.017	0.006
	教科文卫业	0.003	0.012	0.005	0.002	0.006	0.006	0.004	0.006	0.003	0.004	0.007	0.010	0.004	0.005	0.043	0.001
	合计	0.049	0.044	0.044	0.053	0.049	0.040	0.065	0.068	0.051	0.038	0.048	0.055	0.051	0.049	0.093	0.041

续表

年份	生产性服务业	食品制造及烟草加工业	纺织业	纺织服装鞋帽皮革羽绒及其制品业	木材加工及家具制造业	造纸印刷及文教体育用品制造业	石油加工、炼焦及核燃料加工业	化学工业	非金属矿物制品业	金属冶炼及压延加工工业	金属制品业	通用、专用设备制造业	交通运输设备制造业	电气机械及器材制造业	通信设备、计算机及其他电子设备制造业	仪器仪表及文化办公用机械制造业	其他制造业
2012	交通运输及仓储业	0.022	0.020	0.019	0.031	0.025	0.029	0.036	0.044	0.025	0.019	0.020	0.020	0.015	0.020	0.020	0.019
	金融业	0.009	0.017	0.025	0.008	0.012	0.014	0.014	0.013	0.015	0.011	0.015	0.024	0.006	0.016	0.008	0.005
	商务服务及社会服务业	0.033	0.048	0.018	0.025	0.026	0.026	0.045	0.031	0.027	0.024	0.042	0.053	0.029	0.031	0.063	0.060
	教科文卫业	0.001	0.001	0.002	0.001	0.001	0.000	0.003	0.001	0.001	0.002	0.002	0.003	0.001	0.002	0.002	0.000
	合计	0.065	0.087	0.063	0.065	0.063	0.070	0.098	0.089	0.067	0.056	0.079	0.100	0.051	0.068	0.093	0.085
1997—2007	交通运输及仓储业	0.008	0.011	0.014	0.008	0.016	-0.002	0.012	0.011	-0.022	0.003	-0.016	0.010	0.015	0.013	0.009	0.017
	金融业	-0.014	-0.016	-0.050	-0.030	-0.022	-0.046	-0.016	-0.025	-0.018	-0.075	-0.023	-0.012	-0.041	-0.019	-0.034	-0.036
	商务服务及社会服务业	-0.010	-0.001	-0.034	-0.028	-0.009	-0.006	0.008	-0.010	-0.016	-0.013	-0.011	0.005	-0.022	-0.017	-0.013	-0.012
	教科文卫业	0.002	0.011	0.002	0.000	0.003	0.004	0.002	0.004	-0.004	0.001	0.004	0.007	0.000	0.002	0.040	-0.003
	合计	-0.014	0.005	-0.068	-0.051	-0.013	-0.051	0.005	-0.021	-0.060	-0.084	-0.046	0.010	-0.049	-0.020	0.002	-0.034

续表

年份	生产性服务业	食品制造及烟草加工业	纺织业	纺织服装鞋帽皮革羽绒及其制品业	木材加工及家具制造业	造纸印刷及文教体育用品制造业	石油加工、炼焦及核燃料加工业	化学工业	非金属矿物制品业	金属冶炼及压延加工业	金属制品业	通用、专用设备制造业	交通运输设备制造业	电气机械及器材制造业	通信设备、计算机及其他电子设备制造业	仪器仪表及文化办公用机械制造业	其他制造业
2007—2012	交通运输及仓储业	-0.002	0.000	-0.009	-0.009	-0.001	0.003	0.004	-0.001	-0.004	-0.002	-0.006	-0.005	-0.012	-0.006	-0.011	-0.014
	金融业	0.006	0.012	0.021	0.004	0.008	0.011	0.008	0.007	0.010	0.008	0.012	0.021	0.003	0.013	0.006	0.004
	商务服务及社会服务业	0.014	0.042	0.010	0.018	0.013	0.023	0.023	0.020	0.013	0.015	0.030	0.034	0.012	0.015	0.046	0.054
	教科文卫业	-0.002	-0.012	-0.004	-0.001	-0.005	-0.006	-0.001	-0.005	-0.002	-0.002	-0.005	-0.006	-0.003	-0.003	-0.041	-0.001
	合计	0.016	0.042	0.019	0.012	0.015	0.031	0.033	0.021	0.017	0.018	0.030	0.044	0.000	0.019	0.000	0.044

（四）长三角产业融合发展的政策环境

当前我国经济正处于传统产业和新兴产业双重产能过剩，劳动力、土地等生产要素成本急剧上升，国际贸易需求持续疲弱，直接导致欧美的"再工业化"和传统优势产业向东南亚等国家和地区的再转移，主要依赖低端产品出口的道路已经难以为继，以要素"红利"为主导特征的第一波"全球化红利"正趋于结束。中国经济发展方式正处在比较优势的转换期，经济发展驱动力的换挡期。随着人工智能、工业机器人和数字3D制造等新技术的突破和广泛应用，以第三次工业革命为代表的科技创新成果在强化发达国家比较优势的同时，还严重削弱了我国的传统比较优势。个性化的"大规模定制"将逐步替代传统的大规模制造，发展中国家通过低要素成本大规模生产同质产品的比较优势将逐步消失。更严重的是，发达国家在推进第三次工业革命的过程中，既注重对基础研究和核心技术的研发，加快推进新技术革命成果的产业化发展，又严格限制了新技术向中国的扩散，大大增加了中国引进高端技术和核心技术的难度。在这一背景下，如何避免中国新一代的战略性新兴产业再次被俘获、被锁定在全球产业链低端已经成为中国学术界和产业界迫切需要解决的课题。

中国（上海）自由贸易试验区为上海市乃至长三角形成高端要素的比较优势提供了重要平台。经过多年的发展，上海市的各种高级生产要素已经比较丰富，关键是要形成充分利用国际市场上的技术、人力资本等高级生产要素的市场化机制，逐步形成中国利用高级生产要素的新"红利"。深化改革开放，释放更多的制度"红利"，打造中国经济升级版，是中国（上海）自贸区设立的核心目的。在新一轮科技革命的国际背景下，借助中国（上海）自由贸易试验区这一平台，立足于国内庞大的内需市场，充分发挥上海市在金融服务、研发设计、系统集成和运营管理等方面的服务优势，着眼于全球产业技术革命的发展趋势，服务于长三角创新驱动和转型升级战略，聚集一批国际化的高端领军人才，培育一批国际化的企业家和创业团队，研发和转化一批国际领先的科技成果，做强做大一批高新技术企业，着力培育一批新兴产业的领军企业，引领上海市和全国参与国际经济竞争，努力使上海市在关乎中国产业安全和国际分工地位的战略性新兴产业领域成为全球核心的创新型城市，实现由制造力到服务力的提升,成为战略性新兴产业的系统设计中心、高端生产性服务中心、专利与标准联盟运营中心、全球资源整合中心,争做全球创新资源和生产要素的整合者。

四 政策建议

在长三角,不同地区的资源条件和产业基础有所不同,深化统筹长三角产业布局,发展和形成基于产业链的跨城的专业化分工和产业化协作体系。加强长三角不同地区间的沟通、协调与引导,坚持资源整合与开放共享,加强产业横向错位融合、纵向分工协作,以充分发挥市场配置资源的基础性作用,实现资源要素跨城无障碍流动,提升配置效率。

一是继续发挥梯度辐射效应,积极推进区域内产业转移。在长三角,由于自然资源和社会资源的差异,不同省级地区乃至城市间在发展过程中存在着经济水平的差异,从而在较大程度上引发经济发展水平从一个地区向另一个地区过渡的空间变化过程,呈现经济发展"梯度"特征。从产业发展的角度看,长三角内不同地区之间存在明显的梯度差异。例如上海市已完成工业化进程,从工业化中后期阶段跨入后工业化时期,江苏省的工业化进程正在从工业化中后期阶段向工业化后期阶段演变,浙江省总体上处于工业化中后期阶段(但2000年以来,工业化进程亦有所推进),安徽省的工业化进程正在从工业中期阶段向工业化中后期阶段演进。长三角要积极探索推进产业对接的途径、创造合作推进机制和合作平台,有序推进跨地区产业转移。加强长三角城市的对接,梳理和把握长三角转出城市具有转移意向的产业项目,与转入城市的比较优势和现有产业基础相结合,明确承接产业转移的类型和重点领域,做到有的放矢。例如,上海市对外产业转移的类型可以分为三类:第一类规模扩张型产业转移,主要出现在规模经济性强、产业关联度较大的资本技术密集型重化工业中,如装备制造业、船舶与海洋工程装备产业、汽车产业、化工产业和钢铁工业;第二类功能整合型产业转移,主要出现在上海市具有技术、管理和品牌等发展优势,同时具有产品链分工特征的产业中,如电子信息产业、生物医药产业和食品、纺织等轻工产业;第三类战略扩张型产业转移,主要指上海市战略性新兴产业通过产业转移探索新的产业发展模式,是把产业转移作为上海市新的主导产业发展的重要形式,是一种增量型产业转移,主要涉及新兴产业和战略性产业(李伟,2011)。

二是规范利益共享机制,积极推进跨区域共建产业园。在长三角,现行的园区共建模式主要是园区与企业、园区与政府,园区之间、政府与企业、政府与政府合作等五种发展。跨区域合建产业园对于发达地区与落后地区形成优势互补、分工协作的产业功能分工布局有着深远的影响,可以推进泛长三角产业的总体分工态势,明确各地的功能定位,有利于形成优势互补、利益共赢的发展模式(宗传宏,2011)。共建产业园区的合作基础在于两个园区之间必须存在较为明显的产业差异,体现出互补性,否则很难产生良好的共建效果。例如,某个上海市与南通的园区合作,出现了上海市高端产业不愿意放手,而南通因其自身产业较为先进从而不愿意接受低端产业的局面。探索和推进园区共建的股份合作模式、援建模式、托管模式、产业招商模式以及"异地生产、统一经营模式",共建产业园,是有效推进区域内产业转移的重要途径和载体。积极推进共建产业园区体制、机制和技术创新,建立符合产业园区建设实际的考评体系和管理机制。制定和实施跨地区的税收分成和经济指标统计办法,对企业跨行政区域的横向经济联合、投资或产业转移等经济活动,不同城市可以按一定比例共同分享产值和利益收入。探索建立排污权交易制度,建立生态补偿机制,以补偿对长三角环境保护做出贡献而牺牲发展利益的城市。

上海市作为区域发展的龙头,借助中国(上海)自由贸易试验区建设,需要大力推进先进制造业与现代服务业的深度融合,实施制造业服务化战略,形成高端要素的竞争优势。

一是注重制造与服务的相互融合渗透,构建面向新工业革命以制造业服务化为核心特征的新型产业体系。以服务经济为核心的新型产业体系是上海市产业结构调整的总体战略目标,为此上海市需要扣准"加快四个中心建设"以及发展现代服务业和先进制造业的大脉络,以创新资源转化为产业,以国际竞争力为主线,着眼于促进科技力量整合,打破部门分割,强化组织协调,形成创新驱动、转型发展的长效机制。围绕创新链和产业链做系统文章,以制造业服务化为纽带,理顺产业链关系,形成合力,大力提升整体产业链的运营效率,这是上海市经济转型的内在要求。面向新工业革命,构建以制造业服务化为核心特征的新型产业体系,不是放弃制造环节去只做服务环节,而是要通过服务使制造的附加值更高,更具品牌效益,通过制造为服务提供强大基础和技术保障,进而使先进制造与现代服务进行深度融合,真正实现先进制造与现代服务一体化发展。制造业服务化的根本目的就是要通过对高端要素的资源整合来引领其他产业的高端化发展,这是上海市形成新型现代产业体系的关键。

二是制定并实施本土企业全球高端资源配置和产业链整合战略。本土的主导企业和品牌制造商是整个产业链的组织者和整合者。针对上海市目前产业链上下游脱节、自主创新资源分散、整合能力不强,远未形成整体合力的现状,龙头企业必须尽快通过制造业服务化实现产业链的高效战略,提高大企业的集成创新能力和资源配置能力,建立完善的创新资源整合机制,最大限度地集聚高端要素,充分发挥各类创新资源的作用,推动产业链不同环节间的交互式学习和互动,加强区域内部和区域之间的合作,打通产业价值链的各个环节,实现产业资源的有效整合。比如,在新一代信息产业中,发展的关键就是促成整机企业与集成电路设计企业、软件开发企业、研发机构的合作设计新产品,提高自主品牌产品的市场份额,用自主知识产权的核心技术来打破国外厂商设置的知识产权壁垒和标准陷阱,提高整个产业的国际竞争力,形成一批具有核心竞争力的本土企业,逐步形成自主创新型的产业发展模式。

三是抓住新一代信息技术向经济社会广泛渗透的核心本质,大力推动"两化融合",加快推动上海市制造业服务化发展。在信息技术应用日益广泛和深入的背景下,制造业竞争力越来越依赖于新一代信息技术所提供的服务。运用新一代信息技术提供高端服务是制造业发展的重要方向,也是推进制造业服务化的重要手段。新一代信息技术与制造环节的深度融合,使制造业呈现出研发设计信息化、装备智能化、流程自动化、管理现代化的服务化趋势。只有把握住向新一代信息技术渗透的核心本质,才能抓住制造业向服务型制造转型的突破口。制造业服务化的本质就是传统制造业与物联网、云计算、大数据等新一代信息技术手段和现代管理思想与方法深度融合的产物。借助新一代信息技术把服务向传统制造业的前端和后端延伸,进而扩大服务范围,拓展服务群体,改进服务质量。

参考文献

[1] 陈建军：《长江三角洲地区的产业同构及产业定位》，《中国工业经济》2004年第2期。

[2] 陈建军：《长江三角洲区域经济一体化的三次浪潮》，《中国经济史研究》2005年第3期。

[3] 陈建军：《长三角经济一体化的历史进程与动力结构》，《学术月刊》2008年第8期。

[4] 陈建军、黄洁、陈国亮：《产业集聚间分工和地区竞争优势——来自长三角微观数据的实证》，《中国工业经济》2009年第3期。

[5] 楚天骄：《长江三角洲区域产业分工与合作模式研究》，《中国浦东干部学院学报》2011年第4期。

[6] 樊福卓：《泛长三角工业结构变化与升级》，载于王振主编《泛长三角经济发展报告：2010—2011》，上海人民出版社2011年版。

[7] 范剑勇：《长三角一体化、地区专业化与制造业空间转移》，《管理世界》2004年第11期。

[8] 江苏省社会科学院课题组：《绩效与方向江苏区域经济协调发展实践》，"第十届综合配套改革沪津深三城论坛"论文集，2014年12月。

[9] 李少星、顾朝林：《长江三角洲产业链地域分工的实证研究——以汽车制造产业为例》，《地理研究》2010年第12期。

[10] 李树启：《基于区域合作的长三角城市创新体系》，《科学发展》2013年第6期。

[11] 李伟：《上海市产业结构调整及产业转移趋势》，载于王振主编《泛长三角经济发展报告（2010—2011）》，上海人民出版社2011年版。

[12] 李美云：《服务业的产业融合与发展》，经济科学出版社2007年版。

[13] 马健：《产业融合：信息化推动新型工业化的战略选择》，《华东经济管理》2008年第2期。

[14] 邱风、张国平、郑恒：《对长三角产业结构问题的再认识》，《中国工业经济》2005年第4期。

[15] 沈玉芳：《上海市与长江三角洲地区联动发展和城市经济一体化的新思路》，《学习与实践》2003年第2期。

[16] 王亚男：《两化融合中我国制造业的机遇、挑战与发展》，《北京邮电大学学报》2011年第2期。

[17] 张兆安：《长江三角洲经济一体化：正当其时》，《毛泽东邓小平理论研究》

2002年第5期。

［18］浙江省企调队课题组：《长三角半数企业原材料来自区内》，《上海市物流》2005年第2期。

［19］朱金海：《论长江三角洲区域经济一体化》，《社会科学》1995年第2期。

［20］周国红、楼锡锦：《长三角经济一体化的基本态势与战略思考——基于宁波市532家企业的问卷调查与分析》，《经济地理》2007年第1期。

［21］周艳群：《长三角和珠江三角经济发展历程的回顾与比较》，http：//www.stats-sh.gov.cn/tjqt/201103/88781.html，2008-08。

［22］宗传宏：《泛长三角空间布局的新趋向》，《长三角观察》2011年第9期。

［23］赵彦云，秦旭，王杰彪：《再工业化背景下的中美制造业竞争力比较》，《经济理论与经济管理》2012年第2期。

［24］植草益：《信息通讯业的产业融合》，《中国工业经济》2001年第2期。

［25］周振华：《新型工业化道路：工业化与信息化的互动与融合》，《上海市经济研究》2002年第12期。

［26］周振华：《产业融合：产业发展及经济增长的新动力》，《中国工业经济》2003年第4期。

从智慧城市到智慧城市群：
建设思路的转变

孔克强[①]

2016年5月，国务院公布了《长江三角洲城市群发展规划》，对长三角地区城市及城市群建设提出了明确的发展目标和发展任务。分析长三角地区城市群发展是各地政府部门与学术界应认真开展的研究课题。本报告结合长三角地区城市群建设的相关问题，重点探讨长三角地区智慧城市群建设的目标及机制等。

一 智慧城市与智慧城市群建设的理论述评

（一）智慧城市与智慧城市群的源起

城市是人类文明精华的汇聚之地。但随着城市的数量和城市人口的不断增多，城市被赋予了前所未有的经济、政治和技术的权力，在世界中心舞台越来越发挥起主导作用。面临的各种挑战也越来越多，人口膨胀、饮水卫生、安全隐患、环境污染、交通拥挤等问题日益凸显。而技术信息促进了城市发展规模的转型，智慧城市应运而生。2014年3月，中共中央、国务院发布的《国家新型城镇化规划（2014—2020年）》明确提出"推进智慧城市建设"，表明智慧城市建设已正式上升为国家战略。自2013年首批90个国家智慧城市试点公布以来，目前我国智慧城市试点已超过

---

① 江苏省社会科学院财贸研究所研究员。

500个。

智慧城市概念起源于20世纪90年代晚期的精明增长运动,倡导为城市与区域规划制定新政策。2005年之后,智慧城市被一些技术公司所采用(Cisco,2005;IBM,2009)。在IBM的《智慧的城市在中国》白皮书中,"智慧城市"被定义为这样一个城市:"能够充分运用信息和通信技术手段感测、分析、整合城市运行核心系统的各项关键信息,从而对于包括民生、环保、公共安全、城市服务、工商业活动在内的各种需求做出智能的响应,为人类创造更美好的城市生活。""智慧城市"具备四大特征:一是全面物联,用智能传感设备将城市公共设施物联成网,对城市运行的核心系统实时感测;二是充分整合,使"物联网"与互联网系统完全连接和融合,将数据整合为城市核心系统的运行全图,提供智慧的基础设施;三是激励创新,鼓励政府、企业和个人在智慧基础设施之上进行科技和业务的创新应用,为城市提供源源不断的发展动力;四是协同运作,让城市里的各个关键系统和参与者基于智慧的基础设施进行和谐高效的协作,达成城市运行的最佳状态。其目标是推动信息科技的发展向城市的社会和各行各业深入,在新一代信息技术的支撑下,以整合化、系统化的方式管理城市的运行,让城市的各个功能彼此协调运作,为城市中的企业提供优质服务和无限创新空间,为市民提供更高的生活品质。

智慧城市是城市创新建设的一个有力方案,为城市的发展提供了新思维和新视角,它以物联网、互联网等网络组合为基础,先进信息技术为依托,以智能化服务城市生活、给城市居民带来便利为最终目的的新型城市形态。能够提供"一站式"政府服务,能够更好地进行监控以更有效地预防犯罪和开展调查,能够帮助规划和创造更有竞争力的生活环境和商业环境以吸引更高素质的人才和更多的投资者,能够实现政府不同部门之间的整合以及与其他私营机构的协作,能够使市民享受到更加高效的政务服务、拥有更健康快乐的生活。

智慧城市群指智慧城市成长至某一程度的高水平空间布局形式,是特定区域范围内依托物联网、云计算、空间信息手段、通信网络手段等,汇合一定数目不同类别与不同等级范畴的城市,由信息技术创新与应用驱动,共同集聚而成的把一个或者几个大城市作为中心的智慧城市联合体。在科学层面上,智慧城市群是对城市群"自然—社会—经济"复杂巨系统的海量数据进行高效获取、智能识别、分类存储、自动处理、分析应用和决策支持的,既能虚拟现实又能参与管理与服务的城市综合性科学;其涉及自然科学和社会科学等多学科的综合应用。在技术层面上,智慧城市群是以物联网、云计算、空间信息技术、通信网络技术等现代信息技术为支撑,以信息基础设施、应用系统平台、综合服务网络为核心的、完整的城市信息系统体系。在应用层面上,智慧城市群是在城市群自然、社会、经济等构件组成的一体化信息集成平台上,通过信息技术手段实现资源整合和配置优化,对"现实城市群"的规划、建设和管理的各种方案进行模拟、分析和研究,促进城际间和城市内部不同部门、不同层次用户之间的资源共享、交换和综合,为政府、企业和公众提供服务的现代城市网络。在建设层面上,智慧城市群是通过各地各级政府在总体部署、系统规划、统一决策下,构建政府、企业、公众、大学、研究机构、使用者—生产者等城市主体共同推动智慧城市群建设的有效机制,形成的技术创新与社会创新相结合的综合创新体系和创新网络。

(二) 智慧城市与智慧城市群的理论研究分析

1. 智慧城市的理论研究分析

智慧城市被认为应该关注智慧人类、智慧环境、智慧经济、智慧管治、智慧流动等,总体上就是智慧生活 (Leonidas G. Anthropologist, and Athena Alkali., 2012)。但西方学者也强调了智慧城市建设中信息通信设施的作用,以及人力资本培育,社会和关系资本,环境利益等对城市增长的驱动。相对于工业化城市而言,智慧城市是一个全新的城市发展模式和城市形态,也是信息城市的高级形态。可以将其理解为一个包括制度、技术、经济和社会4个层次的新的城市框架体系,4个层次相互作用、紧密关联,共同形成了一个全新的城市空间形态 (甄峰、翟青,2012);也可以将其理解为新型城镇化的动力标志,是遍及"生产、流通、消费""管理、服务、生活""绿色、生态、文明"全方位多层次的系统建设 (牛文元,2014)。

打造智慧城市可以有效增强城市运转效力,促使一定规模的新兴产业和新的科技革新出现,使城市生活变得更加美妙 (巫细波等,2010);也可以优化城市产业结构,创新经济驱动方式,贯彻绿色发展理念,创造新的经济增长极，提供均等化的公共服务，切实解决民生问题。培育个性化的消费市场，提高市民的生活品质（辜胜阻，2013）。同时，智慧城市的成长与高等教育水平之间也可互相产生积极作用，提高人口数量与质量（John V. Winters，2011）。智慧社区也可成为融居家生活、网上购物、在家办公、休闲娱乐等多种功能为一体的复合空间（席广亮、甄峰，2014）。

但是，面对智慧城市的发展以及未来要达成的几大目标，需要克服困境并且需要付出更多精力建设（M. Batty、K. xhausen，2012）和以网络技术手段、数据保存及其挖掘、遥感技术及监控测算系统等为核心的技术推动力（吴胜武、闫国庆，2010）。目前，中国式"智慧城市"有以下几个特点：政府推动，以智慧技术和基础设施为路径，信息化与产业发展融合，向智慧产业发展，信息化助推城市管理，实现城市智慧精细管理，通过智慧服务，发展智慧人文和智慧生活（沙勇，2012）。建设智慧城市的基本思路一是按照智慧化服务的要求从建设理念、顶层设计、前端布局、后端设计以及知识资源开发利用的角度展开（王操，2011）；二是分析智慧城市治理研究方面存在的不足，并以主体—对象—过程为基础探讨如何构建智慧城市治理模型（毛艳华，2012）。根据这些思路，构建促进智慧城市的目标、策略、政策意见以及应用领域成为重点所在。推动智慧城市健康发展可以实施战略对策，要差异定位，注重以区域优势和特色激发智慧城市发展活力；要应用为王，以市场需求为导向推动智慧城市发展；要技术支撑，使智慧城市建设有坚实的技术和人才基础；要智慧整合，联通分割分治形成的"信息孤岛"（辜胜阻等，2013）。政策工具上，可以可以充分利用金融和财税两项政策工具，引导资本市场主体和金融机构参与智慧城市建设，化解智慧技术研发和智慧产业发展的"高投入、高风险"问题（王敏，2013），通过提高金融发展效率、优化金融发展结构和扩大金融发展规模，能够有效促进研发投入、推动科技创新，从而助推智慧经济、智慧生活和智慧管理，最终实现智慧城市，促进城市经济社会可持续发展（湛泳、李珊，2016）。打造智慧城市也要关注信息安全在打造智慧城市中的具体意义，因为打造智慧城市可能会强烈影响信息安全所产生的作用，为它造成新障碍（李勇，2012）。

当前，我国学者对智慧城市评价指标体系的研究可以分为两大思路，第一种是借鉴欧盟维也纳理工的指标体系，将智慧城市分为几大产业类型，如智慧的交通，智慧的医疗，智慧的产业，智慧的居民，智慧的政府等，然后再对单个产业类进行细分下级指标，通过多级指标，组成最终的指标体系。第二种则是另辟蹊径，通过迁移其他学科的理论或者移植其他研究领域的评估方法，通过演绎和创造加工，形成智慧城市评价指标体系。有必要联系中国的实际情况对智慧城市评估的原则做出解释，对建立智慧城市评估体系的核心依据进行分析，并研究该体系中可能存在的不确定因素（陈铭等，2011）。

2. 智慧城市群的理论研究分析

打造智慧城市是我国改变城市成长方式、抢占首轮制高点的关键措施，在建设智慧城市时要改变墨守成规、生搬硬套的思想，以城市群为特征的更大范围"智慧城市群"建设能够促使智慧城市发展策略以更加全面、更加系统的角度来施展（顾道德，2012）。但是打造智慧城市群和城市带需统筹规划（单志广，2015）。

基于城市利己的政策倾向，建设智慧城市群首先就要组建独立于各地政府的智慧城市发展中心，打破各自的低效率重复建设以及标准不统一的信息孤岛问题，建立并共享交通、医疗、旅游、教育、农业等资源信息，以便真正实现智慧城市群的协同发展（李冰、陈富兴，2015）。推进智慧城市群建设不仅需要依靠技术手段，更为重要的是需要加强理念创新、体制创新、制度创新、组织创新、商业创新等社会创新活动，并将社会创新置于推动社会经济发展的区域创新系统中，培育包括技术创新能力和社会创新能力在内的综合创新能力，采用综合型发展战略，推动企业、公众、政府、大学、研究机构、使用者—生产者等城市主体协作，共同参与智慧城市群建设。战略实施的关键机制主要有产学研联结机制、产业融合机制、社会信息化推进机制和社会创新机制（陈博，2014）。

目前我国已启动建设的智慧城市群均以省域范围为主，典型的有河南省、浙江省、广东省、江苏省等四个智慧城市群。现有文献中有学者对江苏省建设"智慧城市群"进行研究，详述了江苏省在信息化、科技创新能力方面取得的成就和"智慧城市群"建设已具备的条件，提出了江苏省打造"智慧城市群"战略目标与路径（水加耀，2013）。长三角是世界第六大城市群，核心城市上海市在城市群中扮演着"区域性核心城市"

与"第六大城市群龙头城市"的双重角色（彭震伟等，2014）。作为我国经济最发达的地区之一，长三角具有其独特的开放优势，综合实力优势，基础设施优势，多层次的区域合作和协商协调机制的优势；并具有平台型企业起步早，数量多，发展快，实力强等有利条件。因此长三角率先建成智慧城市群是实现长三角城市创新、转型、发展的重大命题。

长三角经济、技术、文化的合作与交流，应在发展传统的实物经济联合与合作的同时，依托政府和企业各层面的合作机制，积极研究和探索合作方式和领域的创新，探讨协同发展平台经济、共建长三角智慧服务业高地，进而加快智慧城市群建设的新举措（周伟民，2013）。同时，高瞻远瞩，从"建设跨界合作开放发展先行区"到"建设国家级中心城市与国家级城市群"到"建设国际中心城市与国际化城市群"到"建设世界中心城市与世界级国际化智慧城市群"步步迈进（梁本凡，2015）。通过分析国内外关于城市群及智慧城市有关研究能够看出，国内外大多数学者将两者分开进行分析，分析城市群的关注点大多在城市群概念、形成机理、演变形式、作用、空间布局等层面，深入研究这些层面同时获得了很大成就；分析智慧城市的关注点主要围绕智慧城市是什么、如何打造来展开，探究水平整体上还不算成熟。而智慧城市群概念的提出时间较短，为数不多的国内外学者主要研究方向聚集于"智慧城市群"的建设路径上。

高速铁路的加快建设、城市区域化的加速和智慧城市的建设，与移动通信技术一起，加速了智慧城市群的形成。在城市群中，长三角一体化发展起步早，推进稳步有序，形成了以完善市场主导的资源要素配置机制，构建区域统一市场、降低要素和产品空间移动的广义运输成本，以及实现区域和城市间互联互通、共治共享为目标的区域一体化发展战略的主体思路和行动计划（陈建军，2015）。技术、人才的优势以及信息产业、网络建设的规模化使得该区域已成为中国重要的智力资源、知识活动密集区。这些优势为长三角建立以知识主导型的经济发展模式、推动区域的智能化和知识化转型提供了极有利的条件，有条件和潜力建设成为国家极具影响力的智慧区域，为国家推进智慧城市群建设带来理论和实践指导。同时，在长江经济带国家战略的背景下，在"一带一路"建设的背景下，长三角智慧城市群应该成为长江经济带的引领区和中国城市群协调发展的示范区，在我国区域统筹发展中发挥辐射性整合作用。

二 智慧城市群建设的国内外案例分析

(一) 国外重要智慧城市群建设

1. 纽约智慧城市群建设

纽约城市群占美国总人口的20%，占工业的70%，占GDP的30%。

一是在遵从共同发展战略的前提下，纽约城市群普遍开展了智慧城市建设，以《美国国家宽带计划》《美国数字政府战略》《美国开放数据行动计划》等战略规划为指导，着力在实现网络普及和数据共享的基础上提高信息化应用水平。

二是管理组织结构独立，形成单一化地方事务模式。纽约城市群的行政体系相对松散，要建立一个统一的城市群政府相当困难。为了更好地开展智能城市建设，纽约城市群成立了专门的组织协调机构负责相应的信息化工程实施。

三是多举措开展智慧城市建设，推动城市群加速发展。通过普及信息基础设施，缩小数字鸿沟，如向更多的人提供免费无线网络，使低收入家庭，特别是生活在贫困线以下的家庭能够进入数字时代，开发在线教育项目帮助失业人群再就业。通过电子政务转变政府职能，提升服务质量。通过实施智能交通，方便城市管理，纽约利用智能交通信号系统监控全市5个区的主干道，通过及时跟踪曼哈顿岛上交通信号灯的动态变化，为工作人员处理事故和交通拥堵提供实时信息。通过服务公众，提升居民生活品质，利用停车计时器实现智能停车卡缴费，为公众提供便利服务，为居民提供多个领域的专门信息技术支持和服务，包括电子印刷、网络、办公系统服务、地理信息系统和紧急救援。

2. 伦敦智慧城市群建设

伦敦城市群面积占英国的18.4%，人口占64.2%，经济总量占80%。

一是战略规划先行，引导智能化、信息化建设。伦敦城市群中成员均将信息化、智能化看作发展的机遇和挑战，明确提出2012年伦敦建设成为"智能城市"，2012年发布《伯明翰智慧城市愿景声明》，声明确立伯明翰未来的城市发展路线图，并将伯明翰定位为世界领先的智慧互联城，2012年利物浦也发布《连接利物浦计划》。

二是设立专门机构,统筹信息化各项工作。伦敦市成立了跨部门的"连接伦敦"工作组以指导"连接伦敦"战略及相关规划的实施,其职责主要是将地方、地区和中央政府衔接起来,同时协调伦敦市各政府部门,推动公共服务的集成化,向公众提供一站式的、方便快捷的服务。伦敦的智慧城市建设由伦敦市长召集组成"智慧伦敦委员会"领导,以科技作为伦敦发展的核心。曼彻斯特数字发展委员会的数字创新项目主要是"智慧城市"和通过"生活实验室"进行用户驱动的创新。伯明翰成立智慧城市委员会发布路线图帮助伯明翰应对人口老龄化、赤字上升、经济发展缓慢、交通拥堵、资源短缺等一系列挑战,并从中寻找机会推动新兴科技的发展。

三是重视开放数据,鼓励企业和市民参与。大伦敦市政府(GLA)指挥一些跨行政区的职能部门,如交通、安全、经济发展和旅游业共同执行一个城市数据中心共享方案,通过该数据库,政府发布如运输和经济方面的数据。

四是服务弱势群体,缩小数字鸿沟。曼彻斯特东西部地区经济发展分化严重,通过实施"东部服务"计划以缩小东西部地区信息化发展差距。伯明翰通过加强网络教育,提高弱势群体信息化能力。

五是开展清洁革命,实现大气污染联防联控。伦敦通过搭建能够将海上生产的电能输送到岸上的先进电网,构建一个可覆盖伦敦大部分地区的智能电网,建设可供电动汽车使用的充电网络。推出包括学校出行计划、拼车俱乐部、公共交通信息平台、家庭购物、SOHO 等在内的"智慧选择项目"。伯明翰通过开展能源评估,为家庭提供能源管理。

六是构建智能交通体系,解决大城市出行难题。伦敦实现公共交通服务费用电子支付,曼彻斯特通过停车服务系统,实现客户可以通过互联网登录系统并提前预订车位,伯明翰通过交通信息终端为人们提供实时的定位跟踪信息。

3. 东京智慧城市群建设

一是全方位统一规划,推动智慧城市群协调发展。政府从都市圈大局出发,进行顶层设计,出台交通、环境、信息共享平台建设、产业一体化等区域政策。这些区域政策的实施不受行政区划的限制,不划分具体的城市等级,适用于整个都市圈内的所有成员城市。

二是推进大规模信息基础设施建设，实施"东京泛在计划"，推动信息技术广泛应用，无线互联已在银座、新宿等购物地区推广应用。

三是发展先进的智能交通系统，打造快捷"通勤圈"，东京区域的交通运行由智能交通信息系统负责管控。

四是全面普及电子病历，提升区域医疗智能化水平。东京大都市圈的电子病历系统在各类医院基本普及，基本实现诊疗过程的数字化、无纸化和无胶片化。电子病历系统为护士提供自动提醒，为医生提供检查、治疗、注射等一切诊疗活动等功能。

五是开发多项节能环保技术，促进绿色城市发展。东京将智能化技术充分运用于写字楼、办公室等办公空间，有效减少了二氧化碳排放。千叶县采用最新 IT 技术和太阳、生物学发电技术，在充分利用城市未利用能源的同时，建设起可整合每栋建筑物的能源管理系统，使整个地区的发电量及耗电量状况实现可视化、智能化，实现全面节能。

4. 首尔智慧城市群建设

首尔城市群占韩国国土面积的 11.8%，人口占一半以上。首尔城市群通过制定统一的信息化发展战略，在信息基础设施、智能交通、城市管理、政府服务等方面开展信息化大平台式建设与应用，促进整个城市群无障碍、一体化发展。

一是完善规划，制定信息化发展战略。大力推进市民生活方式智能化、产业智能化、基础设施智能化、政府行政管理自动化。大力推广信息技术在公共规划和管理中的应用，目标是建成世界领先的商业城市。大力支持核心技术国产化，使得智慧城市建设上升至国家战略层面，2011 年首尔发布智慧首尔 2015 计划。

二是设立专门的协调机构，保障规划顺利实施。为协调解决城市群发展中的问题，韩国设立"首都地区管理委员会"这样一个跨辖区的机构，保证了各项规划政策的实施。

三是推进信息化大平台式建设，促进城市群一体化、智慧化发展。大力建设信息基础设施，普及智能设备的应用，首尔城市群的综合性网络包括高速宽带有线和无线网络，网速排名位居全球前列，首尔市的网速排名连续多年世界第一，推进信息化建设的一个关键措施是提高对智能设备的接入以及使用。大力开展定制型服务，全面实现网上办事，首尔城市群通过扩大网络行政服务，提供以市民为中心的"定制型"信息服务，向市民和企业不断开放有用数据。多系统共同推进城市管理，打造智能交通出行，通过利用信息技术对城市的道路、地下管网等基础设施进行精细化管控，为政府部门和市民提供城市规划、土地等城市基础信息服务和准确迅速的交通信息，通过利用新的交通卡系统，在整个首尔城市群范围内可以将一个智能卡作为交通卡、电子货币等多种用途使用。致力开展绿色项目，构筑环境友好型都市圈，首尔市通过实施智能计量项目，为家庭、办公机构、企业主提供其有关水电气消费量的实时报告，以及如何调整消费模式以便节约能源消费的方法。

（二）国内智慧城市群建设

长三角、珠三角交通一体化水平大大提升，经济一体化进程加快，其中心城市上海市、广州市、南京市、宁波市等纷纷加入"智慧城市""感知中国"建设，希望借助物联网布局在未来的地方经济竞争中占据优势。各地智慧城市建设的推进大大促进了智慧城市群的形成。

1. 上海市智慧城市建设

一是基础设施日益完善。上海市的四个专项建设加快推进：（1）宽带城市建设。建成全国规模最大的光纤宽带、下一代广播电视网（NGB）。（2）无线城市建设。构建起多层次、广覆盖、多热点的全市无线宽带网络。（3）通信枢纽建设。继续保持城域网出口容量国内最大，海光缆通信总容量占全国50%以上，进一步提高通信转接能力，增强服务全国及周边国家和地区的能力，积极创建亚太通信枢纽。（4）三网融合试点。全面完成国家三网融合试点任务，在基础设施能级、试点业务规模、运营管理模式、应用服务水平和重点产业发展方面实现全国领先。

二是提高信息技术水平，大力推广试点。在新一代信息技术产业领域，一批重点领域的重点项目加速推进。上海市，"云海计划"正在全面实施，让云计算实现自主可控的关键技术正在研发。与研发同步，一批以市场为导向的"应用云"已在规划建设："金融云"支撑金融核心交易、在线支付、银行卡管理等业务。"中小企业服务云"全方位地解决中小企业难题。"文化云"可面向互动娱乐、网络视听等领域。"云中生活""电子政务云"等已在个别城区试点推出。着力推动物联网产业，打造楼宇节能、社区智能安保等示范工程，推动上海市互联网中心、物联网产业基地建设。高端软件产业将发展智能终端，打造一批行业应用软件解决方案商和产业集聚区。下一代网络（NGN）产业将推进光网络规模部署，并推出IPTV6特色应用。车联网产业将加速智能车载信息服务系统的研发和产业化，探索满足用户需求的商业模式。信息服务产业中将重点发展金融、航运、贸易、旅游等专业信息服务业，以及互动娱乐、网络视听、数字出版等数字内容产业。

三是智慧城市建设内容日益增多。上海市国际航运中心网络平台已建设，实现航运信息的权威发布、有效聚焦和增值服务。全球贸易投资运行监控预警系统已建设，为政府、企业、社会提供及时贸易预警。"智能苏州市河"系统将24小时监控水质水量。一批智能电网示范应用基地已经建成。在公交车站，推进公交车辆信息预报系统，提升公交运营效率；在食品生产流水线、物流以及销售终端上，综合性的食品安全监管和信息服务平台正在建设。市民电子健康档案成为实现远程医疗等服务的基础。通过数字教育工程，推进优质教育资源校际共享及向社会开放，改变教育资源分布的不平衡现状。

2. 广州市智慧城市建设

一是加大资金支持力度，完善设施建设。通过市科技经费、电子商务专项资金、现代服务业专项资金、电子政务经费、省现代信息服务业资金配套等予以支持，鼓励交通、药监、质监、卫生、档案等部门以及商贸、旅游、物流、港口等企业应用物联网等新一代信息技术提升管理服务水平。

二是建设试点示范项目。推进"天河智慧城""南沙智慧岛""黄埔智慧港"试点示范，为智慧城市各项建设工程的具体实施提供支撑平台。组织一批物联网应用示范项目，从港口物流、车辆管理、食品溯源、智能卡、地质监测等领域入手开展智慧城市试点建设，探索技术研发—产业化—应用推广的全链条发展模式。

三是扩大智慧广州建设内容。"智慧广州"将重点建设新设施、新应用、新产业、新技术、新环境，推动经济社会、城市管理和生活服务等信息化向智能化转型。培养一批支撑智慧城市发展的高素质人才，突破和掌握相关核心技术，催生相关新产品，培育出有较强国际竞争力的创新性、知识型领先企业，建成新一代互联网络国际枢纽、城市运行感知设施和智能处理系统，实现城市管理、行政运作、公共服务、经济发展和生活环境等领域的智慧化，基本形成"智慧广州"架构。

3. 宁波市智慧城市建设

一是政府加大投入，基础设施不断完善。发布《2012 年宁波市加快创建智慧城市行动计划》，其中在 2012 年市政府斥资逾 50 亿元推进信息网络基础工程、政府云计算中心、基础信息共享工程、智慧应用工程等 30 个智慧城市建设重大项目。宁波市已实现光纤入户覆盖主要城区，无线局域网覆盖机场、车站、学校、酒店、CBD 等重要公共场所。基本完成市区通信网络基础设施共建共享改造。建成比较完备的人口、法人、自然资源与空间地理等基础数据库和信用信息等专业数据库。

二是以应用带发展，智慧应用日益增多。在智慧交通方面：主要实施推进以城市道路交通监控系统、交通视频监控系统、高清拍摄系统和动静态交通诱导系统为主要内容的建设，广泛应用了物联网中的 RFID 技术。在智慧医疗方面：基本建成智慧健康保障应用系统，包括统一的数字化集成平台，消除信息孤岛。统一的医疗专业网，连接全市所有医疗卫生单位。统一的数据中心，提供全市所有卫生数据信息的存储和管理。统一的可共享的居民健康档案。统一的市民就诊卡（即社保卡），实现全市医疗卫生信息的互联互通和业务协同。在智慧物流方面：打造高端智慧物流平台，引导第四方物流，成为国家 RFID 试点城市，建成覆盖华东，辐射全国的智慧物流信息服务平台。IBM 在宁波市建立的全球首个智慧物流基地，主要致力于建立智慧供应链。在智慧农业方面：依托农业示范推广基地，推广应用信息化管理系统，农业专家咨询服务系统和农业电子商务，逐步实现农产品生产、加工、储藏、运输、营销等环节的科学化和智能化。

4. 江苏省智慧城市群建设

一是规划先行，统筹推进。根据《智慧江苏省建设行动方案（2014—2016 年）》，江苏省推进城乡规划智能化、智慧城市群以及城镇管理网格化等建设任务。推进"天地图·江苏省"建设，实现城乡规划设计、城市建设管理的智能化、可视化和协同化。在建设智慧城市群方面，统筹开展智慧城市试点示范建设，组织实施智慧支付工程，建立跨区域互联互通机制。

二是聚点成群，协调推进。工信部支持江苏省开展"智慧城市群"建设，探索用信息技术手段提升社会管理能力，提高社会管理和公共服务信息化水平。开展社区管理和服务综合信息平台共性技术规范研究及应用。开展地区信息化发展水平、电子政务发展水平等信息化评价试点研究。2012年已经建成"智慧江苏省"，是江苏省智慧城市群的网上虚拟门户，依托城市光网，以物联网、云计算、下一代互联网等新一代信息技术为支撑，以社交化、区域化、移动化、个性化为特征，构成一个开放、个性化、多屏融合、可持续发展的智慧服务平台和综合接入平台。大力推动南京市、无锡市、苏州市、扬州市等地"智慧城市"建设聚点成群，逐步形成智慧城市群。加快以市、县域为主体建设统一规范的社区管理和公共服务平台，促进基层社区信息资源共享和业务协同。推动建立全面覆盖、动态跟踪、联通共享、功能齐全的社会管理综合信息系统，在江苏省14个社会管理创新综合试点市率先推行有关平台、系统和技术规范的应用。

三是鼓励各个城市积极探索。南京市从交通、医疗和电力三方面入手，建设服务型政府。通过设计智慧交通管理系统和智慧铁路解决方案，疏导和缓解拥堵状况，提高交通安全，提升乘客体验。智慧医疗主要解决医疗行业电子信息发展中信息无障碍流通问题，提高临床决策和医疗队伍的整体水平。智慧电力从安全、稳定、灵活的输、配、送电模式和方法，到搭建能够同时承载信息流和电能流的智能电网，再到铺设灵活计费的智能电表，实现城市绿色新经济增长。

（三）国内外智慧城市建设的经验及借鉴

从国外智慧城市建设实践来看，在发展中国家，由于经济实力与科研背景与发达国家存在差距，大多数企业积极性并不太高。所以要建设智慧城市政府起领导作用，通过一系列的优惠政策鼓励企业和科研机构共同投资研发或引进新技术，建设智慧城市。

1. 国外智慧城市建设的主要经验

从硬件技术方面分析，国际上多数智慧城市利用"高速光纤网络 + 无线网络"打造IT基础，一网多用。从建设方式方面分析，国际上的智能城市建设注重公私部门的合作，有众多企业参与，以企业形式管理项目。综合国外各个国家智慧城市建设历程来看，国外智慧城市的建设企业的热情要远远大于政府的热情，国外更多的是企业或者是电信运营商等第三方部门自发地进行信息技术的研发以及投资。从建设规划来分析，国外的智慧城市，尤其是发达国家的智慧城市建设，很少会从整个国家的整体规划为出发点来建设智慧城市，而是更多地从某个方面或者是某个高新项目为突破口来进行智慧城市的建设，整个斯德哥尔摩的智慧城市建设，基本是以智慧交通这一项目的建设为起点，逐步完成智慧城市的总体建设。

2. 国内智慧城市建设的主要模式

一是以物联网产业发展为出发点的智慧城市建设模式。不少城市希望以物联网的建设作为突破口来进行智慧城市的建设。中国物联网应用领域为智能工业、智能物流、智能交通、智能电网、智能医疗、智能农业和智能环保。产业分布上，物联网已初步形成环渤海、长三角、珠三角，以及中西部地区等四大区域集聚发展的空间格局。其中，长三角地区产业规模位列四大区域的首位。以物联网产业的发展来带动智慧城市建设的模式主要见于无锡、杭州、济南等城市。

二是以信息基础设施建设来驱动智慧城市的建设模式。宽带信息基础设施作为"智慧城市"建设的关键主体和基础已经成为世界各国的共识，这种以信息基础建设来驱动智慧城市建设的建设模式主要见于上海、重庆、南京、厦门等地。

三是从应用领域来切入建设智慧城市的建设模式。社会服务与管理应用是智慧城市建设的躯干，很多城市通过重点建设一批社会应用示范项目、以点带面、逐步深入的方式进行智慧城市的建设，以期望处于智慧城市建设的领先位置，目前很多城市打造了大量围绕着应急系统、食品安全、智能医疗、和数字出版等产业项目，通过这些项目的建设，智慧城市的建设也初见雏形，这种从应用领域作为突破口进行智慧城市建设的城市主要有北京、沈阳、苏州、宁波、武汉等。

3. 推进智慧城市群建设的借鉴

一是机制建设是关键环节。智慧城市建设作为一项战略性、全局性工作，创新推进机制是确保各项工作取得实效的关键所在。首先是领导和协调机制。智慧城市群建设内容涉及不同省市的政府及各个市的政府内部管理、公共服务、城市管理、社会民生、经济发展等方方面面，不仅是科技和信息化部门的职责，需要建立由领导亲自抓、各部门领导直接抓的领导机制，统筹资源，协调联动，齐抓共管。其次是绩效考核机制。落实规划中各项工程建设任务，需要在责权利统一、明晰的基础上，建立相应绩效考核机制，争取将有关指标纳入领导干部落实科学发展观的考核体系之中。再次是项目建设机制。新技术的应用发展，先期需要依靠政府引导与支持，但形成各项目的社会化和长效运作机制、凝聚社会各界智慧共同建设是发展方向，建设有利于技术研发—产业化—应用推广全链条发展的扶持方式更为重要。

二是试点示范是优先策略。目前智慧城市群的建设内涵、发展路径、评价体系都还处于探索阶段。以试点示范为切入点，有利于探索经验、鼓舞信心。第一是围绕发展重点与社会关注热点，选取一定时期内能出成效、出亮点的重点领域，分类建设试点示范项目。第二是根据发展布局，选取有基础的区域，建设能够集中展现智慧城市特色和亮点的综合试点示范区。

三是资源整合是重要手段。落实智慧城市各项建设任务需要整合各部门的政策、资金、人才等资源提供针对性扶持措施。第一是在技术研发层面，需要整合技术改造资金和科技计划重大专项及国家、省及行业科技机构等资源，重点突破核心关键技术。第二是在应用推广层面，需要整合电子政府、电子商务、城市管理等政策和专项资金，重点推进大规模典型应用。第三是在产业发展层面，需要整合战略性新兴产业发展专项资金、吸引培养高层次人才政策、各产业基地和园区等资源，重点发展具有优势的高端电子信息产业、软件和信息服务业、数字内容创意和网络文化产业。

三　长三角建设的基本情况

长三角处于国家"两横三纵"城市化格局的优化开发和重点开发区域，在上海市、江苏省、浙江省、安徽省范围内，以上海市为核心，江苏省的南京、无锡、常州、苏州、南通、盐城、扬州、镇江、泰州，浙江省的杭州、宁波、嘉兴、湖州、绍兴、金华、舟山、台州，安徽省的合肥、芜湖、马鞍山、铜陵、安庆、滁州、池州、宣城等26个市组成，国土面积21.17万平方公里，2014年地区生产总值12.67万亿元，总人口1.5亿人，分别约占全国的2.2%、18.5%、11.0%。

2010年5月，国务院正式批准实施的《长江三角洲地区区域规划》将长三角的范围确定为江浙沪，明确长三角地区发展的战略定位是具有较强国际竞争力的世界级城市群。

《2010中国城市群发展报告》提出，经过10—20年建设，要将"长三角"建成国家综合竞争力最强的世界级城市群。

2014年，发布《国务院关于依托黄金水道推动长江经济带发展的指导意见》，促进长江三角洲一体化发展，打造具有国际竞争力的世界级城市群。

2016年5月发布的《长江三角洲城市群发展规划》，提出到2030年，长三角26市组成的城市群，将全面建成具有全球影响力一流品质的世界级城市群。

（一）人口密集，城市容纳能力需优化

2014年，长三角地区总人口1.5亿人，约占全国的11.0%。到2020年，长三角人口和经济密度将进一步提高，将在全国2.2%的国土空间上集聚11.8%的人口和21%的地区生产总值。

然而长三角地区人口分布并不均衡，公共资源在中心城市过度集中，人口过度向中心城区集聚，上海市、南京市、杭州市、苏州市等中心城市交通拥堵、环境恶化、房地产价格不断攀升，居住与商业成本高企。落户上海市的世界500强企业总部仅为纽约的10%，外国人口占常住人口比重仅0.9%。

长三角是中国外来人口最大的集聚地，但城市化、外来人口市民化滞后，中心城市外来人口落户困难、门槛高。城市群内约有2500万人未在常住城市落户，无法在教育、就业、医疗、养老、保障性住房等方面均等化享受城镇居民基本公共服务。长三角中，城市间一体化的智慧程度不高，虽然局部区域内智能公交等智慧城市建设不断推进，颇有成效，但四地间公共交通、医疗、养老等公共服务基本无法互联互通。

（二）空间一体化布局，需增加城市间要素流动的通道

根据长三角发展规划，长三角将形成"一核五圈四带"网络化空间格局，适应资源环境承载能力，优化提升核心地区，培育发展潜力地区，促进国土集约高效开发。

长三角拥有现代化江海港口群和机场群，高速公路网健全，公铁交通干线密度全国领先，立体综合交通网络基本形成。每天上午7点—8点，都有18列客运火车从南京驶往上海市，其中13列为高速的动车组列车，热门车次的车票提前几天就已卖空。

随着时代的发展，长三角的智慧化程度需进一步提升，城市间基础设施通道要适应人民生活和商业活动的变化，交通和信息的通道不断优化，继续拉近城市间的距离，使资源的流动成本、交易成本大大降低，实现资源配置效益最大化。

（三）综合经济实力强，需消除要素流动的障碍，提高经济效益

长三角产业体系完备，配套能力强，但主导产业基本在电子信息、石油化工、汽车及汽车零件、医药等大容量的制造业上，虽然集群优势明显，但整体层次还处于全球产业链相对中低端的环节。科教与创新资源丰富，拥有普通高等院校300多所，国家工程研究中心和工程实验室等创新平台近300家，人力人才资源丰富，年研发经费支出和有效发明专利数均约占全国的30%。

长三角里，有上海自贸区、苏南国家级创新示范区、浙江省特色小镇等国家级的发展经验，无不展示长三角城市间错位发展，跨区域协同发展的优势，虽然目前长三角内城市间的行政壁垒仍然存在，支持政策、财税制度、管理制度并未达成互相衔接，但长三角规划中已提出，规划期间长三角中阻碍生产要素自由流动的行政壁垒和体制机制障碍基本消除，统一市场基本形成，户籍人口城镇化率稳步提高，公共服务共建共享、生态环境联防联治的机制不断健全，城市群成本分担和利益共享机制不断创新，省际毗邻重点地区一体化步伐加快，在这方面智慧城市群大有作为。

（四）城市化加速，城市功能需继续丰富

城镇体系完备。长三角大中小城市齐全，拥有1座超大城市、1座特大城市、13座大城市、9座中等城市和42座小城市，各具特色的小城镇星罗棋布，城镇分布密度达到每万平方公里80多个，是全国平均水平的4倍左右，常住人口城镇化率达到68%。城镇间联系密切，省市多层级、宽领域的对话平台和协商沟通比较通畅。

现代化的城市生活日新月异，城市居民热衷于各类户外、室内健身、文化、娱乐和各类消费旺盛并不断发生变化，要求商业模式、商业布局、商业综合体的表现形式有更强的适应性。现有城市建设无序蔓延，空间利用效率不高。2013年长三角建设用地总规模达到36153平方公里，国土开发强度达到17.1%，高于日本太平洋沿岸城市群15%的水平，后续建设空间潜力不足。上海市开发强度36%，远超过法国大巴黎地区的21%、英国大伦敦地区的24%。粗放式、无节制的过度开发，绿色生态空间减少过快过多，严重影响到区域国土空间的整体结构和利用效率。城市群内高品质的城市创业宜居和商务商业环境亟须营造，倡导现代化的城市群发展理念，将生产、生活、生态，智慧科技、人文社会、创业创新、教育、旅游、医疗养老保障等有机结合。

全面建成枢纽型、功能性、网络化的基础设施体系，城市间基础设施共建共享、互联互通水平显著提升。比如长三角地区是新能源汽车产业迅速发展的先导区域，三省一市的新能源汽车已占全国能源汽车市场的1/3以上，截至2015年底，长三角地区已建成公共电动汽车充电桩超过3.7万个，占全国比例超过70%，但充电接口技术标准不统一，没有公共充电设施信息平台，城市间无法互联互通，已建成的基础设施利用率低、电动车用户充电困难。

（五）环境承载能力下降，需改善和提升生态环境

长三角生态系统功能退化，环境质量趋于恶化。生态空间被大量蚕食，区域碳收支平衡能力日益下降。湿地破坏严重，外来有害生物威胁加剧，太湖、巢湖等主要湖泊富营养化问题严峻，内陆河湖水质恶化，约半数河流监测断面水质低于Ⅲ类标准；近岸海域水质呈下降趋势，海域水体

呈中度富营养化状态。区域性灰霾天气日益严重，江浙沪地区全年空气质量达标天数少于 250 天。城市生活垃圾和工业固体废弃物急剧增加，土壤复合污染加剧，部分农田土壤多环芳烃或重金属污染严重。

下一个时期长三角一个重大的任务就是保障有力的支撑体系和生态格局全面建立。生态环境质量总体改善，区域突出环境问题得到有效治理，一体化、多层次、功能复合的区域生态网络基本形成，江河湖海、丘陵山地等多元化生态要素得到有效保护，江南水乡、皖南古村、滨海渔庄的历史文脉得到有效保护和传承。

四　长三角区域一体化发展的进展与趋势

（一）长三角区域一体化的发展进展

1. 都市圈发展稳步推进，同城化成为发展趋势

在长三角区域一体化发展过程中，都市圈成为推动区域一体化的核心载体和基本模式。其一体化的内容已经从最初较为单一的旅游产业的合作延伸到交通、产业、规划、环保、公共服务和制度等多方面的一体化，不断践行着从要素流动向资源融合、从经济协同向社会融合、从松散协作向制度融合的深刻转变。

2. 共建园区广泛开展，区域联动促进融合发展

区域发展差异较大是长三角三省一市面临的共性问题。为了充分发挥经济发达地区对经济落后地区的引领带动作用，促进区域协调发展，以共建园区为载体，推动产业梯度转移，成为区域融合发展的重要方式。经过多年的积极探索，各地区在园区共建过程中形成了园中园、共管园、托管园等不同的运作模式。

3. 国家战略深入实施，改革试点亮点频现

随着上海市"四个中心"和自贸试验区建设、江苏省沿海开发和苏南现代化示范区及苏南国家自主创新示范区建设及南京江北新区建设、浙江省海洋经济发展示范区和舟山群岛新区、安徽省皖江城市带产业转移示范区和皖南国际文化旅游示范区建设等国家战略的实施，长三角三省一市充分发挥区域内重大改革试点的示范带动作用，着力在制度创新、科技进步、产业升级、绿色发展等重点领域和关键环节攻坚克难，不断推动长三角区域一体化发展再上新台阶。

4. 生态补偿机制不断完善,区域共治能力增强

长三角地区工业化和城市化进程的加速推进在带动经济发展的同时,也引发了大量的环境污染问题。由于水、土、气等环境治理往往是跨区域、跨部门的,仅依赖单一地方政府和单一部门进行治理和监管难以取得成效。为了加强区域环境保护,长三角地区开始以联防联控、共保共治的一体化发展思路,共同应对发展流域经济和海洋经济所带来的环境问题。

5. 公共服务均等化水平提升,城乡一体化效果显著。区域一体化的最终目标是缩小地域与城乡之间的发展差距,提升省市域内全体居民的福利水平。随着三省一市经济的不断发展,城乡居民的生活水平也在不断提高,城乡之间的差距不断缩小,基本公共服务的均等化程度不断提升。

(二)长三角区域一体化的发展趋势

一是建设统一市场。贸易与要素在省市域内自由流动与组合可以大幅提高资源配置的效率,也可以发挥比较优势,产生规模效益,从而提升省市域内经济的整体竞争力。

二是深化区域分工。省市域一体化意味着域内某个产业中,不同企业会有不同的定位,共同组成一个产业链参与外部市场竞争。细致的分工可以保证产品的质量和价格,形成高效的合作,并加快实现产业发展的专业化。

三是强化统一管理。由市场进行资源的调配可以取得更高的效率,但有时也会出现投资的盲目性,造成资源浪费。在市场经济中发挥政府的宏观指导、引导作用,进行适度的统一管理可以弥补市场的不足,也可以减少区域之间的冲突。

四是确定合理补偿。省市域内各个单元的资源禀赋不同,在整个区域经济中扮演的角色也各异,要形成具有竞争力的区域经济,必然会有做出牺牲的一方,进行合理补偿,可以在保证区域经济竞争力的同时,实现内部公平。

五 长三角智慧城市群建设的总体目标

(一) 长三角建设的总体目标

争取通过五至十年的不懈努力，力争在长三角各地区间全面建立起标准相对统一、内容比较规范、技术比较先进的新型城市群管理模式，特别是通过建立安全可控技术先进的信息化基础实施、公共信息平台和公共数据库，能够广泛掌握和运用具有自主知识产权的关键核心技术，实现不同地区的各个领域在城市管理信息等方面的智慧应用，使城市群空间布局科学化、自然资源使用合理化、社会管理精细化、民生服务高效化，协同推进城镇化发展，率先建成幸福和谐的"智慧长三角"。

(二) 长三角智慧城市群建设的具体目标

——建设长三角城市间的智慧公共服务：通过加强长三角内各城市间的就业、医疗、文化、安居等专业性应用系统的建设的对接，通过提升各城市间建设和管理的规范化、精准化和智能化水平，有效促进长三角地区各城市公共资源的互通共享，积极推动各地在人流、物流、信息流、资金流方面的协调高效运行，提升长三角地区城市运行效率和公共服务水平，促进各城市的快速转型发展。

——建设各城市间智慧政务综合管理运营平台：实现政府间的信息资源共享是长三角地区建设智慧城市的首要任务，也是可以最快实现的目标。可以在各城市政府间逐步实现统一数据、统一网络，共建建设数据中心、共享平台，从根本上将各地政府及政府各部门的数据信息互联互通，为长三角地区政府的公务活动及政府资源共享提供技术支撑作用。

——建设长三角的智慧安居服务。开展智慧社区安居建设工作是智慧城市群建设中一项非常重要的工作。可以在现有工作的基础上，选取长三角四地的部分居民小区先行试点，充分考虑公共区、商务区、居住区的不同需求，融合应用物联网、互联网、移动通信等各种信息技术，发展社区政务、智慧家居系统、智慧楼宇管理、智慧社区服务、社区远程监控、安全管理、智慧商务办公等智慧应用系统，使居民生活"智能化发展"。加快长三角地区智慧社区安居标准方面的探索推进工作，为今后区域新建楼宇和社区实行智能化管理打好基础。

——建设长三角地区的智慧教育与文化服务平台：积极推进长三角地区智慧教育与文化体系建设。建设完善全区域教育区域网和校园网工程，推动智慧教育事业发展，重点建设各城市间教育综合信息网、网络学校、数字化课件、教学资源库、虚拟图书馆、教学综合管理系统、远程教育系统等资源共享数据库及共享应用平台系统。继续推进再教育工程，提供多渠道的教育培训就业服务，建设学习型社会。继续深化"文化共享"工程建设，积极推进区域内各地区先进网络文化的共建共享，加快新闻出版、广播影视、电子娱乐等行业协调融合发展步伐，加强信息资源整合，完善公共文化信息服务体系。构建长三角地区旅游公共信息服务平台，提供更加便捷的旅游服务，提升旅游文化品牌。

——建设长三角地区智慧服务应用。组织实施部分城市间的智慧服务业试点项目，通过示范带动，推进区域内传统服务企业经营、管理和服务模式创新，加快向现代智慧服务产业转型。结合长三角地区服务业发展现状，加快推进现代金融、服务外包、高端商务、现代商贸等现代服务业发展的资源共享。

——建设长三角地区智慧健康保障体系建设。重点推进区域内"数字卫生"系统建设。建立长三角地区卫生服务网络和城市社区卫生服务体系，构建全区域卫生信息管理为核心的信息平台，促进区域内各医疗卫生单位信息系统之间的沟通和交互。以医院管理和电子病历为重点，建立全区域居民电子健康档案；以实现医院服务网络化为重点，推进远程挂号、电子收费、数字远程医疗服务、图文体检诊断系统等智慧医疗系统建设，提升医疗和健康服务水平。

——建设长三角智慧交通平台。加快建设长三角地区"数字交通"工程，通过监控、监测、交通流量分布优化等技术，完善全区域公安、城管、公路等监控体系和信息网络系统，建立以交通诱导、应急指挥、智能出行、出租车和公交车管理等系统为重点的、统一的智能化城市群交通综合管理和服务系统建设，实现交通信息的充分共享、公路交通状况的实时监控及动态管理，全面提升监控力度和智能化管理水平，确保区域内交通运输安全、畅通。

六 长三角智慧城市群建设存在的主要问题

2016年6月国家出台的《长三角发展规划》明确提出通过深化一体化发展，优化提升长三角，在更高层次参与国际合作和竞争，进一步发挥对全国经济社会发展的重要支撑和引领作用。长三角地区整体竞争力的提升有赖于区域内城市的竞争力提升。智慧城市作为新时期提升城市竞争力的有力抓手，运用新一代信息技术，促进城市规划、建设、管理和服务智慧化，能够有效提高城市综合承载能力和居民幸福感受，全面提升城镇化发展质量和水平。发展长三角智慧城市群就是要发挥集群效应，全面提高长三角区域的整体竞争力，这依靠于长三角一体化的深入推进，同时长三角一体化的逐步深化，也能有力推动长三角智慧城市群的发展。但在目前长三角智慧城市群的建设过程中，还存在着诸多体制机制问题，阻碍了长三角智慧城市群的进一步发展，需要在新的时期，创新体制机制，促进长三角智慧城市群的建设，增强长三角的国际竞争力。

（一）顶层设计缺失

智慧城市本身是一个不成熟的科学概念，缺乏完整的理论体系。当前的智慧城市理论研究更多停留在文件解读、非体系化的技术应用等层次上，对智慧城市规划体系以及智慧城市理念下的城市经济转型、城市治理等相关理论研究重视不够。因此智慧城市的规划和建设在理论指导上非常薄弱，只能通过实践摸索。这也间接造成了各市政府对智慧城市顶层设计的重视程度不够，各类城市规划中很少涉及智慧城市相关内容，更是难以上升到长三角区域层面。即便个别城市进行了规划设计，也是片面重视智慧城市的技术架构，容易导致技术体系脱离于实际需求。这是由于信息技术的快速升级和变革，需要对智慧城市建设进行科学规划，对各方主体的需求特点、数据在不同系统间的共享机制、现有信息化资源的利用方式、未来系统升级的接口等予以识别和设计，否则极有可能造成既有信息化资源的浪费，严重时导致智慧城市平台无法适应新的需求，在新技术的冲击下很容易被淘汰。增大了智慧城市建设的风险与更新成本。

再者由于顶层设计的缺失，导致智慧城市概念流于"标签化"。在传统城市管理手段失灵的背景下，地方政府迫切需要找到"城市病"治理的突破口，智慧城市由于其先进的技术体系及其所描绘的城市发展愿景，一经提出便迅速引起地方政府的高度关注，并将其视为根治"城市病"的一剂良药。由于缺乏合理的顶层设计，智慧城市被简单理解为"数字城市""城市信息化"，盲目上马智慧城市项目，且某些城市管理者只顾智慧城市平台的开发和建设，企业则单纯赚取平台建设过程中的收益，很少关注平台的维护与运营，从而导致智慧城市平台成为一种"高技术"的象征工程。这都为信息化资源严重浪费、信息平台闲置空转埋下极大隐患。

（二）行政区划限制

长三角智慧城市群建设涉及区域内沪苏浙皖三省一市以及 26 个城市，每个省市都要考虑本省智慧产业的发展，每个城市都要依据自身的发展情况和特点制定智慧城市的发展规划，较少考虑区域内的协同合作，这是由行政区划的特点所决定的。

行政区划是国家进行区域划分和行政管理的重要手段和制度，是国家根据政治和行政管理的需要而分级划分的区域，在行政区域内设立同级地方政府，对本行政区划内的政治、经济、文化等事务进行统一管理。长期以来，我国的经济格局是按照行政区划来进行划分的，形成了独具特色的行政区经济，这是由于行政区划对区内经济的刚性约束造成的。这也是我国从传统的计划经济体制向社会主义市场经济体制转轨所必然面临的问题。行政区经济从产生伊始就有先天的局限性，对区域一体化的发展有许多不利影响，主要表现在行政区经济的封闭性。

行政区经济的封闭性导致资源流动不畅、产业趋同。行政区划的本质是对政治和权力的空间配置，资源是地方政府博弈的重要砝码之一。地方政府必然会利用行政权力影响资源的自然流动。地方保护是行政区经济封闭性的主要表现。出于对地方利益最大化的追求，地方政府会阻止稀缺性资源的流出，对于经济效益大的项目会重复建设，造成生产资源的非优化配置和生产结构的不合理布局。由于行政区划的封闭性，加之当前经济发展依然是考核地方官员的重要指标，导致地方政府凡事从地方利益出发，往往破坏了一体化的进程。虽然长三角一体化取得了很大的进展，形成的合作协调机制一定程度上打破了行政区划带来的弊端，但行政区划带来的限制依然是最大的阻碍，这可以从长三角地区与智慧城市相关的产业发展看出大致端倪。

智慧城市发展涉及新一代信息技术、物联网、云计算和大数据等产业，从长三角地区的战略新兴产业发展来看，上海市把新一代信息技术作为十三五产业发展的重点之一；江苏省把新一代信息技术和软件、物联网和云计算列入十三五重点发展的十大战略性新兴产业之列；浙江省确定的九大战略性新兴产业中，新一代信息技术和物联网产业也在其列；安徽省也把新一代信息技术列入十三五规划作为战略性新兴产业重点发展。江浙沪皖四地的战略性新兴产业发展基本相同，由此可见，四地的智慧产业发展同构化严重。

（三）部门利益限制

目前业内对智慧城市的架构已经有了共识，表现为一张网络、一个城市数据中心和一个平台构成的"三个一"。首先是网络——通信网、互联网及物联网的统一与融合。尤其是移动互联网，这是目前许多数据和信息借以传输的通道。其次核心是集中且通畅的城市数据中心。第三是一个共享的系统和平台，在此基础上提供各种智能的应用。智慧城市，是建立在全面充分的大数据基础上的。智慧城市建设涉及多个部门，涵盖政务、交通、医疗、教育、能源、安全、生活服务等。来自城市各个角落、各个层面的信息交互起来、分享起来，才能够实现数据的挖掘，这是智慧化的关键步骤。因此，政府各部门实现数据标准统一和数据开放共享，才能真正有效的利用全面而充分的大数据，才能实现真正的智慧城市。但是，由于部门利益的存在，各部门的数据不能互联互通，更不能实现开放共享，甚至标准不一，阻碍了智慧城市的发展。

部门利益早已有之，早期更多体现为政治利益；现今随着市场经济的建设，很多公权力部门（包括一些表面早已"公司化"实则坐拥行政管理大权的机构）在继续作为行政主体的同时，也渐次演化出浓厚的经济利益主体的色彩。纵观当前，一个部门或系统往往约等于一个完善的"产业链"——源头是行政性垄断的权力支撑，中下游则是灿若繁星的挂靠产业和中介结构，形成蔚为大观的"权力部门化，利益集团化"格局。

主管部门本能地呵护下属企事业单位、阻碍竞争者进入；而下属单位则向主管部门输送利益。更有一些"利益觉醒"部门，以往更屡屡以"改革"之借口不断强化职权，扩大部门利益。部门利益只从部门出发，目无全局，缺乏全局意识、大局观念，对于协同合作建设很难有所作为。

基于部门利益，政府各部门倾向于制定自己的数据标准，建造自己的数据信息和应用平台，造成各部门的数据标准不统一，难以实现互联互通，更谈不上在大数据基础上的挖掘应用。同时，各部门对开放和共享数据也不太积极，主要是愿意放弃手中的权力。比如公安、城管和交通部门都有各自的视频监控系统，分布也不一样，当你出于需要借用其他部门的视频资料时，需要经历提交申请、签字的流程，中间会耽搁大量的时间。再者，数据开放共享，等于把政府部门放大到公众的聚光灯下，接受全社会的监督。但是由于政府部门既是运动员又是裁判员，数据准确与否和全面与否，部门自己说了算。当数据开放共享之后，一些部门的弱点便会完全暴露出来，这是政府部门所不愿面对的，也是个痛苦的转变过程。

（四）市场机制不健全

智慧城市建设需要大量的资金，仅靠政府部门难以筹措，需要通过市场机制由区域内企业和融资机构筹资。长三角智慧城市群的建设所需要资金量更是巨大，因不囿于一个城市的建设，需要区域内企业和融资机构的协同合作，才能有效推进长三角智慧城市群的发展。这也就要求长三角区域内的市场机制健全，形成一个统一的市场，资本要素和生产要素可以在区域内自由流动。但是区域市场一体化有其内在的规律性，是区域经济发展的必然趋势，是内生于区域经济发展进程的，由区域内部各次区域间商品和要素流动密度不断加大而产生的区域整体化趋势增强的过程和状态，即是由市场机制在资源配置中起到决定性作用所致，并非政府主导自上而下就能如所愿。

长三角是市场机制发育比较成熟的地区，正是市场机制的成熟，推动长三角地区生产要素的流动，使分工合作从计划经济体制下的行政分割，发展到产业分工、产品分工，并正在逐步向产业链分工发展，成为长三角区域市场一体化的源泉和基本动力。2014年12月签署了《推进长三角区域市场一体化发展合作协议》，力图打破条块分割的政策和体制障碍，加快探索建立统一的区域市场规则体系。共同研究制定适应技术创新与商业模式创新要求的准入制度，健全市场化退出机制。在长三角率先推进实施市场流通领域的国家、行业和地方标准，加强标准与产业政策、市场准入、监督管理等的有效衔接。继续清理市场经济活动中含有地区封锁内容、妨碍公平竞争的规定及各类优惠政策，促进规则透明、竞争有序。然而，长期以来的计划经济传统、地方利益保护意识等，地方政府的过多干预还一时间难以破除，这严重影响了长三角市场一体化走向深入。

智慧城市的发展，离不开智慧产业和相关企业的健康有序发展，这就需要公平的竞争环境，市场在资源配置中起决定性作用。但是政府干预较多必然破坏正常的市场秩序，扭曲了优胜劣汰的竞争秩序，抑制了市场机制的资源配置作用，使得有实力的智慧产业相关企业，不能在市场竞争中取得优势并且发展壮大。如政府发布的产业指导目录，实际上起到了指挥棒的作用，企业在发展何种路线的选择上没有决定权。政府通过不断攀比的税收优惠、大幅度地压低地价，或者降低社会保障水平，这种干预造成企业商务成本的不平等和市场竞争的不公平，甚至有可能起到劣币驱逐良币的效果。市场机制的不健全，严重影响了智慧产业的健康发展，也阻碍了长三角智慧城市群的建设。

（五）智慧基础设施存在瓶颈

智慧基础设施是智慧城市建设的根基，是决定智慧城市建设成功与否的关键因素，这决定了智慧城市的建设重点是建设完善的智慧基础设施。从单个城市来说，完善的智慧基础设施是建设智慧城市的必要条件；从长三角来说，完善的一体化的智慧基础设施，是建设长三角智慧城市群的必要条件。

从长三角区域内单个城市看，虽然一般意义的基础设施建设水平处在全国领先地位，供水、供电、供气能力、城市道路建设等在全国位居前列。基础设施供给与需求水平较高，人均客运量、货运量、电信业务量、邮电业务量和道路铺装面积都高于全国平均水平，铁路和高速公路网密度也在全国领先。同时，长三角地区许多城市都在积极建设生态园林城市，城市生态基础设施建设也取得了相应的发展。但是从智慧基础设施的角度来看，与国外发达国家相比，存在着宽带网络、通信基站布局不均、城市整体网速较低、测速标准不统一；城市基础硬件（包括城市公共设施、地下管线、电力布线等）老化、智能水平差、融合度低、安全系数差；城市基础软件（平台、支撑硬件的软件）落后、升级难度高、对硬件支撑能力差、信息泄露严重等问题，智慧基础设施建设严重滞后。

从长三角一体化的角度看，经过多年建设，现已初步形成公路、铁路、航空、水运、管道五种运输方式齐全并相互配套的现代综合运输体系。区域内畅通的区域交通网和完整的城市信息系统网初步形成，包括人流、物流、资金流以及信息流在内的各种要素能够充分流动。但是，依然存在互联互通的问题，严重影响了长三角的一体化进程，对长三角智慧城市群建设也造成了负面影响。如长三角区域内高等级基础设施尚未形成网络。以交通为例，长三角城际通道尚未形成，沟通上海、南京、杭州、宁波四大交通枢纽的跨省市公路通行能力明显不足，通道空间资源约束与增加公路能力的矛盾日益显现。枢纽城市的航空、铁路、公路站场与港口布局之间合理衔接问题长期未得到解决。长三角港口群的发展缺乏统筹规划，各港发展在相当程度上还存在无序竞争、定位雷同和重复建设等问题。上海市两大机场与杭州市萧山和南京禄口及其他几个国内民用机场缺乏有效分工合作。长三角不少行业或部门搞的物流中心、配送中心和交易中心大多自成体系、独立运作，相互之间很少联系，以至于造成部门分割、行业垄断和地方封锁。

智慧城市要实现城市的数字化，通信与信息基础设施的建设是基础，只有在数字化的前提下，才能谈智慧化，没有数字信息基础，智慧城市就无从谈起。但是目前长三角信息基础设施建设滞后，既不能满足智慧城市建设的需求，也不能带动长三角一体化的深化发展。作为区域经济发展的基础性和先导性产业，信息基础设施建设对推动区域信息化发展，促进区域经济增长方式转变起到至关重要的作用。长三角信息基础设施建设初具规模，但也存在信息资源割据、城乡数字鸿沟、信息产业趋同的情况，且长三角两省一市信息化进度不一，如 2015 年上海市互联网普及率为 82.2%，浙江省互联网普及率为 74.9%，江苏省互联网普及率仅为 64.9%。长三角信息化的内部不均衡程度不能满足长三角智慧城市群建设的需要，急需区域统筹和加强建设。

七 推进长三角智慧城市群建设的重点工作与体制机制研究

(一) 长三角智慧城市群建设的重点工作

智慧城市区别于数字城市的主要特征，就是综合运用以物联网、云计算和公共信息平台为代表的现代科学技术和手段，通过对城市信息资源的全面感知、全面整合、全面挖掘、全面分析、全面共享和协同，提高城市管理和服务水平。

一是做好顶层设计，彰显区域特色。智慧城市群建设要立足于长三角地区的发展状况，以各城市的总体目标为导向，基于各个城市的经济、社会、文化、生态环境以及城市信息化等方面的基础条件，制定科学合理的智慧城市群建设目标。以各个城市及城市群建设面临的最紧迫的问题作为切入点，"一城一策"地创建智慧解决方案。智慧城市群建设规划要与国家、省市、地区经济发展规划以及其他专项规划相衔接。不仅要从单个城市自身视角，更要从长三角地区的整个区域、国家乃至全球的视角思考问题，系统地进行顶层设计，科学确定试点项目。顶层设计要注重从建立公共信息平台起步，把各个城市间的公安、交通、邮电、通信、排水、能源等最基础的公共设施的信息汇集、组合，在这个基础上再建立五大体系：智慧城市群的政策体系、标准体系、科研体系、产业体系、投融资体系。

要考虑好如何通过智慧城市群建设加快各个城市的经济结构调整、转变城市经济发展方式；通过智慧城市群建设创新各个城市的社会管理，提供均等化的公共服务和民生保障措施；通过智慧城市群建设提高各个城市的综合承载能力、推进生态文明建设等。构建城市群及各城市间的战略规划系统，明确城市群整体与各个城市的功能定位，确立城市群与每个城市的发展战略与规划相协调，并在此基础上进行系统化的顶层设计。

二是着力推进标准体系建设。强化统筹协作，依托各个城市相关部门、相关行业的标准化协作机制，协调推进城市群建设进程中各类标准体系建设。按照急用先立、共性先立原则，加快编码标识、接口、数据、信息安全等基础共性标准、关键技术标准和重点应用标准的研究制定。鼓励和支持企业和科研院所积极参与城市群建设的标准化工作，提升自主技术标准的话语权。根据信息资源目录体系国家标准，围绕各个城市信息资源采集、组织、分类、保存、发布与使用等信息生命周期各环节，加快建立城市群内各个城市的各类信息资源规范和标准，包括信息资源分类标准、信息资源标识符编码规范、核心元数据编码规范、目录体系指南等，及时发布并指导各城市相关部门严格按标准规范进行信息资源采集、加工与交换活动。

三是抓紧建设城市群内各相关城市间的网络基础设施、公共信息平台和公共数据库建设。按照规划引导、集约建设、资源共享、规范管理、满足需求、适度超前原则，加快建设集 IP 化、宽带化、融合化为一体的信息化基础设施。重点推进城市群内综合业务运营支撑软件平台、云计算平台、电视播控平台、媒体资产管理平台、数据和灾备中心平台建设，大力推动技术创新，加快研发适应三网融合要求的集成电路、软件、关键元器件等基础产品以及网络信息安全产品。

智慧城市群公共信息平台作为每个城市建设的公共基础设施，可实现在不同城市及各个城市内部不同部门异构系统间的资源共享和业务协同，为城市群内各级政府专网和公共网络上的各类智慧应用提供基于公共数据库的数据服务、时空信息承载服务、基于数据挖掘的决策知识服务等，有效避免各个城市间的多头投资、重复建设、资源浪费等问题，有效支撑城市群内各个城市的正常、健康的运行和管理。特别是要整合城市群内各相关地区与行业的数据系统，消除信息孤岛，按城市建设、社会管理、民生服务等公共需求，建立充分融合的公共数据库。综合分析各类数据之间的内在联系，重点研发公共数据处理软件，真正实现智慧的城市与城市群。

四是大力促进智慧产业发展。工业化、信息化与城镇化相互融合给产业转型升级、发展战略性新兴产业带来巨大的成长空间，在后工业化阶段，长三角内各个城市发展新增的 GDP 中 80% 都是靠智慧产业来支撑。在建设长三角智慧城市群的进程中，要加大智能化的硬件产品和集成化的软件技术两个方面的投入，大力推动物联网、云计算等一大批新兴产业的"落地"。加快关键核心产业发展，构建完善的网络信息制造及服务产业链，发展智慧应用及软件等相关产业。大力培育具有国际竞争力的骨干企业，积极发展创新型中小企业，建设特色产业基地和产业园区，不断完善产业公共服务体系，形成具有较强竞争力的高新技术产业集群。强化产业培育与应用示范的结合，鼓励和支持设备制造、软件开发、服务集成等企业及科研单位参与应用示范工程建设。推进"两化"融合，扶持发展信息技术含量高、智能化程度高的品牌和产品。大力发展电子信息产业，打造以关键器件、专用设备和整机为核心，上下游企业协同配套的电子信息产业链和创新链。大力培育发展物联网产业，打造中间件、数据库软件、应用软件等重点产品，提升系统集成水平。根据产业布局不断向高端发展的要求，大力推进以软件和信息服务业为重点的智慧产业蓬勃发展，使创新商业模式不断涌现，与智慧产业相关的应用市场和产业链不断拓展。优化提升信息传输服务产业、推进软件和信息服务业快速发展、努力壮大服务外包产业。加强产业链整合，促进智慧产业生产商、运营商及周边服务商之间的产业分工与合作，形成布局合理、分工明确的产业发展体系。

五是做实试点示范工作，强化推广应用效果。通过制定科学的智慧长三角布局战略，合理配置和优化城市群内各个城市的土地、人口、水、能源、产业、资金、物资等资源，有重点、分步骤、分阶段地稳步推进各个城市的智慧城市建设。积极申报国家智慧城市群建设示范点，通过试点示范，形成带动引领效应；结合区域特色、领域特点和各自基础，进行示范点建设，探索新型建设推广模式；聚焦云计算、物联网等新一代信息技术，加快应用示范点和产业化基地建设。试点城市本身，也要从发展实际出发，进行科学设计，智慧应用的选择着眼于城市实际存在的急需解决的问题，做实基础工作，逐级稳步开展智慧城市建设。抓好一批效果突出、带动性强、关联度高的典型应用项目，后期择优示范并进行推广。

六是创新运营模式，营造良好发展环境。在"政府引导、市场主导、社会参与"原则的基础上，长三角智慧城市群建设应该结合本区域的特色选择符合自身发展的运营模式，充分发挥政府、企业各自的优势，实现公益性项目由政府来主导，民生类以及可以市场化的项目让市场去主导，尽可能发挥市场和社会的力量。支持各实体在资金、技术等各方面共同参与智慧城市群与智慧城市的建设，鼓励发展专业化、市场化的第三方服务外包的建设运营模式，形成智慧城市群可持续发展的良性循环。智慧城市群在建设过程中，政府以及企业前期投入非常大，应有合理的经济效益或社会效益。合理选择融资渠道，根据项目预算，选择合适的融资方式与期限。积极引入市场化、民间的投资、第三方的机构和社会资金进行智慧城市群建设。公共财政资金要投入到企业不愿意投或者难以产生直接经济收益的项目中，如公共性的平台建设、网格的建设、数据中心等。政府主导的智慧城市群与智慧城市的建设运营也应是多种模式的，需要探索调动基层积极性"从下而上"积极创新。

大力支持企业发展有利于扩大市场需求的专业服务和增值服务，推进应用服务的市场化，带动服务外包产业发展，培育新兴服务产业。鼓励和支持电信运营、信息服务、系统集成等企业参与智慧城市群应用项目示范工程的运营和推广。鼓励企业参与项目建设，完善多元投融资机制，吸引风险投资、私募基金；鼓励金融机构对企业参与智慧城市群建设的信贷支持。深入开展宣传，加强智慧城市群与智慧城市建设的相关知识普及、应用培训和专业论坛，吸引广大市民参与智慧城市群建设，形成全社会支持智慧城市建设的良好氛围。

七是创新推进智慧应用。在推进长三角地区智慧城市群建设的进程中，特别是要加大在建设与宜居、管理与服务、产业与经济等方面的智慧应用体系建立。加大信息技术在城市公用事业和基础设施建设、管理领域的推广应用力度，推进在城市规划、建筑节能、供热系统、给排水系统、污水处理、垃圾分类、燃气系统、各类交通、市容市貌、绿化园林等基础设施领域建立专业数据系统和智慧应用设施，进行智慧地管理、智慧地节能减排、智慧地运转。将规划、国土部门掌握的基础地理空间数据，与城建、公安、城管、安监、环保、民政等部门提供大量的城市部件坐标进行整合，形成全面、准确的基础地理空间数据库，大力推进城市规划、土地资源、城市建设、园林绿化、环境保护等领域信息资源共享。引入传感器、物联网等技术提升对城市运行感知监测能力，建立先进的地下管网、交通、电力、供水、供气等行业监测、控制与管理系统，实现管控一体化目标，大幅提高基础设施的可控性、安全性和可靠性，显著提升城市管理的精细化、人性化和智能化水平，努力营造安全、有序、和谐的城市环境。加强教育科研、文化、医疗卫生、社会保障、住房等民生领域的公共信息平台和公共数据库建设，创建一批全国领先的"智慧社区"，提供各类便民信息服务，逐步完善并整合社区内社会保障、计划生育、民政福利、社区管理等应用系统，为市民提供一站式信息服务。大力推动电子商务应用体系建设，加快推进政务数据中心及其他关键业务系统异地灾备中心建设，健全灾难恢复机制等。

(二) 推进长三角智慧城市群建设的体制机制研究

1. 加强顶层设计

顶层设计是运用系统论的方法，从全局的角度，对某项任务或者某个项目的各方面、各层次、各要素统筹规划，以集中有效资源，高效快捷地实现目标。长三角智慧城市群建设显然是个系统工程，需要自上而下进行系统谋划。深入推进长三角智慧城市群，需要在体制机制上进行创新，要从要素合作更多的转向制度合作，在更深层次上打破行政区划的藩篱，建立健全长三角互动合作机制，推动长三角智慧城市群发展。

一是成立专门的协调机构，以此加强长三角智慧城市群建设和协同发展的顶层设计和统筹协调。面对全新的发展形势、智慧城市群建设和一体化的要求，长三角地区跨三省一市，地域范围广、协调难度大，长三角也有必要在各城市之间签署双边、多边合作协议框架，并在"三省一市"层面成立协调机构，加强统筹协调，解决重大事项，为长三角智慧城市群建设提供制度保障，实质性推动长三角智慧城市群发展。

二是加强长三角地区三省一市各个层面发展规划的有效衔接。规划也是一种协调机制，当前各地制定的"十三五"规划大多涉及智慧城市建设，三省一市相关部门要加强研究智慧城市建设的理论问题，共同研究智慧产业、智慧基础设施一体化、市场一体化和公共服务一体化等区域性重大问题，就智慧城市建设的具体细则强调对接，将长三角智慧城市群建设落到实处。实现长三角规划与长三角地区各地"十三五"规划、各城市规划之间的有效衔接，以指导、引导长三角各城市智慧城市建设的协调发展。

2. 深化经济体制改革

长三角智慧城市群的建设发展要求长三角一体化，长三角一体化就是要建成区域一体化市场，形成统一开放、竞争有序的市场秩序，这就要求创新体制机制，深化经济体制改革，创新联动发展机制，遵循市场发展规律，以建设统一大市场为重点，加快推进简政放权、放管结合、优化服务改革，推动市场体系统一开放、基础设施共建共享、公共服务统筹协调、生态环境联防共治，创建长三角一体化发展。

推进智慧要素市场一体化建设。依托三省一市产权交易市场，建设产权交易共同市场，逐步实现联网交易、统一信息发布和披露。提高金融市场一体化程度。在城市群范围积极推广自贸试验区金融改革可复制试点经验。切实发挥长三角金融协调发展工作联席会议等平台的作用，加快推进金融信息、支付清算、票据流通、信用体系、外汇管理一体化，提升金融服务实体经济能力。健全跨区域资源基础设施网络共享机制，鼓励第三方公平使用，提高网络资源配置效率。推进长三角数据信息交易，促进数据信息基础设施互联互通，建立安全可信、公正透明的隐私保护与定价交易规则，推动数据信息交易有序开展。

建立智慧公共服务一体化发展机制。推进社会保障一体化，运用信息化手段提高养老保险待遇资格协助认证效率，便利异地居住人员享受养老保险待遇，加快推进城市群内养老保险关系转移对接。鼓励联建或跨市共建养老服务设施。加快推进省际医疗保险合作，实现退休异地安置人员就医医疗费用联网实时结算。鼓励发展医联体或跨区办医，促进医疗卫生信息互联互通，扩大远程医疗合作平台联结服务的城市和医疗机构范围。推动区域公共文化服务协同发展，深入实施基本公共文化服务标准化、均等化工程，提高公共文化服务社会化、专业化水平，建设全面覆盖、互联互通的公共文化设施网络体系。推动社会治理由单个城市向城市群协同治理转变，形成全覆盖的社会管理和服务网络。

健全成本共担利益共享机制。在相关城市自愿协商的基础上，研究设立长三角智慧城市群发展投资基金。分期确定基金规模，采用直接投资与参股设立子基金相结合的运作模式，鼓励社会资本参与基金设立和运营。完善基金治理结构，构建基金支出监督和绩效评估机制，确保基金合理高效利用。建立合理的税收利益共享和征管协调机制。按照统一税制、公平税负、促进公平竞争的原则，加强区域税收优惠政策的规范管理，减少税收政策洼地，促进要素自由流动。建立省际互认的征收管理制度，构建税收信息沟通与常态化交流机制，实现税源、政策和稽查等信息共享，建立区域税收利益争端处理和稽查协作机制。

3. 推进智慧基础设施建设一体化

推进长三角地区智慧基础设施一体化建设，提升交通、信息等智慧基础设施的共建共享和互联互通水平，形成分工合作、功能互补的基础设施体系，对于增强区域发展支撑能力，促进长三角智慧城市群建设有着基础和先导作用。

建设智能交通一体化服务平台。开展智能交通顶层设计研究，制订智能交通总体框架。建设智能交通感知网络，推动公共信息服务体系建设，加快综合运输服务体系建设。完善智能交通支付体系，深化综合管理领域信息化应用，完善智能交通信息基础设施。普及高速公路电子不停车收费。推进金融IC卡在公共交通领域的普及应用。推进重大交通枢纽及城际干线路网的智能感知物联网技术应用，提升公共服务和管理能力。拓展"车联网"应用范围，通过汽车感知联网，提供各类交通信息、出行路线规划等增值服务。

建设物联网与物流服务平台。建设国家物联网标识管理公共服务平台和长三角物联网检测认证公共服务平台，开展物联网标识解析和产品认证服务，率先推进区域内相关重大物联网和物流平台与国家标识平台对接。构建完善现代物流、交通运输物流等公共信息平台及国家区域信息交换节点，实现与电子口岸、福建广东等省市物流大通道，以及国家交通物流信息平台的对接。推进快速通关物联网应用，开展"跨境一锁"技术对接合作，利用同一电子锁监管跨境运输货物，提高物流通关效率。

推进信息基础设施一体化建设。完善城市宽带网络基础设施，建设长三角宽带城市群，实施"光网城市"工程，加快光纤到楼入户，新建楼宇严格执行光纤入户标准，对既有小区加快光纤入户改造，加强对新建城区通信管道建设的适度超前规划和共建共享统筹协调。支持电信运营商实施TD–LTE和LTE–FDD发展计划，加快4G（第四代移动通信）的全面部署和应用。扩大WiFi热点覆盖，提高热点区域大流量移动数据业务承载能力，积极引进第三方机构，加快推进公共WiFi建设。深入推进"三网融合"，加大有线电视网络数字化、双向化改造和业务开发力度，加快无线电视的数字化、双向化步伐，加快下一代广播电视网络建设。研究推进长三角通信资费一体化。依托长三角协调议事机制，协同开展交通、给排水、能源、环保、防灾与安全生产等领域的智能感应系统开发建设，加快短距离无线通信、无线传感器网络的部署建设。加强市政地下管线的实时监控和智能管理。推动RFID（射频识别）、传感器、卫星应用等技术率先公共场所部署应用，加强资源、能源和环境的实时监控管理。推进机器对机器（M2M）智能终端部署，加快智能电网建设和应用。实施符合SVAC国家标准的城市"慧眼工程"，拓展和提升社会治安视频监控系统。

参考文献

［1］李冰、陈富兴：《基于因子和聚类分析的京津冀智慧城市群融合路径探析》，《河北工业大学学报》（社会科学版）2015 年第 9 期。

［2］陈博：《我国智慧城市群的系统架构、建设战略与路径研究》，《管理现代化》2014 年第 4 期。

［3］梁本凡：《长江中游城市群建成世界级智慧城市群的进程与路径研究》，《江淮论坛》2015 年第 3 期。

［4］周伟民：《协同发展平台经济共建长三角智慧服务业新高地》，《江南论坛》2013 年第 4 期。

［5］沈明欢：《"智慧城市"助力我国城市发展模式转型》，《城市观察》2010 年第 3 期。

［6］辜胜阻等：《当前我国智慧城市建设中的问题与对策》，《中国软科学》2013 年第 1 期。

［7］湛泳、李珊：《金融发展、科技创新与智慧城市建设》，《财经研究》2016 年第 2 期。

［8］王敏：《我国城市智慧化发展现状、问题与对策》，《科技进步与对策》2013 年第 10 期。

［9］袁顺召：《武汉市智慧城市建设模式研究》，华中科技大学论文，2013 年。

［10］彭继东：《国内外智慧城市建设模式研究》，吉林大学论文，2012 年。

［11］汪礼俊、张宇、阮平南：《信息化对京津冀协同发展的作用研究——基于世界五大城市群的经验》，《中国软科学增刊（下）》2015 年。

［12］江苏：《推进智慧城市群建设》，《城市规划通讯》2014 年第 23 期。

［13］《江苏建成全国首个省级智慧城市群综合接入平台》，《江苏通信》2012 年第 4 期。

上海大都市圈应以功能创新引领长三角城市群腾飞

郁鸿胜　张　岩　刘　靖[①]

党中央、国务院高度重视长三角城市群发展，发布了《长江三角洲城市群发展规划》，规划明确提出了长三角城市群发展目标是：建设成为我国亚太地区的重要门户、全球制造业的重要基地和世界级城市群。为了加快上海大都市建设和长三角城市群联动发展，在上海都市圈和长三角城市群区域二个层面深化体制与机制创新，提高上海都市圈能级和上海首位城市的集聚和辐射效应，进一步发挥长三角城市群在市场经济规律下，更合理的配置各类资源，加强上海对长三角城市群的综合服务功能，我们开展了长三角城市群与上海大都市关系研究，这对做好基础性决策提供依据，具有一定的现实意义。

一　长三角城市群与上海大都市发展现状

（一）长三角城市群发展现状

长三角城市群位于我国东部沿海居中的地理位置，是我国经济最发达、生产力布局与城镇集聚程度最高的地区之一。长江三角洲城市群被法国地理学家简·戈特曼称之为全球第六城市群，它位于长江入海口及杭州

[①] 郁鸿胜，上海社会科学院城市与人口发展研究所研究员；张岩，上海社会科学院博士后；刘靖，上海社会科学院博士。

湾，包括上海、浙江、江苏和安徽三省一市。改革开放后，长三角城市群工业化、城市化过程发展较快，核心地区城镇高密度分布，土地利用高度集约化，人口高度集聚，成为中国经济增长中最具活力、最具增长潜力和最具竞争力的区域。长三角的发展特色主要表现为城市教育科技实力雄厚，高层次人才密集；城市与城镇工业化水平较高，城市综合实力全国领先。长三角发展定位为面向全球、辐射亚太、引领全国的世界级城市群。

1. 长三角城市群发展空间布局现状

目前，长江三角洲城市群已经形成了五个层次的城市规模等级序列。在长三角各级城市规模的等级数量中，呈现出了相互包容、相互融合和相互渗透的"宝塔型"特点。形成了拥有1座超大城市、1座特大城市、13座大城市、9座中等城市和42座小城市的城市体系。长三角城市群总体呈现"一核五圈四带"网络化空间格局。上海发挥了城市群核心作用和区域中心城市的辐射带动作用，依托交通运输网络培育形成多级多类发展轴线，推动合肥都市圈、南京都市圈、苏锡常都市圈、杭州都市圈、宁波都市圈五大都市圈发展。

合肥都市圈。包括合肥、芜湖、马鞍山三市。发挥在推进长江经济带建设中承东启西的区位优势和创新资源富集优势，加快建设承接产业转移示范区，推动创新链和产业链融合发展，提升合肥辐射带动功能，打造区域增长新引擎。

南京都市圈。包括南京、镇江、扬州三市。提升南京中心城市功能，加快建设南京江北新区，加快产业和人口集聚，辐射带动淮安等市发展，促进与合肥都市圈融合发展，打造成为区域性创新创业高地和金融商务服务集聚区。

苏锡常都市圈。包括苏州、无锡、常州三市。全面强化与上海的功能对接与互动，加快推进沪苏通、锡常泰跨江融合发展。建设苏州工业园国家开放创新综合试验区，发展先进制造业和现代服务业集聚区，推进开发区城市功能改造，加快生态空间修复和城镇空间重塑，提升区域发展品质和形象。

杭州都市圈。包括杭州、嘉兴、湖州、绍兴四市。发挥创业创新优势，培育发展信息经济等新业态新引擎，加快建设杭州国家自主创新示范区和跨境电子商务综合试验区、湖州国家生态文明先行示范区，建设全国经济转型升级和改革创新的先行区。

宁波都市圈。包括宁波、舟山、台州三市。高起点建设浙江舟山群岛新区和江海联运服务中心、宁波港口经济圈、台州小微企业金融服务改革创新试验区。高效整合三地海港资源和平台，打造全球一流的现代化综合枢纽港、国际航运服务基地和国际贸易物流中心，形成长江经济带龙头龙眼和"一带一路"战略支点。

2. 长三角城市群一体化发展现状

近年来，长三角区域一体化逐步从生产要素合作向体制与机制深度合作发展。区域内各城市在公平、公正、公开的统一规则下，进一步打破行政隶属分割状态，从更深的层面推动了区域一体化进程，具有以下特征。

一是区域合作在要素层面进一步深化。长三角城市间要素的合作目前已进入务实阶段。为了定期协调城市间经济合作的重大事宜，长三角区域建立了"长江三角洲城市经济协调会"。重点在交通、信息、规划、科技、产权、旅游、港口、通关、人才、"一卡通"互通等多个具体领域进行了区域一体化的试点。

二是共同市场建设进一步加快。共同市场作为要素流动和资源优化配置的主要平台，是长三角区域各城市一直迫切关心的问题之一。近年来，长三角区域围绕优化发展环境、促进统一大市场建设、建设长三角信用体系、实现区域信息资源共享、建设相互融通的区域经济功能与服务体系、构建人才市场等方面进行了协商与合作，促进了各种要素在区域内合理流动和优化配置。

三是区域合作开始向以制度层面为核心转变。体制与机制因素逐步成为阻碍长三角区域生产力发展的关键因素。近年来，长三角区域各级政府通过二省一市省市长会议、沪苏浙经济合作与发展座谈会、长江三角洲城市经济协调会、各职能部门的行政首长联席会议四个层面的制度合作，制定一系列公共性、协调性的区域政策，努力寻求体制与机制上的重大突破，从而发展长三角区域生产力。从制度合作发展趋势看，长三角区域将在大交通制度、大城市群制度、大分工的产业制度、大环境与资源配置制度、大保障市民化制度等五大制度方面进行深入合作。

(二) 上海大都市发展现状

总体来说，上海大都市建设体现五个方面的基本特征。

一是基本形成符合上海实际的城市等级规模体系。上海在原来四级城镇体系，即中心城、新城、中心镇和一般镇的基础上，规划构建了在市域范围内的特大城市、大城市、中等城市和小城市等级规模体系新格局，适应了上海城市化进程的需求，融入了长三角城市群的协调发展，使上海市域城市群对长三角区域城市群发展将起到越来越重要的作用。

二是基本形成有利于大都市发展的基础设施体系。上海都市圈之间的各大中小城市基础设施建设体现了枢纽型、综合性和功能性基本特征。在交通体系上，形成了高架道路、轨道交通、地面主干道路为骨架的中心城立体综合交通；虹桥综合交通枢纽的建设，上海空港和海港，浦东铁路等沿海大通道系列工程，高等级内河航道网建设，为实现长三角区域内"同城效应"奠定了基础。

三是基本形成具有大中小城市布局特色的产业发展格局。上海都市圈各城市的产业布局衔接日趋合理，在城镇体系布局上，郊区以先进制造业为主，中心城区以现代服务业为主。城镇体系与产业集聚在结构与层次上彰显区位优势。基本形成了以国家与市级产业基地为龙头，以市级工业园区为支撑、以区级重点工业区为配套的产业布局体系。

四是基本形成城镇体系与空间布局一体化的公共设施和社会服务体系。在上海都市圈的各大中小城市中，医疗卫生、教育、文化、娱乐、体育等配套设施建设基本完善，空间布局较为合理，构建和完善了和谐城市发展的人居环境，为上海建设全球城市和服务长三角提供了社会服务基础。

五是基本形成以上海为核心的跨区域的城市群体系。以上海为核心的行政区外的经济辐射区域（江苏的苏州、无锡、南通和浙江的嘉兴、湖州等），形成了上海城市群的"1+5"的区域格局。上海城市群致力打造世界级核心城市群，加快提升上海城市群核心竞争力，推动了非核心功能疏解，推进与长三角城市群协同发展，引领长三角城市群一体化发展，提升服务长江经济带和"一带一路"等国家战略的能力。

（三）上海都市圈对长三角城市群的影响与作用

一个城市群体内具有不同层次、不同规模和不同性质的城市，首位城市的经济实力与人口用地规模都是第一位的，代表了区域城市群范围内的经济发展水平与城市经济基础设施的水平。首位城市在城市群形成和发展中起着核心作用，是形成城市群一体化过程中的关键。作为城市群发展的核心，首位城市依靠其优越的经济发展基础、资金、技术实力发挥其辐射带动作用，促进区域城市群形成一个整体，提高综合竞争力。上海作为长三角城市群的首位城市，对长三角城市群有着重要影响与作用。

一是有助于长三角城市群综合竞争力提升。长三角城市群是我国参与国际竞争的重要平台。上海以都市圈为核心，以苏州、无锡、南通、嘉兴、湖州等城市为节点，以沪宁城镇发展轴、长江横向发展轴、苏通大桥、沪崇启大桥发展轴等对外通道为轴，形成北向、南向、西北向和西南向的四大功能拓展区，通过拓展区对整个长三角地区进行联动发展，辐射带动作用明显。上海大都市建设有利于提升长三角城市群经济水平，全面提高开放水平，集聚创新要素，形成与国际通行规则相适应的投资、贸易制度，培育具有全球影响力的科技创新高地，有利于提升国际国内要素配置能力和效率，带动国家竞争力的全面增强。

二是有利于长三角城市群产业的优化升级。上海通过实施创新驱动转型发展战略，产业不断优化升级。依托长三角城市群重大基础设施建设，上海部分产业转移至长三角各地，促进了长三角城市群产业的优化升级。依托沪崇苏大通道，上海加强向江苏省江北的辐射功能、拓展先进制造业产业地区；依托杭州湾大桥为轴，上海向浙江北翼宁波及南下台州地区拓展辐射功能、整合产业功能。借助过江通道、跨杭州湾通道、通沪铁路等区域性交通设施的建设，上海将资本和重化工业向南北延伸。通过产业布局的优化，进一步优化长三角城市群的产业结构。

三是有助于长三角城镇建设体系水平的提高。长三角城市群体系以上海为核心、与各功能区域和节点城市形成有机联系、产业廊道聚集的开放、高效、有序的区域空间体系。作为长三角城市群的首位城市，上海都市圈体系的发展，有利于长三角城市群农业转移人口市民化有序推进，优化城市群的空间格局，促进大中小城市和小城镇协调发展，提升城市品质和居民生活质量，带动长三角城市群建设的协调发展，为我国新型城镇化探索经验。

四是有助于长三角城市群一体化。上海对长三角的辐射带动是全方位的，包括产业、资金、技术，甚至体制机制创新、发展理念和发展模式等。而随着上海自贸区建设、全球科创中心建设的推进，上海的龙头带动作用还将进一步增强。如上海自贸区建设中良好的制度创新，负面清单管理模式、贸易便利化方面的贸易监管制度、许可证清单管理模式中的商事制度、地方参与的反垄断制度等的推广复制，将更有力地带动长三角城市群一体化。

二 长三角城市群与上海大都市协调发展现状

（一）长三角城市群与上海大都市协调发展态势

长三角城市群正处于转型提升、创新发展的关键阶段，处理好长三角城市群与上海大都市建设协调发展至关重要。近年来，上海与长三角城市群其他城市在公平、公正、公开的统一规则下，从更深的层面推动了区域一体化进程。作为首位城市的上海，与长三角城市群的关系更多地体现为对长三角区域经济发展提供服务。

1. 在服务定位上，从要素空间配置向要素配置平台构建转变

长期以来，上海作为全国对外开放的重要窗口，让大量的国际资源通过上海向国内辐射，成为资源要素分配的枢纽。新时期，在国际资源技术从梯度转移向水平转移的大背景下，上海进一步立足经济全球化的国际视野，从单纯的要素空间配置向构建要素配置平台转变，与长三角区域以及国内其他地区形成有层次的分工体系，以发挥自己的龙头作用，推进长三角区域一体化进程，提升区域国际综合竞争力。

从长三角区域综合服务平台的规划建设看，重点在综合服务平台、市场体系平台、专业性平台、制度平台等四个方面取得了较大突破。一是综合服务平台逐步完善。随着长三角区域合作协调发展的日益深化，长三角区域一体化从单纯的经济一体化向社会、文化、科技、生态等综合性要素的一体化发展，共同推进社会建设的力度进一步加大。目前，以"长江三角洲城市经济协调会"这一综合性服务平台为依托，服务范围逐步从

长三角核心区域向江苏、浙江以及泛长三角区域扩展。重点在交通、信息、规划、科技、产权、旅游、港口、通关、人才、"一卡通"互通等多个具体领域进行深化，依托综合服务平台的合作目前已进入务实阶段。另外，依托综合服务平台，社会保障、交通一卡通、教育、诚信、就业等由各职能部门以多种方式推进，正在形成系列性对接政策，收获了一批阶段性成果。如省市间、城市间、市区县间、跨行业间的人才合作项目已全面展开，区域性的人才开发与服务体系建设日趋深入。二是市场体系平台建设进一步加快。长三角区域围绕优化发展环境、促进统一大市场建设、建设长三角信用体系、实现区域信息资源共享、建设相互融通的区域经济功能与服务体系、构建人才市场等方面进行进一步的优化配置。三是专业性服务平台进一步加速。目前，长三角区域各职能部门积极行动，在经济、金融、旅游、科技、文化、信息等多项专业领域进行合作，平台建设突飞猛进。例如，上海技术市场体系基本形成，成为长三角区域科技交流中心。上海技术交易所、上海人才技术市场、上海工业技术市场、上海技术产权交易所、化工技术市场、专利技术市场、高校技术市场以及区、县技术市场，发挥着各自在信息、人才、技术、资源等方面的市场功能和优势。上海技术经纪人事务所、资产评估事务所、会计师事务所、专利事务所、法律咨询等技术服务保障体系的初步配套，为长三角区域技术市场体系发展奠定了基础，成为上海科技服务长三角的主要平台。四是制度平台建设进一步完善。三省一市省市长会议、沪苏浙皖经济合作与发展座谈会、长江三角洲城市经济协调会、各职能部门的行政首长联席会议等制度平台建设逐步完善，长三角区域各地广泛深化的合作正积极稳妥地整合到相应统一的制度平台体系上，使要素合作、体制建设与制度对接，既重点突出，同时统筹兼顾，协调推进，充分彰显出区域性合力。

2. 在服务层次上，从以要素层面为核心向以制度层面为核心的区域合作转变

近年来，长三角区域一体化逐步从生产要素合作向体制与机制深度合作发展。区域内各城市在公平、公正、公开的统一规则下，进一步打破行政隶属分割状态，从更深的层面推动了区域一体化进程。一是区域合作在要素层面进一步深化。长三角城市间要素的合作目前已进入务实阶段。为了定期协调城市间经济合作的重大事宜，长三角区域建立了"长江三角

洲城市经济协调会"。重点在交通、信息、规划、科技、产权、旅游、港口、通关、人才、"一卡通"互通等多个具体领域进行了区域一体化的试点。二是区域合作开始向以制度层面为核心转变。长三角区域制定一系列公共性、协调性的区域政策，努力寻求体制与机制上的重大突破，从而发展长三角区域生产力。从制度合作发展趋势看，长三角区域将在大交通制度、大城市群制度、大分工的产业制度、大环境与资源配置制度、大保障市民化制度五大制度方面进行深入合作。

3. 在服务主体上，从政府为主向企业为主转变

近年来，企业在长三角地区的跨行政区活动日趋活跃，企业作为市场主体的地位逐步得到确立。长三角地区企业数量多、规模大，企业按照市场规律进行经济活动，由此推动着资源在整个区域内流动和配置。企业在长三角城市群与上海大都市关系中的作用逐渐凸显。

上海更多运用市场机制，减少政府对经济的干预，发挥企业的市场主体作用。上海发挥大中型企业的主导作用，使之成为对外投资主体，鼓励企业间的兼并重组，将上海集聚的资金、技术、品牌和服务一起辐射出去，更好地发挥服务功能。政府职能则逐步转向创新体制机制，构建服务平台。一方面要根据上海服务经济的发展目标和战略定位，在现有的服务企业中，注意发掘具有较强发展潜力的企业，以各种方式给予支持和培育，促使其迅速壮大，成为能引领行业发展的领头羊。另一方面要积极引进国外（海外）著名的服务型企业进入上海市场，推动国内同类企业快速发展。在培育服务业标志性企业的过程中，要特别关注民营企业的发展。还可通过资本运作的方式，形成一些实力强大的混合经济型服务企业，促使上海的服务企业迅速做大做强。

4. 在服务内容上，从有形产品输出为主向无形资源溢出为主转变

随着中国经济不断发展，调整产业结构，致力于服务经济发展已成为全国各主要城市和一些发达地区的共识。特别在长三角城市群，各地产业的发展客观上要求上海的发展不但能够满足有形产品输出，更需要无形资源的对外辐射。国家推进长三角经济一体化进程也成为上海依托城市群进一步推动以制造业为核心的有形产品输出为主向以服务业为核心的无形资源溢出为主转变的重要机遇。作为国内最大的经济中心城市，上海熟悉国际惯例，掌握大量国际信息，拥有众多跨国公司总部。同时，作为国内改

革的先发区，积累了许多成功经验。这些无形资源的带动作用显然要比单纯的提供资金、技术和产品更明显。因此，上海更加注重发挥城市的综合服务功能，包括对外服务、无形资产、品牌输出等，在满足长三角城市群及全国各地需求的同时，进一步提升城市影响力和竞争力。

（二）长三角城市群与上海大都市协调发展存在的问题

在新的历史条件下，长三角城市群与上海大都市协调发展仍然面临着一系列突出问题，采取有力措施解决这些问题，对上海大都市服务长三角，带动长三角城市群可持续发展具有重大意义。

一是上海的核心功能与国际城市相比有较大差距。长三角城市群的核心城市上海，与伦敦、纽约、东京等全球城市相比，在经济总量和产业结构上都存在较大差距。2015 年上海人均 GDP 超过 15000 美元，而伦敦、纽约分别超过和接近 30000 美元，东京已经超过 50000 美元。上海落后于其他全球城市。2015 年上海 GDP 总量仅占全国的 3.7% 左右，而纽约、伦敦、东京等全球城市占本国经济总量的比重都在 20% 以上。因此，处理好作为首位城市的上海与长三角城市群关系决定了长三角地区发展的未来。

二是上海与长三角城市群的产业结构趋同化形成过度竞争。根据联合国工业发展组织国际工业研究中心提出的相似系数计算，上海与江苏的产业结构相似系数为 0.82，上海与浙江的相似系数为 0.76，浙江与江苏的相似系数高达 0.97，这表明各地产业结构趋同性很强。长三角各城市的三次产业结构相似，各城市特点不鲜明。近年来，当长三角遭遇土地、资源等一系列"瓶颈"制约，纷纷酝酿产业升级之时，产业"同构化"在长三角再次悄然出现。创意产业园、物流园区、港口码头、商品市场、中央商务区等现代服务产业在长三角各地纷纷上马，不少园区定位相似，招商乏力，相互间缺少统筹协调。产业趋同使得各地难以发挥比较优势，投资和生产分散，降低了地区整体经济效益。

三是上海与长三角城市群的行政界线阻隔使生产要素难以自由流动。长三角区域各城市虽然对区域协调发展达成共识，由于区域城市之间体制分割，地方政府作为利益主体，使得上海及长三角区域各城市出台的政策和法律有些是以有利于本地区的经济发展为出发点，在不同程度上造成了地区封锁和经济割据，各城市之间恶性竞争，影响了产业链的分工协作关系。例如，长三角特大城市和大城市汇集了众多著名高等院校和科研院所，是全国科技人才最密集的地区之一。但是，长三角城市的人才、资金、产业扩散相对较少。上海需要在加强技术扩散的基础上，进一步完善对周边地区的人才资本、产业、信息等的扩散机制。同时，要利用经济结构战略性调整的有利时机，按照社会化大生产与合理经济规模的要求，积极与其他城市合作，打破地区、行业、部门和所有制界限，以资产为纽带，通过参股、控股、兼并、联营、组织专业化协作等各种形式发展企业联合体。

四是上海与长三角城市群的重大基础设施配套和衔接有待进一步改善。上海与长三角的交通、能源、通信等重大基础设施配套和衔接存在较大缺陷。集中反映在港口等重大交通设施方面。长江岸线的开发利用缺乏综合规划，区域内凡有港口资源的城市，都把水陆运输枢纽和临港重型工业作为自身发展的支撑条件，竞相建设集装箱港口。在几个重要的沿海港口城市之间，更是相互争夺国际主枢纽港地位，港口建设战线过长，导致资源浪费。据统计，目前南京以下的长江段，已建、在建和待建的万吨以上码头泊位共有100多个。此外，在长江口越江通道和国际机场建设等问题上，也同样存在相互争夺的现象。

五是上海与长三角城市群的资源耗费和短缺并存。长三角地区人口十分密集，资源消耗量大，给区域的经济社会可持续发展带来很大压力。区域人地矛盾突出，目前，长三角地区人均耕地面积仅为全国平均水平的50%，建设用地扩展受到很大制约。能源比较匮乏，资源利用率不高。矿产资源短缺，资源消费对外部依赖程度高，上海一次能源几乎全部依靠市外，浙江和江苏一次能源自给率分别在5%和20%以下。长三角的石油、天然气、煤、铁等资源全部或大部分依赖外部供给。近年来，随着区域社会经济快速发展，点源和非点源污染不断加剧，形成了当前以水质型缺水为主的水资源特征。水资源配置也不尽合理，节水工程设施较为薄弱，非传统水资源利用及自建设施的用水计量起步较晚，污水处理回用率低，河道和雨水资源利用率低，水资源价格体系相对单一，水价的经济杠杆作用未得到充分发挥，促进节水的配套政策、体制和机制等尚不健全，加强节水的执法力度不够，水资源利用效率距离节水型社会建设要求仍有较大差距。上海全市符合饮用水源国家标准的地表水仅占1%，但万元GDP水耗却是日本的10.6倍，美国的2.8倍。洪涝和地面沉降等灾害风险加剧，海洋灾害时有发生。如何立足有限的资源环境容量，通过经济结构调整和发展方式转变，实现经济社会可持续发展，是上海与长三角城市群协调发展的重要内容之一。

六是上海服务长三角的自主创新能力不足。20世纪90年代以来，长三角外延式扩张，形成了出口导向战略，由投资驱动带动高增长明显。对外依存度较大幅度提升，对资源的需求也大幅度攀升。长三角地区资源自给程度大幅下降，企业购进技术，出让市场。导致上海及长三角自主创新供给不足的原因，主要是大部分企业没有创新活力，是整体区域创新链中的"短板"。缺乏有实力、能够带动形成上下游产业链的主导型企业。对中小型科技企业的中介服务体系不完善，创业投资总量依然偏低，结构不合理，有利于中小企业成长的风险投资环境尚未形成。一些市场环境不能适应自主创新要求，在政府管理层面缺乏鼓励自主创新的机制。由于地方政府追求速度和外延扩大规模，使得大部分企业宁愿低水平复制生产能力，也不愿意在技术和人力资源上投资。企业宁愿在同类档次上持续进行低成本竞争，也不愿通过创新、品牌和服务提高效益。宁愿引进设备和技术，也不愿意下苦功夫走消化吸收再创新的道路，这些都是形成自主创新发展的障碍。

三 长三角城市群与上海大都市协调发展思路

（一）总体思路

上海大都市建设要立足国家战略，按照我国区域发展的总体部署，发挥上海在长三角区域的龙头作用，协调与长三角城市群关系，推动长三角地区成为我国科学发展、深化改革、扩大开放的试验区，联动发展、服务全国的先行区，建设具有较强国际竞争力的世界级城市群。上海大都市与长三角城市群协调发展中，要充分发挥上海改革开放的领先优势，以提高自主创新和转变发展方式为主线，推进长三角联动发展同上海建设卓越的全球城市，国际经济、金融、贸易、航运、科技创新中心和文化大都市等国家战略更加有机地融合起来，实现大都市与长三角城市群协调发展的战略目标。

(二) 发展目标

带动长三角区域全面提升整体社会经济水平。将长三角城市群建设成为我国综合实力最强的经济中心，亚太地区最重要的国际门户，全球最重要的先进制造业基地，率先跻身世界级城市群的地区。建立以上海国际经济、金融、贸易和航运中心为核心，以物流商贸、金融保险、旅游会展、研发信息等为重点，加快其他城市的现代服务业发展，形成服务对象错位、服务内容配套、服务功能协调的多层次服务体系。发挥上海作为国内外交通枢纽、长三角区域要素资源配置中心和文化交流中心以及创新源头优势，在未来发展中，重点发展金融、贸易、国际物流、研发、信息咨询等服务业，重点提升工业化、城市化、市场化和国际化水平，全面提升现代社会文明程度，成为吸引全球流动资本、传递辐射功能的世界城市，成为建设服务全国、面向国际的现代服务业中心。

带动长三角区域全面提升区域一体化水平。提升上海服务长三角城市群、服务长江流域和服务全国的能力，实现区域协调发展，使长三角一体化在更高的平台上发挥作用，深度融入全球经济，不断拓宽长三角区域合作与交流领域，由要素合作、市场合作向制度合作转变。要通过强化优势互补，开创区域共同繁荣。各城市间按比较利益原则进行合作，通过区域内的要素流动，充分利用各地自然资源、经济条件和社会条件，避免重复建设，重点形成产业、人口、社会、生态、科技等要素支撑体系。以区域内高速公路等快速干道建设和信息化共享平台建设为契机，推进交通、信息一体化，促进区域资源共享。

带动长三角区域提升服务长江经济带和"一带一路"的水平。上海要充分利用建设国际经济、金融、贸易和航运中心的有利契机，以《进一步推进长江三角洲地区改革开放和经济社会发展的指导意见》《长江三角洲城市群发展规划》为指导，以国际金融和航运中心建设为重点，大力发展现代服务业。同时，上海作为国内外交通枢纽、长三角区域要素资源配置中心和文化交流中心以及创新源头，中心城市的综合服务功能将进一步增强，成为吸引全球流动资本、传递辐射功能的世界城市。上海建设服务全国、面向国际的现代服务业中心，将重点发展金融、贸易、国际物流、研发、信息咨询等服务业。在此基础上,以物流商贸、金融保险、旅游会展、研发信息等为重点,加快带动长三角区域其他城市的现代服务业发展,形成服务对象错位、服务内容配套、服务功能协调的多层次服务体系。上海要引领长三角地区现代化建设走在全国的前列,在积累了许多重要经验的基础上,为全国经济和社会发展起到示范作用,推动全国的改革发展和现代化建设。

四 长三角城市群与上海大都市协调发展实现路径

(一) 发挥上海大都市在长三角城市群发展中的引领作用

1. 推进产业结构升级,引领现代服务业发展

推进长三角区域服务业重心向高端转移。发挥上海现代服务业在金融、贸易、物流、信息、航运、中介服务、会展等领域的比较优势,为长三角和为全国乃至亚太地区服务。上海要重点扶持长三角区域总部经济、专家咨询、信息传播、国际物流、金融管理和服务、国际会展等高端服务业的发展。通过扩大规模、优化结构,提升高端服务业在国民经济发展中的比重和水平,推动长三角区域现代服务业的可持续发展。

引领长三角生产性服务业的发展。上海要带动杭州、宁波、南京、苏州、无锡等核心城市,大力发展现代物流业、科技服务业、金融服务业、信息服务业、商务服务业等生产性服务业。加强物流资源整合,加快发展第三方物流,建立物流标准化体系,加强物流新技术开发利用,推进物流信息化,建设大型物流枢纽,发展区域性物流中心,培育壮大一批有竞争力的现代物流企业集团。加强科技评估、技术咨询、技术产权交易、技术经纪、无形资产评估、项目管理、成果转化和推广等区域性、行业性生产力促进机构和科技创新服务机构建设。健全金融体系,完善服务功能,创新服务品种,提高服务质量,鼓励建立中外合资银行、保险、证券和投资性公司,大力发展地方金融保险业,加快组建地方商业银行和保险机构。要建立健全电子商务认证体系、网上支付体系、物流配送体系和服务应用系统,调整电信业务结构,发展互联网产业,建立健全电子商务基础设施、法律环境、信用和安全认证体系,大力发展软件产业,扩大承接软件外包业务,推进电子政务建设,推动社会服务信息化。规范公平、公开、

公正的中介服务市场秩序，加快发展法律、会计、审计、咨询、经纪代理、就业和劳务中介等商务服务业，鼓励发展专业化的工业设计、广告业和会展业。

推进长三角区域服务业行业标准、法规和政策一体化。上海要扩大服务业标准化覆盖面。要加快推进物流、信息等现代服务业重点行业的标准制定工作。进一步加大财税扶持政策对服务业领域的支持。如，完善研发设计企业进口关税和出口退税政策，加强研发设计等领域知识产权保护的法规制定工作。重视服务业行业组织发展，要发挥上海行业组织发达的优势，推进长三角区域新兴服务业行业组织的建设，更好地凝聚这些行业的优势和潜力，推动服务企业更好更快地发展。

2. 加快长三角城市群建设国际先进制造业基地，促进区域制造业分工合作

统筹规划制造业空间布局。发挥上海现代制造业优势，明确长三角城市群成为国际先进制造业基地的总体定位。瞄准世界水平，坚持自主创新与引进创新相结合，大力开发和引进制造业先进技术，全面提升长三角区域制造业的产业能级和技术水平，成为国家重要的产业基地。形成加工制造和产业组织的分工体系，成为研发、生产加工、国际营销和全球商务为一体的全球最重要的现代制造业生产基地。以长三角区域"一核五圈四带"总体布局为指导，统筹规划长三角制造业空间布局，促进现代制造业产业集聚，理顺地区合作秩序，推进制造业发展一体化和空间布局合理化，形成以上海为龙头、江苏、安徽和浙江为两翼，各具特色、协作配套的区域产业群落。通过优化空间布局，带动长三角进一步融入全球制造业分工体系，提升区域制造业的综合竞争力。

带动长三角区域提升制造业能级。发挥上海先进制造业的研发、营销、展览展示等优势，以产业链的延伸和产业集群的形成为突破口，提升长三角区域电子、汽车、机械、钢铁、船舶、石化等支柱产业的竞争力，加快高新技术对纺织服装、建材等传统产业的改造，大力发展生物医药、新材料、新能源等新兴产业以及具有发展潜力的产业。

3. 引领长三角区域高科技产业化的发展

引领长三角城市群扩大高科技产业规模。发挥上海高新技术产业规模大，能级高，产学研水平领先的优势，依托电子信息产业、生物医药产业

和新材料等高新技术产业,加大投资集聚,提高其在长三角经济发展中的贡献度。电子信息产业要强化引进消化吸收、推进渗入传统制造业,形成集成电路制造和平板显示器生产两条产业链。生物医药产业要强化研发、重点开发具有自主知识产权的生物创新药物、化学创新药和非专利药,形成产业集群。新材料产业要强化基础研究,重点发展新型金属材料和微电子产业用新材料,形成产业规模。

以高科技园区为载体,加快推进高科技产业集聚。发挥上海的国家级高科技园区数量多、规模大、能级高的优势,以及品牌、政策和人才等优势,带动长三角开发区和高科技园区有效整合空间资源,积极承接国际高科技产业和资本的水平转移,加快高科技产业的组团式发展,加大对国民经济具有主导性、支撑性、基础性影响的高科技产业培育力度。

引领长三角城市群增强高科技产业的自主创新能力。发挥上海高科技产业服务优势,引导和吸引社会资本更多地参与高科技产业发展,完善科技政策服务和成果转化服务,鼓励科技成果转化与产品开发的投入,努力拥有自主知识产权和国际知名品牌,积极探索从消化吸收创新和集成创新向原始创新的跨越。

带动长三角城市群高科技市场体系的发展。上海是我国最早开拓技术市场的城市之一,经过十几年的发展和完善,市场体系已初步形成。上海技术交易所、上海人才技术市场、上海工业技术市场、上海技术产权交易所、化工技术市场、专利技术市场、高校技术市场以及区、县技术市场,发挥着各自在信息、人才、技术、资源等方面的市场功能和优势。上海技术经纪人事务所、资产评估事务所、会计师事务所、专利事务所、法律咨询等技术服务保障体系的初步配套,为技术市场发展提供了一个良好的外部环境。要发挥上海科技与经济中心城市的带动作用,加快风险投资机制建设,发展多种形式的风险投资公司和基金,建立健全风险投资撤出机制。完善高科技成果评估体系,建立统一的长三角区域高新技术成果转化服务中心,促进科技成果顺利转化。完善科技成果交易机制,建立统一的长三角区域技术产权交易中心,与国内外知名产权市场、证券机构及中介服务机构建立了战略合作伙伴关系。建立长三角区域统一的高新技术企业创业服务中心,健全技术服务、咨询服务、信息服务网络,完善有关法律和有利于创新的技术标准体系。

（二）发挥上海大都市在长三角城市群发展中的服务作用

1. 以基础设施一体化建设服务长三角

构建分工合理的港口物流体系。从长三角共建上海国际航运中心的战略高度，长三角要加快建设三大港口物流体系。确立上海国际航运中心远洋集装箱干线港的地位，充分利用上海及长三角重点区域港口的区位优势，深水港的航道资源，以及集疏运系统建设拓展能力，依托城市功能提供的航运服务能力，选择上海国际航运中心的远洋集装箱干线港口。要确立上海国际航运中心集装箱业务的支线港和喂给港群体系。在长三角已经形成了一批远洋航线和通往上海的内支线并举的支线港和以支线为主的喂给港。随着上海国际航运中心的建设和完善，长三角沿海港口的进出口货物将被不断吸引到上海国际航运中心来中转。要确立上海国际航运中心江海联运和海进江转运体系，顺应江海联运发展趋势。

构建优化整合的集疏运体系。以建设国际航运中心为契机，构建与口岸物流、制造业物流、城市配送物流相配套的道路货运系统，重点发展道路集装箱运输、省际快运和城市物流配送，大力发展通达全国各城市的省际公路货物快运班线，长三角地区实现公路快运的"门到门"服务。

加快综合交通通道建设。重点加快建设沪宁、沪杭、杭甬、沿长江、沿海、宁沪杭六大综合运输通道和上海、南京、杭州三大综合运输枢纽。

加强内部综合交通体系之间的衔接。以高度通达的快速道路为主，实现所有地区"30分钟上高速"，"1小时到达"，快速便捷衔接区际交通网络。以优先发展高速铁路、城际轨道交通为主的城际交通系统，加强综合运输枢纽和通道建设，实现2小时通达所有中心城市，形成2小时核心交通圈。同时，完善高速公路网的建设，以高速公路为主要支撑，形成3小时中心城交通圈。

完善综合性交通枢纽建设。重点完善一级换乘枢纽及衔接通道建设。以城市轨道交通、铁路、城际轨道交通三种方式衔接的一级换乘枢纽主要集中在上海、南京、杭州、宁波6个城市。上海要加快完善上海站、上海南站、七宝站，衔接城市轨道交通与沪宁、沪杭城际高铁、京沪高铁以及客运。从而带动南京的南京站、南京南站、新林场站、紫金山站，杭州的杭州站、杭州东站、振宁站，宁波的宁波站和宁波南站，以及徐州"一轴、双心、四片"综合交通枢纽区域的建设。

2. 深化体制改革,提高对外开放水平

率先推进政府管理体制改革。一是切实转变政府职能。合理界定政府在经济社会发展中的职责范围。进一步推进政企分开、政资分开、政事分开,政府与中介组织分开。强化公共服务职能,下放公共服务管理权限,率先基本公共服务均等化。二是创新政府管理模式。建立科学的政府治理模式,完善科学、规范、民主的决策机制。优化组织机构,探索"大行业""大服务""大社会"的管理模式。实行投诉制、评估制、问责制和监察制,提高政府行政效能。

继续完善基本经济制度改革。一是深化国有企业产权制度和各项配套改革。建立责权明晰的国家所有权委托代理体制,形成对每一部分经营性国有资产可追溯产权责任的体制和机制。二是促进长三角整体区域产业的市场化整合。各区域可以根据自身的成本优势参与产业价值链的分工合作,实施跨区域的产业整合,消除各区域产业之间的过度竞争和重复建设,避免资源浪费,提高长三角区域的产业整体竞争力。

积极探索推进金融体制改革和金融业对外开放。一是深化金融企业改革,改善对金融企业的服务。继续完善产权制度改革;鼓励金融企业改变按行政区划设置分支机构的做法,按经济区域整合机构与资源。鼓励各商业银行将现行各省市分支机构合并重组,设立长三角地区营运中心。探索金融创新产品管理的新方式,积极鼓励金融创新。鼓励收购兼并,整合金融资源。鼓励金融机构跨区域经营和发展,积极探索金融综合经营。二是积极发展民间金融和农村金融。引导民间金融健康发展,推动民间金融在支持"三农"方面发挥重要作用;完善农村信用社管理体制,启动长三角跨行政区域的农村合作金融机构组建工作。取消政府涉农资金的开户行限制,创造各类金融机构公平竞争的环境,加快利率市场化改革;大力推进农村和农业保险业务,积极探索保险支持"三农"的新途径。三是努力构建多层次资本市场。积极推动私募基金的发展,加快产权交易市场等场外交易市场的发展,大力发展债券市场。加快创业投资基金及产业投资基金的发展。四是推进金融业对外开放。引进与输出金融服务并举,扩大外资参与国内金融市场的范围。五是改革和完善金融监管体制。改善金融监管,推动金融创新,整合监管资源,完善监管体制，建设统一的长三角金融风险监测和防范体系，提高金融监管工作的统一与协调水平。

（三）发挥上海大都市在长三角城市群发展中的示范作用

1. 发挥上海市域城市群对长三角城镇体系布局的示范作用

完善上海市域城市群体系。一是建立科学的上海市域城镇体系。根据国际大都市通行的城市等级规模体系的划分标准，将市域等级规模划分为中心城（特大城市）—大城市—中等城市—小城市四级城市等级规模。二是上海市域城镇体系要纳入长三角区域城镇体系。未来长三角城市等级规模结构可分为四个层次。目的是增加和发展大城市和百万级人口以上的特大城市的数量。第一层次是我国的首位城市上海的城市中心区（特大城市），人口规模将控制在1000万。第二层次是南京、杭州和苏州等（特大城市），人口规模在400—600万左右。第三层次为50万—300万人口的大城市，包括宁波、无锡、常州、泰州、舟山等地级市和上海市域的松江、嘉（定）安（亭）、临港新城以及若干发展较好的县级市。第三层次为20万—50万的中等城市；第四层次为20万人口以下的小城市。三是在城市群空间布局上，上海特大城市要发挥示范作用的同时，辐射带动周边地区发展。着重提升以上海为核心的都会核的综合服务功能。围绕上海都会核形成三大城市群，包括上海城市群、南京城市群和杭甬城市群。发挥城市基础设施建设以及沿海、沿江、沿湾、沿湖、沿路的发展优势，把长三角建设成为以上海为核心、各功能区和节点城市有机联系、产业廊道聚集的开放、高效、有序的区域网络空间体系，带动和促进长三角地区的协调发展，打造世界级城市群。

坚持大中小城市和小城镇协调发展。一是确定长三角城市群区域内的二级城市群体系。要进一步明确上海城市群、南京城市群和杭甬城市群在长三角城市群和全国经济社会发展中的重要作用。进一步明确这三大城市群相互间的发展定位和错位发展的互补关系。进一步明确三大城市群的政策协调化政策和措施。进一步明确三大城市群的一体化发展的联盟体制。二是打造长三角区域四级城市体系。坚持科学发展观，以建设世界级一流城市群为总体目标，着眼于长江三角洲城市群的整体协调发展，着力于构建与发达国家城市群相匹配，以特大城市、大城市、中等城市和小城市的四级长三角城市群的城市体系。充分利用区位优势和长三角的产业龙头引领作用，强化资源优化配置和实施产业分工，提高土地利用效率，建设集约型城市，构建经济发达、社会进步、人与自然和谐发展的现代化城市体系。三是制定不同战略，推动四级城市的发展。以城市功能为导向，以产业集聚为纽带，以城市协调为基础。强化上海、南京、杭州首位城市功能，构筑长三角现代城市体系。重点发展特大城市和大城市，积极合理发展中等城市，择优培育重点小城市和小城镇；依托城市群、以高速公路、铁路、沿江、沿海通道为发展主轴，增强特大城市和大城市产业集聚和人口集中效应，实现城市森林、农业园地和城市建设用地的总量动态平衡。

2. 发挥上海自贸区建设示范作用

中国（上海）自由贸易试验区，是中国政府设立在上海的区域性自由贸易园区，涵盖上海市外高桥保税区、外高桥保税物流园区、洋山保税港区和上海浦东机场综合保税区等4个海关特殊监管区域。上海自贸试验区建设已取得阶段性成果，基本形成以负面清单管理为核心的投资管理制度，以贸易便利化为重点的贸易监管制度平稳运行，以资本项目可兑换和金融服务业开放为目标的金融创新制度加速推进，以政府职能转变为导向的事中事后监管制度。其体制和机制创新示范作用体现在以下几个方面：

第一，投资管理制度创新。上海自贸区借鉴国际通行规则，按照简政放权、转变政府职能要求，加快推进外商投资管理体制改革，营造有利于各类投资者平等准入的市场环境。例如，在试验区实施负面清单管理模式，制定试验区负面清单，对负面清单之外的领域，原则上将外商投资项目核准改为备案制，将外商投资企业合同章程审批改为备案管理。在试验区内试行注册资本认缴制、"先照后证"登记制、年度报告公示制等登记制度。对境外投资开办企业实行以备案制为主的管理方式，对境外投资一般项目实行备案制。

第二，贸易监管制度创新。围绕推动海关特殊监管区域转型升级的目标，上海自贸区创新海关和检验检疫监管模式，促进区内货物、服务等各类要素自由流动，提升贸易便利化水平。如，推进实施"一线放开"，坚决实施"二线安全高效管住"，探索建立货物状态分类监管模式。推动贸易转型升级，积极探索具有国际竞争力的航运发展制度和运作模式。

第三，金融制度创新。围绕金融为实体经济服务、促进贸易和投资便利化的目标，上海自贸区在风险可控前提下，创造条件，重点在资本项目可兑换、人民币跨境使用、利率市场化、外汇管理体制等方面先行先试。

第四，综合监管制度创新。上海自贸区深化行政管理体制改革，推进政府管理由注重事前审批转为注重事中、事后监管。如，在试验区建立信息共享和服务平台，加强社会信用体系建设，探索建立综合执法体系，鼓励社会组织参与市场监管，建立风险防范体系等。

第五，扩大服务业对外开放。上海自贸区选择金融服务、航运服务、商贸服务、专业服务、文化服务以及社会服务等领域，实施相关开放措施，暂停或取消投资者资质要求、股比限制、经营范围等准入限制措施，营造有利于各类投资者平等准入的市场环境。

3. 发挥上海统筹城乡发展示范作用

推动长三角区域现代农业的发展。一是推进区域农业科技进步。上海要发挥农业研发、科技、展示、营销等高端环节发达的优势，带动长三角区域加强农业设施建设，提高农业机械化水平，提高农业科技创新和转化能力，转变农业发展方式，提高农业综合生产能力。二是推进区域农业结构战略性调整。优化农业生产布局，推进农业产业化经营，促进农产品加工转化增值，发展高产、优质、高效、生态、安全农业。积极发展水产业，保护和合理利用渔业资源。三是加强农业服务体系建设。健全农业技术推广、农产品质量安全和标准、动物防疫和植物保护、认证认可等服务体系。整合涉农信息资源，加强农村经济信息应用系统建设。

全面深化农村改革。一是健全区域统筹城乡发展的制度结构。城乡统一的基本制度包括：建立城乡统一的产权制度（城乡衔接的土地使用制度、土地流转制度、住房产权制度等）、城乡统一的价格制度、城乡统一的户籍制度、城乡统一的就业和社会保障制度（如市场就业制度、失业登记制度、就业和社会保障制度，人才和劳动力服务制度）、城乡统一的教育卫生制度、城乡统一的财税金融制度等。二是完善农村组织体制。完善乡村民主治理结构，健全农村自治机制，加强农村法制建设，积极开展法律援助，大力推进合作经济组织、专业协会等农民自制组织的建设，增强村级集体经济组织的服务功能，为建设长三角区域社会主义新农村提供组织制度保障。三是深化农村金融体制改革。巩固农村税费改革成果，深化农村基层财政管理体制改革，规范发展适合农村特点的金融组织，发挥农村信用社的支农作用，建立健全农村金融体系。探索城乡统筹的金融政策，缓解农民贷款难的矛盾。财政建设资金的增量部分要向农村倾斜，建设资金投向要从原来的以城区建设为主向重视农村建设转变。按照金融市场化的改革方向，允许多元化的金融市场主体进入农村，同国有银行和信用社进行公平竞争。要从宏观上调控城乡资金供给结构，增加农村的资金供给规模。要加快农村信用社的改革步伐，构建合理的农村金融支持结构。探索建立长三角区域内统一的"互助资金"，加大投入重点支持"互助资金"试点的推广，增加农民的发展积极性。四是建立农村土地流转使用新制度。农村集体土地的开发利用应兼顾城市公共利益、农民利益和土地使用者利益，重点要保障农民的合法权益。要加快建立农村土地承包经营权的流转平台、价格机制和调解仲裁机制，通过股份合作、委托租赁和财政补贴等促进土地规模经营。积极探索农村非农建设用地按照市场化原则以非出让方式直接进入市场开发，盘活农村集体存量土地的非农建设用地，使之成为农村集体经济发展和农民增收的新增长点。五是建立基本农田保护与完善生态补偿机制。根据国务院基本农田保护条例，制定长三角区域基本农田保护条例，形成一系列基本农田保护政策和制度，建立基本农田生态保护补偿机制。通过综合利用行政手段和市场手段，实现资源的优化配置，推动资源的综合利用和清洁生产，推动循环经济的发展，促进新的替代资源或替代品的开发，促进经济增长方式的转变。

稳步推进城乡一体化。一是坚持城乡发展一体化。要综合考虑城市和农村的资源条件，彻底破除对农业、农村、农民的歧视，真正打破二元结构，为城乡一体化发展构筑制度平台。二是坚持"以工哺农，以城带乡"的发展模式。让大量财政资金和社会资源施惠于农业和农村，力促农民增收，增强农村发展活力。发挥大城市对周围地区的吸引辐射作用，提高城市对农村的支持力度和带动效应。三是实施差异化推进。四地农村在发展水平和资源要素上存在非常明显的差异，发展中面临的问题不尽相同，因此，要根据不同地区的实际，通过分类指导，实施差异化推进。五是建立城乡统一的劳动就业制度。建立城乡统一开放、竞争有序的劳动力市场和城乡一体的劳动力就业体制。将现行的针对城镇的就业促进政策和最低工资线保障政策覆盖到全区域就业人员。只要是长三角地区户籍，都进入这一政策体系的实施范围。统一城乡就业市场，让农村就业人员进入有政策保障的正规就业市场。比如劳动部门推出的非正规就业劳动组织政策、自主创业扶持政策、政府购买岗位政策、青年见习计划、职业培训等，要全面推向农村。要逐步提高最低工资线标准，加强执行检查，但同时从减轻企业负担，鼓励农村的私营企业雇用本地农村劳动力出发，实行最低工资线补贴政策。

（四）发挥上海大都市在长三角城市群发展中的辐射作用

1. 发挥上海创新体系建设的辐射作用

带动长三角区域增强创新能力。一是把自主创新作为科教兴国的核心。把增强自主创新能力作为科学技术发展的战略基点和调整产业结构、转变发展方式的中心环节。立足于基础研究、应用理论研究及产品开发等具有自主开发能力系统的培育和促进研究开发能力的形成。二是发挥科技创新的产业路径优势。上海要通过建设科技研发公共服务平台，整合共享各类科技创新资源，优化专业服务供给，降低研发创新、科技创业的成本与风险，进一步促进跨学科、跨部门、跨系统、跨地域的合作，提升长三角区域科技创新和产业化的效率与效益。同时，要针对长三角区域产业特征，选择不同的发展路径。对于技术、自主知识产权要求较高的信息、生物、海洋、航空航天、新材料、新能源等高技术产业、战略性产业，要侧重原始创新，集中资源，加强基础研究和应用理论研究，在关键技术、关键领域重点进行突破。对于先进制造业，要侧重集成创新能力和消化吸收再创新能力的提高，要通过跨区域、跨产业的技术整合与集成，形成具有自己特色的技术与产品。对于现代服务业来说，要积极应用科学技术创新成果，同时，形成对工业的支撑体系。对于农业，要利用工业反哺农业的契机，积极应用科学技术创新成果，创造"接二连三"的良好发展态势。三是带动长三角区域增强创新能力的软实力。引进、消化吸收、创新先进的科学技术理论和管理、组织方法，提升商务、管理、风险投资、股份、专利等方面的技术水平，建立符合长三角区域实际的技术标准体系。四是带动长三角区域营造增强创新能力的软环境。上海的创新政策优势比较突出，例如在科技发展中长期规划配套政策中做出了"创业投资风险救助资金""创业投资机构登记管理""贷款担保损失限额补助"等管理办法，优化了上海的创业投资环境，使得越来越多的创业投资机构聚集上海。上海要发挥政策优势，带动长三角区域加强制度、政策、法律、文化、市场条件、投融资环境、知识产权服务、中介服务、技术基础设施等软环境，形成与国际接轨的宏观发展环境。

推动长三角区域创新体系建设。一是带动长三角区域创新共享平台建设。加强长三角区域科技信息服务平台建设，建立有效的创新资源共享制度和机制，提高信息共享和利用效率。相互开放国家级和省级科技资源，联合共建科技教育信息网、大型公共仪器设备服务网、高技术信息库、国家技术标准库和专家库。二是深化科技体制改革。以促进长三角区域科技资源优化配置为重点，建立完善科技资源开放共享制度和科技业务资质通认制度和科技人才居住证制度、统一的社会保障制度、重大课题联合申报制度、科技合作成果奖励制度等制度建设，加强科技基础平台和共享机制建设，建立以知识产权制度为核心，与市场经济和科技发展规律相适应的科技创新体系。打破目前长三角创新资源条块分割、相互封闭、重复分散的格局。三是强化大学在区域创新体系中的重点基础地位。要发挥大学在基础研究、应用研究、试验发展研究中的基础作用，建设一批高水平的创业型大学，为企业、研究与开发机构培养大量的研究与开发人才、生产技术人才和高级管理人才，为区域创新体系的发展提高人力资源保障。四是强化企业为技术创新主体的意识。鼓励大型企业或主要行业的龙头企业建立企业技术中心，打造企业技术创新和产业化平台。以大型企业的研发机构为依托，集成研究开发、设计、制造，形成一批有特色的创新研究基地和平台，实施"技术创新引导工程"。鼓励科研、设计单位和大专院校与企业合作，从事技术开发。鼓励建立企业创新联盟，培育重点高新技术企业，组织行业共性关键技术的科技攻关等措施，提高企业开放配置创新资源的能力和自主创新能力，使大型骨干企业、高新技术企业成为区域技术创新的主导力量。扶持中小企业的技术创新活动。

推进长三角区域教育发展和改革创新。一是加快研究型、高水平大学的建设，发挥自主创新的生力军作用。长三角的高等教育发达，已经形成了一批规模适当、学科综合和特色鲜明的高水平大学，拥有一批国家"211工程"和"985工程"院校，在各个学科领域都拥有一批国家重点学科。要充分发挥高等院校在科技创新方面的重要作用。积极支持大学在基础研究、前沿技术研究、社会公益研究等领域的原始创新和集成创新。

加快大学重点学科和科技创新平台建设,形成一批高水平的、资源共享的基础科学和前沿技术研究基地。构建现代大学制度,优化高等教育结构和科技组织结构,提升创新运行机制和管理制度的效率。二是加大力度推进长三角区域教育一体化进程。建立由政府人员、专家、教师、社会人员等多方组成,具有交流、协调、规划、管理等职能的长三角区域教育一体化协调组织。推进长三角区域教育资源整体布局规划,推动教育管理体制改革。建立科研合作、统一的职业资格认证考试机构,鼓励两地高校积极开展校际教学合作,推动学分互认、师资互聘联合办学、联合攻关。三是改革与完善教育体系结构。普及和巩固义务教育,实现教育权利的普及化和教育机会的均等化,从而提高全民族的整体素质,促进经济增长和社会发展;大力发展职业教育,完善职前教育、在岗培训、转岗培训、继续教育等职业教育体系,重点关注大学毕业生、工人转岗、农民致富、流动人口向城镇或非农产业转移等过程中社会群体的职业教育问题。提高高等教育质量,完善高等学校的硬件设施、软件基础、学生层次、经费收支等体系的建设。四是深化教育体制改革。改革投资体制,鼓励民办教育,鼓励投资多元化。优化教育资源的配置和使用,提高教育资源的利用率。以管理体制改革为重点,以"共建、划转、合并、合作办学和参与办学"为主要途径,实施改革的重点突破,逐步形成"条块结合"的长三角区域教育网络体系。坚持"以服务为宗旨、以就业为导向"的办学方针,以就业为导向,转变办学模式,加快推进职业教育改革创新。建立长三角区域教育基金会,统筹支持教育发展。五是建立统一的长三角区域教育信息资源共享体系。以长三角教育信息网为资源共享的基础平台,实时发布长三角地区教育政策、人才需求、教师与学生、专业与课程设置、招生状况等各方面的有关信息。建立高校毕业生就业信息平台,扩大高校就业市场互相开放的程度等。

推进知识产权体系建设。一是建立知识产权评估和交易体系。充分利用上海知识产权保护体系的优势,联动长三角,规范知识产权评估机构的认证制度,促进知识产权评估机构健康发育;建立知识产权交易市场,完善知识产权的转让、抵押、处置制度;形成业内自律和业外监管有机结合的运行机制;进一步健全维护知识产权的有关法律、法规,严格执法;建立宣传和协助维护知识产权知识的有关中介机构,逐步形成有利于知识产权维护的文化氛围。二是完善知识产权合作网络。以各地知识产权服务中心为主体，以长三角地区知识产权合作研讨会为平台，加强技术转让、技术开发和相关技术咨询服务的合作，进一步完善科技经济协作和发展机制。三是完善知识产权保护的政策保障体系。制定并完善以《长三角区域知识产权战略纲要》为核心的知识产权政策体系，保障技术转移的规范化、高效化，保护技术专利权人在技术转移过程中获得合法权益，从根本上维护科技人才自主创新的热情和动力，优化科技自主创新的法律环境。四是推进科技创新中介服务体系建设。要充分发挥上海科技型中介服务体系相对较完善的优势，对长三角技术市场和科技创新中介服务体系建设中的引导作用。

2. 推进上海社会事业一体化辐射作用

完善社会事业体制和机制。一是全面落实社会事业公共财政政策。从统筹经济社会发展出发，提高政府对社会事业的投入比重，建立社会事业政府投资持续稳定增长机制。整合专项资金，改变资金投入主要集中在城市的不平衡格局，重点向农村地区、社会事业发展相对落后地区和薄弱环节倾斜。统一考虑社会事业重点工程的安排和平衡，安排适当比例中央财政资金作为引导性资金，支持社会事业重大项目建设。二是完善社会事业发展的筹资机制。不断探索和推广政府购买服务、财政补贴、公私合营、特许经营、贷款贴息、优惠政策等多种形式，吸引社会力量举办公益性和混合性社会事业，形成社会事业发展的多元化投入模式。推进社会事业项目建设、运营市场化，提高公共产品的建设、服务和管理水平。健全社会事业项目投入债务风险评估制度，提高资金使用效率。全面推行政府投资项目代建制，实行建管分离，引入市场机制和社会化专业管理，提高政府投资的管理水平。

提高外来人口管理水平。一是上海要为外来人口创造公平的环境。对外来人口能够以民主、法制、人权的原则维护本地人口与外来人口在公民权利意义上的平等；在义务教育、使用公共物品方面，应最大限度地向外来人口开放，争取做到本地人口与外来人口共享共用。二是改革户籍制度，制定流动人口管理政策，实行以居住证制度为主的属地化管理体制。促进户籍改革由审批制向登记制过渡，尽快实行开放型的户口登记制，为农民进镇落户创造条件。落实跨省市的人口流动信息沟通机制。在互惠互利的原则下，选择与外省试点建立信息沟通机制，从源头上把握区域内流动人口状况。三是要完善外来人口社会保障制度。从法制教育、职业技能培训、就业安排、子女入学、医疗卫生等方面为外来人员提供保障，切实保障外来人口的合法权益，促进外来人口及其配偶、子女逐步融入城市。四是要完善人口管理体制机制。积极探索建立现居住地为主和源头管理相结合的常住人口管理体制和机制，提高流动人口管理和服务水平。努力构建政府规划、市场调控、多方合作、信息支撑的外来人口管理体系，减少盲目流动，逐步形成流动人口有序、互动管理的良好局面，实现流动人口管理从事后的被动管理转向事前的有序管理。

推进城乡公共服务一体化。一是统筹城乡发展，建立符合科学发展观的农村公共服务指标考核体系，推进农村公共服务体系建设，推进城乡之间各种要素的自由流通。二是率先建立省、市、区县、乡镇（街道）四级垂直的公益性就业服务体系，提高服务效率。要充分发挥公益性就业服务机构的作用，减少各自为政的现象，对应户籍改革进程，建立市、区县、乡镇（街道）垂直一条龙体系，形成布局合理的三级公益服务网络，统一标识、畅通信息、统一政策、高效服务，大力提升农村就业市场的公益服务水平，在推进公益性劳动服务机构上下垂直整合的同时，要积极推进劳动、人才两大市场的整合，先从服务项目上，再深入到机构合并、场所合并，形成统一的公益性人力资源市场体系。三是着力引导城市现代文明向农村辐射。坚持"以工补农、以城带乡"，引导城市公共设施向农村覆盖，引导城市文化向农村扩散。

五　上海大都市建设与长三角城市群协调发展对策建议

（一）加快上海产业转型，推动长三角城市群产业升级发展

推动上海四个中心建设，大力发展现代服务业。以自由贸易试验区改革试点和浦东综合配套改革为契机，积极承接国际高端服务业转移。加快推进四个中心建设，打造亚太及全球有重要影响力的国际金融服务体系、国际商务服务体系、国际物流网体系，充分发挥金融、航运、贸易等领域对长三角城市群的辐射带动作用。突破服务业发展的体制机制瓶颈，大力

发展金融、航运物流、现代商贸等重点服务业，积极培育新兴服务业，努力形成以服务业为主的产业结构。

以产业分工推动上海经济结构优化升级。上海要加大产业链高端招商引资力度，引导外资投向现代服务业和战略新兴产业，注重"引资"与"引智"相结合，强化对先进技术和新兴业态的引进吸收。根据上海自身的优势条件和发展定位，加快转移传统制造业到长三角城市群，建立生产、加工中心（或制造基地），形成基于价值链的产业垂直分工与技术水平分工的经济格局。加强基于创新的联动，充分发挥上海作为区域创新中心的作用，带动区域产业能级的提升，增强地区产业的国际竞争力。

推进产业创新发展，提升长三角城市群产业整体竞争力。构建区域创新体系，引导创新要素向企业集聚，完善技术转移转化公共服务平台和中介服务体系，加大财政对高新技术研发等的引导性投入，鼓励发展创新风险投资和私募股权投资，积极发展小企业信用担保体系。在制度创新上先行先试，着力探索突破制约产业发展的体制机制瓶颈，推动长三角城市群成为全国经济体制改革的试验区。

（二）强化上海综合交通枢纽功能，服务长江综合运输通道建设

构建"五向一环"对外交通运输通道总体格局，深化长三角城市群交通融合发展。规划建设沪通、沪宁、沪湖、沪杭、沪甬五个方向的对外运输主通道，以及沟通上述通道的综合运输环线，与长三角交通多点对接、深度融合。重点完善城际铁路通道，推进沪通、沪乍杭铁路建设，研究沪湖宣铁路通道和上海至启东铁路通道规划方案，完善与毗邻地区各级道路网络的衔接，推进平申线等跨省内河航道建设，加强长三角城市群内各节点城市之间交通联系。

依托黄金水道，大力推进以江海联运为主的水路集疏运体系发展。建设洋山深水港区四期及后续工程，扩大洋山港区和外高桥港区支线泊位规模，完善国际主枢纽港功能。加快内河高等级航道建设，打通沿江内河航道网络，大力推广标准化船型，积极推进"江海直达"，降低综合物流成本。推进长江中下游和长江内支线业务班轮化、大型化、联盟化运作，促进沿江港口分工协作。

拓展国际国内航线网络，构建航空枢纽快速集疏运体系。加强虹桥机

场和浦东机场航线网络建设,成为兼具集本地运量集散功能、门户枢纽功能、国内中转功能和国际中转功能为一体的大型复合枢纽,为长三角城市群提供航空支持。浦东机场兼顾国际、国内航线,提升国际竞争力,虹桥机场以国内为主,承接部分国际航线。加快规划建设浦东机场与虹桥枢纽之间的快速轨道交通联系,加强浦东机场与长三角紧密联系。

(三) 加快上海新型城镇化建设,推动长三角城市群城镇发展

推动城镇群成为上海新型城镇化主体形态。充分发挥上海大都市优势,构建由特大城市、大城市、中等城市、小城市以及小城镇组成的上海市域城镇群。优化中心城区发展,重点发展松江新城、嘉定新城、临港新城、金山新城、南桥新城和宝山新城等成为大城市。形成特大城市、大城市、中等城市、小城市以及小城镇之间相互联系的网络化布局,以加强与长三角城市群其他城市及城镇之间的联系。

体现以人为本,促进社会事业发展。坚持分类指导、资源聚焦、梯度发展,加大对社会公共服务设施的建设和投入力度,不断提高社会公共服务供给能力和水平,逐步缩小与中心城区在社会公共服务方面的差距,推进公共服务均等化,提高优质公共服务的覆盖面。同时注重建设与管理的无缝衔接,创新探索管理体制机制,提高城市化运行管理水平。

重视农民工市民化,加大社会保障力度。新型城镇化是以人为核心的城镇化。据"六普"数据,上海常住人口达到2300万,其中户籍人口1400万,流动人口超过900万。目前上海户籍人口中农民不到300万,而900万流动人口市民化成为上海新型城镇化的主要瓶颈。上海要加强对农民工标准认定,加大公共服务设施建设和社会保障力度,推进农民工市民化发展。

(四) 完善区域合作体制机制,提升长三角城市群一体化水平

进一步完善现有合作模式,形成国家和区域两个层面的协调机制框架和制度性安排。国家层面,由国家牵头构建长三角城市群间协调联动体制机制,以城市群为主要平台,形成长三角区域内城市共管自治体制机制。区域层面形成以决策层为核心,由决策层、协调层和执行层共同组成的多层次合作机制体系,其中决策层是该机制的最高决策机构,负责领导协调

层和执行层，协调层在决策层的领导下直接指导执行层开展工作，执行层则由多个专业执行机构构成，接受协调层的指导和决策层的领导，是具体的操作部门。

加强横向区域合作，统筹长三角若干专题和规划。在规划衔接方面，充分发挥长三角城市群合作协调机制的作用，重点做好长三角各级地方发展规划、各类专项发展规划与国家和长三角城市群发展规划的有效衔接。在专题合作方面，以长三角各城市为主设立长三角区域合作协调与发展基金，建立利益诉求机制，将跨区域合作专项基金用于解决区域合作的重大攻关和引导资金。

促进要素跨区流动，形成区域要素资源流动政策。在区域资金流动方面，建立公共财政框架，深化投融资体制改革，建立城市基础设施建设项目法人制度，加快城市群建设项目的市场化运作。在区域人才流动方面，通过跨区办学、跨校联合培养等方式促进地区间优势互补，增强办学能力；建立长江流域各城市群人才吸纳的协调机制；建立长江流域区域人才自由流动机制，探索优化配置人力资源的市场化手段。区域土地利用方面，制定长三角土地利用总体规划，控制土地开发面积总量，建立城市群土地市场，同时加强城市群土地储备。在区域信息建设方面，构建虚拟城市群一体化框架，开展电子政务，健全信息化法规，统一技术规范，打造建设标准统一、功能完善、安全可靠的信息网络，构建信息交换共享的运行平台。

协调发展篇

以世界城市群为鉴创新长三角城市群社会治理

陈新光　郝远杰[①]

进入21世纪，中国已成为世界第二大经济体，随着中国城镇化进程的加快，形成了长三角、泛珠三角和环渤海三大城市群，其中以上海为核心城市的长三角城市群已具备了成为世界第六大城市群的要素。世界经济运行方式和空间格局的急剧变化，对传统的城市化和城市群理论产生了巨大的冲击，特别是中国专家学者通过对城市群理论的研究和城市群社会治理的研究分析，形成了许多学术硕果，丰富和发展了世界城市群理论。

一　文献综述

城市群是在地域上若干大城市和特大城市集聚而形成的庞大的、多核心、多层次的城市集团，是大都市区的联合体。戈特曼率先研究美国东北部的大都市带，提出了世界六大城市群的概念（宁越敏，2016）。近30年来，世界发展较为成熟、经济发达的大型城市群大多属于经济发达国家，其背景、国情特点和演化轨迹各不相同，但在经济发展和城市化进程中都具有一定的形成条件、组织模式、演化时序、空间结构特点（周世锋、王辰，2010）。城市群内的城市之间通过交通、网络等多种方式相互

[①]　孙新光，上海统计学会副会长；郝远杰，上海大学经济学院硕士研究生。

联系，城市间的生产要素相互流通，极大地促进了城市间的协作与沟通。现代城市群在发展过程中形成了以大都市为核心、多中心并存的网络体系，产生了协同效应，并逐渐呈现网络模式（李俊玮，2015）。城市化是国土空间结构由乡村向城市的演化，也是市场经济条件下经济主体的自行组织过程。目前中国城市群呈现梯度发展特征，但在大部分城市群的发展过程中，城市群经济发展不充分，造成了效率的损失和发展的失衡（张学良　李培鑫，2014）。我国的城市化发展是一个以大城市为中心，以周边小城镇为纽带，与广阔农村紧密联系的、发展交通便捷的地域空间网络的过程（朱虹，2014）。随着中国城市的普遍崛起，长三角城市群、珠三角城市群以及中部的武汉都市圈、长株潭城市圈等渐成雏形。世界级城市群是世界经济竞争的主角，对于中国城市未来发展具有极大的借鉴意义（罗天昊，2011）。长三角城市群城市建设质量发展最不均衡，公共服务质量和3个城市群平均水平差距最大，直接影响居民生活质量，许多"大城市病"因素也制约着长三角城市群城镇化质量的提高（阎东彬　丁波，2016）。要积极探索同长江三角洲地区联动发展的新路子，实现产品和要素市场、产业布局与结构、新兴产业、经济运行与管理机制、制度与政策、基础设施、环境保护的一体化（叶建农，2003）。

二　世界城市群理论发展和研究

（一）世界城市群的理论演绎

城市群是指在一定范围内，不同等级规模的城市依托交通网络形成的相互制约和相互依存的统一体。18世纪中后期，英国工业革命的出现引发了整个世界社会经济领域和城市空间形态的巨大变革，大规模的城市化逐渐显现。有关城市群的理论出现于20世纪初的工业化阶段，由于城市群概念具有综合性和多面性，西方学者从不同角度、不同方面入手进行研究，为城市群演进研究奠定了思想基础，开辟了全新的分析范式。

1. 传统区位理论研究

（1）传统的农业、工业区位理论

城市群演进的启蒙思想最早可以追溯到德国农业经济学家约翰·冯·杜能的农业区位论和德国经济学家韦伯的工业区位论。在农业区位论中，杜能假设城市为"孤立国"的中心,其外围是均匀分布的农业,即暗含着城市是"中心—外围"结构;在工业区位论中,韦伯首次提出了"集聚"的概念,而集聚经济是城市的本质特征和城市群演进的前提之一。为区别于西方传统以城市为基础的城市化过程,加拿大地理学家麦吉对东南亚国家进行了实证研究,提出了区域城市化。

(2) 中心地理论

继杜能、韦伯之后,1933年德国地理学者克里斯泰勒在他所著的《德国南部的中心地》一书中提出了著名的中心地理学说,这一理论和后来韦伯等人提出的工业区位论被称之为城市群和城市体系的基本理论。根据克里斯泰勒的中心地理论,假定土质相同、地形完全平坦、交通方便程度相等、人口分布均匀,那么城镇的分布呈规则的等边六角形形状。克里斯泰勒的中心地学说依托市场经济原则,认为一定区域的城市等级不同,各级城市功能也各不相同,从而提出中心地与市场区的布局设想。德国学者廖什完善了中心地理论,他在1940年出版的代表作《经济空间秩序:经济财货与地理间的关系》中提出,随着需求量的增加,所有的市场网都交织在大城市周围,依此规律循环积累,一个区域内往往形成由中心城市、次级城市、周边居民区等构成最优的城市体系结构。

2. 城市体系理论

(1) 城市体系概念提出并形成机制

美国地理学家邓肯在《大都市与区域》一书中首次引入"城市体系"并阐明了研究城市群演进的实际意义。1974年,美国著名城市经济学家弗农·亨德森在城市体系研究中模拟了一个专业化的城市系统,通过整合分析,认为城市规模取决于当地的产业部门的规模,规模经济较高的产业将形成大城市。

(2) 城市空间相互作用理论

美国著名地理学家乌尔曼提出了城市空间相互作用理论,对城市群理论的研究颇有贡献,他的主要观点有:城市间的相互作用通过引力与斥力来实现,当城市之间的引力大于斥力时,中心城市规模和城市密度就会逐渐扩大,城市空间体系也不断膨胀;当引力小于斥力时,逆城市化和郊区化将占据主流,卫星城出现;城市之间的相互作用力处于变化中,互补性、可达性和中介机会是城市间产生相互作用力的三个条件。

(3) 现代空间扩散理论

20世纪50年代，瑞典学者哈格斯特朗提出了现代的空间扩散理论，认为城市空间由源地向周围扩散有多种方式，如波状扩散、跳跃扩散、等级扩散和辐射扩散等形式，由此形成了与城镇体系相对应的关系。

3. 城市—区域理论

（1）增长极理论

法国经济学家弗朗索瓦·佩鲁于1955年提出了增长极概念，他认为一定区域内经济的增长是不均匀的，首先它以不同的强度出现在一些增长极或增长点上，然后通过不同的渠道逐渐向外扩散，最终影响整个的区域经济增长。增长及对周围区域具有极化效应和扩散效应两种影响。极化效应是指各种生产要素向增长极点聚集；扩散效应则是生产要素向外围转移。增长极发展的初期，极化效应占主导地位，一段时间后，极化效应渐渐削弱，扩散效应逐渐加强。因此，应将有限的资源投入到发展潜力大、效益好的区域、部门、产业和行业，加快它们的发展与周边地区形成经济势差，再通过扩散效应带动周边地区产业的发展，进而推动整个区域的经济发展。美国发展经济学家赫希曼的"极化增长学说"和美国经济学家罗斯托的"经济增长阶段学说"都从社会、经济的视角将城市化的空间扩散具体化，从区域的角度提出实现城乡一体化的最终目标。

（2）核心—边缘理论

1966年，美国城市与区域规划学家约翰·弗里德曼在他的代表作《区域发展政策》中提出了核心—外围理论的基本思想，并在他的代表性论文《极化发展的一般理论》中对其做了进一步的阐述。弗里德曼核心—外围理论提出，区域经济的持续增长将推动空间经济逐渐向一体化方向发展，并运用美国经济学家罗斯托的发展四阶段理论（农业社会、工业化初期、工业化的成熟期、工业化后期），提出要用发展的眼光分析城市群，展示了城市群动态的发展过程，揭示了地区生产力的高度集聚是促进城市群发展的动力，强调了经济增长和工业发展对城市群的影响和作用，为后续研究奠定了基础。

4. 戈特曼的大都市带理论研究

法国地理学家戈特曼早在1957年就提出了崭新的"大都市带"的概念，他在《大都市带：东北海岸的城市化》一书中认为，在美国东北海岸支配空间经济形式的不是一个单一的大城市或都市区,而是若干都市区形成的一个巨大整体,由此提出"大都市带"的概念。"大都市带"是指一个范围广大、由多个大都市连接而成、具有一定人口密度分布其间的城市化区域。进入20世纪80年代后,经济全球化使城市的发展突破传统的等级体系框架,逐渐形成崭新的世界城市网络体系,世界经济运行方式和空间格局急剧变化,对传统的城市化理论产生了巨大的冲击。除此之外,弗里德曼和沃夫等人提出了世界城市假说,补充和完善了城市理论。

5. 空间经济学对城市群演进的理论研究

空间经济学兴于20世纪90年代末,以日本的藤田昌久、美国的保罗·克鲁格曼和英国的安东尼·J. 维纳布尔斯三位著名经济学家为代表,为研究城市群演进研究提供了一个微观基础和视角。空间经济学在以往区位理论的基础上,通过借鉴和吸收迪克西特·斯蒂格利茨的垄断竞争模型、萨缪尔森的运输冰山成本以及计算机的动态模拟技术等,分别建立了单个城市发展的中心—外围模型、城市体系演化模型和国际模型,其中城市体系演化模型论证了城市体系的形成实际上是企业、消费者在市场条件下追求各自效用最大化的均衡过程。此后,不少学者又在这三个主要模型的基础上,进一步放松相应的约束条件,不断丰富空间经济学的模型体系和主要观点。2001年,美国学者斯科特在前人观点的基础上,提出了"全球区域城市"型的城市空间,使城市化的内涵与外延也变得更宽泛复杂。

6. 城市群聚集经济分析等理论

(1) 城市群聚集经济分析

聚集经济是指因社会经济活动及相关要素的空间集中而引起资源利用率的提高,进而带来成本节约和收入或效用增加。聚集经济产生的原因主要包括分工更加细化、规模经济利益、范围经济、正外部性利益和专业化利益等。聚集经济可以分为三个层次:企业内部经济、企业外部不同行业的聚集经济以及由多个相同或密切相关的行业(产业)向城市地区集中形成的聚集经济。1909年,德国的韦伯在出版的经典著作《工业区位论》中系统地阐述了聚集经济理论,最早提出要加强对经济聚集作用的分析研究。他认为聚集经济和规模经济密切相关,强调企业和工业在空间上的规模化。美国经济学家艾伦·斯科特提出范围经济,为认识聚集经济的本质提供了一个新的视角。斯科特赋予了新制度经济学中的"交易成本""空间"的意义，并引入城市群的理论研究。

（2）城市群经济空间联系的相关理论

联合国发展署的隆迪奈里于20世纪70年代提出了"整合的区域发展战略"。该战略旨在通过"转换途径"的方式建立生产和交换的"整合"系统，建立各式各样的空间联系来促进形成合理的空间结构，强调在乡村地区建立三级城市聚落，如乡村服务中心、区域中心和小集市，并在这一等级体系中建立城乡之间和城市之间的联系。以美国地理学家尤尔曼的区域空间运动或相互作用的理论方法为代表，城市群经济空间联系是在城市群区域社会经济和政治环境中，以其独特的生产要素和技术组合状况所产生的社会经济联系。

（3）城市生态理论

20世纪初，英国著名生物学家 P. 盖迪斯在1904年所写的《城市开发》和《进化中的城市》中，运用生态学的原理和方法，综合研究分析了卫生、环境、住宅、市政工程、城镇规划，创新性地开创了城市与人类生态学结合研究的新纪元。美国芝加哥大学以帕克为首的学者借助生态学手法，形成了著名的"芝加哥学派"，1945年芝加哥人类生态学派以城市为研究对象，将城市视为一个有机体和复杂的人类社会关系，认为它是人与人、人与自然相互作用的产物，倡导创建了城市生态学，将自然生态学基本原理应用于人类社区的研究。芝加哥学派侧重于社会、经济、人口特征的自然区分布研究及其生态关系的研究。

（二）马克思主义的现代城市理论

马克思、恩格斯认为，城市是工业、商业、航运、贸易、地方中心，其中集中是城市的本质特点。马克思主义城市理论用历史唯物主义观点科学系统地阐述了城市发展的历史和未来，通过对城市发展中生产力状况的分析，得出最初城市的出现是在野蛮时代的高级阶段，奴隶社会、封建社会和资本主义社会城市的每一次发展和进步都是和社会分工、生产力的不断发展相联系的。对城市研究的过程中，马克思及其继承者们首先对城市的定义给予精辟论述。在马克思主义关于城市的论述中，我们可以得出城市必须具备三个方面的条件：聚集性、经济性和社会性。马克思主义对城市这三个方面的定义是符合城市发展的规律的，有助于我们今天研究、发展城市理论的。马克思主义城市理论不但论述了城市的历史地位和作用，还对城市的发展、政府管理职能，甚至城乡之间的关系以及未来的发展提出了构想，其主要基本观点有：一是劳动分工理论引起了社会生产关系的改变，也引起了城乡的分离和城乡利益的对立；二是随着城市的出现，也就需要行政机关、警察、赋税等，一句话也就需要有公共的政治机构，也就是需要政治，从而揭示了城市本质，主要的目标就是促进城市功能的实现；三是城乡关系理论形成了马克思主义的城乡一体化理论，揭示了马克思关于城乡一体化是城市历史发展的必然这一科学结论，对于当今城市理论研究具有很大的现实指导意义。

（三）中国城市群理论研究

1. 国外对中国城市群理论的研究

世界银行前副行长、诺贝尔经济学奖得主斯蒂格利茨多次表示，美国高科技和中国的城镇化的迅猛发展是拉动未来世界经济增长的两大引擎。中国的城镇化是21世纪世界最主要的特征之一，中国的城镇化用不到40年的时间走完了西方国家300年城市的发展进程。随着中国城镇化进程的越来越快，新型城市化的表征也不断变化，涌现出许多举足轻重的大中城市群。但由于在中国经济发展的差异较大，行政力量有所干预，社会结构善变，中国的城镇化具有鲜明的中国特色。国外学者对城市化的理论与实践研究，受文章篇幅限制不再列举国外学者的研究的主要观点，归纳其主要有以下特点：一是由单一的形体研究转变为向多元化、多学科渗透方面的研究；二是由静态的研究转向动态的研究；三是由简单的个体模式研究转变为复杂的群体模式乃至全球尺度范围模式的实证研究。

2. 国内对中国城市群理论的研究

（1）城镇化理论研究

中国城市化的理论研究，根据中国的国情：一是发展中国家；二是人口众多主要聚集在沿海和中部地区。为此，中国的城市化要走城镇化的道路，在加快规划和布局城市时，更注重小城镇的建设，即城市化过程由绝对集中进入逐步发展为分散发展阶段，在规划、地理、经济等多学科领域的学者的共同参与下，借鉴国外城市群的研究方法、技术手段和研究成果，开展了较为广泛的城镇化特点、动力及量化实证分析等研究。同时与国际上城市化的研究接轨，关注经济全球化对中国城镇化和大都市带的影响，为中国城镇化理论研究开拓了更加广阔的天地。其中著名社会学家费孝通早在1983年就提出"小城镇，大问题"，提倡通过发展小城镇来推动我国城市化的发展。由于城市化已变成一个突出的发展现象，中国城市化逐渐成为热点，他认为中国并不存在国外学者所说的"反城市化"，国际战略格局、市场、资源和专业分工对中国城市化过程的形成有极大的影响。我国理论研究者也注重加快新型城镇化热点转为对中国城市化的总结与思考、道路选择及对动力机制的进一步深入研究，形成了许多优秀城市理论的研究成果，也是对世界城市化理论研究做出了贡献。

(2) 新型城镇化理论研究

进入21世纪，中国城镇化推进加快已成为中国社会转型期的重要特征。在推进中国城镇化的过程中，也出现了在城市建设中的"产城分离"，人民不能充分就业；农民工在居住、就业、教育、卫生等方面不能与户籍居民享受同等待遇，受到歧视；存在着城市"大拆大建"和"鬼城"空心化现象；农民工在市郊集聚，存在"城中村"现象等问题。为防止"伪城镇化"，我国城镇化理论研究呈现出更加宽广，多学科交叉、渗透日益明显的格局，理论研究的重点，形成了一批"以人为本"，建立宜居城市的城镇化理论研究；"产城融合"的城镇化理论研究；治理"城中村"，走城镇一体化的城镇化理论研究等研究成果。

(3) 点轴开发及其延伸理论

1986年，我国经济地理学家陆大道提出了"点轴开发"理论。在20世纪内及21世纪之初，我国经济社会发展的首要目标是争取较高的经济增长速度，追求区域的平衡发展只能采取轴线延伸，逐步积累的渐进方式。陆大道提出"点轴开发"是最有效的空间组织形式，即点轴等级渐进扩散式开发，是在全国（或地区）范围内，首先确定若干具有有利发展条件的省区间以及地市间线状的基础设施轴线，对轴线地带的若干个点（城市及城市区域——发展中心）予以重点发展。学者魏后凯提出"网络开发"模式，进一步发展了"点轴开发"理论。从全国角度看，"网络开发"模式就是要在继续完善沿海轴线的基础上，加强沿长江轴线中上游地区的开发，依托主要交通运输网络，以城市群为载体，以主要中心城市为节点，加快推进建设一批新的国家级重点开发轴线，逐步形成"五纵四横"的网络开发总体格局。学者高佩义提出了大城市超先增长规律的观点,认为在城市化发展的一定阶段内,城市人口规模结构的变动具有大城市超先增长的客观必然性。

(4) 双核模式理论

双核结构模式是陆玉麒教授领导的南京师范大学课题组于1998年进行《南京经济区域跨世纪发展战略》研究时,在对江西地区城市空间发展进行实证分析时得出的。双核结构模式是在某一区域中,以区域中心城市和港口城市为主,组成一种城市空间结构模式,是对点轴系统理论的继承与发展,以一种新的切合我国经济地理国情的轴线思想,为我国沿江、沿边城市与区域中心城市的合作发展提供了理论支撑。该理论持以下观点:一是港口城市与区域中心城市的空间耦合基于两者之间功能和区位的互补;二是双核结构兼顾了区域中心城市的趋中性和港口城市的边缘性;三是区域中心城市寻求对应的港口城市而与区外发生更为有效的联系;四是港口城市的发展依赖于区域中心城市的支撑。比较典型的双核模式案例在世界范围内都有很多,如欧洲的鹿特丹—杜伊斯堡、美国的华盛顿—巴尔的摩、日本的东京—横滨、韩国的首尔—仁川、中国的北京—天津、济南—青岛、杭州—宁波、成都—重庆等。

(5) 初步形成城市群的系统研究

2006年,我国学者姚士谋、陈振光、朱英明的《中国城市群》研究专著,是国内首部以城市群为研究对象的研究专著,共有80多万字,分为10章内容,系统论述了城市群发展演进中的若干重要问题。通过研究我国沪宁杭、京津唐、珠三角、山东半岛、辽宁中部与四川盆地6个超大型城市群以及近似城市群的7个城镇密集地区的形成发展条件和现状特点等,总结出我国城市群发展的高度集中型,提出未来我国推进城市化、城市群发展的3个基本对策:一是城市发展应走可持续的发展道路,不能盲目走追求西方高指标的老路;二是提高全民族的文化科技水平,提高城乡人口的素质,走健康城市化的道路,重视城市现代化的建设水平,逐步缩小城乡差别;三是历史地、全面地认识一个城市,特别是在市场经济体制下充分认识、系统分析一个城市的地位、作用,是21世纪我国成熟时发展的关键。

(6) 城镇化生态理论

我国城市理论研究是一个从无到有，人们对其认知逐步深化、视野不断拓宽的历史过程。总结我国 21 世纪以来城市理论研究的特点，就是研究起点较高，研究逐渐由定性研究向定性与定量研究相结合的方向发展，切合中国发展的实际，这方面的研究成果主要体现 20 世纪 80 年代，我国生态学家马世骏、王如松提出了复合生态系统理论，即任何生态系统，包括自然生态系统、人工生态系统，特别是作为人工生态系统的城市生态系统，具有极其明显的复合生态系统结构特征，它以人的行为为主导、以自然环境为依托、以资源流动为命脉、以社会经济体制为调节器，把各种物理网络、经济网络、社会网络和文化网络通过有形的和无形的联系交织在一起，极大地丰富了城镇化生态理论。

三 世界城市群理论在城市社会治理的应用和发展

目前，世界上公认的五大城市群是以全球城市为中心的，主要有以纽约为中心的美国东北部大西洋沿岸城市群、以东京为中心的日本太平洋沿岸城市群、以伦敦为中心的英国城市群、以芝加哥为中心的北美五大湖城市群及以巴黎为中心的欧洲西北部城市群。世界五大城市群由于区域地理位置和人口、产业、交通等资源的禀赋不同，在社会治理方面同样有其自身的特点和规律，我们在总结和分析这五大城市群社会治理的基本经验时，注重提炼五大城市群社会治理的基本经验，以对中国长三角城市群创新社会治理提供借鉴。

（一）建立大都市市政议会，从法律层面加强社会治理

为了加速东京都市圈的一体化进程，日本议会先后制定了《首都圈整治法》《首都圈市区开发地区整治法》和《首都圈近郊绿化地带保护法》，并制定了相关地区区域一体化发展建设的法规和制度，通过法律的手段保证区域建设的健康发展。同时，中央将权力下放，可以利于各大都市（区）进行自主决策，明确城市分工。日本通过立法的方式确保地方自主权和城市群内地方政府的自治权力，为区域内经济的和谐发展提供了宽松的政治背景。为了加强对城市的社会治理，2000 年，英国大伦敦市

政议会重新成立市政议会，主要负责交通、经济发展、环境问题、旅游和娱乐等战略规划的编制，从整体上构建土地利用的基本框架。要求作为各二级政府的自治市政府在教育、住宅、城市更新、公路维护、区域规划、文化和休闲产业等，必须和大伦敦市政府的政策一致。美国联邦议会和州议会为了克服行政分割，缓解城市与县政府的利益冲突，在充分听取居民投票意见的基础上，推行"市县合并"的政策，使城市得到了健康稳定的发展。

（二）充分发挥城市区域规划的引领作用

在英国，为体现城市规划实施的严肃性和权威性，英国制定了一套"以人为本"的规划体系，民间规划机构也积极参与，如著名的伦敦规划咨询委员会。美国城市群发展历程并不长，但却表现得更为典型和具有前瞻性。纽约是美国人口最多的大都市区，同时也是全美社会治理最好的城市之一，这与区域规划协会发挥作用密切相关。该协会是一个专业中介组织，所提出的规划具有预见性和合理性，对纽约大都市区的发展起到了重要的保障作用。日本国土狭小、资源贫乏，为了推进城市群战略，由日本国土厅负责编制三大都市圈的基本规划，其具体措施包括建立交通、环境、信息共享平台，以及进行产业一体化与行政体制的改革等。同时强调这些区域政策的实施不受行政区规划的限制，且不划分具体的城市等级。英国是世界上第一个实现城镇化的国家，也是最早面对城乡发展失衡问题的国家。英国议会1868年、1875年先后两次颁布了《工人住宅法》，由政府负责动迁贫民窟，在此土地上兴建公园、仓库、车站、剧院等公共设施，积极培植新的区域增长极以带动落后地区的发展。

（三）在各个领域，加快推进城市一体化建设

欧盟成立后，加快了欧洲国家区域一体化建设，目前也是世界五大城市群中一体化程度最高的城市群。从《申根协定》的签署实行和欧元区的成立，直至到欧盟议会及法院等，基本实现了交通一体化，城市之间甚至主要国家之间取消关卡、收费站，大大方便了旅客通行，加快了物流节奏。正是由于城市的一体化，各城市实现优势互补、联动发展，伦敦、巴黎这些规模大、实力强的中心城市能够发展成为具有巨大国际影响力的大

都市。针对大城市发展带来的负面影响，日本潜心研究如何将首都圈的人口居住和产业发展等功能分散到周边地区。从 2007 年开始，日本国土交通省开始把聚集在首都圈中心地带东京 23 区、川崎和横滨特别密集的人口分散到周边，并且对产业进行合理分化，加快实现以产城融合一体化为目标的城市群发展。美国是世界上市场经济最成熟的国家，在城市社会治理中，通过政府与企业或中介组织签订购买服务的合同，加快推进城市的一体化建设。购买服务的领域主要是在公共基础设施建设方面的合作，按市场法则解决资金不足的问题，在公共安全与消防合作、市与县政府签订图书馆、公立医院等合约。

（四）注重城市环境治理和生态保护

英国是工业革命的发源地，伦敦泰晤士河污染严重，从 1858 年开始，为拯救泰晤士河，历届政府推出了许多措施：一是修建大型下水道；二是对泰晤士河水质进行监控并加强污水处理力度；三是通过立法对向泰晤士河排放工业废水和生活污水的企业进行严格处罚；四是对水的供给实行私有化，加大对水质的投入和监管。经过约 150 多年的治理，到如今泰晤士河已成为欧洲最洁净的城市河流之一。在欧洲历史上，巴黎是第一个对树木进行有效保护的城市，巴黎制定了地方法规，鼓励保护公共绿地和私人绿地，制订了"综合性生物保护控制计划"，并设专门的"树木报告"来记载为保护树木所做出的决定和采取的行动。截至目前，巴黎共有 280 块，总面积达 500 多公顷的公共绿地，390 个公园，人均绿地面积为 14 平方米。绿地中有市级大公园、区级公园、社区公园、广场绿地以及塞纳河和运河边的绿地。

（五）发展社会中介组织，建立城市区域协调机构

城市许多管理矛盾和问题解决往往单靠政府是无法协调解决的，美国在探索城市治理方面最有成效的是倡导"有限制的责任政府"和"充分发挥社会中介组织"。地方联合组织是相对松散一点的协调组织，属于政府组织，同时又具有明显的办会性质，且具备协调功能，因而在美国发展较快。如美国"双城大都市区议会"和"波特兰大都市区政府"是两个成功运作的区域政府范例。它们的职责都在于对都市区长远规划、提供公

共服务等，经过多年的运作它们已经成为解决区域性重大问题的区域行政组织。日本在战后不到30年的时间里，完成了欧美发达国家100年才完成的城市化过程，走了一条典型的集中型城市化道路。东京都市圈成立后，日本就形成了一套强有力、跨区域的协调机制和政府机构，其主要内容体现于立法确保地方自主权、制定区域规划、成立协调机制以及分散城市功能等方面。日本典型的城市群协调机构是关西经济联合会，该组织成立于1946年，下设23个委员会，成员包括关西地区约850家主要公司和团体。关西经济联合体是为区域内的企业和区域经济发展服务的非营利性民间组织，起沟通企业和政府的作用，其活动经费由会员承担。

（六）坚持产学研一体化，建立创新型城市

20世纪80年代以来，伴随信息化和经济全球化的发展，城市群发展注重产学研的一体化，已成为世界城市化的主流趋势。如纽约、伦敦、巴黎、东京、芝加哥都是产学研一体化成功的范例或是著名的科创中心。美国的旧金山依靠斯坦福大学的研究院，建立了世界上最大的微电子工业中心，1971年，该地带被美国《微电子新闻》周刊正式更名为"硅谷"，作为第一个科技工业园区，它为美国乃至整个世界科技工业园区的发展树立了典范。英国伦敦不仅是世界的金融中心，也是世界著名的文化创意之都，为了加快文化创意产业的发展，2002年10月，伦敦政府经济委员会出台了《伦敦创意产业研究报告》，提出要将伦敦打造成为英国最具有文化创意和世界最具有文化多元化的世界级文化中心。2005年，伦敦市设立了文化战略委员会。经过多年发展，伦敦已是英国的创意之都，目前创意产业已是伦敦最大的产业部门之一，年增加值超过250亿英镑，年产值约为300亿英镑，总产出和就业仅次于金融、商业和服务业。

四 长三角城市群社会治理创新的主要对策和建议

（一）《长三角城市群发展规划》是城市群理论研究的集中体现

《长江三角洲城市群发展规划》主要理论研究成果和实证研究，集中体现在国家发改委制定的长三角城市群区域规划，这是为集中国智库各类高端人才制定的长远发展规划，具有创新性和引领性。根据国务院批准的

《长江三角洲城市群发展规划》，长三角城市群在上海市和江苏、浙江、安徽三省部分城市范围内，由以上海为核心、联系紧密的多个城市组成，主要分布于国家"两横三纵"城市化格局的优化开发和重点开发区域。规划范围包括：上海市，江苏省的南京、无锡、常州、苏州、南通、盐城、扬州、镇江、泰州，浙江省的杭州、宁波、嘉兴、湖州、绍兴、金华、舟山、台州，安徽省的合肥、芜湖、马鞍山、铜陵、安庆、滁州、池州、宣城26市。长三角（沪、苏、浙、皖）国土面积335.544万平方公里，占全国的3.7%，人口2.13亿人，占全国的15.59%，常住人口城镇化率65.3%。长三角GDP14.97万亿元，占全国的23.61%，长三角是我国经济对外开放对内辐射的龙头，是我国城市化最密集的地区，也是我国产业与高新技术的重要集聚区。我国经济实力最强的35个城市中有10个在长三角城市群，世界500强企业有400多户落户于此。长三角城市群是我国发展水平最高的城市群，最有潜力和条件成为世界第六大城市群。2015年上半年，长三角地区除上海GDP增速与全国持平外，苏浙皖三省GDP增速均跑赢全国，长三角整个地区75000多亿的经济总量贡献了全国GDP总量的四分之一，经济发展水平在全国处于领先地位。

（二）长三角城市群主要理论研究的实证成果

1. 都市圈发展模式

大都市圈以中心特大城市为核心，以圈层状布局的城市为外围，是一种高密度、巨型化较成熟的城市空间组织形式。从长三角省市域内来看，南京都市圈和上海都市圈是最为典型的案例。2003年出台《南京都市圈规划（2002—2020）》，以南京、镇江、扬州、淮安、芜湖、马鞍山、滁州、巢湖等八市为主题，建立长江流域与东部沿海交汇地带的枢纽型都市圈，兼容并蓄、开放多元的文化型都市圈，培育平等、互利的发展环境，推进跨区域基础设施共建共享，建成经济社会一体化的现代化都市圈；上海大都市圈包括上海、苏州、无锡、南通、嘉兴、湖州，又称"1+5"，即将建设成为由特大城市、大城市、中等城市和小城市所组成的四级城镇体系，着力提升上海国际经济、航运、科技创新和文化等城市功能，推动非核心功能疏解。同时推动与苏州、南通、宁波、舟山等城市的同城化发展，与周围城市树立竞争合作的关系。

2. "点—轴—面"开发模式

"点—轴—面"开发模式主要有沪宁和沪杭两种模式。沪宁"点—轴—面"模式包括上海、南京、镇江、常州、无锡、苏州，目前已成为经济繁荣、交通发达、大中小城镇星罗棋布、各类产业带纵横交错的网络发展阶段，正进入高级的"面"状发展阶段，未来沪宁发展轴将拓展为沪宁合（合即合肥）发展轴，以带动整个长江经济带以及中西部地区发展。沪杭"点—轴—面"模式目前处于"点—轴"发展阶段，尚未达到"面"这一层次。沪杭发展轴将定位为沪杭金（金即金华）发展带，连接上海、嘉兴、杭州、金华等城市，力图发挥开放程度高和民营经济发达的优势，以提升对江西等中部地区的辐射带动能力。

3. 产业梯度转移模式

从长三角省市域内来看，产业梯度转移模式主要体现在产业由发达地区向滞后地区的有序扩散，产业梯度转移模式主要有两种：一是苏南苏北共建模式。江苏主动推动苏南占地多、消耗高的加工业和劳动密集型产业向苏北转移，实施了南北共建开发区、"南北挂钩"等举措，推动苏北经济发展；二是"郎溪现象"。安徽省的郎溪县地处皖江城市带承接无锡产业转移示范区的"一翼"，因为无锡企业受制于土地资源短缺、环太湖治理的压力而搬迁到郎溪，利用区位优势和土地资源优势，成功接纳转移产业，形成独特的"郎溪现象"。

（三）创新长三角城市群社会治理的建议和对策

1. 从法律层面赋予各城市治理高度自主权

目前，长三角城市群的制度化协调机制建设已经形成三个层面的协调机制：副省（市）长级别的"沪苏浙经济合作与发展座谈会"、市长级别的"长江三角洲城市经济协调会"以及长三角各城市政府部门之间的协调会。然而这些协调机制没有实际的权力和法定的组织形态，最后变成地方政府的"联谊"会议。长三角城市群不仅跨省域（直辖市），而且涵盖不同行政层级的城市，因此无论横向还是纵向来看，长三角城市群的城际关系都十分复杂，存在一定的协调难度，需要国家在法律上赋予三省一市地方人大在制定地方条例方面更大的权力，使各城市具有高度自主权，以协调下属区县之间的利益关系，制定区域协调发展的政策和制度，以强化和提升城市群在中国社会经济发展格局中的主导地位。

2. 加大制度供给和政策支持，促进区域间产业协同

长三角区域产业联动有很大的上升空间，仍亟须加大产业联动的制度供给和政策支持：一是借鉴美国等国家的做法，规范地方政府行为，加强行政协调，通过建立区域联合组织来协调不同地区之间的利益关系，制定相关政策和制度，以此推进政策及制度层面的一体化建设；二是进一步改革财税和金融投资体制，处理好政府与市场的关系，加快政府职能角色的转变，实现从经济主体向社会服务的转型，改革不合理的政绩考核体系，不再以 GDP 增长作为政府考核的指挥棒；三是强化中央政府在长三角产业联动发展中的作用，通过制定和实施区域规划和区域政策，对长三角地区的区域产业联动在路径上给予引导；四是加快建立地方政府的利益协调机制，培育和发展社会中介组织，为地方政府的合作构筑良好的制度平台。加快建立区域性的行业协会，通过行业内部的协商来形成行业规范和产业标准，促进区域产业的联动发展。

3. 集聚高端要素资源，建设创新型城市群

长三角要努力在推进科技创新、实施创新驱动发展战略方面走在全国前头、走在世界前列，加快建设创新型的世界第六大城市群。一是加大行政体制的深化改革，要在政府职能转变、体制机制创新等方面寻求突破，推进金融、土地、产权交易等要素市场一体化建设的先行先试，深化教育、医疗、社保改革，进一步加强公共服务设施和社会事业的投入，扩大惠及民生的覆盖面；二是在浙江省成为第三批自贸区后，要将上海、浙江自贸区的先行先试政策和可复制、可推广的经验扩展到整个长三角；三是扩大城市圈"极化"和"扩散"的两大效应，使得区域内的资源配置得到优化，实现区域经济的"点""面"结合，通过发展区域内的增长极来带动周边区域乃至全国范围的发展；四是促进长三角地区国际资本、跨国企业和国际人才的集聚，建立智库，优化创新创业环境，为产学研做好各项服务和政策的倾斜，重在提升商务投资环境，降低创新活动的成本。

4. 通过市场化制度创新，实现区域经济一体化

历史上长三角就是中国经济最活跃、市场化程度最高的地区。今天的长三角仍是中国最具活力、开放程度最高、创新能力最强、吸纳外来人口最多的区域之一。多年来，长三角各城市之间的暗自竞争直到今天一直未

曾停止。各城市地方政府为了促进本地区的经济和社会的发展，在投资环境、法律制度、政府政策等多方面展开激烈竞争，常常使各地区陷入了双输的"零和博弈"中。要解决城市间恶性竞争问题，地方政府之间首先要解决要素跨行政区流动、跨界治理环境污染等问题，摒弃竞争模式，展开全面合作，由"双输"走向"双赢"。因此长三角城市群当务之急是要从各自的利益集聚向自觉的制度整合升华，如行政区合并、设置区域协调委员会，或者在中央层面设立区域合作部门等制度安排等。通过将区域合作纳入到政府绩效考核机制中，推进区域合作，或是设立长江经济带合作协调发展基金，围绕长江流域重大基础设施项目等，用于长江经济带跨区域合作重大公关和引导资金，推进不同区域利益的平衡和补偿，实现区域之间的深层次合作。

5. 提升长三角城市群在国家战略中的地位

长三角处于中国和太平洋经济区结合部的前沿中心地带，区内江湖河海相连，经济发达，交通便捷，借助长江，又与我国中西部经济中心城市武汉、重庆相连，因而成为我国主要的外贸基地，具有极其优越的港口优势。随着中国经济总量位列世界第二，国家软实力的增强，加之在国家三大战略中，长三角城市群的地位又地处"一带一路"与长江经济带的重要交汇地带，在国家现代化建设大局和全方位开放格局中具有举足轻重的战略地位。为此，提升长三角城市群在国家战略中的地位就显得尤为重要，"十三五"时期是全面建成小康社会的决胜阶段，长三角当务之急是要率先全面建成小康社会目标的确定，立足经济发展新常态的新形势和长三角地区经济社会发展的现实基础，围绕优化发展和长久治安两大目标，统筹推进区域、城乡协调发展，实现由工具理性向价值理性的超越，由工业文明向知识文明的跨越，加快长三角早日建成世界第六大城市群，为中国实现全面小康做出应有的贡献。

6. 建设中国最环保、最宜居的生态城市

经过改革开放近40年的经济快速发展，长三角的城镇化率已居全国第一。由于人口过于向要素、市场发达的大中城市集中，交通拥堵、环境污染、城市管理成本升高等"城市病"逐渐显现，建立环保宜居的生态城市显得更加迫切，以重现江南田园风光美色。在区域的环境保护层面：要指定并实施长江流域区域内重点行业的水、大气污染物等排放限值；建立产业转移环境机制,加强产业转入地在承接产业转移过程中的环保监管,防止污染转移;城镇化要贯彻落实绿色发展理念,要以人为本,注重城市群之间的分工协同以及"五化"(工业化、信息化、城镇化、农业现代化和绿色化)融合发展,将生态修复、水资源保护和绿化隔离带建设放在城市群规划的首要位置。长三角要从以经济实力为中心向生态宜居过渡,走绿色城镇化道路,建设世界最宜居的城市群:一是要以人为本,坚持科学规划,走可持续发展道路,吸纳和包容各国、境外及各民族在长三角投资经营和生活定居,推进各国和多元族群、多种技能、多样文化的互补与包容;二是活力多样化。长三角要建设具有全球服务和创新的能力,增加就业机会,吸引全球人才汇聚,提升国际科创中心的影响力,加快新经济发展,实现产学研一体化;三是加强长三角智慧城市的信息化和立体交通建设,实现城市互联网条件下的智慧管理,加快通过修建高密度的路网、地铁网和地上地下的连接通道,来提高便捷性;四是加强生态保护和绿色化建设。以建设国际宜居城市为目标,制定和实行最严格的生态保护法,加大森林绿化投入和提高城市森林带的覆盖率,提高长三角在世界城市群中的地位。

参考文献

[1] 华林:《长三角城市群腾飞呼唤新型治理》,《社会科学报》2016年第8期。

[2] 陈继勇、王保双:《中国城市群的发展经验及其对长江中游城市群建设的启示》,《湖北社会科学》2014年2月。

[3] 房国忠、刘贵清:《日美城市群产业空间演化对中国城市群发展的启示》,《当代经济研究》2009年9月。

[4] 中华人民共和国国务院公报:《国务院关于长江三角洲城市群发展规划的批复》,2016年。

[5] 江曼琦:《知识经济与信息革命影响下的城市空间结构》,《南开学报》2001年1月。

[6] 江泽慧:《加快城市森林建设 走生态城市发展道路》,《中国农学会全面建设小康社会——中国科协二〇〇三年学术年会农林水论文精选》2003年7月。

[7] 刘祺:《区域经济集聚的创新能力研究》,浙江大学论文,2010年。

[8] 罗天昊:《世界城市群三大发展模式的启发》,《大经贸》2011年第11期。

[9] 刘士林:《城市群的全球化进程及中国经验》,《学术界》2012年6月。

［10］刘银岚：《城市群经济发展水平评价研究》，西安科技大学论文，2013年。

［11］宁越敏：《世界城市群的发展趋势》，《地理教育》2013年4月。

［12］裴丽岚：《国内外城市群研究的理论与实践》，《城市观察》2011年5月。

［13］石碧华：《长三角城市群产业联动协同转型的机制与对策》，《南京社会科学》2014年11月。

［14］徐艳文：《绿树流翠的巴黎》，《福建林业》2014年3月24日。

［15］薛凤旋、郑艳婷、许志桦：《国外城市群发展及其对中国城市群的启示》，《区域经济评论》2014年4月。

［16］叶建农：《加快"长江三角洲"区域经济一体化》，《建设科技》2003年4月30日。

［17］叶耀明、王胜：《推进长三角金融合作发展的机制分析与进程设计》，《上海经济研究》2007年11月。

［18］阎东彬、丁波：《"以人为本"的中国城市群新型城镇化质量综合评价——以京津冀、长三角、珠三角为例》，《工业技术经济》2016年8月。

［19］周世锋、王辰：《世界城市群发展演变特点及其对长三角的启示》，《江苏城市规划》2010年8月。

［20］张学良、李培鑫：《城市群经济机理与中国城市群竞争格局》，《探索与争鸣》2014年9月。

［21］Roy Ananya, *Slumdog cities: rethinking subaltern urbanism*, International Journal of Urban and Regional Research, 2011, 352.

［22］Yijun Yang、Haibin Duan, *City Group Optimization: An Optimizer for Continuous Problems*, International Journal of Swarm Intelligence Research (IJSIR), 2016, 73.

长三角城市群推进框架新设想

宗传宏　何　静　胡钰波　张然宇[①]

全球经过两百多年的城市化进程，经济全球化与区域一体化共同推进世界经济发展的趋势日益明显。在全球城市化的长河中，长三角作为世界第六大城市群，是我国城镇化和区域一体化发展的领头羊，在全国世界城市化进程中也具有重要的地位。在长三角一体化的过程中，融合发展在长三角发展中逐步占据了重要的地位。从竞争走向竞合是未来长三角发展的大趋势，也是进一步融入世界城市化的大趋势。

在长三角一体化发展的进程中，创新融合发展机制，打破行政区划的束缚，为一体化发展保驾护航，始终是长三角一体化发展的主旋律。从1982年上海经济区规划办公室开始，长三角融合发展机制已经走过30多年的历程。30多年的融合发展机制既不是一蹴而就，也不是无序发展的，既有其内在的规律性，更是在全球城市化大背景下，在我国经济社会发展的大背景下，在长三角不同发展阶段下逐步成长和完善的。

目前，长三角转型发展的关键时期，既面临全球经济新常态的新挑战，也面临"一带一路"、上海自贸区建设、国际科技创新中心等一系列国家战略的新机遇。在《长江三角洲地区区域规划》和《长江三角洲城市群发展规划》的指导下，也必然将承担起历史新任务和新使命。长三角在第三次转型的过程中，为融合机制赋予了新的内涵和要求，创新融合

[①] 宗传宏，上海社会科学院城市与人口发展研究所副研究员；何静，上海海洋大学经济管理学院副教授；胡钰波，上海社会科学院硕士研究生；张然宇，上海社会科学院硕士研究生。

机制成为进一步推进长三角一体化,打造长三角经济升级版,建成国际公认的世界级大都市的必然路径之一。

长三角融合机制的发展是具有整体性的和一脉相承的,系统分析长三角融合机制的发展背景、过程、特点、经验和教训,找到融合机制的历史逻辑性和发展主轴,对未来长三角融合机制的发展提出对策,具有较大的意义。

一 长三角融合发展机制的历史沿革

(一) 长三角融合发展机制的历史[①]

经过30多年的实践,长三角融合发展机制逐步从计划经济向市场化过渡,形成了富于长三角特色的融合发展机制。总体上来说,分为"四个阶段,三个节点"(如表1所示)。四个阶段分别是计划协调阶段、要素合作阶段、制度合作阶段、转型升级阶段。三个节点是长三角融合制度创新的关键节点,分别是:1997年,标志为长三角经济协调会第一次市长联席会议;2007年,标志为长三角经济协调会第八次市长联席会议;2015年,标志为长三角经济协调会第十五次市长联席会议。

表1　　　　　　　　　　长三角融合机制历史沿革

阶段	节点	最高层会晤	组织形式	范围	备注
第一阶段	1982年12月	两省一市省市长会议制度	中央派出机构协调	上海、苏州、无锡、常州、南通、杭州、嘉兴、湖州、宁波、绍兴	
	1986年			上海、江苏、浙江、安徽、江西、福建	1988年6月撤销
第二阶段	1992年	长三角城市协作办主任联席会议	成员城市合作	上海、南京、苏州、无锡、常州、扬州、镇江、南通、杭州、嘉兴、湖州、宁波、绍兴、舟山	
	1996年			上海、南京、苏州、无锡、常州、扬州、泰州、镇江、南通、杭州、嘉兴、湖州、宁波、绍兴、舟山	扬州拆为扬州和泰州,联席会议成员增至15个

---

① 根据《长江三角洲区域合作协调机制研究》(上海社会科学院课题组2008)整理。

续表

阶段	节点	最高层会晤	组织形式	范围	备注
	1997年4月	长三角城市经济协调会市长联席会议		上海、南京、苏州、无锡、常州、扬州、泰州、镇江、南通、杭州、嘉兴、湖州、宁波、绍兴、舟山	
第三阶段	2001年	沪苏浙经济合作与发展座谈会	副省级会议	上海、江苏、浙江	
	2003年8月			上海、南京、苏州、无锡、常州、扬州、泰州、镇江、南通、杭州、嘉兴、湖州、宁波、绍兴、舟山、台州	
	2004年	沪苏浙主要领导会晤	省级会议	上海、江苏、浙江	
	2007年	沪苏浙皖主要领导会晤	决策层、协调层和执行层框架体系	上海、江苏、浙江、安徽	合肥市、盐城、马鞍山、金华市、淮安、衢州市加入城市经济协调会
第四阶段	2013年	沪苏浙皖主要领导会晤		上海、江苏、浙江、安徽	芜湖、滁州、淮南、丽水、温州、徐州、宿迁、连云港加入城市经济协调会

(1) 四个阶段

第一阶段，1982—1988年，计划协调阶段。中央以派出机构的方式，对区域进行规划，以中心城市和工业基地为依托，形成以协调为核心的体制机制。随着上海经济区的范围不断扩大，需要处理的区域事务日益增多，协调难度逐渐增大，而多数地区盲目追求冠名效应，造成经济区发展规划难以落实，项目推进乏力，最终国家决定撤销了上海经济区，但是上海经济区规划办公室的出现第一次打破了行政区界限、以经济区为单位组织和管理区域经济事务，为之后长三角融合发展机制的形成和完善积累了丰富的协调经验，奠定了坚实的实践基础。

协调范围：1982年，由上海、苏州、无锡、常州、南通、杭州、嘉兴、湖州、宁波、绍兴等十个城市组成了上海经济区。1984年，扩展为上海、江苏和浙江二省一市。1987年，扩展为上海、江苏、浙江、安徽、江西和福建五省一市，山东省作为观察员。

协调方式：1983年3月，国务院成立上海经济区规划办公室，为上海经济区领导机构，没有行政管理权，主要通过区域规划进行区域协调工作。上海经济区规划办公室先后建立了两省一市省市长会议制度、十市市长联席会议制度。省市长会议执行主席由各省市负责人轮流担任。1988年6月，国家计委发出"计办厅〔1988〕120号"文件，通知"撤销国务院上海经济区规划办公室"。

协调内容：在历次会议的推动下，先后确立交通、能源、外贸、技术改造和长江口、黄浦江和太湖综合治理等为规划重点，提出了十大骨干工程；促进了省市间交流，特别是经济往来，带动企业开展横向经济合作。

第二阶段，1989—2000年，要素合作阶段。在浦东开发开放的引领下，长三角经济高速发展，长三角各城市之间合作发展的呼声一浪高过一浪，各城市积极融入长三角一体化发展的诉求也不断提高。在学界、企业和各地方政府的共同推动下，各城市按照市场诉求，自发倡议建立以经济为核心的合作机制。但由于经济社会发展的限制，特别是交通设施和信息通信条件的限制，城市间的交流多停留在理念的沟通，联谊性的往来，还缺少务实的工作抓手，城市间的合作内容也以招商引资、推进商贸往来为主。其中，由于旅游线路的设计，旅游资源的共享方面的目标相对更能达成一致，因此，旅游产业合作成为长三角一体化融合中首先推进的领域。

协调范围：1992年，倡议成立长江三角洲协作办（委）主任联席会议，以上海为核心，成员城市包括上海、南京、苏州、无锡、常州、扬州、镇江、南通、杭州、嘉兴、湖州、宁波、绍兴、舟山，计 14 个；之后扬州一拆为扬州和泰州两市。2003 年，接纳台州市为正式成员。至 2006 年，观察员城市包括盐城、连云港、淮安、徐州、金华、衢州、丽水、合肥、马鞍山、芜湖、滁州、淮南、巢湖。

协调方式：建立协作部门负责人联席会议制度，通过交流、研讨，密切沟通。1997 年，联席会议升格为长江三角洲城市经济协调会（以下简称协调会）。协调会按城市笔画顺序每两年在执行主席方城市举行一次市长会议。常务主席方为上海市，常设联络处设于上海市人民政府合作交流办公室，执行主席方由各城市轮流担任，任期两年。自 2004 年开始，市长会议每年举行一次，执行主席方任期也相应为一年。协调会的工作经费以会费方式由各成员城市共同承担，集中使用。

协调内容：凸显改革开放的制度创新、产业集聚效应，打破行政壁垒，推进横向经济联合，促进区域间产业转移和市场开放的一体化。自 1997 年至今，协调会每年设立专题和专项，以专题和专项带动其他政府部门，共推区域合作。

第三阶段：2001—2007 年，制度合作阶段。地方政府间通过平等磋商，以共赢为目的，大力展开制度对接，通过制度合作，自觉推动区域合作与发展。2004 年启动了三省市主要领导座谈会制度，标志着沪苏浙区域合作已纳入两省一市最高决策层的视野，为推动长三角经济一体化向更深层次迈进注入了强大动力，长三角以自上而下和自下而上为特征的融合发展机制逐步形成。2007 年，在充分吸取欧盟、WTO、环渤海、泛珠三角、北部湾等国内外城市群融合发展机制经验的基础上，长三角确立了由决策层、协调层、执行层组成的融合发展体制机制框架，经过近 10 年的运作，对推进各城市的合作起到了良好的作用，这也成为国内区域一体化合作体制机制的示范模式。

协调范围：上海、江苏和浙江两省一市。

协调方式：2001 年，上海、江苏、浙江两省一市政府领导共同发起组织"沪苏浙经济合作与发展座谈会"（以下简称座谈会），座谈会由两省一市常务副省（市）长主持，分管秘书长、发改委主任、联络组和合作专题组负责人一起参加。联络组设于两省一市发改委。座谈会按照"优势互补、密切合作、互利互惠、共同发展"为原则。

协调内容：以建立完善、高效的区域合作机制，保障区域经济健康合作与发展，全面落实科学发展观，促进长三角和谐发展，不断开创区域合作新局面为目标。2007年，确立了以决策层为核心，由决策层、协调层和执行层共同组成的多层次融合发展机制框架体系。如图1所示。

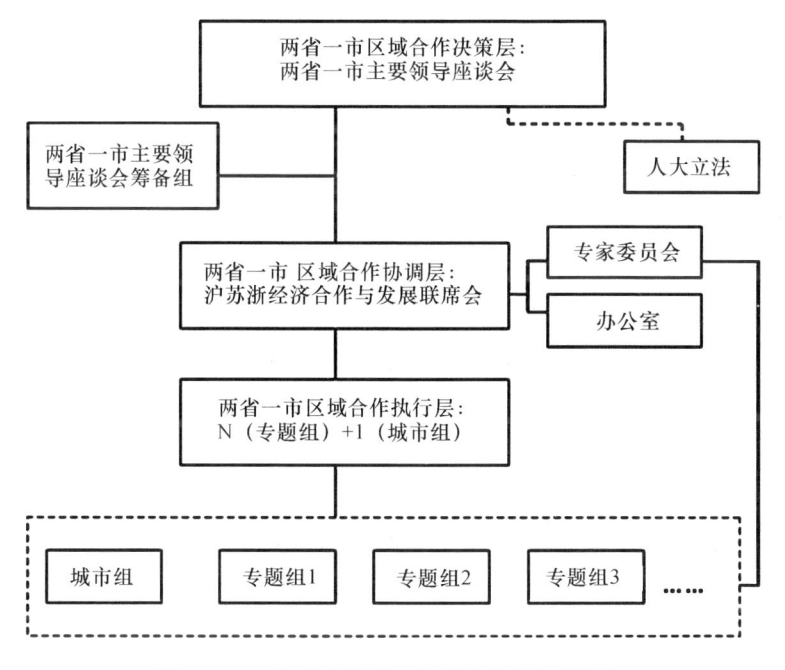

图1 2007年确立的长三角融合发展机制框架

该协调机制采取决策层领导下的协调层总负责制，决策层是该机制的最高决策机构，负责领导协调层和执行层，决策层通过建立形成"两省一市主要领导座谈会制度"来运行。决策层的主要职责是负责统筹整个长三角经济、社会、文化等发展中的重大事宜及布局建设，制定一体化的长期发展规划与战略目标；协调层须接受决策层的领导，在决策层的领导下直接领导执行层开展工作，协调层直接对决策层负责，负责运作联席会议制订的发展规划与战略的城市组，以及交通、金融、交通、教育、环保等专题组。执行层由多个专业执行机构构成，是具体的操作部门，主要职责是把各专业委员会的工作，具体分到各个部门，进行贯彻实施，执行层接受协调层的直接领导和决策层的间接领导，直接对协调层负责，同时又对决策层负责，负责具体的操作执行。

第四阶段：2008年至今，转型升级阶段。以长三角规划为标志，一系列国家区域发展战略不断出台，进一步推进长三角合作迈上新台阶。2007年5月，温家宝总理在上海专门主持召开了长三角经济社会发展座谈会，对长三角的发展提出明确的指示。2008年以来，国家先后出台了长三角指导意见、长三角区域规划、上海自贸区建设、上海科创中心建设、"一带一路"战略、长三角规划、长江经济带规划等一系列区域发展战略，长三角继续站在国家改革开放的前沿阵地，也肩负起更大的历史使命，长三角融合发展机制处于转型升级时期，而且将是长期的创新发展阶段。

协调范围：上海、江苏、浙江，以及安徽的合肥、马鞍山、芜湖、滁州、淮南；2016年6月3日，《长江三角洲城市群发展规划》颁布后，协调范围为上海市，江苏省的南京、无锡、常州、苏州、南通、盐城、扬州、镇江、泰州，浙江省的杭州、宁波、嘉兴、湖州、绍兴、金华、舟山、台州，安徽省的合肥、芜湖、马鞍山、铜陵、安庆、滁州、池州、宣城等26个城市。

协调方式：在协调方式上，根据国家战略的要求进行了深度推进和部署。2007年在上海召开的三省一市主要领导座谈会上，围绕在新的历史起点上推动长三角率先发展、科学发展、和谐发展进行了深入探讨，对进一步加强长三角合作、完善合作机制提出了新要求。同时，对第三阶段长三角融合发展机制框架进行了创新。从2013年开始，长三角融合发展机制中，长三角经济协调会陆续成立了旅游、新型城镇化、品牌、会展、健康、创意经济产业六个专业委员会，成为协调会下设机构，各专业委员会探索城市、企业、研究机构、高校等单位共同参与，运用不同的组织和运作模式开展工作，例如，长三角品牌专委会又下设长三角品牌联盟、上海品牌联盟等部门，积极吸纳长三角各城市行业协会参与，调动了各方积极性。长三角经济协调会专业委员会的建立标志着长三角融合发展机制向社会化进一步迈进（如图2和表2所示）。

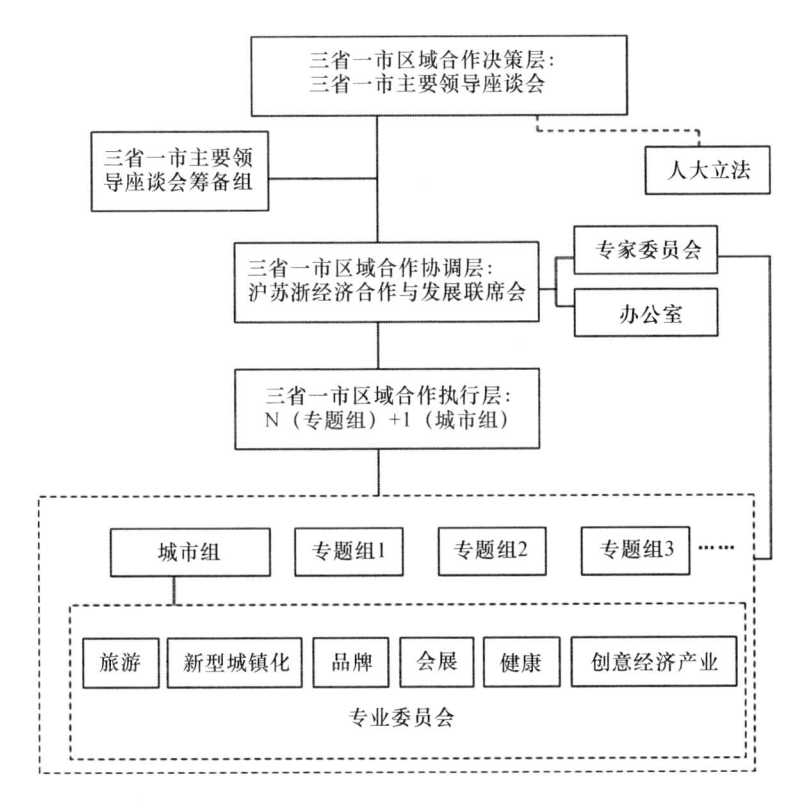

图 2　现行长三角融合发展机制框架

表 2　　　　　　　　　　长三角经济协调会专业委员会情况

序号	名称	成立时间	牵头单位	参与共建城市
1	旅游专委会	2013 年 4 月 13 日	南京市发改委、南京市旅游委	南京、镇江、扬州、淮安、盐城、泰州、芜湖、马鞍山、滁州、宣城和湖州 11 个城市
2	新型城镇化	2014 年 3 月 30 日	上海市合作交流办公室、同济大学	上海、杭州、无锡、苏州、嘉兴、舟山、绍兴、金华、宁波、衢州、台州、温州、湖州、常州、南通、泰州、盐城、淮安、宿迁、连云港、马鞍山、芜湖、镇江、南京、扬州、滁州、淮南、合肥 28 个城市

续表

序号	名称	成立时间	牵头单位	参与共建城市
3	品牌	2014年3月30日	上海市经济和信息化委员会、上海市政府合作交流办、上海社会科学院	上海、杭州、宁波、南京、合肥、苏州、无锡、马鞍山、嘉兴、丽水、徐州、连云港、常州、南通、泰州、金华、舟山和太仓18个城市
4	会展	2014年3月30日	宁波市人民政府、浙江万里学院	杭州、南京、无锡、合肥、嘉兴等12个城市
5	健康	2015年3月30日	扬州市人民政府、上海朵云轩（集团）	上海、南京、杭州、宁波、合肥等20个城市共67个部门
6	创意经济产业	2016年3月26日	东华大学旭日工商管理学院	长三角30个成员城市

协调内容：以市场化、社会化、高层次、综合性合作为立足点，以构建区域创新体系为核心，创新融合发展机制，发挥各种国家战略的叠加优势，尽快融入国家"一带一路"战略。

（2）三个节点

第一节点：1997年。确立了长三角协调会机制，标志着长三角融合发展机制迈出第一步。在1997年的长三角经济协调会第一次会议上，通过《长江三角洲城市经济协调会章程》，但该章程相对比较简单，就基本宗旨、原则、任务、组织机构、活动形式、常务主席方、执行主席方、常设联络处、经费缴纳和管理等做了原则性的规定，并确立了专（课）题制度。

第二节点：2007年。确立了以决策层为核心，由决策层、协调层和执行层共同组成的多层次融合发展机制框架体系。标志着长三角融合发展机制进入了系统化、科学化的新阶段。长三角融合发展机制从"自下而上"向"自下而上"与"自上而下"相结合，贯彻执行国家政策，科学决策地区发展更加坚决，融入国家战略的步伐更加紧密。2007年，长三角经济协调会第八次会议对《长江三角洲城市经济协调会章程》进行了修改，虽然是第二次修改，却是创新性的变革。重点修改内容是：按照党的十七大关于推动区域协调发展的精神，温家宝总理在"长江三角洲地区经济社会发展座谈会"的讲话要求，"沪苏浙主要领导座谈会"对长三角合作和协调发展的工作部署，对"基本宗旨""基本任务"内容作了相应调整和衔接。根据协调会近年来在实践中形成的有效工作机制，在"组织机构""议事形式""工作职责"中做了适当的修正和完善。

第三节点：2015年。2015年3月26日，经长三角经济协调会第十五次市长联席会议审议通过，形成了"1+n"制度体系。1为《长江三角洲城市经济协调会章程》，n包括市长联席会议制度、办公室工作会议制度、办公室主任办公会议制度、专家咨询委员会暂行管理办法、城市合作专（课）题工作制度、财务管理制度、办公室新闻发布制度、执行主席方工作制度、专业委员会暂行管理办法、协调会名称徽标等专有标志使用管理办法等。

（二）长三角融合发展机制的经验

（1）区域诉求与城市诉求的统一

长三角融合发展机制反映了长三角竞争力与城市竞争力之间的协调统一的关系。长三角竞争力是由各城市竞争力组成的，但各城市竞争力组合在一起不一定达到区域整体竞争力的提升。只有区域诉求与城市诉求达到高度统一的前提下，各城市目标一致，才能形成分工协作的格局，进而形成"1+1>2"的区域整体竞争力格局。

（2）自发与自下而上的统一

在诉求一致、利益共享的前提下，长三角各城市首先有强烈的愿望进行分工合作，自发形成融合发展机制框架。因此，地方政府通过参与区域合作追求并实现区域利益、实现综合发展效应才是推动区域合作的根本动因。从这个意义上讲，由地方政府自发自愿、自下而上，积极打破行政区划壁垒，推进的长三角融合发展机制才具有强大的生命力。

（3）融合发展机制与区域发展阶段的统一

作为生产关系，融合发展机制与区域经济发展要高度统一，才能推进区域一体化进程。长三角融合发展机制的发展过程，是在长三角不同发展阶段，在国家不同发展时期，不断动态调整完善的过程。不同阶段的融合发展机制随着区域发展重点的变化而变化：在计划协调阶段，由于市场经济尚未确立，没有在大市场下配置资源的条件，因此，只能以交通，能源，外贸，技术改造，长江口、黄浦江和太湖综合治理等单项的规划为抓手，上海经济区规划办公室的工作重点就是推进单领域的协调；在要素合作阶段，正是我国改革开放的启动时期，外资拉动、苏南模式、温州模式等一系列的长三角经济发展模式也逐步成型，各城市合作的焦点必然是以产业为核心，社会方面的合作相对滞后；制度合作阶段，在欧盟、WTO、环渤海、泛珠三角、北部湾等国内外城市群融合发展机制逐步建立的大背景下，经过吸取国内外区域融合发展机制的经验，长三角确立了由决策层、协调层、执行层组成的融合发展体制机制框架，对推进各城市的合作起到了良好的作用；在转型升级阶段，由于长三角融合发展的领域、强度和深度都有了明显的提高，加上国家区域发展战略不断推进，对长三角以政府为核心的合作机制提出了新的挑战，扩大合作范围，聚焦重大问题，注重社会参与，明确分工协作成为长三角融合发展机制可持续发展的关键问题，对此，长三角融合发展机制以长三角经济协调会为抓手，完善了"1+n"制度体系，陆续成立了旅游、新型城镇化、品牌、会展、健康、创意经济产业六个专业委员会，对推动社会共同参与长三角一体化发展进行了有益的尝试。融合发展机制与区域发展阶段的统一在专题和专项的设置和调整、会员城市在扩容方面也都得到相应体现。

（4）核心城市作用与平等的统一

长三角是由不同层级的特大城市、大城市、中等城市和小城市组成。上海、南京、杭州、宁波、合肥等核心城市的龙头作用至关重要。这些核心城市周边本身就形成了城市群或都市圈，而且已经明确上海是长三角的中心城市，南京、杭州和合肥是长三角的副中心城市，在推动城市群互动、发挥辐射的方面作用明显，在区域合作组织和协调中发挥积极作用，对于区域合作的深化也至关重要。与此同时，长三角融合发展机制采取的是一种通过多边对话、协调、合作以达到最大程度动员资源的组织方式。融合发展机制从成立之初就实行了年度执行主席的轮值制度。在专（课）题实施和研究中，也采取了相关城市相关部门、高校及研究机构、企业等共同组成的产学研相结合的模式等。这些既体现各城市平等参与区域合作公共事务的精神，也有利于发挥各成员城市的积极性和创造性。因此，既要发挥核心城市引领作用，也要在平等的平台上达到共识，才能推进融合发展机制的进一步发展。

二 长三角融合发展机制取得的成就

长三角一体化进程呈现出深层次、多领域的格局，融合发展机制也向着制度化、规范化和法治化全面发展，具体表现为以下几个方面：

1. 融合发展机制由单纯的经济合作向全面合作转变

随着区域一体化进程的不断深化，沪苏浙的人均经济总量基本已经达到中等发达国家的水平。在这种情况下，三省一市以及长三角各城市对经济规模的诉求不是非常强烈，主要是集中在经济结构转型问题。同时，对社会转型的关注程度不断增强，区域合作的诉求也在不断提高。因此，融合发展机制从以往以基础设施建设、就业、旅游、能源等实体经济合作为主，向社会保障、文化、生态、诚信、智慧等方面发展，特别在营造市场化、良好的发展生态系统方面的关注度越来越高。

2. 注重与国家战略的对接

长三角合作的一个重要的方面就是通过科学合理的体制机制，推进长三角融入国家总体战略和布局，提升区域整体竞争力，提升各城市的竞争力。从长三角的专题和专项情况看，关于新型城镇化、智慧城市、自贸区、"一带一路"等国家战略的相关研究一直是长三角合作的重要内容之一。

3. 市场化要素逐步进入体制机制

以往长三角融合发展机制基本以各职能部门为基本单元展开，市场化要素的介入程度较低。随着长三角统一开放的市场经济体系逐步建立在融合发展机制方面，也逐步开始引入市场化的要素，如园区、企业承办、参与联席会议、论坛，参与专题的研究和专项推进工作等。

4. 制度更加规范

目前，长三角逐步形成了统一的合作平台，依法破除地方保护主义、法规规章相冲突、执法依据不一等弊端，往法制化方向发展方面不断深入。各成员城市以融合发展机制和联席会议制度等为平台，依法、依制度开展一系列的合作，合作范围不断扩大，合作程序不断规范，合作成果不断涌现。

5. 社会参与程度不断加强

以往，长三角融合发展机制往往与企业、社会机构等社会力量相隔甚远，甚至排斥他们。随着政府职能不断转变，长三角行业协会、中介机构等社会组织开始逐步介入合作平台，并发挥出巨大的作用。如前所述的长三角经济协调会设立专业委员会，就采取了城市政府部门、研究机构、高校和企业牵头的多元化的社会参与模式。社会力量成为政府与企业之间的"润滑剂"以及行政协调机制建设至关重要的有机组成和促进力量。也正是由于社会参与程度的不断加强，长三角初步形成了自上而下与自下而上相互融合的多层次合作模式，在反映社会诉求方面更近了一步。

三 长三角融合发展机制存在的主要问题

长三角融合发展机制在多年实践中取得许多成绩，也存在不少问题，制约了长三角一体化的深化发展。这些问题归纳起来，较为突出的有以下几个方面：

（一）三个层级之间的衔接方面仍有待提高

目前，省级领导联席会议、副省级联席会议，以及各专题组、城市组的协调程度还没有到达最佳。具体表现三个方面：一是决策层、协调层的精神和部署在执行层落实时往往产生矛盾。如能源问题，决策层、协调层往往指出发展的大方向和总体部署，在落实到执行层时，往往能源专题组与城市组中的能源板块之间在如何分工协调方面产生重复和矛盾。二是相关职能部门设置不对口。对应上一个问题，各城市的合作交流部门分属不同的部门，往往在具体衔接和管理方面产生问题。上海市是独立的合作交流办，许多地级市下属发改委，往往造成城市组与专题组职能的不清晰。三是多头管理造成衔接不畅。还是如能源问题，能源专题组往往还接受能源部领导，要在国家能源战略下实施区域能源战略。城市能源组的地位和职能无法很好地对接。

(二) 在推进国家战略方面需要更加聚焦

长三角是国家战略叠加最密集的区域之一，但长期以来没有充分用好用足战略优势和政策优势。长三角规划、四个中心、自贸区、全球科技创新中心、"一带一路"等国家战略本身需要举全区域之力为之，但没有充分发挥合力。随着"一带一路"国家战略的实施，在长三角规划出台的背景下，如何把长三角的国家规划与之相衔接，也需要激发各城市的动力，形成长三角的整体合力，这些方面还存在较大不足。

(三) 各层面的利益诉求无法得到充分满足

随着长三角的发展和城市的扩容，利益诉求更加多样化，加大了合作的难度。一是各城市利益诉求的多样化。以往核心区城市之间区位相近，经济发展水平差距相对不大，产业链比较明确，利益诉求容易一致。目前，长三角已经从16个成员城市扩大到30个，成员城市的扩容加大了区域不平衡的程度。各区域发展阶段不同，对产业结构和社会发展的要求也各不相同。据长三角经济协调会办公室反映，在每次征集专家和各成员城市意见，确定举行市长联席会议的主题时，由于各城市发展阶段不同，各层面关注的焦点不同，都要来回协调很多次才能确定，协调成本很大。同时，成员城市往往反映自己的实际诉求没有被真正反映。二是次级城市群的诉求被忽略。随着长三角次级城市群的发展，各层级城市群体系在长三角整体发展战略中处于区域与城市之间，起到承上启下的重要作用，《长江三角洲城市群规划》中，明确提出了南京、杭州、合肥、苏锡常和宁波五大都市圈的发展。但长期以来，各级城市群处于战略定位不足，甚至缺失的状态。同时，随着长三角各地区经济结构的不断优化调整，区域分工也在不断变化，随之各地区之间的关系也处于动态变化之中，新的城市群在不断出现。但同时，城市群的各自特点没有得到统筹规划布局，往往造成城市群战略目标不清晰、产业结构雷同，而且与其他城市群层面也产生较多矛盾。

(四) 市场化机制不足

目前，长三角融合发展机制基本仍然停留在政府合作层面，形成企业为主体进行合作的格局还需要相当长的时间。在这一过程中,政府职能转变与市场化进入的契合度还不够,政府主导合作的格局仍然占主导地位,企业和园区等微观市场化主体的地位需要进一步确认。目前,长三角经济协调会和专题组会议往往以政府部门签订相关协议、备忘录、共识等结束,由于缺少专业性机构和人士的参与,真正落到市场的内容较少。

(五) 社会参与力度不足

国外区域合作实践表明,社会力量是参与区域合作不可或缺的组成部分,可以对政府的组织体系进行补充和完善。长期以来,长三角乃至全国区域对社会参与区域治理不够重视,加上我国社会体系发育不完善,法律法规不健全,陷入了社会参与环境不完善、社会力量薄弱、参与能力不足的怪圈。近年来,长三角对社会力量共同参与推进长三角一体化发展方面有一定的举措。例如,2013年开始城市组下设了6个专业委员会,加强了社会力量共同参与的力度,但由于尚处于探索阶段,各专业委员会的定位还不是太清晰,而且水平也参差不齐,专业委员会的成员往往也缺乏积极性,经过几年的运作,真正落到实处的工作和项目还有许多欠缺。社会参与力度的不足对政府也产生了巨大的压力,政府相关部门往往疲于奔命,影响了区域治理效率。

(六) 监督约束机制不足

目前,长三角合作仍然较多地靠行政磋商,缺乏必要的经济奖惩以及法制约束等多管齐下的措施。虽然2015年长三角经济协调会形成了"1+n"制度体系,但联席会议对城市参与缺乏具体的约束条例,在监督约束方面的力度明显不足。2007年长三角体制机制框架的建立过程中,已经提出人大立法的设想,但条件还不成熟。国外城市群融合机制发展经验表明,强有力的法治建设是推进区域一体化建设的关键因素之一。随着长三角一体化的推进,长三角在立法方面的条件逐步开始成熟,通过立法设施协调监管的融合机制也应该逐步建立起来。

(七) 配套资金分散与不足并存

目前,长三角合作基金的设置主要在各专题组,力量较为分散,有时会造成课题重复设置，专项重复推进等问题。另外，合作基金的额度主要是作为杠杆作用，但实际操作中，由于额度较少，往往积极性不高。自2004年以来，协调会已经设立了70多个专项课题，涉及经济社会各个领域，发挥了一定作用，但是根据规定，同一个选题的专项课题最多连续设立两年，而且研究资金要求每项不超过5万元，这样往往因为"撒胡椒面"导致成果质量不高，项目推进的水平不够。

四 长三角融合发展机制框架设想及配套措施

随着国家"一带一路"、上海自贸区建设、国际科技创新中心、长江三角洲城市群发展规划等一系列国家战略的叠加，对长三角提出了新要求。一是长三角更需要通过创新合作机制，凝聚各城市合力，共同推进国家战略。二是如何在新格局中形成利益共享机制。按照《长江三角洲城市群发展规划》提出的26个城市的规划范围，长三角成员城市的数量和空间布局都有较大改变，这进一步增加了区域不平衡的程度。各城市不同的发展阶段对产业结构和社会发展的要求更加多样化，体现在合作机制中的利益诉求的多样化，这在客观上增加了难度。对此，建议在融合发展框架和配套措施方面进行创新。

（一）长三角融合发展机制框架设想

1. 新框架的特点

新框架的特点主要有三个方面：一是基本框架不变。经过多年的运作，长三角体制框架已经有了较好的基础，"十三五"期间三个层的基本构架还将持续推进。二是执行层要素增加。增加了战略推进组和城市群组两个组。三是社会参与力度加大。加入园区、企业、协会、社会团体、高校、研究机构等社会力量加强执行层的参与力度。

2. 职责与分工

为保障该机制的效率，该协调机制采取决策层领导下的协调层总负责制。

（1）决策层

决策层是该机制的最高决策机构，负责领导协调层和执行层，决策层

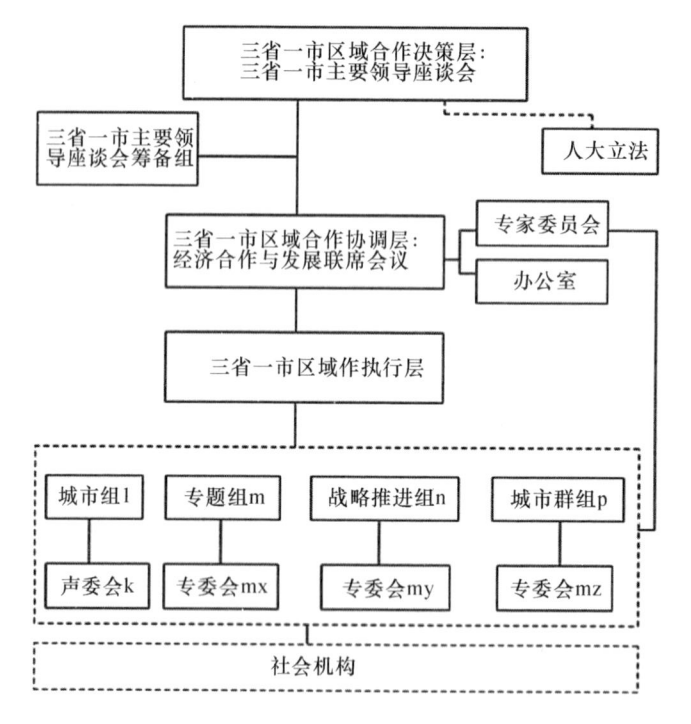

图 3　长三角融合发展机制新框架设想

通过建立"三省一市主要领导座谈会制度"来运行。决策层的主要职责是负责贯彻落实国家区域发展战略，统筹整个长三角经济、社会、文化等发展中的重大事宜，制定一体化的长期发展规划与战略目标。

（2）协调层

协调层在决策层的领导下直接领导执行层开展工作。协调层直接对决策层负责，是负责运作联席会议制订的发展规划与战略的专业委员会，决策层通过建立"长三角协调发展联席会议"即常务副省（市）长联席会议来运行。

（3）执行层

执行层由多个专业执行机构构成，是具体的操作部门，主要职责把各专业委员会的工作，具体分到各个部门，进行贯彻实施，执行层接受协调层的直接领导和决策层的间接领导，直接对协调层负责，同时又对决策层负责，负责具体的操作执行。实行"1＋m＋n＋p"的运作模式，即1个城市组，若干个专题组、战略推进组和城市群组，各组下设若干专委会。

城市组即长三角城市经济协调会，其主要职责任务是，按照各城市发展的需求，会同联席会议办公室，协调解决专题推进过程中的实际问题，推进城市间合作项目实施，研究探索跨区域规划协调、区域一体化当中的政策规章，推行试行城市综合性试点工作，评估有关工作成效。

专题组是交通、金融、教育、环保等根据不同领域的专业合作机构，设立联席会议，在该领域中推进跨区域工作。

战略推进组聚焦国家区域发展战略，组织各地区相关部门组成相对综合和专业相结合的组织机构，开展项目研究和推进工作。

城市群组是不同层次、不同区域的城市群按照地理位置相近、产业分工明确、合作方式紧密等特点自发组成的组织机构，开展各自城市群的发展规划和布局工作，并构建次级城市群（都市圈）联席制度，体现城市群整体诉求，融入长三角一体化发展。

专委会即专业委员会，是城市组、专题组、战略推进组、城市群组下专业领域性质的合作委员会，专业委员会可以针对不同领域、不同行业和不同层级设置，目的是为进一步贯彻落实省级和副省级联席会议的精神，推进相关的专题研究和专项。专业委员会既是专业领域推进国家和区域发展战略的基本单元，也是政府与社会合作的基本载体和平台，鼓励企业、社会组织、中介机构、高校及科研单位、国外机构等多方参与。专业委员会的设置可以是常设的，也可以是根据省级和副省级联席会议的精神临时组建的，可以根据具体情况设立专职或轮值主持城市。针对具体的问题，专业委员会可以跨组进行磋商和合作。

3. 相关配套措施

（1）构建科学的评估机制

一是组建评估组织机构。以执行层专家委员会、专业委员会，以及第三方评估机构为核心，负责对成员参与、退出以及年度绩效进行综合评估，可以采取年度评估与3年度评估相结合的评估机制。二是构建科学的评估体系。建立成员参与、退出以及每年的绩效进行评估指标体系，按照指标体系每年对各城市进行绩效评估。三是结果公示并进行奖惩。每年绩效评估结果向长三角各城市公布。对评估结果排在前3位的城市予以一定的奖励。对每年评估指标达不到标准或排名后3位的城市进行黄色预警，连续两年达不到标准或排名后 3 位的城市进行红色预警；连续 3 年达不到标准、排名后 3 位或平均评估分数达不到标准的城市劝其退出，允许隔年再次申请入会。四是构建跨区域绩效考核体系。在绩效评估的基础上，探索对各城市的党政领导班子设立跨区域绩效考核体系，并将该体系纳入班子和个人年度、任期考核体系。评估结果公示并进行奖惩。

（2）推进法制化进程

针对目前监督约束机制不足的问题，为了提高重大决策问题的科学性，各种协议的实施要落实到具有行政法规性质的操作性规章上，逐步健全强制性的操作细则，并探索构建国家区域战略相关的具体实施细则，以及区域相关重大决定，在各地区人大相关会议上通过的制度，逐步提高联合执法和联合行政的力度，保证行政、立法、司法体系之间的制度性协调。

（3）完善执行层会议出席制度

一是明确出席会议要求。专题组联席会议由相关部门一把手以上领导出席。经济协调会及其他相关会议必须由分管市领导以上领导参加，如市长和分管市领导无法出席，可派其他市领导出席会议，并向经济协调会办公室事先做出说明，会议上不安排发言。二是建立会议奖惩机制。市长和分管市领导同时不出席经济协调会，相关部门一把手不出现专题组会议的，该年度会费加倍；上述情况超过两次的，除该年度会费加倍，取消该年度专项或专题课题的申报资格。市长不出席经济协调会，分管领导出席会议的，该年度会费增加 50%。市长出席经济协调会，分管市领导不出席会议的，该城市本年度专项或专题课题的经费减半。市领导不出席经济协调会，超过三次的，保留会员资格，如再不参加则取消会员资格。经济协调会和专题组会议每年公示各城市领导出席情况。市长和分管市领导按时出席经济协调会或专题组会议三次，出席自动获得一项专项或专题立项。三是公示制度。对未按要求出席会议的城市，在下年度会议前给予提醒及公示。

（4）鼓励社会力量参与

实际上，社会是利益的直接需求者和诉求者，也是解决实际问题的最有动力的力量。面对多元化的利益诉求，仅靠政府显然越来越勉为其难，需要调动社会力量积极参与。长三角发展规划中也提出多元化治理的理念。未来一段时期，建议长三角结合新的合作框架体制，在长效机制和会议机制方面重点推进社会参与的力度。一是扩大专业委员会范围。建议在进一步完善城市组6个专业委员会工作机制的基础上，把该模式逐步扩大到专题组、战略推进组和城市群组。基础好、条件成熟的专业委员会可以优先成立。专业委员会可以针对不同领域、不同行业和不同层级设置，采取灵活的多元化运作模式。针对具体的问题，专业委员会可以跨组进行磋商和合作。二是扩大长三角经济协调会的参与范围。结合长三角经济协调会城市联席会议主题，引入相关园区、企业、协会、社会团体、高校、研究机构等单位的代表列席或参加会议。可以就不同的议题开设不同的分会场，就各领域、各方面关注的问题进行研讨。这样有利于吸收和集中社会各界的意见，进一步促进长三角协调发展。如条件限制，可首先在部分专业委员会会议上向社会放开，待时机成熟后再全面铺开。

（5）加大资金保障力度

一是加大专家咨询委员会、刊物编辑部、专项和专题等方面的投入力度，鼓励各城市进行资金配套和人员投入。二是建立各城市选派人员参加长三角经济协调会办公室和专题组办公室的日常工作制度。三是切实发挥长三角专项合作基金的杠杆效应，鼓励各城市引导社会资金对专题和专项的投入。在专题研究和专项推进过程中，一方面，努力申请突破资金限制，根据国家战略设立重大、重点专（课）题，并且制定配套政策，鼓励成果与国家战略对接，融入国家战略；另一方面，探索引进社会资金进行配套，研究成果也可以进行市场化运作，既解决了资金问题，也有利于成果向社会转化。

从观念启蒙到利益博弈：
动态协调机制应全面建立

何精华[①]

一 长三角一体化与区域行政融合发展机制的概念框架

（一）研究缘起

1. 研究背景

伴随经济全球化和区域一体化等社会生态变化步伐的不断加快，随之而来的是行政区域内大量的社会公共问题的"无边界性"和"外部性"。作为一项国家战略，通过区域内部的行政体系的贯通与融合，打造长三角世界级都市圈，已经成为增强国际竞争力的一条基本规律。中国作为世界上最大的发展中国家，必然要坚持不懈的走区域化和经济一体化的发展道路。区域合作作为带动中国经济发展的重要动力，需要行政融合发展机制的有力支撑。在区域一体化融合发展面临着局部地区碎片化发展挑战的今天，构建有效的行政融合发展机制，已经由观念启蒙阶段进入利益博弈阶段。区域地方政府间行政融合已然成为公共管理的题中应有之义，成为理论研究与实践探讨的重要课题。

本文将区域合作中的长三角一体化行政融合发展机制作为研究主题，

[①] 上海财经大学公共经济与管理学院教授、博士生导师。

主要基于对探索和建构以长三角为代表的可在其他类似地区复制推广的区域行政融合发展机制的考量。一方面，长三角作为我国经济最活跃、综合实力最强的地区之一，它的发展不仅可以带动本区率先完成到2020年基本实现现代化的战略目标（见《长三角发展规划》），还可以对其他地区的发展起到牵引、辅助、示范、参考作用。譬如，京津冀、珠三角地区可借鉴长三角成功的区域经验，改变生产力参差不齐的现状，使整体经济朝可持续方向发展。另一方面，它的协调发展对于解决区域内产业结构、要素流动、资源配置、基础设施等问题以及拓宽自身发展空间都具有重要意义。探索以行政融合为主要内容的区域行政融合发展机制将有利于推动区域内各级政府的制度合作，加快区域经济一体化进程，提高自主创新能力以及建立健全充满活力、富有效率、更加开放的体制机制，最终实现资源共享、优势互补、互利共赢、共同发展以及经济持续高速增长的良好态势。

2. 研究意义

首先，区域行政融合发展机制正在成为推动区域一体化发展的核心与动力，地方政府间关系的重要性、根本性决定其是区域合作的研究对象；其次，良好的区域行政融合发展机制正在成为增强区域国际竞争力新的战略支点，忽视甚至缺失区域行政融合发展机制必然使得区域合作难以维系；第三，研究基于区域合作的区域行政融合发展机制，有利于贯彻落实党的十八大，十八届三中、四中、五中全会精神和"十三五"规划纲要、《长江经济带发展规划纲要》和《长江三角洲区域发展规划》等战略要求，进一步明确深化区域合作，推进区域良性互动发展；第四，区域行政融合发展机制的缺失，已成为阻碍区域合作和区域一体化的瓶颈，甚至到了非解决不可的程度。而区域经济学、经济地理学、空间经济学等学科研究，因其视角或研究方法的局限，都无法解释和解决这些问题。因此，有必要应用公共管理前沿理论，从整体性治理的视角，对区域行政融合发展机制创新问题进行整体性、跨学科研究。

3. 案例研究的限度

为了研究的方便，本课题所选择的案例研究对象，主要是课题负责人所在区域——长江三角洲地区。故在案例研究中，主要收集"长三角"区域发展与管理中政府间争议问题类型、处理状况，并综合分析"长三角"区域合作中的行政融合发展机制存在的问题症结。对于国内其他区域的研究案例，暂不涉及。

（二）行政融合发展机制的研究范畴

为了更好地借鉴行政融合发展研究领域的精髓以及查漏补缺，本文对近年来行政融合发展机制的相关研究作了系统梳理，依据现有成果，探究不同学者对该问题研究的侧重点。在此基础上，秉持创新行政融合发展机制的原则，试图构建整体性治理视角下的行政融合发展机制，以期促进长三角的一体化进程。

从区域的角度研究分析经济和社会发展问题，已成为当今学术界研究区域发展的重要切入点。伴随着我国区域经济的迅速发展，理论界对区域经济领域的研究也日益扩展和丰富。多学科、多角度的特点显著，涉及政治学、地理学、历史学以及经济学等相关知识。然而，在区域经济研究和发展实践不断深入的过程中，跨区划行政协调机制的研究却相对滞后，其多是从宏观角度设想区域协调体制的整体框架。譬如，认为行政融合发展机制涵盖立法协调、执法协调、行政协调与市场协调四个层面以及一个信息资源互认共享的横向交流平台，是一个综合性的系统工程。但总体上而言，作为学界和政府部门比较关注并试图获得良好解决的一个难题，虽然近几年，随着国内泛区域合作趋势的形成和强化，对这一问题有了更深一步的认识和理解，但在我国公共管理学研究中尚未形成完整的行政融合发展机制的理论体系。由于缺乏理论指导，在实际操作中依然缺乏系统的执行方案和组织支撑。纵观学术界的相关研究，可以发现，行政融合发展机制较为关注如下几个重点议题：

（1）行政融合发展机制所隐含的行政区划体制改革战略定位的研究

以长三角为例，由于长三角分属三省一市，不可避免地会涉及与行政区划紧密相连的行政体制问题，尤其是"行政区经济"这样一种特殊的区域经济现象。事实上，其已成为阻碍长三角经济一体化进程的重要因素。"行政区经济"是我国从传统计划经济体制向社会主义市场经济体制转轨过程中，由于行政区划对区域经济的刚性约束而产生的一种具有过渡性质的区域经济类型。

毋庸置疑，整合行政区与经济区的关系是实现要素市场资源流动以及信息共享的客观要求和必由之路。但对于如何打破上海、江苏、浙江、安徽行政界线之间的掣肘，建立适应市场经济发展实际需求的行政区划管理体制，学术界仍然存在分歧。以下分述不同学者对行政区划调整问题研究的侧重点及其代表观点。

第一，在长三角经济圈建立统一的行政区，或扩大上海的管辖区，建立上海省，增强上海对周边城市的辐射力；或建立一个有别于上海省的统一行政区，明确表示不能无限扩大上海的行政版图，却不甚清楚该行政区的性质和内外结构体系。做此调整，主要归因于中国经济目前的运行模式基本上是以行政区划为界，政府对辖区内的经济仍起主导作用。持反对态度的学者认为，政治体制和行政管理体制改革的总体趋势应是转变政府管理职能，弱化政府对经济的直接干预，处理好政府与市场的关系，改进公共服务的机制和方式。倘若不思考政府自身改革的根本问题，单纯的合并上海的周边城市，不仅难以打破区域内现存的利益平衡机制，还会产生新的行政区经济格局。

第二，撤销长三角内的地级市，合并或整合现有的县（市），扩大县级行政区。由于长三角一体化建设取得了诸多成就，其政治、经济等各要素得到充分整合，能够自由流动，传统行政区划的界限也逐渐模糊，因此有必要减少层级，适当放权。撤销地级市并未打破现有的资源和利益分享格局，涉及的利益主体不多，因此实施阻力相对较小；既可精简政府管理机构、节约行政成本，又可提高行政信息传递的准确性与时效性。

第三，建立江苏、浙江、安徽和上海三省一市共同组成的区域协调组织。通过协商解决区域发展中有关规划、基础设施建设、环境保护等跨界的公共服务问题。由于行政区划是国家的一项大政，涉及政治、经济、文化体制改革以及错综复杂的利益关系，必须树立全局观和区域合作观，创新观念、机制和体制，扩大行政区划并不能从本质上解决问题。

（2）关于行政协议在行政融合发展机制中的独特作用和功能

行政协议本质上是一种对等性的行政契约。它是由两个或两个以上的行政主体或行政机关，为了提高行使国家权力的效率以及实现行政管理的效果，相互意思表示一致达成协议的双方行为。它具有持续性、稳定性、主动性以及平等性等特征。"行政协议"一词是由叶必丰教授在上海市法学会立项课题的研究成果《长三角经济一体化背景下的法制协调》中首先提出的概念，其立论基础在于，依法治国的宏观背景下，以政府的制度导向和公法为基石的公法模式是区域经济一体化进程中必不可少的价值选择。虽然在国内尚未形成一个被理论界和实务界所普遍接受的名称，但已有的实践活动证明，该制度是成功且有效的。

具体而言，长三角三省一市的交通部门、旅游管理部门、工商管理部门、信用建设部门、文化教育部门、人事部门、科技管理部门以及质量监督部门等行政机关已广泛介入区域经济一体化的整合进程并缔结了大量的行政协议，譬如《长三角道路运输一体化发展议定书》《长江三角洲旅游城市合作宣言》《长江三角洲人才开发一体化共同宣言》《关于以筹办"世博会"为契机、加快长江三角洲城市联动发展的意见》等。行政协议主要发生于公共服务领域，首长联席会议是最重要的交流平台。具体的协调工作主要表现为两个层次：一是区域内各行政首长之间通过长三角的市长联席会议或经协委（办）主任联席会议等方式，形成诸如"合作宣言""共同声明"之类的行政契约。二是各行政主体职能部门之间达成层次较低、范围较窄的行政契约，譬如"互认协议""互认宣言"等。

（三）行政融合发展机制的内涵

1. 行政融合发展机制的含义

行政融合发展机制，是以地方政府这一政治实体为基本单元，在中央政府指导下，以协调地方政府间关系为主要内容，对法定区域范围内的各种宏观经济关系、公共管理、基础设施建设、社会生活保障等活动进行咨询、决策、实施、监督；对关系到跨区域国土开发、自然资源利用、生态环境、可持续发展等组织科学论证、安排实施步骤、制定保护措施；对有关区域城市发展、区域合作、产业结构、行政管理、信息交流等进行指导、协商、调整、改革等。

综上所述，所谓行政融合发展机制，主要指权力、地位不平等的纵向各级政府之间或处于平等地位的地方政府在权利配置和利益分配的过程中，对政府间关系进行沟通协作，以期实现各政府间的协调发展与合作。行政融合发展机制既包括权力、地位不对等的政府组织或内设机构垂直的沟通协作关系，也包括权力、地位平等的政府组织或内设机构的横向的沟通协作关系。

2. 理解行政融合发展机制的三个维度

政府间的行政融合的目标是为追求"行政一体",即政府间的"协调"与"整合",这也是行政组织分工与分化之后所必然面对的功能需求。换言之,政府间的行政融合是为达成行政组织的整合需要,因此整合可谓为协调机制的上位概念,以下便从整合的角度来分析地方政府间的行政融合机制。

不同学者对组织的整合程度的状态区分有不同的定义。Hogue、Gigler与Szirom等人讲组织的整合程度区分为5种状态,即非正式合作(informal)、合伙(cooperative)、协调(coordinative)、协同(collaborative)与整合(integrative)。此外,Lawson则按5个以C开头的英文单词来界定组织的整合状况,即共生(collocation)、沟通(communication)、协调(coordination)、合作(collaboration)与整合(convergence)。本文拟以合作、协调与协同这3种最常被使用的横向整合状态为维度,对地方行政融合发展机制加以研究。

合作。合作常常是指一种在政府间短期、非正式,抑或是一种自愿性的关系。在合作关系中参与者可能彼此分享相关信息资源,但却没有共同的目标与作为,其各自仍保有独立性及所属的资源。因此,合作行为所涉及的整合概念仅仅是一种与其他地方政府间良好关系的建立,并借此提升当地政府的效能。此种合作关系是一种最低程度的横向整合状态。换言之,其只是在运作过程中纳入对其他政府组织的考量,但却不需要调整本身目标;其往往只需动用极少资源来与其他政府组织进行合作,且大多只是一种信息的分享与交换。因此,此处所谓的合作关系仅仅是一种极弱的政府间交流与互动,彼此所承担的责任与风险甚低,并且多属于事务与运作层次的交流,而非策略层次的互动,所以合作大多凭借甚层人员的交流便可完成。

协调。协调是指应用一个更为密切且正式的机制来达成政府间的整合。因此在协调的过程中,政府组织间将不仅是信息的交流与分享,其更涉及决策规划,行动执行的策略合作关系的建立。所以,协调工作的本质是在使不同的参与者能和谐的被整合,以完成共同的使命,其目的是使原本分治的个体能结合成一个有秩序的整体,并产生一加一大于二的功效。不过,值得注意的是,在协调关系中,各分治地方政府仍然保有独立性，并只是因某些特定的方案或事务而进行横向间的合作协商。

此种协调关系是一种中等程度的纵向或横向整合状态。他已经超越了政府间的信息分享与善意协助，且拥有更制度化和紧密的信息互补、协同规则与执行，因此可能需要更高程度的承诺与信赖，并可能造成其部分自主性的丧失。同时，由于协调关系形成的政府间整合状态，将使得政府本身所面临的成本、风险及效益皆变得更大，所以协调工作已非组织基层人员所能完成，其往往需要较高层级成员的规划协商。总之，协调式的整合关系具有更正式及更稳定的结构与关系，而这种关系也使得整合工作比起前述的合作模式变得更为显著及具有持续性。

协同。协同关系是指一种最为紧密且长期的整合性安排，并借此达成组织间最密切的互动关系。协同关系需要一种全面型的决策规划配套与共同渠道的制度性安排，故其需要在各地方政府间建立更高程度的信赖与承诺，同时可能需要长期的磨合，才能达到此协同关系。协同关系往往被用来处理复杂的社会问题，且尤其是其他整合模式未能发挥其功效时。当然，此种整合模式对组织及其成员的风险负担也很大，因此必须放弃组织的本位主义，并且仅将其组织视为整体结构的一部分。

此种协同关系是最高程度的纵向或横向整合状态。为达成协同关系，组织间需要建立比合作或协调模式更为紧密的互动关系。换言之，政府间的整合关系将随着整合程度的加深，而变得更为复杂。此外，协同关系是最能发挥组织间合作功效的整合模式，即个别组织将借由与其他组织的协同关系解决一些其凭借自身资源难以克服的问题。诚如Gray所言："协同关系是一种组织间的整合过程，通过此过程，不同的组织将在其本位之外观察到问题的其他面向，并且凭借与其他组织的协同，可发展处超越其本身视野的更佳问题解决方案。"[1]

3. 行政融合发展机制的作用机理

一种理论的产生，源于实践对其的需要。地方政府间纵行政融合理论

---

[1] Gray, Collaborating Finding Common Ground for Multi-Party Problems, SamFrancisco: Jossey-Bass.

的产生和发展与我国地方政府体制改革的深化与推进有着密切关系，它在一定程度上化解了我国地方政府间的矛盾和冲突，缓解地方政府间的恶性竞争等，具体而言具有以下功能作用：

第一，缓解了地方政府间冲突，提高地方政府间的整体竞争力。地方政府间的行政融合，根本目的在于通过平等协调，解决区域公共事务，更好地提供区域公共服务和公共产品，达到共赢。以往地方政府间矛盾和冲突，没有一个好的解决路径，造成问题的恶化，不断地内耗，降低政府之间办事效率，增加交易成本。现在地方政府间行政融合理论为地方政府之间解决摩擦提供了一个解决机制，原来地方政府之间的很多问题就可以迎刃而解，提高了合作的概率，平等协商，互惠共赢，实现了共同发展，一定程度上提高了地方政府的整体竞争力。

第二，优势互补，缓和地区间经济发展不平衡。同级地方政府间关系"应该是协商合作的、互相支援的、互通有无的、互惠互利的关系，而不能是互相封锁的损人利己的关系。"地方政府间资源禀赋和经济发展基础不一样，大家都面临一个好的发展机遇，有些资源需要地方政府间共同开发，有些跨区的地方性公共产品需要大家共同提供并分担成本费用。对一些重大地方性项目，通过召开地方政府间行政首长会议，形成会议决议，协调共赢，共同开发，大家优势互补，资源共享。有学者认为，在现代开放的市场经济条件下，各个地区的经济发展已经不能割断相互之间的依赖关系而独立存在和发展；每个地区都有自身的优势和劣势，而要发挥优势和克服劣势，就必须相互协调和合作[①]。由于地方政府的发展起步不一样，不同的地方政府间存在差距，通过行政融合，资源互补，缩小发展差距，共同进步。

第三，推动跨区域地方政府大部制的改革。面对激烈的市场竞争，传统的行政管理体制已不能适应社会发展的需要，并在某一方面制约市场经济的进一步深化发展，或是面对市场经济出现的问题，地方政府的行政管理体制表现出力不从心。共同面临的外部形势要求地方政府间加强沟通联系，大力发展行政融合关系，平等协商，共同解

---

① 陈瑞莲：《区域公共管理导论》，中国社会科学出版社2006年版，第170—171页。

决利益相关的问题，所以地方政府要加大机构整合力度，探索实行职能有机统一的大部门体制，完善跨区域地方间协调配合机制，从而推动区域经济发展。

（四）研究方法与基本框架

1. 研究方法

（1）文献调查法。

通过收集资料、网罗信息、关注实事等方式及时了解相关研究的最新动态，以期积累丰富的知识储备，透彻深入的分析该研究主题，最终努力将个人见解诉诸笔端。

（2）案例研究法。

长三角是我国区域经济发展中的典型代表，战略地位十分突出。无论是长三角内部的竞争合作，还是与周边省区的融合，都在很大程度上影响着中国的未来。本文将长三角作为区域整体加以考量，具体分析长三角经济一体化过程中政府行政融合方面存在的问题，根据研究对象的实际情况提出矫正方案，针对性强且全面系统。

（3）比较分析法。

随着经济总量的扩大，长三角经济中竞争内耗以及发展外部性问题愈发严重。对于文化相通、资源禀赋相似、历史联系紧密、经济结构互补的长三角来说，为何难以形成一体化协调发展的格局。为了解答上述问题，本文借鉴其他国家或国际组织在区域行政融合机制方面的先进经验为我所用。

（4）专家焦点座谈。

组织相关专家与学者就政府间行政融合问题举办座谈会，以便征询专家学者的意见看法。

（5）深度访谈。

本文为能更精确理清长三角政府间行政融合问题的形态及特征，且同时了解我国现有行政融合机制的运作状态，故对长三角内各政府负责行政融合事务的工作人员进行深度访谈。

2. 研究框架

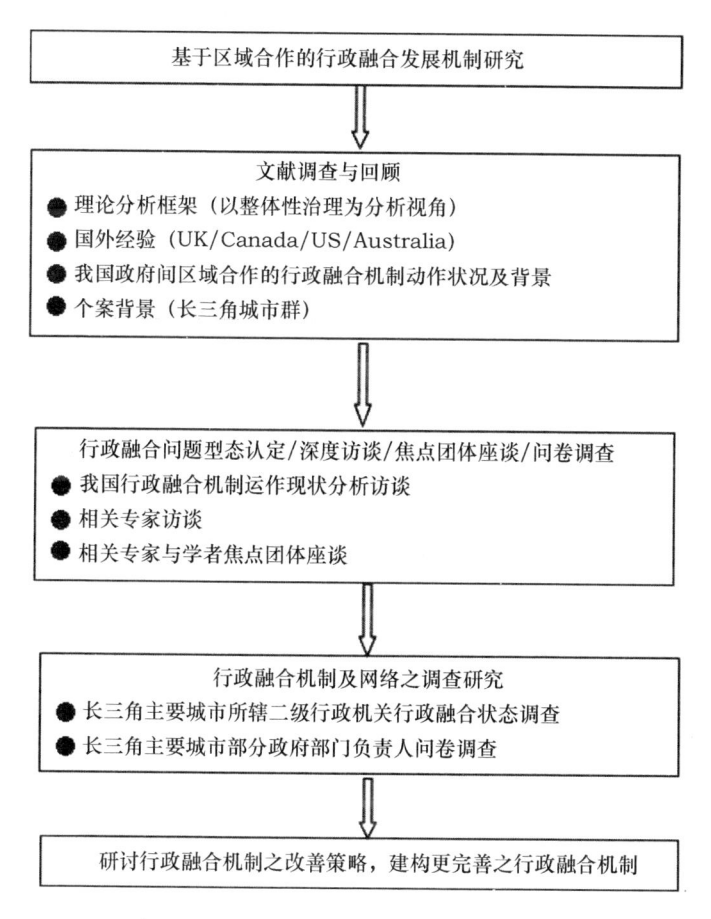

```
┌─────────────────────────────────────┐
│   基于区域合作的行政融合发展机制研究   │
└─────────────────────────────────────┘
                 ↓
┌─────────────────────────────────────┐
│ 文献调查与回顾                        │
│ ● 理论分析框架（以整体性治理为分析视角）│
│ ● 国外经验（UK/Canada/US/Australia）  │
│ ● 我国政府间区域合作的行政融合机制动作状况及背景│
│ ● 个案背景（长三角城市群）            │
└─────────────────────────────────────┘
                 ↓
┌─────────────────────────────────────┐
│ 行政融合问题型态认定/深度访谈/焦点团体座谈/问卷调查 │
│ ● 我国行政融合机制运作现状分析访谈     │
│ ● 相关专家访谈                        │
│ ● 相关专家与学者焦点团体座谈          │
└─────────────────────────────────────┘
                 ↓
┌─────────────────────────────────────┐
│ 行政融合机制及网络之调查研究          │
│ ● 长三角主要城市所辖二级行政机关行政融合状态调查 │
│ ● 长三角主要城市部分政府部门负责人问卷调查 │
└─────────────────────────────────────┘
                 ↓
┌─────────────────────────────────────┐
│ 研讨行政融合机制之改善策略，建构更完善之行政融合机制 │
└─────────────────────────────────────┘
```

图 1　基于区域合作的行政融合发展机制研究

二　长三角一体化与区域行政融合发展机制的发展历程

（一）长三角行政融合发展机制的动因

1. 直接动因

（1）构建长三角行政融合发展机制是国家发展战略的迫切之需

2010年5月24日，国务院正式批准实施《长江三角洲地区区域规划》。同年6月，国家发展改革委员会在《关于印发〈长江三角洲地区区域规划〉的通知》（发改地区〔2010〕1243号）中明确要求"要充分发挥长江三角洲区域合作协调机制的作用，建立健全泛长江三角洲地区合作机制，协调解决《规划》实施过程中遇到的重大问题。要进一步加强与其他地区的紧密合作，促进生产要素跨地区自由流动，实现人口和产业有序转移"。2014年9月25日，国务院出台《关于依托黄金水道推动长江经济带发展的指导意见》（国发〔2014〕39号）提出长三角的战略定位：发挥长江三角洲的辐射引领作用，促进中上游地区有序承接产业转移，提高要素配置效率，激发内生发展活力，使长江经济带成为推动我国区域协调发展的示范带。2016年3月，全国两会审议通过《中华人民共和国国民经济和社会发展第十三个五年规划纲要》，明确提出"提升长三角、长江中游、成渝三大区域功能，发挥上海'四个中心'引领作用，发挥重庆战略支点和连接点的重要作用，构建中心城市带动、中小城市支撑的网络化、组团式格局"的要求。2016年5月11日，国务院常务会议通过并于6月3日授权国家发改委公开发布《长江三角洲区域发展规划》，将长三角[①]的战略地位重新定义为"最具经济活力的资源配置中心""具有全球影响力的科技创新高地""全球重要的现代服务业和先进制造业中心""亚太地区重要国际门户""全国新一轮改革开放排头兵"和"美丽中国建设示范区"，同时提出到2020年要实现的中期目标，包括"创新驱动经济转型升级""基础设施网络互联互通""生态环境共建共治""创新一体化发展机制"等。与此同时，涉及长三角的其他国家战略[②]都对长三角提出了实现区域协调发展的诉求。可见，从国家战略的层面来看，建立长三角城市间合作协调与行政融合发展机制是贯彻落实包括"长三角规划"、"十三五规划纲要"、"长江经济带"、"一带一路"建设、"上海自贸区"与"长三角发展规划"等在内的诸多国家战略的内在要求。鉴于实现长三角一体化在以上诸战略中全新的功能定位，建构长三角行政融合发展机制将对其发挥重要的支撑作用。由此，打破行政区划界限和壁垒，

---

① 根据《长江三角洲城市群发展规划》的界定，长三角城市群涵盖了上海、江苏、浙江、安徽三省一市，区域内含1个省级城市、3个副省级城市、38个地级市、54个县级市、117个县。土地面积35.03万平方公里，占全国的3.6%。人口2.07亿人。

② 具体包括：丝绸之路经济带、21世纪海上丝绸之路、上海自贸区、江苏沿海战略、浙江海洋经济、安徽皖江产业带等。

加强规划统筹与衔接，形成市场体系一开放、基础设施共建共享、生态环境联防联治、区域管理统筹协调的区域协调发展新机制成为践行战略要求的客观需要。

我国公共管理的实践表明，地方政府在提供市场经济运行必需的制度框架以及保持宏观经济稳定方面发挥了重要作用。但随着中央和地方分级宏观调控体系的建立，地方政府日益成为具有独立利益和决策权力的经济主体。受传统政绩观的影响以及理性经济人的驱使，地方政府往往漠视公共利益，追求自身利益最大化。地方保护、垄断、产业同构以及区际关系混乱等问题均是突出表现，部分区域成员之间出现非合作博弈。在地方政府间的行政融合机制下能否形成持续合作博弈以及在实现不同区域成员不同利益的基础上保证整体利益的最大化，就构成本研究的起点。

(2) 构建长三角行政融合发展机制是顺应经济全球化与区域一体化趋势的行政改革举措

经济全球化与区域一体化是未来的国际化趋势。近年来，美国积极推动跨太平洋伙伴关系协议（TPP）和跨大西洋贸易与投资伙伴协议（TTIP），对于中国而言，已然形成倒逼机制，尽快构建并逐步完善包括长三角在内的区域一体化与区域行政融合机制，并提升区域一体化的质量与行政融合的效率，是大势所趋。作为中国开放程度最高、经济最为发达的长三角，尽管在改革开放中已探索出初步适合中国国情的行政体制与行政运作机制，但长期存在着的行政区划与区域经济之间的矛盾仍是制约一体化发展的障碍因素，政府间基于各自利益诉求而展开非合作博弈所导致的诸多问题依然是实现行政融合的"短板"。譬如城市间的战略联盟尚未达成，基础设施处于分割状态，行业布局协调、经济能量集聚、产业结构合理的理想目标还有待进一步实现，这些弊端的存在将使得我国在应对国际挑战时处于不利地位。严峻的国际环境所形成的倒逼机制促使长三角加快步伐，寻求行政体制改革突破口，优化行政流程与运作机制，走资源整合、职能优化、开放融合、协调合作的发展道路。

(3) 长三角所处的社会状况迫切需要创新区域行政融合机制

首先，长三角统一市场处于半统一半割裂状态。经过30余年的改革与发展，长三角市场化程度已经大大提高，市场化指数高于国内其他地区，达到甚至超过了相当一部分"市场经济国家"的平均水平。但是，也存在明显的差距,其中一个比较突出的问题是:以省、市行政区为主的市场分割趋势比较明显。各个地方政府在有限理性经纪人的特性、机会主义、信息不对称等因素的作用下,谋求本行政区利益最大化而不顾其他地区利益,最终形成地区间的过度竞争与地方保护主义,导致个体理性与集体理性的矛盾。地方保护主义的存在,影响了商品市场的健康发展,破坏了价格传导机制和竞争的公平性。

其次,跨行政区公共事务治理失灵。在长三角,地区性公共物品与公共服务供给问题严峻。如资源开发、环境保护、流行性疾病防治等,如果缺乏有机的协调,往往易出现"公用地灾难"。而且从具体情况看,一方面,行政区边界地区生产要素流通渠道不畅,三省一市行政区经济的摩擦在边界地区体现得最为明显;另一方面,在行政区边界地带,基础设施往往相对落后,以交通运输为例,边界地区存在着过境交通线路少、质量差、路面标准低、断头路多的特点。本文认为导致跨地区性公共事务治理失灵的主要原因,是缺乏协调地方政府间利益关系的综合性协调机构或者其机构没有发挥协调的功能。

最后,行政区之间发展差距仍在继续扩大。在长三角发展战略中,按照中国改革开放的总设计师邓小平的设计,希望通过实行非均衡发展战略,促使一部分有条件的地区先发展起来,以摆脱"集体贫困的窘境";然后先富起来的地区帮扶后发展地区,逐渐缩小地区间的发展差距,最终实现共同富裕。但是,从实践效果来看,这一战略并未完全获得预期效应。譬如,安徽大别山革命老区与上海、苏州、杭州的经济、社会诸方面的发展差异十分明显,而且呈现出差距越来越大的趋势。区域经济学等相关学科研究发现,这主要是因为地方政府之间的横向关系并没真正协调好,长三角各省市之间以及城市与农村之间的差异都在不断扩大。

2. 间接动因——"新区域主义"理论的兴起

"新区域主义"解决的是区域间的合作与竞争问题,其核心目的在于激发区域政府间的协作。新区域主义的核心观点认为应该在区域政府间建立一种跨区域治理的策略性伙伴关系,这种关系将延伸为为了共同利益而自发组成的某种区域联盟,进行共同和联合的治理。新区域主义强调区域主体与成员的资源协作必须建立在区域成员利益一致的前提下。基于相互信任的分工,可以确保区域成员间形成可信任的承诺,从而有利于促进区域成员间信息迅速交流和实现既定目标。再则，在区域协作的内容上，新区域主义注意在区域内外形成不同层次和不同水平的横向和纵向分工协作，其内容更为丰富，不仅包括政治和经济合作，还包括教育、环保和社会文化等各个方面协作，广泛涉及民主、人权、环境、社会公正、文化、网络等区域公共事务。

近年来，随着区域一体化进程的加快，一体化趋势不断凸显，新区域主义理论对区域协作产生重大影响。在新区域主义的影响下，区域行政融合发展机制日益成为区域协作的重要手段与工具。新区域主义的理论和观点与长三角一体化实践中普遍存在的区域行政融合发展机制存在着诸多契合之处。

3. 政治背景——符合"和谐社会"与实现"中国梦"的执政要求

所谓和谐社会，按照社会学的表述就是构成社会系统的各个要素都处于一种相互协调，良性运转的状态下。虽然长三角社会总体上是和谐的，但是，也存在社会经济发展不平衡，人口资源环境压力大等，都将制约经济的进一步发展。其中，区域经济发展的不协调，将直接导致区域产业发展超负荷掠夺资源，使生态环境不断恶化以及区域内公共服务水平不断拉大等问题。而区域行政融合发展机制作为和谐执政的一种重要形式，需要各区域政府的横向合力才能维持平衡状态。英国学者彼得·罗布森指出："促进配置效益的一体化措施，未必会使所有成员方得益，或者未必会在整个市场上产生令人满意的分配效果。单靠市场机制的运作，即使不是无限期的，至少也会在长时间内，扩大成员方之间的经济悬殊。"由此可见，单靠市场这只"无形的手"很难达到区域政府间的均衡，政府这只"有形的手"必须进行适当的干预，运用行政、法律等手段来消除一体化进程中的负面影响。但值得注意的是，政府力量的介入是一把"双刃剑"，它既可以平衡区域的发展，也可能由于自利性和盲目性成为协调发展的最大阻碍。这是一个两难的困境。面对这种情况，必须借由政府职能的调整和协调机制的创新，来推动区域合作，促进区域协调。

从实践来看，区域行政融合发展机制是被实践所证明的有效的区域协调互动机制。区域政府间的行政融合机制为区域利益主体提供了一个表达、沟通与协商的"公共能量场"。在这个"公共能量场"内，区域主体可以打破行政区划的界限，促进生产要素在区域间自由流动，引导产业转移。健全合作机制，鼓励和支持各地区开展多种形式的区域经济协作和技术、人才合作。

(二) 从"对话性合作"迈向"制度化合作":长三角行政融合发展机制的发展历程

1. 专题合作阶段(1997—2003)

长江三角洲城市经济协调会(以下简称协调会)的前身是1992年建立的长江三角洲15个城市协作部门主任联席会议制度。为推动和加强长江三角洲地区经济联合与协作,促进长江三角洲地区的可持续发展,由区域内的上海、无锡、宁波、舟山、苏州、扬州、杭州、绍兴、南京、南通、泰州、常州、湖州、嘉兴、镇江(按城市笔画为序)等15个城市,经过沟通协商,于1997年升格为长江三角洲城市经济协调会。协调会按城市笔画每两年(2004年后改为每年一次)在执行主席方城市举行一次市长会议,由市长或分管市长参加,一次工作会议。常务主席方是上海市,常设联络处设在上海市人民政府合作交流办公室。从1997—2003年,协调会共举行四次会议(见表1)。

表1　　　　　长三角一体化专题合作阶段(1997—2003)

时间	地点	议题	主要成果
1997.4	扬州	杭州牵头的旅游专题;上海牵头的商贸专题	原则通过《长江三角洲城市经济协调会章程》;编制《长江三角洲城市简介》
1999.5	杭州	加强区域科技合作、推进国企改革和资产重组、研究筹建国内合作信息网和旅游商贸专题	—
2001.4	绍兴	深化专题合作活动,完善运作机制;研究区域发展课题,引导合作方向;加强沟通协调,扩大联合与协作	—
2003.8	南京	以"世博经济与长江三角洲联动发展"为主题	通过了《关于以承办世博会为契机,加快长江三角洲城市联动发展的意见》和《关于接纳台州市加入长江三角洲城市经济协调会的决定》。会员城市增加至16个

与协调会初创阶段（1992—1996年）政府间合作止于对话许诺所不同的是，协调会在专题合作阶段开始步入制度化的轨道。在此阶段，长三角的合作主要以经济专题的形式展开。虽然相比口头对话，专题合作在某类地区问题上取得了实质性的进展，但对区域经济一体化而言，这种缺乏整体性编制规划的专题合作具有很大的局限性。其中，第二、三次会议没有出台相应的文件，专题合作缺乏规范性文件的制度支撑。因此，在落实会议共识的过程中，缺少必要的法律保障，执行力度不足。

2. 联动发展阶段（2004—2009年）

2004年之后，协调会改为每年召开一次，会议主题变专题讨论为总体协商，所设议题不再仅限于某一经济社会问题，而是将讨论的范围扩至区域多领域合作事项。长三角合作开始从专题协商走向整体联动阶段（见表2）。

表2　　　　长三角一体化联动发展阶段（2004—2009）

时间	地点	议题	主要成果
2004.11	上海	以"完善协调机制，深化区域合作"为主题	通过了《关于修改长江三角洲城市经济协调会章程的提案》《关于设立长江三角洲城市经济协调会专项资金的提案》《关于充实长江三角洲城市经济协调会常设机构的提案》《关于设立信息、规划、科技、产权、旅游、协作专题工作的提案》《长江三角洲城市经济协调会章程修正案》；签署《城市合作协议》
2005.10	南通	以"促进区域物流一体化，提升长三角综合竞争力"为主题	协调会成员城市共同签署了《长江三角洲地区城市合作（南通）协议》（简称《南通协议》，以下协议名称皆采用类似简称）
2006.11	泰州	以"研究区域发展规划，提升长三角国际竞争力"为主题	国家发改委地区司副司长陈宣庆关于《长江三角洲地区区域规划》编制工作情况介绍和规划专家关于《长江三角洲地区区域规划纲要》思路的介绍；签署《泰州协议》

续表

时间	地点	议题	主要成果
2007.12	常州	会议重点围绕"落实沪苏浙主要领导座谈会精神,推进长三角协调发展"的主题和完善区域合作机制等问题进行了研讨	签署《常州协议》;明确下一年经济协调工作重点
2009.3	湖州	主题是"贯彻国务院关于进一步推动长江三角洲地区改革开放和经济社会发展的指导意见精神,共同应对金融危机,务实推进长三角城市合作"	签署《湖州协议》;商讨共同应对金融危机大计。批准继续深化"长三角世博主题体验之旅""协调会自身建设"等两个合作专题,新设"长三角金融合作""长三角医疗保险合作"两个专题和"长三角会展合作"课题

长三角一体化的合作模式开始逐步深入。一方面综合类议题逐渐成为协调机制的焦点,另一方面发布规范性约束文件成为会议发挥协调作用的常态。在2005年之前,长三角内地方政府间的协调机制主要是长三角市长联席会议制度和副省(市)长级别的"沪苏浙经济合作与发展座谈会"。这类协调属于地方政府倡导式的非制度性合作机制。其共识的达成基本依靠地方领导人的口头允诺,缺乏制度和法律保障。因此,打破行政区划分割而导致的区域合作被"锁定"的状态,从对话式合作转向制度化合作成为实现区域行政融合发展的必由之路。进入新世纪后,长三角内地方政府间的制度化合作步伐呈现出加速推进的特征。2005年,国家发展和改革委员会根据国家部署,正式开展长三角发展规划编制,长三角的协调建设得到来自国家层面的谋划。同年12月,沪苏浙首次举行两省一市主要领导座谈会,标志着省级层面最高层次的合作机制开始显现,长三角合作迈入联动发展新阶段。

2008年8月6日,国务院审议并原则通过了《进一步推进长江三角洲地区改革开放和经济社会发展的指导意见》（国发〔2008〕30号）（以下简称《指导意见》），指出"上海、长三角、浙江和中央有关部门要加强统筹协调，完善合作机制，创造性地开展工作，促进长江三角洲地区在高起点上争创新优势，实现新跨越"。《指导意见》对长三角的协调发展提出了明确的指导和要求，使得区域政府间的横向协作已经逐步转变为国家战略层次。2009年8月，江浙沪皖首次举行长三角合作与发展联席会议（即原来的沪苏浙经济合作与发展座谈会），安徽加入省级层面的会商。此次会议还通过了《长三角合作与发展联席会议制度》。此后，国家、地区、省市各层级的合作成为常态化。以三省一市行政协商会议为主要内容的区际、省际、市际制度化协调机制逐渐进入完善阶段。

3. 一体融合阶段（2010—至今）

以国务院发布《长江三角洲地区区域规划》为标志，本研究将2010年之后的长三角合作模式概括为一体融合阶段（见表3）。这一阶段以实现一体化发展为根本诉求，在中央层级的宏观战略指导下，区域各政府围绕经济发展、社会建设、生态治理、基础设施等特定领域进行深度协商，合作模式逐渐呈现一体融合的特征。

表3　长三角城市群一体融合阶段主要事件年记（2010—2016）

时间	地点	参与部门	重要事项	议题	直接成果
2010.3	嘉兴	江浙沪皖省级部门、省级发展改革部门	举行长江三角洲城市经济协调会第十次市长联席会议（以下简称长三角协调会）	以"用好世博机遇、放大世博效应，推进长三角一体化科学发展"为主题；深化"长三角医疗保险合作""长三角金融合作""长三角会展合作"等3个合作专题，新设"长三角园区共建"专题和"长三角异地养老合作""长三角现代物流业整合和提升"2个课题	更名为市长联席会议；吸收合肥市、盐城市、马鞍山市、金华市、淮安市、衢州市6个城市为协调会会员，会员城市扩展至22个；签署《嘉兴协议》

续表

时间	地点	参与部门	重要事项	议题	直接成果
2010.5		国务院授权国家发展改革委	发布《长江三角洲地区区域规划》		国内首部区域规划
2011.4	镇江	会员城市政府、合作部门	举行长三角协调会第十一次会议	以"高铁时代的长三角城市合作"为主题；续深化"长三角园区共建合作"专题，新设"长三角农业合作"专题	签署《镇江协议》；新设"长三角高端商务旅游产品开发""以长三角互联网终端应用推动前沿技术开发""上海'两个中心'建设背景下长三角港口发展""构建长三角城市生活幸福圈""长三角中心城市治理交通拥堵""长三角进沪客运大巴快捷通行""长三角城市知识产权协作机制""探索建立长三角产业转移与承接利益分享机制""高速交通发展中长三角经济区域空间结构塑构研究"等九个课题
2011.11	合肥	三省一市主要领导、省级政府、相关部门	举行长三角主要领导座谈		通过《长三角合作与发展共同促进基金管理办法（试行）》

续表

时间	地点	参与部门	重要事项	议题	直接成果
2012.4	台州	会员城市政府、合作部门	举行长三角协调会第十二次会议	主题为"陆海联动，共赢发展——长三角城市经济合作"	签署《台州协议》；批准新设《长三角专利运用合作体系建设》等十个课题
2013.4	合肥	会员城市政府、合作部门	举行长三角协调会第十三次会议	主题是"长三角一体化发展新红利——创新、绿色、融合"	签署《合肥协议》；提出：各成员城市在城市经济协调会合作机制框架下，以深化长三角一体化为目标，进一步降低市场准入门槛，促进经济要素自由流动，营造国际一流的贸易发展环境，推动产业合作走向深入，提高区域整体对内对外开放水平，将长三角一体化打造成具有国际影响力的都市圈，真正实现要素上自由流通、产业上分工协作、心理上认同归属、公共服务上均等互通的"融合"
2014.3	盐城	会员城市政府、合作部门	举行长三角协调会第十四次会议	以"新起点、新征程、新机遇——共推长三角城市转型升级"为议题	签署《盐城协议》，成员城市政府扩展至30个；批准成立长三角城市经济协调会新型城镇化建设、品牌建设等专业委员会

续表

时间	地点	参与部门	重要事项	议题	直接成果
2014.9		国务院	出台《关于依托黄金水道推动长江经济带发展的指导意见》		明确长三角战略定位以及发展目标
2015.3	马鞍山	会员城市政府、合作部门	举行长三角协调会第十五次会议	以"适应新常态、把握新机遇——共推长三角城市新型城镇化"为主题	签署《马鞍山协议》；批准成立长三角协调会健康服务业专业委员会，设立长三角一体化实施国家"一带一路"战略研究，长三角环太湖城市带新型城镇化进程中生态文明建设研究，都市圈经济融入长三角一体化经济研究，京津冀、长三角、珠三角区域合作比较分析，长三角运河国际旅游产品联动开发与营销的对策与思考，长三角建设科技创新型区域一体化研究，长三角家庭农场发展模式与趋势研究等7个课题

续表

时间	地点	参与部门	重要事项	议题	直接成果
2016.3	金华	国家发改委领导、浙江省政府领导、会员城市政府、合作部门	举行长三角协调会第十六次会议	以"'互联网+'长三角城市合作与发展"为主题	签署《金华协议》；批准成立长三角协调会创意经济产业合作专业委员会、长三角青年创新创业联盟和长三角新能源汽车联盟，开展构建长三角海洋经济合作机制研究；提出《"互联网+"长三角城市合作与发展共同宣言》
2016.6		国务院授权国家发展改革委	发布《长江三角洲区域一体化发展规划》		国家层面最新的针对长三角一体化的发展规划

资料来源：作者根据长三角协调会历次会议资料整理所得。

长三角合作范畴经过数年发展，已突破固有单一主题，历次协调会议所关注的主题和所设专题、议题以及发布的研究课题渗透着经济社会各领域的一体化发展诉求，金融、物流、园区、农业等经济建设，医疗、保险、养老、公共服务等社会建设，港口、机场、高铁、城市交通等基础设施建设，生态环境治理等生态建设，这些领域近年来皆成为长三角合作关注的重心。它们交错融合，整体推进长三角的一体化发展。

综上，长三角各地政府经过长期探索，从专题合作到联动发展再到一体融合，逐步建构起在市场经济条件下"三级运作、统分结合、务实高效"的区域合作机制（如图2）。同时，长三角一体化区域协调还通过订立协议的方式深化合作关系，这也成为当前长三角府际合作的重要特征和未来发展的趋向。

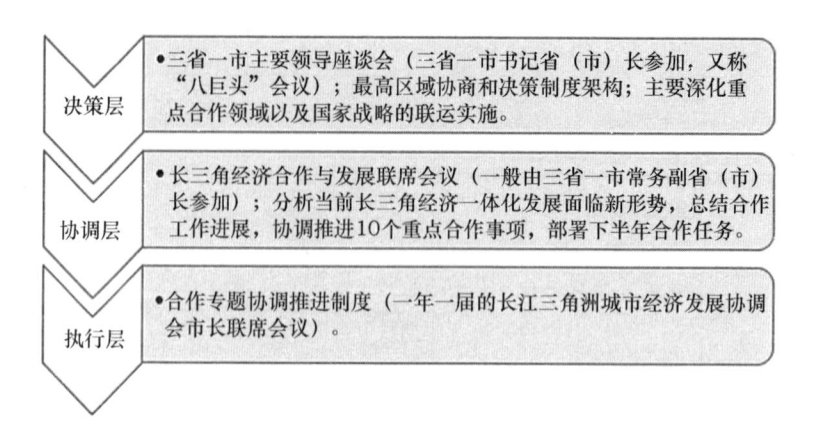

```
决策层  • 三省一市主要领导座谈会（三省一市书记省（市）长参加，又称
              "八巨头"会议）；最高区域协商和决策制度架构；主要深化重
              点合作领域以及国家战略的联运实施。

协调层  • 长三角经济合作与发展联席会议（一般由三省一市常务副省（市）
              长参加）；分析当前长三角经济一体化发展面临新形势，总结合作
              工作进展，协调推进10个重点合作事项，部署下半年合作任务。

执行层  • 合作专题协调推进制度（一年一届的长江三角洲城市经济发展协调
              会市长联席会议）。
```

图 2　长三角一体化跨区域"三级运作"协调机制图

（三）长三角行政融合机制的效果、特点与趋势

1. 长三角行政融合发展机制的主要成效

自 20 世纪 90 年代以来，长三角一体化先后经历了从专题合作、对话式合作转向制度化合作几个阶段。综观 20 多年来长三角一体化进程中行政融合的成效，主要体现在三个方面：

一是以建立统一开放的市场经济为目标，坚持规划先行，增强了区域合作的协调性。府际间无序分散的合作通过行政规划协调逐步整合到相应统一的平台上，使要素合作、体制建设与制度对接做到统筹兼顾，形成合力，协同推进。区域内的港口、机场、铁路、公路和能源等建设项目对接深入展开，企业和商品市场准入、管理政策标准等正在逐步实现统一化。区域由自发、无序、分散状态向自觉、规范、协同方向稳步发展。这使得以市场为导向的基础性资源得到有效整合和利用，阻碍生产要素自由流动的条块分割以及地方保护主义的局面不断得到消除，公平竞争格局在旅游等领域获得一定程度的改善。

二是坚持多元共治，增强了区域合作的协同性。首先，区域发展中的综合性专题成为地方政府间合作的牵引线，协同解决区域内共同面临的经济社会发展议题让区域各级政府形成了主要中心部门牵头、其他成员部门协同攻关的有效合作模式。其次，包括环境治理、发展改革、工商质监、

对外贸易等在内的地方政府职能部门会根据工作需要，主动联合实施区域横向合作，进行政策对接，并构筑区域性合作平台。比如，通过联席会议、论坛、项目合作、专题研究等多种形式，使区域间政府部门合作达至广覆盖、宽接口和深度化。作为区域公共治理的应有之义，多元主体参与区域共治因应了区域公共管理向区域公共治理转变的趋势。区域内各地方的企业、公益组织、行业协会等第二、三部门也在与政府或相互之间积极开展各种形式的合作。这种超越区域内层级分明、刚性刻板的地方政府间的柔性化、网络化的合作模式将成为未来区际间合作的主流。正如西方发达国家的经验所示，多元主体的合作治理是区域行政融合至关重要的有机组成部分和促动力量。

三是坚持领域扩展，增强了区域合作的外延性。区域内府际合作的内容由单纯的经济领域向经济建设、社会建设、文化建设和制度建设等全方位领域转变。随着区域经济一体化的深入发展，区内府际合作的内容也随之扩大至社会、文化、制度建设各领域。与此同时，经济合作领域的成果又带动了其他领域的深度合作。社会保障、环境治理、人口流动、教育、就业、诚信网络、医疗、住房等民生工程领域的合作也相应取得较大的进展，各地方的政策对接工作也在有序推进。

2. 长三角行政融合发展机制的主要特点

纵观长三角一体化的发展历程，本研究认为，区域行政融合机制呈现出"多层次、多形式、宽领域、深度化、法制化"的特点。

（1）多层次

这种多层次主要表现在纵向合作机制方面。从最高层的三省一市主要领导的定期座谈会到副省级领导参与的经济协商与合作会议，从市长联席会议到各市政府的下属职能部门，从30座城市组成的协调会到为合作专题特设的各专业委员会，长三角的行政融合在以上所列的机制框架内展现出多层次特征。未来的合作还将探索出更为具体化、专业化的合作平台，其合作的层次仍将继续增加。

表4　　　　　　　　　　　区域协调的层次性

层次	方式	适用领域	优点
中央牵头式	通过中央机构统一协调和运作	国土开发与城镇体系、能源布局、区域基础设施、金融体系建设、流域治理等	权威性强、地方回应性高
跨省市协商式	通过高层地方政府协调解决重大利益矛盾	城市规划的衔接、城际交通设施、能源建设的具体利益等	指导性强、协调性高
部门协调式	通过职能部门会商解决管理制度上相对技术性的问题	劳动力流动、工商、质检、旅游管理等相关技术性问题	操作性强

资料来源：李荣娟：《区域公共治理中的行政协调：现实问题与机制创新》，《科学社会主义》2013年第6期。

（2）多形式

这主要针对长三角行政融合的方式而言。长三角一体化的合作方式针对不同的合作议题采取不同的合作方式。除了采用正式的会议制度、签署文件的方式，召开论坛、项目合作、举办专家研讨会、政策宣讲、课题研究以及建立地方政府协会等非正式的合作方式也备受各地方政府青睐。这些方式的主要特点就是更加灵活多样、针对性强，可以对不同的合作专题起到恰如其分的作用。当然，创新合作方式仍在进行。

（3）宽领域

这种宽领域主要表现在横向合作内容方面。历经二十余年的行政融合历程，长三角一体化的合作领域从简单的单一线发展为复杂的综合网。现在的长三角合作领域囊括了产业发展、金融合作、物流业、旅游、园区建设、农业、资源、能源、高新技术、互联网、医疗保险、养老服务、教育、人才开发、城际交通、港口建设、机场建设、高铁建设、交通治堵、环境治理、新型城镇化、户籍改革等经济社会发展所涵盖的各项领域。随着区域一体化的深度融合，其合作领域还将进一步扩大。

（4）深度化

这主要针对长三角行政融合的程度而言。20世纪80年代初，中央提出建立"长三角经济圈"的构想。历经30余年，长三角一体化逐渐从观念走向现实，其中伴随着各级政府错综复杂的利益博弈与纠葛。正是在这种利益博弈中，长三角城市政府的行政融合取得了成绩也面临着问题。但可以肯定的是，区域内各地方政府的合作正逐渐从利益博弈阶段步入制度建构阶段。概言之，长三角行政融合的程度将随着国家规划（如《长江三角洲区域一体化发展规划》（2016））的贯彻实施而不断加深。

（5）法制化

"行政一体"的区域行政融合发展机制需要牢固的法制基础。长三角城市政府早期的合作形式主要通过政府领导人对各方所达成之意向进行口头承诺，没有出台针对合作事项的正式文件，更没有相关法律法规的确认。而从21世纪初开始，长三角合作的法制化进程不断加快。以协调会为例，每届会议都会出台相关协议，有时对某项专题达成共识后会签署合作宣言，而同时中央政府抑或长三角省级政府有时会出台与合作专题相关的规章条例，以此指导或约束成员政府的行为。目前，长三角合作所采用的法制协调机制主要是以行政协议为主，磋商沟通、中央国家机关直接协调为辅，三种法制协调机制共同作用于区域合作。

行政协议在目前的长三角合作中发挥着基础性的作用。其具体的表现形式为"宣言"、意见（向）书或"协议"，如《共建信用长三角宣言》《长江三角洲地区城市合作（镇江）协议》《关于以筹办"世博会"为契机，加快长江三角洲城市联动发展的意见》《进一步加强经济技术交流与合作的协议》《苏浙沪旅游促进会（上海）宣言》等。长三角政府在自愿、合法的前提下，签订了一系列的行政协议，旨在促进长三角经济、社会等的协调发展。这是各地方政府彼此信任并最终达成共识的结果，为经济一体化和法制一体化奠定了基础。

长三角的磋商机制，是指三省一市常务副省（市）长之间直接进行磋商和对话从而达成共识的法制协调机制。这是长三角至今最高级别的磋商机制。长三角的沟通制度，是指各地区国家机关之间互通信息，各成员方基于经济一体化的共同目的，自觉，积极地实现联动或采取一致措施的法律协调机制。

除以上两种协调机制外，还出现了中央国家机关直接协调长三角经济发展的实例，即交通部牵头制定的《长江三角洲地区现代化公路水路交通规划纲要》。此纲要打破了区域地方、体制、行业界限，进行跨省市的资源整合，强调与周边地区的衔接；公路铁路协调，同时综合考虑航空、铁路体系；注重提升服务水平和现代化管理。中央国家机关法制协调，对整个长三角的省市都具有法律效力。

综观长三角所实行的法律协调机制，此三种形式都将推动该地区法制建设的更进一步发展，并促进长三角经济一体化的稳步进行。但是也不难看出，这种法律关系的复杂性和法律主体的多样性必然会引起律法上的紊乱。怎样做到在这种动态环境中寻求平衡？怎样做到在这种互动环境中有法可依，依法行政？都将是长三角将来需要进一步完备和考量的地方。党的十八届四中全会后，建设法治国家的宏观战略要求将会持续推动长三角行政融合的法制化进程。

3. 长三角行政融合发展机制的演化趋势

如前所述，长三角一体化呈现出多层次、多形式、宽领域的特征，区域行政融合发展机制则呈现出制度化、规范化和法制化的趋势，具体可概括为如下几个方面：

（1）区域横向合作由浅层次向深层次的国家战略转变

长三角各地政府在向服务性政府的转变中，主动展开横向联合，从过去个别政府部门的浅层次沟通与协作，升格为三省一市最高领导层定期磋商，发展为制度合作，建构起在市场经济条件下省市间、城市间、部门间和行业间四个层面的行政融合体系。2005年，国家发展和改革委员会根据国家部署，正式开展长三角发展规划编制，长三角的协调建设得到来自国家层面的谋划。2008年8月6日，国务院审议并原则通过了《进一步推进长江三角洲地区改革开放和经济社会发展的指导意见》，明确指出"上海、长三角、浙江和中央有关部门要加强统筹协调，完善合作机制，创造性地开展工作，促进长江三角洲地区在高起点上争创新优势，实现新跨越"。《指导意见》对长三角的协调发展提出了明确的指导和要求，可见区域行政融合发展机制已经逐步转变为国家战略层次。

（2）区域横向合作由自发活动向以市场为主体的一体化转变

以建立统一开放的市场经济为目标，重大设施一体化得到重点推荐，港口、机场、铁路、公路和能源等对接深入展开，企业和商品市场准入、管理政策标准等正逐步对接，使以市场为导向的基础性资源得到有效整合和利用，阻碍生产要素自由流动的条块分割以及地方保护主义的局面不断得到消除，公平竞争格局在旅游等领域获得一定程度的改善。

(3) 区域横向合作由无序和分散向自觉规范的制度对接转变

各地区间无序分散的合作正逐步整合到相应统一的平台上，使要素合作、体制建设与制度对接，统筹兼顾，形成合力，协调推进。

(4) 区域合作由政府单个部门向多个部门以及社会协同推进的转变

首先，区域发展中的综合性专题已形成主要部门牵头，多部门协同攻关的良好态势。其次，很多部门根据工作需要，主动实施区域横向合作或进行政策对接，或构筑区域性合作平台，通过联席会议、论坛、项目合作、专题研究等多种形式，使区域间政府部门合作达至广覆盖。再次，行业协会和企业也积极展开合作，作为行政协调机制建设至关重要的有机组成和促进力量。

(5) 区域横向合作由单纯的经济合作向经济、社会和文化全面合作转变

随着经济合作的日益加深，协调内容扩及社会和文化，共同推进社会主义和谐社会建设。社会保障、交通一卡通、教育、诚信、就业等由各职能部门以多种方式推进，正在形成系列性对接政策，收获了一批阶段性成果。

三　长三角一体化与区域行政融合进程中的行政争议与行政约束问题

(一) 行政区与经济区的冲突与矛盾

长三角一体化的过程，本质上是行政区和经济区的矛盾过程。这种矛盾自 20 世纪 80 年代初地方实行市场化改革以来即以地方恶性竞争、地区封锁的形态表现出来，至今仍是区域经济一体化发展的最大障碍。

矛盾发生的内在机理在于行政区和经济区有两种截然不同的价值取向和行为逻辑。这是两者矛盾的主要方面，在一体化进程中彼此强化、交互

作用。随着地区融合程度加深而带来的共同利益扩大，这组矛盾在一定程度上得到缓解，但这组矛盾还在相当广阔的领域存在着并持续发生作用。

表5　　　　　行政区与经济区的价值取向与行为逻辑比较

对比项目	行政区	经济区
治理主体	区划内政府	区域内政府
目标导向	地方利益	区域共同利益
绩效考评	部门（个人）政绩	尚无明确指标
行为动机	晋升锦标赛	实现一体化发展
管理理念	本位主义	新区域主义
发展趋向	行政壁垒	统一要素市场
最终结果	负外部性（恶性竞争、环境污染、公地悲剧等）	正外部性（资源共享、协同发展、一体化效应等）

表格来源：作者自制。

行政区的治理主体是区划内各级政府，经济区的治理主体是区域内各级政府；行政区的目标导向是实现并维护地方利益，而经济区的目标导向是实现并维护区域共同利益；行政区绩效考评的依据是组织或个人政绩，而经济区绩效考评的依据暂时还不明确；行政区主体的行为动机是官员晋升锦标赛，即官员为了实现尽快晋升而展开的政绩竞赛，而对于经济区而言，其行为动机更多地表现为实现区域经济一体化发展；行政区衍生出来的管理理念是本位主义取向，而经济区实践的是新区域主义理念，"新区域主义"解决的是区域间的合作与竞争问题，其核心目的在于激发区域政府间的协作。新区域主义倡导区域间的开放性、介入性、包容性、合作性，其核心观点认为应该在区域政府间建立一种跨区域治理的策略性合作伙伴关系，建立新的区域合作同盟，完善区域治理政策框架，建构区域利益平衡与协调机制。行政区之间未来的发展趋向是设置更多的行政壁垒或进行地区封锁，而经济区发展的未来趋向是打破行政界限，建立统一大市场，实现区域内各要素的自由流通。最终，这两种行为逻辑所导致的结果就是：行政区产生了更多的负外部性，比如恶性竞争、环境污染和公地悲剧等；经济区产生了更多的正外部性，比如资源共享、协同发展和一体化效应等。

长三角一体化的发展历程表明，解决行政区治道逻辑与经济区功能定位之间的矛盾在于扭转行政区行政的治理机制，建构一套全新的符合经济区发展特征的区域公共管理治道模式，实现区域行政融合发展。然而，区域公共管理的制度创新是一种后发外生型的强制性制度变迁过程，涉及价值系统、政治系统、经济系统和社会系统的调整，这将是一项十分复杂的系统工程，不可能在短时间内一蹴而就。长三角行政融合框架和机制出现的诸多问题，归根结底就是因为行政区与经济区之间的内在矛盾所衍生出的区域内各级政府间的行为逻辑，这种逻辑集中表现为一种非合作博弈的特征。

(二) 体制和机制保障缺位

一是缺乏权威、系统、规范的行政规章统领从中央到地方各级政府之间纵向合作以及三省一市相互之间横向合作的体制和机制，行政融合缺乏制度保障。在区域合作中，仅仅表现为地方政治精英间的磋商、沟通、对话。三省一市最高领导层每年一次的协商会议制度主要功能是互通信息，会议不形成纪要、文件。譬如，2005年三省一市主要确定的能源、环保、交通、科技四大区域合作平台，半数未能落实。2007年三省一市主要领导座谈会达成的八大专题，落实下来的只有六个专题。由于三省一市领导座谈会达成的共识不公开，没有形成文件、纪要等，具体到职能部门缺乏对会议精神的了解，难以贯彻执行。

二是现行府际合作框架缺乏区域管理的战略思维与统一的协调机制，带有明显的应急性和随意性，难以发挥联动协同效应。长三角现行的"三级运作"合作体制包括三省一市主要领导座谈会、长三角合作与发展会议以及专题协调推进制度，这三种合作层级的主要功能是对话协商、达成共识和签署协议。由于缺乏中央政府相关部委的参与，使得现有协调机制在面临一些重大区域利益冲突时，缺乏应有的权威性，难以达成实质性的共识，诸多区域议题处于"议而不决、决而不行"的尴尬境地，陷入行政协调失效的窘境。而分割的行政区划所导致的利益冲突又是区域发展的常态，这种区域经济与行政区经济的悖论一直是长三角一体化发展绕不开的魔咒。因此，缺乏纵向权威统合机构的横向平行关系下的区域府际合作框架难以真正发挥区域一体化的联动协同效应。

三是区域落实合作框架平台和专题的执行机制不到位。三省一市主要领导座谈会决策的平台和专题，应在三省一市常务副省市长的协调下，由相关职能部门落实执行。但是三省一市的相关部门，在落实平台和专题时，由于平台和专题的设立程序是自上而下的，职能部门对落实平台和专题的工作方针不清楚，没有体制和机制保障，没有报告和考核制度，导致一些专题在实际运行中难以开展。在调研中，许多同志反应，要做好、落实平台和专题的工作，就必须注重工作机制，从执行层做起。建立由执行层到协调层最后到决策层的自下而上的合作交流工作机制。应由执行层根据年度发展规划及重大项目合作等，提出合作专题初案，上报协调。由协调层审议后，提交决策层决策。科学的决策程序是推动合作进程的重要基础。

四是府际合作事项缺乏执行监督反馈平台，导致诸多行政专题落实困难。长三角的三级运作框架更多地充当着决策的功能，其合作成果多以签署各种协议、合同、宣言等正式文本的方式并对外发布，以此作为指导和约束签约各方的规范性文件。相比早期的口头承诺式的合作方式，这种合作方式拥有类似于法律文件的支撑，从而使合作进入制度化规范化的轨道。然而，当共识与地方发展水平或者目标相契合，则协议或专题会被较好地贯彻执行；但当其与地方发展目标或利益诉求相违背，则协议或专题即或被束之高阁，或被选择性执行，导致区域共识在各地执行过程中走样，最终损害区域行政融合的整体效能。

五是府际信息交流共享平台建设落后，难以满足无缝沟通需要。长三角的信息交流和共享平台建设虽然走在全国前列，但是，当合作逐渐走向深化，信息共享平台建设就会进展缓慢或迟滞不前，难以发挥促动合作事项顺利开展的功能。尤其是区域行政融合进入"深水区"，很多合作事项对于某些地方政府（比如少数的中心地方政府）来说，"存量"的内涵大于"增量"，信息共享即意味着自身利益受损。比如，在各地的 GDP 考核环节，由于区域经济的外溢性，行政区划内的 GDP 增长量很难确切衡量，需要各地方政府制定 GDP 指标分解和跨区域的考核方法。这种考核方法的科学性基于各地方政府各自提供真实准确的经济指标和数据，但出于维护各自地方发展绩效的考虑，很多地方政府不愿与其他地方政府分享GDP指标，故而将很多需要依权重划分的数据据为己有，造成GDP考核数据的失真。

（三）行政法规政策缺乏协同

由于"长三角"并非行政区划上的概念，在长三角内存在着众多行政区划，均有各自不同的利益，在选择立法策略时由于缺乏有效的信息沟通和相关立法协议，无法了解其他区域所选择的立法策略，因此出于"理性选择"，它们必然会选择对自身区域发展最有利的策略来实现利益最大化。如果仍执着于目前各自为政的行政立法模式，势必会产生各行政区之间在法律层面的矛盾与冲突，而最终导致前文提到的市场分割、地区保护主义、跨地区公共事务失灵、"公共用地灾难"等。位于长江三角洲地区腹地，包括长三角省份、浙江省、上海市（以下称二省一市）和长江以南，钱塘江以北，天目山、茅山流域分水岭以东的太湖"蓝藻危机"爆发，便是由于缺乏行政法制协调而导致的"公共用地灾难"。

以《上海市环境保护条例》和《长三角省份环境保护条例》为例。在《上海市环境保护条例》第六章中有关法律责任的规定对污染环境的违法行为所应受的处罚标准及不同违法行为应承担怎样的后果，都做了较为详细的规定，但对具体由什么部门执行处罚未作明确说明；而在《长三角省份环境保护条例》第五章对法律责任的规定中，与上海市相反，该规定并未对不同违法行为应承担的后果做明确说明，而对具体由什么部门执行却做了较明确地表示。这种差异性不但不利于长三角三省一市对环境的整体性治理，更有违长三角法制一体化要求，妨碍环境协调执法，降低执法效率。

长三角三省一市在道路安全管理法规方面也存在许多差异，比较《上海市道路交通管理条例》《长三角省份交通安全管理条例》和《浙江省实施〈中华人民共和国道路交通管理条例〉办法》之间的异同，就能够说明这一问题。

表6　　　　　　　　　三省一市道路安全管理法规比较

	上海市	江苏省	浙江省	安徽省
自行车是否需要登记	并未对该问题做出规定	自行车应当经申领人居住地公安机关交通管理部门登记，领取牌证后，方可上道路行驶①	公安机关交通管理部门对自行车不实行登记制度。但自行车销售单位应当在销售时按规定对自行车统一编号、敲印、登记，定期报所在公安机关交通管理部门备案②	资料不全
违反交通安全道路法规的累积记分	机动车驾驶人员一年内交通违章记分累计达到规定分值的，应当参加交通法规与相关知识和道路驾驶和场地驾驶的考试③	并未具体规定当积分累计到一定分值后该如何处理	持本省机动车驾驶证的驾驶人在道路安全违法行为或者交通事故处理完毕后，一个记分周期内累计记分未达满分的，可以申请参加驾驶证核发地公安机关交通管理部门组织的为期一日的道路交通安全法律、法规和相关知识教育。公安机关交通管理部门每次可以减少其累积记分二分，但一个记分周期内的安全教育减分不得超过4分④	资料不全

① 《江苏省交通安全管理条例》第16条，2005年1月1日起实施。
② 《浙江省实施〈中华人民共和国道路交通管理条例〉办法》第22条，2006年6月1日起实施。
③ 《上海市道路交通管理条例》第30条，1997年12月1日起施行。
④ 《浙江省实施〈中华人民共和国道路交通管理条例〉办法》第28条，2006年6月1日起实施。

续表

		上海市	江苏省	浙江省	安徽省
交通事故伤亡援助金		本市设立伤亡事故交通援助金，用于因交通事故遭受伤害后无力支付医疗费用或者生活困难需要援助的人员①	未对交通事故援助金相关事宜作规定	《浙江省实施〈中华人民共和国道路交通管理条例〉办法》第60条规定了县级以上人民政府应当设立道路交通事故社会救助基金并具体规定了资金的来源	资料不全
发生交通事故时，机动车负责任的不同情形	非机动车驾驶人、行人负全部责任	—	机动车一方承担10%—20%赔偿责任	机动车一方承担10%—20%赔偿责任，但赔偿金额最高不超过5万元	资料不全
	非机动车驾驶人、行人负主要责任	—	机动车一方承担30%—40%赔偿责任	机动车一方承担30%—50%赔偿责任	
	非机动车驾驶人、行人负同等责任	—	机动车一方承担60%—70%赔偿责任	机动车一方承担60%赔偿责任	
	非机动车驾驶人、行人负次要责任	—	机动车一方承担70%—80%赔偿责任	机动车一方承担70%—90%赔偿责任	

此外，区域行政协议文本缺乏正式法律依据，规范约束效力备受质

---

① 《上海市道路交通管理条例》第63条，1997年12月1日起施行。

疑。行政协议在目前的长三角行政融合中发挥着基础性的作用。但这种行政协议缺少规范性，其法律效力也存在争议，而且行政协议的运行机制不健全，直接影响了行政协议的运行效果。

（四）利益共享补偿机制缺位

由于地方利益的客观存在，区域一体化能否成功的关键在于整合地方各自不同的利益诉求，探索利益最大公约数，构建区域发展的利益共享和利益补偿机制。对于增量合作，区域发展的正外部效应应该普惠各地，无论大中小地方政府都应享受区域发展带来的红利；而对于存量合作，行政合作框架应配备相应的利益补偿机制，对于合作中利益受损方给予适当的补偿。

（五）区域行政融合的绩效考核与行政区绩效考核脱节

地方政府在区域利益与本地区利益发生冲突时，首先维护的是本地区利益。由于缺乏横向合作的绩效考核，领导层面磋商的平台和专题缺乏评估、激励与督促。当区域经济与本地经济发生矛盾时，本位主义思想往往占据了上风，使得区域经济受到损害。

四 完善长三角一体化与区域行政融合发展机制的对策建议

（一）总体导向

构建长三角行政融合发展机制，必须深入贯彻落实党中央、国务院重大决策部署，遵循公共管理的基本规律，按照长三角发展的总体要求，以深化改革、创新行政管理的体制机制为根本动力，打破行政区划界限和壁垒，加强规划统筹和衔接，形成市场体系统一开放、基础设施共建共享、生态环境联防联治、管理统筹协调的区域协调发展新机制，发挥市场在资源配置中的决定性作用，更好地发挥政府作用，建立统一市场体系，促进资源要素合理流动、基础设施共建共享、生态环境联防联治和公共事务协同联动的区域内外融合发展新机制，统筹推进区域协调发展、融合发展、人与自然和谐发展。

（二）具体对策

1. 建立长三角一体化合作领导机制

根据区域合作实际情况，建立起不同行政层级的组织领导与工作协调体制机制，如联席会议制度等，统筹中央与地方政府、地方政府之间和上下级政府之间行政资源，共同研究解决区域合作重大事项，打造多种形式、多方参与的问题协商解决平台，为推动区域深度合作提供强大的组织保障。首先，在国家层面上建立长三角一体化推进领导组织机构，该组织负责统筹协调全局性、战略性、前瞻性重大问题。如建立由国务院领导牵头的协调推进机制、由国家发改委等中央有关部门和江浙皖沪三省一市共同参加的联席会议制度；其次，建立健全中央重大项目部际联席会议制度，统筹协调解决跨区域的重大基础设施、生态环境保护等重大项目的建设问题；同时，建立健全国家与三省市之间的上下联动和横向协调机制，联动推进重大任务和事项的实施落实。

2. 建立长三角合作政策沟通机制

建立规范引导江浙皖沪三省一市健康有序发展的政策体系，加强区域发展规划落实中的沟通、协调与衔接，进一步打破行政区划界限，加强规划落实层面的对接。建立政策协调沟通机制，保证政策的针对性和有效性。建立资源保障、能源安全、食品监管、社会管理、生态环境等关系区域整体利益和长远发展的各种突出问题的行政协同机制，协作开展相关工作，协调出台相关政策，协同实施相关项目，确保各项重点任务落到实处、收到实效。此外，大力支持长三角跨区域的行业协会、中介组织等发展，建立非政府性质的协调机构，主要负责信息交流、行业标准的制定，以及避免恶性竞争等，充分发挥其在推进市场一体化和产业合理布局中的独特作用。

3. 完善长三角合作协调发展机制

以区域一体化为主要平台，推动跨区域城市间产业分工、基础设施、环境治理等协调联动，实现资源整合、联动发展、优势互补、互利共赢。重点探索建立区域一体化管理协调、成本共担和利益共享机制，创新区域一体化要素市场管理机制，破除行政壁垒和垄断，促进生产要素自由流动和优化配置。

4. 优化长三角合作产业转移机制

注重发挥市场配置资源的决定性作用，建立和完善主政府引导、企业主体、市场推动的灵活高效的区域合作产业转移机制。大力建设承接产业转移示范区和加工贸易梯度转移承接地，深化产业链、供应链整合，提升产业发展水平，推动区域协同合作、联动发展。防止出现污染转移和环境风险聚集，避免低水平重复建设。

5. 强化长三角生态环境保护治理协同机制

加强和完善长三角环境污染联防联控和预警应急体系建设，联动实施环境污染防治行动计划。加大对环境突出问题的联合治理力度，探索开展环保统一执法行动。探索生态补偿机制，推行环境污染第三方治理。加强信息共享与应用平台建设，提升环境污染监测预警能力。加强区域危废转移跟踪和监督管理，确保危废安全利用处置。协同实施生态恢复与修复工程，全面提升生态红线区管控和保护水平。

6. 建立长三角公共服务和社会治理协调机制

顺应长三角经济发展影响劳动力转移流动趋势，加强跨区域职业教育合作和劳务对接，推进统一规范的劳动用工、资格认证和跨区域教育培训等就业服务制度。加大基本养老保险、基本医疗保险等社会保险关系转移接续政策的落实力度。构建协同联动的社会治理和安全监管工作机制，应对事故灾难、环境污染、公共卫生等跨区域突发事件，有效预防和减少生产安全事故。完善集中连片特殊困难地区扶贫机制，加大政策支持力度。

7. 构建长三角对外开放大通关体制

推动对外开放向更高层次、更高水平迈进，加快构建信息互换、监管互认、执法互助大通关管理体制机制。加强口岸管理的制度化、规范化、科学化、现代化建设，提升口岸管理工作水平，完善口岸工作机制，提高通关效率，确保国门安全。加强口岸管理相关部门监管协作，全面推进"一次申报、一次查验、一次放行"模式，实现区域通关一体化和检验检疫一体化。建立健全信息共享共用机制，推进口岸执法部门信息互换、监管互认和执法互助，打造更加高效的口岸通关模式。

8. 推进区域合作一体化市场体系建设

建议长三角地方政府进一步推进全面深化改革，清除阻碍资源要素合理流动的地方性政策法规，打破区域性市场壁垒，实施统一的市场准入制度和标准，推动劳动力、资本、技术等要素跨区域流动和优化配置。健全知识产权保护机制，推动社会信用体系建设，扩大信息资源开放共享，提高基础设施网络化、一体化服务水平。

9. 打造长三角公共管理信息平台

建议长三角地方政府利用现代网络技术建设公共管理信息平台，对管理信息实行互相传送、沟通、磋商，以满足上述合作的立法与执法的需求。针对地方政府的"网络层级合作模式"，还可以建设一个共同的而不是分散的"网络层级"管理信息系统，该系统对合作的各种事宜加以统筹，从而大大节约管理信息的传递和沟通成本。

10. 进一步完善行政融合机制的法制体系

赋予行政协议在长三角的法律地位。首先，明确行政协议缔结的目标是寻求区域边界内而非区域内地方政府的利益最大化，改变地方政府本位价值观指导下的绩效评价指标，建立科学合理、符合经济发展规律的考核制度。譬如，注重公共责任、区域公平以及环境优化等。其次，界定行政协议的内容范围。区域行政协议涉及的领域应限于能源、环境、湖泊流域、基础实施、基础教育、医疗卫生等公共领域，对于那些能充分竞争的行业，可由市场或其他组织自主调节。另外，为保障行政协议的有效执行，必须确立行政协议纠纷的解决办法及违约责任的承担。最后，签订行政协议时，考虑必要的激励和利益补偿机制。譬如，区域博弈的真实意图在于借产业整合之名为自身的产业发展和结构升级寻找契机，欲利用合作伙伴为自身提供更多的服务便利。不愿与其他城市制定互惠的产业发展政策则是担心实现对方利益的同时自身利益受损，从而拉大差距，彼此之间多为竞争格局。因此，健全有效的激励和补偿机制既是解决利益冲突的有利途径，也是促进区域行政协调的有力助推器。还譬如，获利较大的地方政府在协作中可适当让渡部分权利、资源或做出相应补偿，在税收、资金等方面给予更多资助或支持。

清理区域法规政策冲突问题。首先，清除阻碍资源要素合理流动的地方性政策法规，打破区域性市场壁垒，实施统一的市场准入制度和标准，推动劳动力、资本、技术等要素跨区域流动和优化配置。健全知识产权保护机制，推动社会信用体系建设，扩大信息资源开放共享，提高基础设施网络化、一体化服务水平。其次，建立立法协调机构。立法协调机构成员由法律、经济、管理等领域的专家和区域各地立法机构负责人组成。最后，开展区域立法协作。对于政府间长期争议、社会关注度高的立法项目，区域省级人大可成立立法联合工作小组，对相关立法事宜进行讨论磋商，以期制定出符合区域整体利益的法规。对于有共通性和共识度高的立法项目，可由一方牵头组织起草，起草完毕后，交由其他区域政府进行审核，最终成型的立法结果由区域地方政府资源共享。这种协作方式在保持一个地区立法权限不变的情况下，节约了立法资源和成本，避免了区域立法冲突，规范和促进了区域经济一体化的法制过程。第四，建立有效的立法沟通渠道。

11. 建立引导长三角发展绩效考评机制、动态调整和高效反馈机制，促进一体化健康发展

绩效评价指标体系对于量化地方行政融合发展机制起着至关重要的作用。目前的当务之急，是对照《长三角发展规划》和《长三角城市群发展规划》建立标准统一的行政绩效评价指标体系。建议长三角行政融合发展机制绩效评价指标体系设立法治化、资源要素、社会要素3个一级指标，14个二级指标体系。具体参见"长三角行政融合发展机制绩效评价表"。

表7　　　　　　　长三角行政融合发展机制绩效评价表

一级指标	二级指标	三级指标	评分	评分标准
法治化（10分）	合法性（4分）	合宪性	2	符合宪法得1分，与宪法相抵触不得分
		合法性	2	符合法律得1分，与法律相抵触不得分
	国家战略实现（2分）	国家战略实现程度	2	有利于国家战略的实现得2分，否则不得分
	统筹区域发展（2分）	统筹区域协调发展情况	2	不损害区域外其他利益的2分，损害不得分
	发展市场经济（2分）	促进市场经济	2	有利于培育和发展市场经济的2分，不利于或阻碍不得分

续表

一级指标	二级指标	三级指标	评分	评分标准
资源要素绩效（60分）	市场要素优化合理配置环境（12分）	行政审批	2	统一行政审批标准，行政审批不阻碍市场进入的2分，阻碍则不得分
		市场进入	2	不限制外地生产者或服务者进入本地市场的2分，限制则不得分
		市场退出	2	不限制外地生产者或服务者退出本地市场的2分，限制则不得分
		外地商品或服务的进入	2	不限制外地商品或服务者进入本地市场的2分，限制则不得分
		本地商品或服务的流出	2	不限制外地商品或服务者退出本地市场的2分，限制则不得分
		市场自由交易	2	不限定或者变相限定本地企业、单位或个人只能精英、购买、使用本地产品或者只能接受本地企业、其他经济组织或个人提供的服务得2分，限定或变相限定不得分
	市场机制作用环境（12分）	市场在资源配置领域的作用	2	市场在资源配置中期基础作用得2分，破坏或阻碍市场在资源配置中的基础作用不得分
		市场主体地位	2	市场主体在市场中具有主体地位得2分，被动或被迫参与市场不得分
		市场中介组织、行业协会的地位	2	市场中介组织、行业协会在市场中具有主体地位得2分，被动或被迫参与市场不得分
		政府在市场中的作用	2	政府在市场失灵时能适度干预得2分，政府过度干预或不干预不得分
		政策协调	2	实行统一的土地、财政、税收等政策调节市场得2分，市场调节不协调不得分
		市场监督	2	有利于打破地方保护和垄断得2分，不能破除不得分

续表

一级指标	二级指标	三级指标	评分	评分标准
资源要素绩效（60分）	经济资源配置优化环境（8分）	市场在资源配置领域的作用	2	市场在资源配置中期基础作用得2分，破坏或阻碍市场在资源配置中的基础作用不得分
		市场主体地位	2	市场主体在市场中具有主体地位得2分，被动或被迫参与市场不得分
		市场中介组织、行业协会的地位	2	市场中介组织、行业协会在市场中具有主体地位得2分，被动或被迫参与市场不得分
		政府在市场中的作用	2	政府在市场失灵时能适度干预得2分，政府过度干预或不干预不得分
		政策协调	2	实行统一的土地、财政、税收等政策调节市场得2分，市场调节不协调不得分
		市场监督	2	有利于打破地方保护和垄断得2分，不能破除不得分
	区域内产业科学分工和合理布局（12分）	自然资源市场一体化	2	有利于自然资源优化配置的得2分，基本有利于得1分，不起作用不得分
		人力资源市场一体化	2	有利于人力资源优化配置的得2分，基本有利于得1分，不起作用不得分
		资本市场一体化	2	有利于资本资源优化配置的得2分，基本有利于得1分，不起作用不得分
		技术市场一体化	2	有利于技术资源优化配置的得2分，基本有利于得1分，不起作用不得分

续表

一级指标	二级指标	三级指标	评分	评分标准
资源要素绩效（60分）	市场基础体系建设（10分）	交通体系建设	2	推动交通体系建设一体化得2分，建设不协调不得分
		物流体系建设	2	物流体系建设一体化得2分，各自为政不得分
		水利基础设施建设	2	水资源保护治理一体化得2分，无视水资源破坏的不得分
		信息基础设施建设	2	信息基础设施建设一体化，信息共享得2分，信息不能共享不得分
		信用体系建设	2	信用体系建设一体化得2分，信息不同不得分
	区域经济整体竞争力（6分）	自主创新	2	有利于自主创新得2分，无助于不得分
		产业集群	2	促进产业集群化发展得2分，无助于不得分
		经济实力共同提升	2	提升长三角整体经济实力得2分，无助于不得分
社会效益（30分）	民生关注（6分）	改善生活条件	2	有利于人们生活条件的改善得2分，无助于不得分
		提高收入水平	2	有利于人们收入水平提高得2分，无助于不得分
		缩小贫富差距	2	有利于人们缩小贫富差距得2分，无助于不得分
	人的全面发展（8分）	经济权利的实现	2	有利于人民经济权利的实现得2分，侵犯人们的权益不得分
		社会权利的实现	2	有利于人民社会权利的实现得2分，侵犯人们的权益不得分
		文化权利的实现	2	有利于人民经济权利的实现得2分，侵犯人们的权益不得分
		政治权利的实现	2	有利于人民政治权利的实现得2分，侵犯人们的权益不得分

续表

一级指标	二级指标	三级指标	评分	评分标准
社会效益（30分）	社会建设（8分）	公共服务体系建设	2	有利于完善社会公共服务体系得2分，无助于不得分
		社会保障体系建设	2	有利于完善社会保障体系得2分，无助于不得分
		社区治理体系建设	2	有利于完善社区治理体系得2分，无助于不得分
		社会组织发展体系建设	2	有利于完善社会组织发展体系得2分，无助于不得分
	生态文明建设（8分）	环保标准	2	提高并统一环保标准得2分，环保标准不统一不得分
		治理污染	2	共同治理污染得2分，反之不得分
		生态建设	2	共同建设生态得2分，反之不得分
		生态恢复	2	进行生态恢复协作得2分，反之不得分

参考文献

[1] Patrick Dunleavy, *Digital Governance: IT Corporations, the States, and E-Government*, Oxford University Press, 2006.

[2] Christopher Pollit, "Jonied-up Government, a Survey", Political Studies Review, vol. 36, 2003.

[3] [英] 彼得·罗布森著：《国际经济一体化经济学》，戴炳然等译，上海译文出版社2001年版。

[4] [美] 戴维·奥斯本、特德·盖布勒：《改革政府：企业精神如何改革着公共部门》，上海译文出版社1998年版。

[5] [美] 弗兰西斯·福山：《信任—社会道德与繁荣的创造》，李婉蓉译，远方出版社1998年版。

[6] [美] 查尔斯·J. 福克斯、休·T. 米勒：《后现代公共管理——话语指向》，楚艳红等译，中国人民大学出版社2002年版。

[7] [美] 唐·泰普斯科特等：《数字经济蓝图：电子商务的勃兴》，陈劲、何丹译，东北财经大学出版社1999年版。

［8］［美］简·芳汀：《构建虚拟政府：信息技术与制度创新》，邵国松译，中国人民大学出版社 2004 年版。

［9］［美］理查德·D. 宾厄姆：《美国地方政府的管理：实践中的公共管理》，九州译，北京大学出版社 1997 年版。

［10］［美］迈克尔·迈金尼斯：《多中心体制与地方公共经济》，毛寿龙、李梅译，上海三联书店 2000 年版。

［11］张其禄：《强化中央行政机关行政融合机制之研究》，《中华民国》1999 年第 18 期。

［12］陈瑞莲：《区域公共管理导论》，中国社会科学出版社 2006 年版。

［13］张紧跟：《当代中国地方政府间横向关系协调研究》，中国社会科学出版社 2006 年版。

［14］史德宝：《长三角法学论坛》，上海人民出版社 2008 年版。

［15］上海社会科学院经济法律社会咨询中心：《长三角发展与合作实证研究》，上海社会科学院出版社 2010 年版。

［16］莫建备等：《科学发展·和谐发展·率先发展——长江三角洲区域经济社会协调发展研究》，上海人民出版社 2008 年版。

［17］钟坚：《深圳与香港经济合作关系研究》，人民出版社 2001 年版。

［18］吴爱明：《公共管理理论与实践》，山西人民出版社 2004 年版。

［19］王勇：《行政融合发展机制研究——跨省流域治理的公共管理新视界》，中国社会科学出版社 2010 年版。

［20］易凌、王琳等：《科学发展·和谐发展·率先发展——长江三角洲区域经济社会协调发展研究》，上海人民出版社 2010 年版。

［21］林吕建：《长三角蓝皮书（2011 年）》，社会科学文献出版社 2011 年版。

［22］曾晔等：《科学发展·和谐发展·率先发展——长江三角洲区域经济社会协调发展研究》，上海人民出版社 2008 年版。

［23］荣跃明等：《转方式·调结构·促增长——长江三角洲区域经济社会协调发展研究》，上海人民出版社 2010 年版。

［24］任真：《长三角的未来：机遇与挑战》，人民出版社 2011 年版。

［25］李清娟：《长三角都市圈产业一体化研究》，经济科学出版社 2007 年版。

［26］徐根兴等：《长三角自主创新体系建设：目标、现状、路径》，合肥工业大学出版社 2007 年版。

［27］彭锦鹏：《全观型治理：理论与制度化策略》，《政治科学论议》1994 年第 3 期。

[28] 韩保中:《全观型治理之研究》,《公共管理学报》1998 年第 6 期。

[29] 竺干威:《从新公共管理到整体性治理》,《中国行政管理》2008 年第 10 期。

[30] 翁士洪:《整体性治理模式的兴起——整体性治理在英国政府治理中的理论与实践》,《上海行政学院学报》2010 年第 8 期。

[31] Tom Christensen and P. Laegrid, "Administration Reform Policy: The Challenge of Turning Symbols into Practical", *Public Organization Review*, 2003.

[32] 崔晶:《整体性治理视角下的京津冀——大都市区地方政府写作研究》,中国社会科学出版社 2011 年版。

[33] 刘波等:《整体性治理与网络治理的比较研究》,《经济社会体制比较》2011 年第 5 期。

[34] 刘超:《地方公共危机治理碎片化的整理——整体性治理的视角》,《吉首大学学报》(社会科学版) 2009 年第 3 期。

[35] 贾彦利:《新区域主义和长三角化》,《商业时代》2006 年第 18 期。

[36] 张立荣、曾维和:《当代西方"整体政府"公共服务模式及其借鉴》,《中国行政管理》2008 年第 7 期。

[37] 曾维和:《西方"整体政府"改革:理论、实践及其启示》,《公共管理学报》2008 年第 10 期。

[38] 曾维和:《"整体政府"论——西方政府改革的新趋向》,《国外社会科学》2009 年第 2 期。

[39] 朱秀娟:《中国地方政府间横向合作关系探析》,《中共四川省委党校学报》2009 年第 7 期。

[40] 杨小森:《加强地方政府间横向合作与协调机制建设》,《云南行政学院学报》2006 年第 4 期。

[41] 张紧跟:《浅论协调地方政府间横向关系》,《云南行政学院学报》2003 年第 2 期。

[42] 张紧跟:《当代美国地方政府间关系协调的实践及其启示》,《公共管理学报》2005 年第 2 期。

[43] 张紧跟:《当代地方政府间关系:研究与反思》,《武汉大学学报》(哲学社会科学版) 2009 年第 7 期。

[44] 谭羚雁:《地方治理视野下中国政府间关系研究——欧盟"开放式协调法"的借鉴与思考》,《东北大学学报》(社会科学版) 2011 年第 3 期。

[45] 杨海锋等:《地方政府间横向关系协调述评》,《内蒙古农业大学学报》(社

会科学版）2010 年第 5 期。

［46］谢庆奎：《中国政府的府际关系研究》，《北京大学学报》（哲学社会科学版）2000 年第 1 期。

［47］龙朝双等：《准公共经济组织角色下我国地方政府横向合作关系探析》，《湖北社会科学》2005 年第 10 期。

［48］周振超：《条块关系：政府间关系的一种分析视角》，《齐鲁学刊》2006 年第 3 期。

［49］吕丽娜：《我国地方政府间横向关系的演变与发展》，《经济导刊》2007 年第 12 期。

［50］吕丽娜：《国内地方政府间横向关系研究综述》，《湖北社会科学》2008 年第 5 期。

［51］唐燕：《柏林—勃兰登堡都市区：跨区域规划合作及协调机制》，《城市发展研究》16 卷 2009 年第 1 期。

［52］康丽丽：《对地方政府横向关系协调机制的探析》，《行政论坛》2007 年第 5 期。

［53］杨龙等：《地方合作对政府间关系的拓展》，《探索与争鸣》2011 年第 1 期。

［54］颜华等：《试论珠三角地区地方政府间横向关系的协调》，《中共郑州市委党校学报》2007 年第 1 期。

［55］陈云等：《国外大都市区域协调发展的基本特征及政府调控措施》，《经济纵横》2006 年第 9 期。

［56］赵峰等：《长三角合作机制的经验借鉴与进一步发展思路》，《中国行政管理》2011 年第 2 期。

［57］杨逢珉等：《欧盟区域治理的制度安排——兼论对长三角区域合作的启示》，《世界经济研究》2007 年第 5 期。

［58］庄士成：《长三角合作中利益格局失衡与利益平衡机制研究》，《当代财经》2010 年第 6 期。

［59］唐亚林：《长三角城市政府合作体制反思》，《探索与争鸣》2005 年第 1 期。

［60］国家发展改革委地区经济司课题组：《长江三角洲地区协调发展面临的重大问题及其工作重点》，《宏观经济管理》2007 年第 5 期。

［61］叶必丰：《长三角经济一体化背景下的法制协调》，《上海交通大学学报》（哲学社会科学版）2004 年第 6 期。

［62］吴家庆：《论地方保护主义的危害及其遏制》，《政治学研究》2001 年第 1 期。

协同创新是长三角城市群
科创能力提升的必由之路

安徽省社会科学院课题组[①]

长三角一体化正进入以强化区域协同创新、打造"创新共同体"为特征的协同发展新阶段。有着特殊历史渊源和联动关系的长三角承载着引领中国城市联动发展和区域一体化的特殊时代的使命。以城市群为表现形态的区域一体化是始于产业一体化发展进而最终实现城市功能的一体化，即城市间产业分工合作和城市职能互补。长三角一体化是长三角发展到一定阶段后，实现区域内专业化分工与协作，优化资源配置，最大限度地发挥区域潜力和比较优势，获得更大的发展空间的过程或所追求的理想空间发展格局。科技资源是科技创新活动的物质基础和基本条件，是创造科技成果、推动整个经济和社会发展的各种资源要素的集合。

长三角一体化进程要加强对区域科技创新融合发展趋势的理论判断和前瞻战略的研究，进一步打破行政分割，协调核心城市上海市与南京市、杭州市和合肥市等次中心城市的协同合作关系，发挥行业协会等社会组织的协调作用，打造"扁平化"城市体系和多元化动力机制，建设一批具有联动效应的科技创新策源地、研发转化地和市场化生产基地，形成网络化、协同性的科技创新区域空间配置体系，以全球视野谋划、有效对接和利用全球科技创新资源，攀登全球价值链高端，抢占发展制高点，扩宽发展新空间，推动长三角一体化向更高"协同发展阶段"转变。

---

① 课题组成员：孔令刚、程必定、蒋晓岚、储昭斌、许红、李颖、严静。

一 研究述评及研究框架

（一）国内外相关研究进展

1. 研究进展

张颢瀚（2013）在研究区域一体化转型与融合体制建设时，认为长三角中心城市需要进一步增强高端要素集聚和高端服务功能，以自主创新能力的提升来加速中心区城市之间的深度融合，引领非中心区城镇化建设，打造富有竞争力、吸引力和幸福感的世界级城市群，要充分发挥中心区的外溢效应、涓流效应，在创新成果产业化等方面探索一体化发展路径；郁鸿胜（2014，2016）提出以协同创新提升长三角发展能级。认为上海市建设具有全球影响力的科技创新中心，必须要依靠长三角各城市一起来构筑科技创新集群，长三角是上海市打造全球科技创新中心的重要承载区域；张仁开（2014，2015，2016）在对上海市建设全球科技创新中心与长三角科技一体化以及"十三五"时期上海市深化国际科技合作思路进行了研究之后，认为长三角科技合作及创新体系建设促进长三角科技一体化，上海市要以更加积极的姿态参与国际科技合作，变被动为主动、从参与创新到主导创新，增强创新资源的全球配置能力，实现全球范围内的创新资源整合与协同创新；薛领（2014）在回顾和分析长三角一体化与创新驱动战略经验时认为，区域一体化和技术扩散能够强化技术创新中心的地位。创新驱动发展，要求我们高度重视区域经济的一体化程度，进而推动创新的空间集聚和技术的空间扩散，从而实现区域的整体发展；沈开艳（2015，2016）认为建设具有全球影响力的科技创新中心，是国家战略的需要，也是上海市自身实现创新驱动、转型发展的内在要求。上海市建设科创中心需突破五大瓶颈，并且基于对长三角协同创新提升科创能力研究，认为新形势下，长三角应加强协作，在协同创新的体制机制框架下，开展区域共性技术联合攻关，推动区域科技产业联动发展和创新服务系统链接，着力优化区域科技创新创业环境，真正建成政府引导、企业主体、产学研一体化的区域科技创新体系，推动区域创新发展和结构转型；陈建军（2015）基于对全局视野下的长三角协调发展机制的研究，指出长三角要前瞻性布局世界级创新链和产业链，强化企业的技术创新主体地位，在统筹考虑发展的路径依赖和优化整合科技资源的前提下，布局一批国家级创新中心和企业研发科技中心；蒋媛媛（2016）研究长江经济带战略对长三角一体化的影响，指出对于长三角内部而言，需强化核心区和非核心区的联动发展机制，进一步完善新型区域产业分工，明确核心区和非核心区的发展定位和功能分工。在核心区，要以上海市为龙头，南京市、杭州市为两翼，增强高端要素集聚和综合服务功能，提高自主创新能力和城市核心竞争力。

国内其他城市群一体化发展的经验对长三角一体化发展也有借鉴价值。毕娟（2016）在研究京津冀科技资源协同创新机制设计，认为要促进京津冀科技资源的外部化和社会化，强化科技资源共享的外部激励，构建京津冀科技资源管理体系；李建平（2015）研究了珠三角区域一体化协同发展机制建设，提出通过编制实施科技创新一体化专项规划（或计划），在省级领导小组框架下设立科技专责工作组及其办公室，负责组织、指导和协调推进珠三角科技一体化过程中遇到的问题。

2. 研究进展简要述评

长三角人才资源密集、创新要素富集，是全国创新能力最强的地区之一，但也存在区域内创新分工格局尚未形成、创新资源共享不足、区域创新合作机制运行不畅等问题。现有研究在这些方面的研究成果比较丰富。但现有研究对长三角原始创新、研发转化与推广应用之间存在"孤岛""错轨""断崖"现象，产业链、创新链、服务链和资金链缺乏有效融合等问题研究较少；在对三省一市的科技创新资源分布、功能定位，特别是原始创新、研发转化及推广应用的衔接机制研究以及对如何化解上海市作为创新资源的集聚中心对其他区域产生的虹吸效应以及如何更好配置科技资源和整合科技资源等方面研究需要进一步深化。

（二）研究目的及研究框架

1. 研究目标

推动长三角科技创新融合发展，要以促进创新资源合理配置、开放共享、高效利用为主线，推动形成长三角协同创新共同体，建立健全区域协同创新体系，弥合发展差距、贯通产业链条、重组区域资源，共同打造引领全国的创新发展战略高地。长三角一体化与区域科技创新融合发展业也是贯彻落实国家创新战略的具体实践。本文在已有研究的基础上通过从理论上进一步深化区域协同创新共同体的经济学内涵研究，深化对长三角科技资源分布特点以及科研院所"科研基因"与企业的"市场基因"嫁接匹配机理的研究，寻找贯彻落实国家创新战略在长三角的落地模式；在政策层面为进一步加强对沪、苏、浙、皖三省一市在科技资源和产业创新等方面功能互补、错位发展的路径设计提供参考，为长三角沪、苏、浙、皖三省一市借助新一轮科技革命以及全球战略新兴产业崛起之势，探索建立创新要素集聚、扩散和有效导入的机制，协同布局优势互补的"高精尖"产业集群，解决发展水平不均衡、产业难以协同发展的障碍提供思路。

2. 研究框架

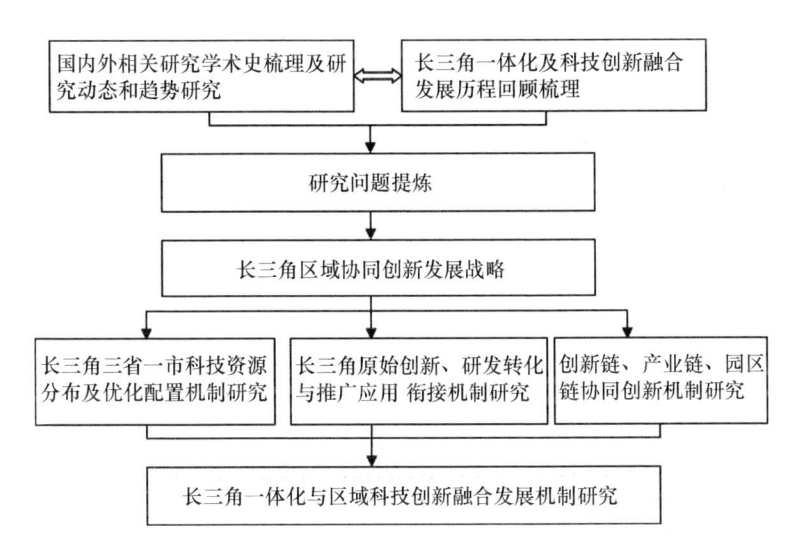

图 1　研究框架示意图

二　长三角科技创新融合发展现状

（一）长三角科技资源分布

长三角三省一市人才资源密集、创新要素富集，科技创新基础和能力比较好，因此应加强长三角内的相互合作，以发挥区域整体优势。

长三角拥有我国一流的高校和科研院所，是我国科技资源富集区域。

一方面，长三角已成为我国城市化和工业化水平最高、人口最密集的区域之一，也聚集众多知名的高等院校、科研院所和国家级、省部级的科研基地，汇聚了丰富的科技资源和科研人才。目前长三角共有大学和高等专科学院1200多所，国家级独立科研院所220个，这些高校及研究机构拥有各自的特色研究，在基础理论研究、应用研究，培养科研人才领域发挥着重要的作用，既是长三角一支强大的基础理论及应用研究团队，又是培育科研后备力量、保证科研力量持续更新的重要基础，拥有相对较高的知识创新能力和较完善的知识创新体系。另外，高度发达的城市化、工业化水平又迫切需要强有力的知识创新能力作为支撑，在城市化、工业化发展质量上能有更大的提升空间。因此，提升知识创新能力、构建区域一体化的知识创新体系是长三角加快城市化、工业化进程，促进经济联动与发展的基本方向。

（二）长三角科技进步情况及评价

根据科技部区域科技进步评价指标体系和评价标准，设置了科技进步环境、科技活动投入、科技活动产出、高新技术产业化以及科技促进经济社会发展等5个一级指标，科技人力资源、科研物质条件、科技意识、科技活动人力投入、科技活动财力投入、科技活动产出水平、技术成果市场化、高新技术产业化水平、高新技术产业化效益、经济发展转变、环境改善和社会生活信息化等12个二级指标，38个三级指标，对2015年长三角三省一市科技进步情况进行测算并计算出在全国、长三角的位次（表1和表2）。

总体评价：上海市（84.57）、江苏省（76.21）和浙江省（69.40）综合科技进步水平指数高于全国平均水平（66.49%）的地区，分别排名全国第1、4和6位，处于全国科技进步综合排名一类地区。安徽省（54.97）综合科技进步水平指数低于全国平均水平（66.49%），排全国15位，排在全国二类区域。与上年比较，全国综合科技进步水平指数比上年提高了2.94个百分点，安徽省（3.84）和江苏省（3.16）高于这一增幅。上海市（2.09）、浙江省（1.82）增幅低于全国综合科技进步水平指数增幅。

科技进步环境评价：从科技进步环境指数看，上海市（84.42,）、江苏省（79.23）和浙江省（68.16）分布排全国第2、4和6位，同时也是高于全国平均水平（全国科技进步环境指数为62.23%）的地区。安徽省（59.81）全国排名第10；与上年比较，全国科技进步环境指数提高了0.63个百分点，上海市（3.82）全国排名第6位，江苏省（1.19）全国排名第16位，浙江省（-1.72）全国排名第27位。安徽省（6.63）是全国增长幅度最快的省市，也拉动了科技进步环境指数由上年的第15位上升至第10位，细分影响因素是科研物质条件得到大幅提升。

科技活动投入评价：从科技活动投入指数看，上海市（81.10）、江苏省（79.24）和浙江省（79.02）高于全国平均水平（全国科技活动投入指数为65.07%），分别排在全国前3位。安徽省（64.91）排全国第8位。从增量上来看，相比上一年，科技投入指数增幅上海市（0.66）、江苏省（0.02）和浙江省（1.67），安徽省（1.36），都高于全国（-0.52）平均水平，分别排全国第8、18、5和6位。

科技活动产出评价：从科技活动产出指数看，上海市（100.00）、江苏省（69.96）、浙江省（57.37）、安徽省（39.65）分别排在全国第2、5、11和16位，只有上海市高于全国平均水平（全国科技活动产出指数为73.11%）。与上年比较，全国科技活动产出指数提高了4.97个百分点，上海市（0.00）、江苏省（1.75）、浙江省（-0.20）、安徽省（2.68），安徽省增幅最大，但三省一市都低于全国平均水平，而且浙江省低于上年水平。

高新技术产业化评价：从高新技术产业化指数看，上海市（76.72）、江苏省（73.59）、和安徽省（55.81）高于全国平均水平（全国高新技术产业化指数为55.70%），分别排在第3、5和12位，浙江省（55.53）低于全国平均水平，排13位。与上年比较，全国高新技术产业化指数提高了2.12个百分点，安徽省（9.94）高于这一增幅，也拉动安徽省在高新技术产业化方面成为位次上升最快的地区，由上年的第22位上升至第12位，主要原因是高新技术产业化水平大幅提升。上海市（3.39）、江苏省（3.67）、浙江省（1.96），高新技术产业化指数增幅在全国分别排在第14、12和20位，浙江省高新技术产业化水平比上年下降3位。

科技促进经济社会发展评价：从科技促进经济社会发展指数看，上海市（80.50）、江苏省（77.96）和浙江省（78.46）高于全国平均水平（全国科技促进经济社会发展指数为71.66%），分别排全国第2、5和4

位,安徽省(53.82)低于全国平均水平排名第 29 位。与上年比较,全国科技促进经济社会发展指数提高了 6.68 个百分点,江苏省(8.30)高于全国平均水平,排第 2 位,上海市(3.36)浙江省(5.72),安徽省(1.04)低于全国平均水平,分别排第 16、8 和 27 位。

从 6 项指标分析来看,安徽省科技资源拥有的科技发展水平与沪苏浙存在较大的差距。安徽省在全国的科技进步环境、科技活动投入、高新技术产业化等方面的提升位次较快,有 5 项指标的增幅在长三角都排第一,说明了安徽省持续奋力追赶的态势。但安徽省科技资源存储量水平不高,特别是科技促进经济社会发展水平不高,说明科技成果的转化水平还有非常大的提升空间,任务非常艰巨;上海市和浙江省科技进步总体水平增幅低于全国综合科技进步水平指数增幅,江苏省的科技投入水平下降,浙江省的科技进步环境及高技术产业化水平出现波动,也应该引起沪苏浙两省一市重视。

表 1　　长三角区域科技进步评价指标体系和评价标准

一级指标	二级指标	三级指标	标准
科技进步环境	科技人力资源	万人研究与发展(R&D)人员数(人/万人)	40
		万人大专以上学历人数(人/万人)	1000
		万人高等学校在校学生数(人/万人)	1000
		十万人创新中介从业人员数(人/10 万人)	10
	科研物质条件	每名 R&D 人员仪器和设备支出(万元/人)	6
		科学研究和技术服务业新增固定资产占比重(%)	3
		十万人累计孵化企业数(个/10 万人)	10
	科技意识	万名就业人员专利申请数(件/万人)	100
		科学研究和技术服务业平均工资比较系数(%)	200
		万人吸纳技术成交额(万元/万人)	200
		有 R&D 活动的企业占比重(%)	100

续表

一级指标	二级指标	三级指标	标准
科技活动投入	科技活动人力投入	万人R&D研究人员数（人/万人）	7
		企业R&D研究人员占比重（%）	70
	科技活动财力投入	R&D经费支出与GDP比值（%）	2.5
		地方财政科技支出占地方财政支出比重（%）	5
		企业R&D经费支出占主营业务收入比重（%）	2.5
		企业技术获取和技术改造经费支出占企业主营业务收入比重（%）	2.5
科技活动产出	科技活动产出水平	万人科技论文数（篇/万人）	10
		获国家级科技成果奖系数（项当量/万人）	5
		万人发明专利拥有量（件/万人）	5
	技术成果市场化	万人输出技术成交额（万元/万人）	200
		万元生产总值技术国际收入（美元/万元）	10
高新技术产业化	高新技术产业化水平	高技术产业增加值占工业增加值比重（%）	30
		知识密集型服务业增加值占生产总值比重（%）	30
		高技术产品出口额占商品出口额比重（%）	40
		新产品销售收入占主营业务收入比重（%）	40
	高新技术产业化效益	高技术产业劳动生产率（万元/人）	30
		高技术产业增加值率（%）	50
		知识密集型服务业劳动生产率（万元/人）	60
科技促进经济社会发展	经济发展方式转变	劳动生产率（万元/人）	8
		资本生产率（万元/万元）	1
		综合能耗产出率（元/千克标准煤）	42
		装备制造业区位熵（%）	200
	环境改善	环境质量指数（%）	100
		环境污染治理指数（%）	100
	社会生活信息化	万人国际互联网上网人数（人/万人）	5000
		信息传输、软件和信息技术服务业增加值占生产总值比重（%）	4
		电子商务消费占居民消费支出比重（%）	20

资料来源：根据科技部《2015全国及各地区科技进步统计监测结果报告》计算整理。

(三) 长三角科技创新融合发展阶段性成果

长三角具有良好的基础设施、丰富的科技教育资源、优良的科技创新软硬环境，是充满创新活力、富有创新能力的集聚区。经过近年来的努力，长三角三省一市在完善区域合作协调机制，加强专题合作，强化区域规划衔接和前瞻性研究，拓展合作内容等方面都取得了积极的成果。在区域科技合作方面，区域创新体系建设步伐加快，区域科技创新融合发展势头良好，取得了阶段性成果。

1. 中心城市上海市对区域科技创新及融合发展的辐射带动效应突显

上海市加快打造世界科创中心，增长极效应不断增强，对区域创新体系建设的支撑作用逐步增强，对区域科技及科技创新融合发展方向的引领功能逐步显现，对其他区域的科技创新服务与辐射带动能力进一步提升。

2. 产业创新载体共建稳步推进

通过探索飞地模式，推进"园区共建"，如上海市高校协同创新研究院与苏钢集团等共建"物流产业协同创新中心"，上海市理工大学与安徽省蚌埠高新区等建立沪皖大学科技园，上海市与芜湖组建"上海市技术交易所——芜湖协同创新中心"，上海市漕河泾开发区、合肥市高新区以及宝钢集团等40家园区和大型企业集团发起成立了"长三角园区共建联盟"、江苏省与安徽省共建滁州苏滁产业园、上海市江苏省战略合作共同推动沪苏大丰产业联动集聚区建设等。这些共建园区推进了长三角产业创新载体建设步伐。

3. 区域科技创新服务体系化和网络化建设初显成效

通过建立长三角科技中介战略联盟，推进长三角大型科学仪器、科技文献、专业技术服务、资源条件保障、技术转移系统等五个科技资源共享平台建设，推进了区域科技创新服务体系化和网络化建设，加速了创新资源在区域内的流动，促进了区域科技成果的转化合作。

4. 重大科技项目联合攻关计划积极推进

三省一市共同出资、联合征集科技项目，遴选共性需求和共同问题，对区域的共性关键技术、顶层设计等集中资源进行联合攻关，实施区域重大科技项目联合攻关计划，对企业、科研院所等项目进行聚焦，推动关键技术信息共享，促进了区域创新联动发展。

5. 政府间在科技创新融合发展方面的合作与协调进一步增强

2003年11月，上海市、江苏省和浙江省人民政府就在国家科技部的指导下签订了《沪苏浙共同推进长三角创新体系建设协议书》，建立了由两省一市主管领导组成的长三角创新体系建设联席会议制度，初步建立起长三角科技合作组织机制和工作机制。2005年安徽省开始列席联席会议。联席会议在各省（市）科技主管部门设立办公室，负责区域科技合作具体任务的组织和协调，并设立相应的专项资金。2014年10月，苏浙皖沪三省一市科技部门签署成立"长三角科技发展战略研究联盟"，联盟就如何发挥上海市自贸区建设对长三角创新发展的辐射带动作用，以及各地如何在机制创新、政策制定、举措出台等方面达成共识，为区域科技创新融合发展以及上海市自贸区建设提供智力支持。这些政府科技主管部门主导推动的长三角科技合作，在创新工作机制，促进区域间的资源开放、共享，增强三省一市科技交流、合作等方面成效显著，在科技融合发展方面的合作与协调也不断增强。

三 长三角科技资源配置效率及科技创新融合发展存在问题

长三角科技资源类型和总量丰富，是我国科技资源集聚程度较高、创新能力最强的区域。但也存在高水平创新成果欠缺、区域科技发展不平衡、科技资源配置效率不高、区域内创新分工格局尚未形成、创新资源共享不足、创新链与产业链对接融合不充分、创新主体间沟通不够、利益分配不合理及协调监管机制缺失，有效地整合联动机制和运转顺畅的资源共享平台尚未形成，长期、全面、深度的区域协同创新机制尚未建立等问题，需要构建新型的互利合作协同发展模式和区域互利共赢协作新机制。

（一）科技资源配置的全球化能力较弱

聚集全球创新资源能力不足这个事实，高水平创新成果不多，原始创新能力不强，大部分关键技术与国际先进水平仍有很大的差距。

（二）高层次创新型人才严重不足

从顶尖科学家和具有国际竞争力的学科带头人地位的人力资源数量上看，真正具有国际水准的"大师"级人物和具有国际竞争力的高层次创新团队还严重紧缺。除了紧缺具有国际水平的一流科学家外，长三角缺乏具有创新能力、创业精神的产业科技人才和现代企业家，以及能够引领未来科技和产业发展的战略科技领头人和发明家。

（三）科技资源统筹能力不高

科技资源共享缺乏统筹规划。科技资源配置"碎片化"，创新活动呈现条块分割，缺少城市群层面的科技资源宏观调控系统，各谋发展，优势难以互补，区域内创新分工格局尚未形成，基础性、社会性和公益性科研设施投入不足，资金投入缺乏统一的规划部署。科技资源配置存在过度行政化倾向，分散、重复、封闭、低效。科研仪器设备等科技资源社会化程度低，利用率较低，闲置现象突出，降低了科技资源的利用效率。同时，公共服务碎片化打压了人才求变的主动性，地区经济差距过大导致了人才分布分化严重，也影响了科技资源在区域内的统筹配置。

（四）科技资源分布落差大

资源配置不均，科技资源在区域、产业、部门等方面布局存在不均衡化和不合理化，区域城市间科技资源分布存在较大落差。一方面，长三角内不同等级的城市表现出对创新主体不同程度的吸引力，城市群内部各城市落差过大的发展水平，也直接造成科技资源分布落差大，而且大城市对中、小城市的"虹吸效应"依然强烈，不利于城市群整体共同发展。另一方面，从创新主体构成来看，除了核心城市上海市具有相对均衡的空间分布之外，其余中心城市的创新主体都有比较明显的软肋，如苏州市、无锡市、常州市尽管科技型主体较为发达，但知识型主体较为短缺。南京市、杭州市和合肥市知识型主体比较发达，但需要补齐科技型主体短缺的短板。另一方面，城市群内各城市之间创新主体的服务空间仍然比较局限，没有形成较为灵动的城市群创新合作网络。布局统筹不足，造成区域内各城市间的科技资源配置差异又放大了区域经济发展的不平衡。

（五）创新产业链延伸不足

创新资源浪费与供给不足现象并存，使得创新要素的流动与开放共享程度较低，创新链与产业链的对接不充分。创新产业链较短且不完整，创新点分散，配套弱，产业链缺少延伸，产业链各个环节协同配合不够。本地配套率低，企业不得不处于单打独斗、各自为战的状态。部分城市如上海市、杭州市占主导地位的高端装备制造产业，前后产业链延伸较弱，前导技术研发、后续技术转移和专业服务等都没有在传统产业优势上形成专业服务力量，联动效应体现不够明显。

（六）科技与经济发展的融合度不高

创新链与产业链对接融合不充分。长三角以技术关联为基础的、具有国际竞争优势的产业链尚未形成，产业链断链明显、关联系数较低、协同程度不高，资源配置效率低下，阻碍了长三角协同发展。原因表现为，分类资助方式不够完善，产学研结合不紧密，科技创新还不能满足经济发展的重大需求；科技与经济在规划政策方面协调不够，企业作为创新主体的地位还没有牢固地形成。产学研组织松散，产学研脱节问题长期得不到解决，尚未形成战略合力。企业与大学、科研机构之间仍是相互封闭的创新实体，难以产生网络聚集效应。一方面，企业没有有效利用高校、科研院所的创新能力，企业之间、高校之间、研究机构之间缺少有效的合作；另一方面，企业、高校、研究机构三者之间缺少互惠合作，有的甚至是恶意竞争，造成"创新要素部门所有、创新扩散薄弱、创新资源分割"等一系列问题。因此，由于缺乏有效的机制设计，缺乏围绕"创新"内核的相互融合，长三角尚未真正形成产学研的良性互动。

（七）区域创新合作机制有待完善

创新成果扩散系统不完善。长三角科技资源共享的发展仍处于起步阶段，专业技术化服务水平，缺乏行动上的一致性，跨行业、跨地区的开放不足，机制不完善。创新资源共享程度不高，区域科技资源利用率不高，科技资源配置效率有待提高。研究长三角如何合理布局科技资源，提高区域科技资源配置效率，缩小地区科技发展差异，实现国民经济的转型发展和创新驱动具有极其重要的意义。

四 打造上海市世界级科创中心创新引领长三角一体化发展

上海市是国内较早实施创新驱动发展战略的城市。一方面，根据国际经验，上海市高等院校、科研院所和科技人才高度集聚，具有国际化程度高、经济发展水平和产业结构层级较高、科技基础设施完备等特点，在科技基础设施条件和人力资源居全国前列，科技创新优势明显，具有打造具有全球影响力的科技创新中心的潜力和建成全球科技创新中心的优势与基础。另一方面，从全球科技创新中心形成的条件来看，长三角是上海市打造全球科技创新中心的重要承载区域，长三角拥有经济、文化、开放和创新等优势，也具备了从经济增长区域向科技创新区域转型的基础条件，以上海市为龙头的长三角最有条件率先建成具有全球影响力的创新型城市群，这也为上海市打造具有世界影响力的科创中心提供了重要支撑。上海市建设具有全球影响力的科技创新中心，既是上海市自身转型发展的需要，也是带动长三角一体化创新发展的需要，更是国家实施创新驱动发展战略的需要。

（一）融入全球创新网络

科创中心是科技创新要素和创新活动相对集中的地区。上海市建设有全球影响力的科技创新中心，必须在人才、资金、技术和信息等方面对全球具有影响力、引领能力和带动作用，体现国家科技综合实力和创新竞争力。在中央新一轮关于上海市全球科创中心建设的战略部署中，上海市被明确定位于建设综合性国家科学中心，需要在关键共性技术的研发与转化以及重大战略项目和基础工程的实施和发展中扮演"引领者"的角色。所以必须在基础研究、前沿技术研究等领域进行原始创新，力争建设若干所具有世界一流水平的大学、国际领先的基础科研机构，在世界科技创新格局中拥有一席之地。聚焦世界科学发展前沿，以原始创新为重点，提升创新策源能力，通过原创性研究和重点突破，提升科学研究影响力，成为全球科技创新的重要大本营和推动全球创新发展的重要引擎，成为全球重要的科技资源配置中心、国际和国内创新资源交汇的枢纽节点、科技创新与城市转型发展的先行者。

（二）打造具有全球影响力的综合型制造业创新中心

上海市建设具有全球影响力的科技创新中心着力点在打造具有全球影响力的综合型制造业创新中心。一方面要在信息技术、高端装备、智能制造、生命科学等重大共性技术领域布局制造业创新中心，促进上海市创新资源集聚和高效配置，抢占科技发展和高端制造的战略制高点。另一方面，以产业需求为导向，培育高附加值产业。面向传统产业升级改造、战略性新兴产业培育发展等重大战略需求，掌握具有自主知识产权的核心关键技术，向全球产业价值链高端跃升，加快提升上海市产业技术创新能级，培育一批世界前沿技术产业化的创业企业和新兴产业，拥有一批具有国际竞争力的创新型知名企业，形成以创新为主要引领和支撑的经济体系和发展模式。同时，在长三角发挥辐射带动效应，建设一批特色鲜明、优势明显的科技创新集聚区和产业基地，推动在长三角内各地发挥禀赋优势，优化产业分工体系。

（三）打造长三角创新资源配置枢纽

围绕长三角科技创新信息共享、科技成果转移、知识产权交易、科技金融、检测认证、科技咨询等服务环节的需求，推动科技资源数据开放共享、集成统筹与开发利用，构建一批服务长三角的创新服务功能型平台，开展以知识产权信托交易为主的知识产权金融创新服务，建设长三角技术创新协同合作网络、技术转移交易网络，促进长三角不同创新主体之间的知识流动和技术转移，提高创新资源供给质量和效率，推动长三角创新资源高效配置。

（四）创新引领长三角一体化发展

发挥长三角协调发展的体制和机制优势，强化区域间顶层设计和统筹协调，促进功能互补和协同联动。围绕长三角共同关注的公共管理、环境保护、医疗卫生服务等议题，聚焦一批重大科技创新工程和产业创新项目，加强区域科技协同创新、技术转移链接、产业配套合作，争取在基础研究领域取得原创性突破，在关键核心技术领域具备自主掌控能力，形成基于产业链和创新链的长三角分工与协作体系，推进长三角协同创新。

上海市要切实担负起国家赋予的历史使命，依托长三角发达的制造业和雄厚的科教资源，对标全球，在区域战略性资源整合、行业标准制定、产业价值链升级等方面扮演好"领导者"和"先行者"的角色，在带动长三角协同创新、服务长三角创新产业发展中发挥枢纽和支撑功能，拓展长三角科技创新合作新局面，协同打造全球科技创新中心，在更高能级上引领长三角一体化发展。

五 建立长三角一体化与区域科技创新融合发展新机制

（一）建立长三角富集资源、降低落差与补足短板的接轨机制

推进长三角原始创新、研发转化与推广应用衔接，推动前导技术研发、后续技术扩散转移和产业创新承接区域间互动，协同打造"基础研究源头创新—共性技术研发平台—重大科技攻关—产业转移转化平台—科技成果产业化—重大新兴产业专项（工程化基地）"完整的研发转化与推广应用体系，推进长三角科技融合创新的富集资源、降低落差、补足短板的接轨路径设计，打通和健全科技成果转移转化路径和机制。

1. 强化"累积效应"，建立富集更高质量创新资源新机制

上海市要提升国际高端要素配置能力。上海市有 165 名两院院士，占全国的 1/10；中央"千人计划"专家 626 人，占全国的 15%，科技工作者总数 160 多万名，科技创新人才、创新要素、创新企业、创新组织数量和质量都位居全国前茅，科技人才优势突出。适应全球科技竞争和经济发展新趋势，面向世界，立足国家战略，上海市要进一步提升城市能级，具备更强大的辐射力和国际高端要素配置能力，跻身全球一线城市和全球城市网络的重要枢纽型城市。

上海强化"累积效应"。打造具有世界先进水平的科技创新综合服务枢纽，发挥科技创新辐射带动作用是上海市建设具有国际影响力的科技创新中心的主要功能之一。上海市要联动长三角三省一市共同

发展、一体发展，提升长三角资源整合能力，在全球范围内配置和集聚创新资源，赢得全球创新话语权，建设长三角世界级城市群。推进上海市自贸区和上海市张江国家自主创新示范区"双自"联动发展，强化"累积效应"，集聚高端创新要素，提升创新资源的集聚力，创新成果的影响力，新兴产业的引领力，创新产业的吸引力，区域创新的辐射力，走在全国前头、走到世界前列，成为全球创新网络的重要枢纽和国际性重大科学发展、原创技术和高新科技产业的重要策源地之一，打造国家自主创新的主要源头，以及原始创新和新经济策源地、长三角科技创新资源辐射源。同时上海市更要发挥好龙头带动作用，推动产业创新价值链跨区域布局，增强科创中心的辐射力和服务力，强化"累积效应"。

南京市、杭州市和合肥市紧随上海市向创新型全球城市转型升级。南京市、杭州市和合肥市发挥省会城市带动作用，进一步增强作为次区域中心城市的集聚与扩散功能，打造各自具有较强竞争力的创新优势和产业优势，集聚数量更多、质量更高的创新资源，谋划发展一批世界级和国家级的产业集群，紧随上海市向创新型全球城市的转型升级。

南京市建设全国综合开放型科技创新中心。把南京市建成创新人才、科技要素和高新技术企业集聚度高、科技创新成果转化转移效能高、科技创新基础设施和服务体系完善的综合性开放型科技创新中心，成为江苏省建设具有全球影响力的产业科技创新中心排头兵。

杭州市打造具有全球影响力的"互联网＋"创新创业中心。杭州市发展新一代信息技术、高端装备制造、汽车与新能源汽车、节能环保与新材料、生物医药和高性能医疗器械、时尚六大重点产业，跟踪发展人工智能、量子通信、增材制造、新型显示、虚拟现实等前沿产业，抢占全球产业制高点，打造具有全球影响力的"互联网＋"创新创业中心。

合肥市创建综合性国家科学中心。布局建设一批重大科技设施、创新基地、国家实验室，建设国家量子中心、超导核聚变工程、空地一体化网络、国家级联合微电子中心、中俄超导质子研究中心、分布式智慧新能源集成六大创新平台，创建综合性国家科学中心和全国性产业创新中心，构筑国字号"创新基地"，成为新一轮科技革命的重要"策源地"，成为汇聚科技创新成果的重要"聚集点"。

2. 强化"溢出效应"和"涓流效应",建立消弭科技资源分布落差新机制

溢出效应是如上海市这样的中心城市,因为具有经济、技术和信息优势以及相对较高的生产率,通过专业技术人员的流动、生产过程中的投入产出关联、知识和技术的传播与扩散等途径会产生跨越区域边界的外溢效应,从而促进外围邻近城市的经济增长的现象。涓流效应(即扩散效应)是所有位于经济扩张中心(上海市)的周围地区,都会随着与扩张中心地区的基础设施的改善等情况,从中心地区获得资本、人才等,并被刺激促进本地区的发展,逐步赶上中心地区的状态。

科技资源由"极化"向"扩散"转化是长三角科技资源配置发展的趋势。上海市作为长三角龙头城市,应该增强对周边地区的"溢出效应",对上海市中心城市效能的鼎足之势进行科学界定,促进长三角内各城市利益的协调。提升长三角创新的空间外溢效应,消弭区域科技资源分布差距的过程,也是在为长三角经济转型升级生成新动力过程,其着力点就在于通过制度创新,强化技术溢出效应,优化空间结构,实现经济内生发展。

加快建设上海市国家技术转移东部中心。借助建设上海市国家技术转移东部中心的机遇,导入国家科技资源配置力量,强化上海市技术"溢出"源头的技术集成服务能力。上海市国家技术转移东部中心集技术交易、孵化引导、科技金融、国际对接等多种功能于一体,聚焦技术源头和产业端口,探索与高校对接、与金融结合、与企业共赢、与国际接轨的技术转移服务新范式,打造成为聚焦技术转移上下游各环节,形成技术、服务、产业资源集聚区,构建国家技术转移战略高地,打造全球技术转移枢纽。

联动增强核心城市和次中心城市的辐射带动服务功能。以上海市虹桥商务区为抓手,整合周边产业、要素与经济资源,提高对生产服务、商务服务、知识服务、信息服务的综合供给能力,形成集信息发布、中间品贸易、现代支付、会展物流、订单管理、信用保障、定价机制和制度支持于一体的现代化贸易服务中心,打造成长江三角洲城市群的中央商务区,成为长三角联动发展的新引擎,提升长三角制造业在新的国际分工中的作用与地位,持续提升长三角产业经济整体实力。上海市、南京市、杭州市和合肥市要协同建设科技基础设施体系和统一开放的公共服务平台,形成集

聚辐射全球创新资源的能力、重要创新成果转移和转化能力，发挥对周边次区域的辐射带动。

推动创新资源要素"溢出"。通过政策制度的设计扶持相对薄弱的节点城市，增强其承接能力，变"虹吸效应"为"溢出效应"和"辐射效应"，充分实现核心节点城市对周围非核心节点城市的带动作用，促进城市群的协同发展。在经济政策、资金投入和产业发展等方面加大对周边地区的支持，运用积极的财政政策及其他相关政策，以引导生产要素和社会资源的流向，向优势互补与合作共赢转变，使资本、知识、技术、商品和人力资源向不发达地区流动。

培育、提升多极并进的技术扩散和产业承接通道。推动上海市高端创新成果沿沪宁合发展轴、沪宁（宁波）杭发展、沿江发展轴"外溢"，推动南京市、杭州市和合肥市等省会城市创新资源向省内其他区域扩散。统筹"一核五圈四带"，构建科技资源扩散网络化通道，打通从人才强、科技强到经济强、产业强的通道。提升东部沿海和沪宁合发展轴，提升协同合作水平和技术扩散及产业承接能力，增强综合竞争力；强化沿长江发展轴，沿江从上海市到安徽省安庆的创新型产业发展带，打造链接长江下游、贯通东中西部经济联系的产业发展战略通道；引导重点都市圈创新型产业集聚发展。明确省会、区域性中心城市、重要节点城市、县城科技创新融合发展建设重点和目标要求，多城联动、协同发展，培育特色产业体系，引领重点区域创新突破发展，促使重点城市、重点区域和重要行业部门成为科技创新驱动的先行和引领地，推动南京市、杭州市、合肥市等城市成为大区域范围内产业空间结构的高地，成为世界科技产业网络中的节点，形成若干有较强带动作用的区域性增长极和多点多级创新新格局。

统筹提升"溢出"承接能力。首先，打破行政区划的限制，对各个地区的优势产业以及优势资源进行统筹分析，根据不同城市地域的产业基础和发展潜力，统筹规划产业的发展方向，避免区域间产业同构，从而引导创新主体在适宜的空间分布。其次，在分析城市群内不同等级城市内的创新资源的同时，对城市内各类创新主体进行系统梳理，找出制约自身发展的主要因素，在可能的条件上建立均衡的创新主体空间配置，也可以利用周边城市的特色资源进行资源的协同共享，打造创新主体的空间联系网络。制定产业发展战略，引导产业合理布局及产业集群形成，能够促进要素跨区域流动。

3. 强化"蛙跳效应",建立补足创新资源匮乏短板新机制

"蛙跳效应"源于美国经济学家保罗·克鲁格曼等提出的"蛙跳模式"。克鲁格曼认为后发国家和地区由于劳动力成本较低,会选择新技术,从而在获得技术优势后,像青蛙跳跃一样超过领先者。苏浙民营经济要弥补创新不足短板,安徽省要补足创新资源整体偏弱短板,强化"蛙跳效应",建立补足创新资源匮乏短板新机制。萨斯基娅·萨森(Saskia Sassen)的全球城市理论也表明,新技术的出现已经改变了传统全球城市体系的等级关系,在特定领域具有专业化优势地位的城市将极有可能打破高等级区域中心城市的封锁,在全球城市网络中发展成为具有全球特色的区域中心,或者专业化的全球城市。同时,高铁技术、互联网技术的发展也正在改变传统的城镇空间等级体系,这也都为安徽省的合肥市等城市通过改变在技术链条上的位置,获得技术优势和专业化优势,成为更加具有汇聚创新资源和更加专业化的中心城市提供理论依据。

(1) 安徽省:补足创新资源匮乏短板

长三角三省一市中安徽省的创新资源相对比较短缺。与上海市相比,安徽省高能级科技创新平台少,在安徽省布局的国家级科学大工程、大型科研基础设施偏少;高水平科技创新主体少,一流的研究型大学和综合性科研机构不多,科研院所和高校科研机构的综合实力不强;与上海市、江苏省和浙江省相比,安徽省有影响的高等院校偏少,高等教育资源对产业的牵动作用偏弱;与上海市、江苏省和浙江省相比,安徽省高层次创新人才少,缺少在国际、国内有影响力的科技领军人物、领军人才;在产业创新领域,安徽省目前也存在结构不合理、科技型企业偏少、大小企业分布不平衡、产学研协同体系欠缺等不足和短板。

突破常规集聚创新力量。安徽省要充分利用好地域空间、资源环境、人力资源等优势,弥合发展差距,贯通产业链条,重组区域资源,在引入外部资源时更应注重激活内部要素,培育内生增长能力。通过系统性、整体性、协同性创新改革试验,以合肥市、芜湖、蚌埠为依托,统筹推进创新型省份、合芜蚌自主创新综合试验区和皖江城市带承接产业转移示范区建设,激发全社会创新活力与创造潜能,从建设重大科技基础设施、加快形成高层次创新人才集聚机制等方面入手,提升原始创新能力和核心技术

突破能力，争取得到新的资源配置主动权，强化"蛙跳效应"，补足创新资源匮乏短板，厚植优势，建设有重要影响力的综合性国家科学中心和产业创新中心，建设成为科技体制改革和创新政策先行区、科技成果转化示范区、产业创新升级引领区、大众创新创业生态区，推动安徽省经济保持中高速增长、产业迈向中高端水平、发展动力实现新转换，实现创新驱动产业升级，为加快建设创新型经济强省、文化强省、生态强省和美好安徽省提供强大支撑。

提升产业创新能力。创新承接沪苏浙产业技术转移，促进创新资源的有效汇聚和创新主体的互动融合，把优化资源配置与前沿技术、高级人才等高端生产要素的培育结合起来，让市场的创新型人力资本和社会自治型的创新型组织，进一步促进企业集聚，提高产业集群的运行效率，发挥集群创新驱动效应，增强掌握战略特质的核心技术的能力，形成和强化对区域产业链中最具附加价值和影响力环节的控制力，构建多主体、全链条、全要素打通科技成果转移转化的通道和功能完善、运行高效的科技成果转移转化体系，弥补和接通传统产业链的断环和孤环部分，促进区域对创新资源和高端资源的有效整合，以产业创新全面激发安徽省内生发展动力。

打造国际化的国家级战略创新平台。对接国家创新战略布局，争取一批重大改革试点、重大创新平台、重大科技专项布局安徽省。鼓励和支持企业、科研机构、高等学校利用全球创新资源，联合建立国际化研发机构，激发各类创新主体活力，打造一批具有全国影响力的创新型企业，加快创新成果的产业化、市场化、国际化进程，在优势行业的国际技术标准、产品定价等方面，拥有更多的话语权。

弥补人才短板。积极引进世界研发机构和一流人才，扩大技术领域的国际合作，补齐创新人才不足短板，打通科技人才便捷流动、优化配置的通道，建立更为灵活的人才管理机制，强化分配激励，突出"高精尖缺"导向，积极引进培养高层次领军人才和高技能人才，鼓励引进一批带技术、带成果、带项目、带资金的高层次产业创新团队。

改善和提高区域分工地位。超前研究高铁带来的时空压缩伴随着腹地城市的崛起，以及对重塑区域和城市空间结构产生的重要影响，把握长三角城市体系的空间演化趋势，通过跨区域的交通网络降低区域间的经济距离，增强对区域资源的配置能力，构筑与长三角创新互联互动通道，基于自身的禀赋优势，提高经济密度。面向全球吸引和整合创新资源，促进国内外两个资源要素市场的高度集聚、整合、融合和创新，争取在更多的优势领域抢占高端、走在前沿，重组经济结构和空间布局，改善和提高区域分工地位，实现从"后发追赶"向"后发赶超"的竞争地位转变，推进安徽省在长三角产业合作分工层次、经济层级和创新能级的跃迁，重塑经济地理格局（参见图2）。

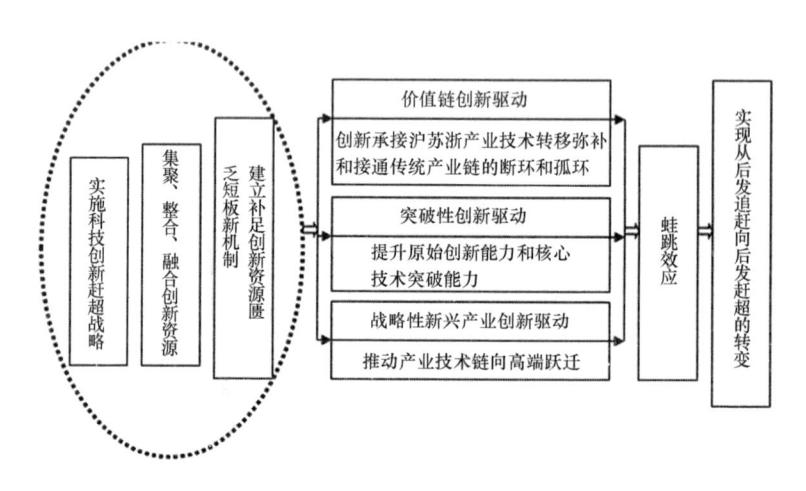

图2 安徽省实现"蛙跳效应"后发赶超作用机理

（2）苏浙：构建区域发展新动力机制

苏浙已经跨越资源和要素驱动阶段，处于区域竞争优势重构的关键转化时期。如何加快比较优势向创新优势的动态转换进程，重构区域竞争新优势是苏浙面临的新挑战。苏浙民营企业对传统经济增长方式和原有发展模式的依赖性仍然较强。在投资和外向型驱动能力减弱，体制转轨红利、投资红利、低成本模仿红利等支撑经济高速增长的条件迅速减退背景下，产品仍处于产业链中低端，技术水平总体较低，低层次同质化严重，整体转型偏慢，集成创新能力不足等问题进一步凸现。突破"增长极限"和发展瓶颈，引导民营经济实现高端化、国际化，加快经济发展方式、动力机制、产业结构等内涵和质量协同升级，就有可能再次实现民营经济的跳跃式发展。因此，实施"科技创新提升战略"，构建传统和新兴产业技术创新升级、市场主体创新活力全面提升的创新驱动新发展动力机制，解决增长动力不足，经济增速乏力，发展质量不高等诸多问题，打造民营经济高端化、国际化"升级版"，是苏浙再造民营经济新优势，保持产业领跑优势的关键。

探索技术转移新模式。提炼推广"创新券"等技术扩散与承接新模式，引导上海市企业通过产业链延伸等方式与苏浙企业建立新形势下的合作新机制，以创新券等新模式创新技术合作新路径，推进上海市产业技术向苏浙民营企业转移，依托现有民营企业存量资产，共同打造一批以孵化器、加速器、创业园为主要形式的创新创业基地，推动产学研合作向纵深发展，促进创新链与产业链、资本链、人才链融合，推动民营经济"量质并举"，让更多的技术创新成果在苏浙民营企业开花结果。

推动苏浙民营企业家队伍"转型升级"。实施企业家素质提升工程，开阔眼界和思路，提高在全球范围配置创新资源的意识，准确把握趋势，激活企业创新活力，推动实体经济与虚拟经济有效嫁接，推动先进制造业与现代服务业互动发展推动民营经济加快由产业链中低端向中高端攀升，由粗放增长向集约发展转变，由投资驱动向创新驱动转换，由传统管理向现代治理提升，以企业家队伍的转型升级推动苏浙民营经济高端发展新跃升。

以技术链整合产业链。用高新技术和先进适用技术改造提升传统产业，为区域产业发展注入新的活力，实现产业链向技术含量高及附加值含量高的领域延伸。鼓励有条件的民营企业抓住新一轮产业技术转移发展的机遇，争当"资源整合者"，在兼并重组中集聚优质产业创新资源，促进生产要素和生产条件重新组合，提高市场竞争力。支持企业以项目合作和技术入股等形式，引进技术投资者，建立多元开放的产权结构，升级产业技术能级，开展产品创新、工艺创新、设计创新、管理创新，形成布局合理、特色鲜明、绿色低碳的产业发展新格局和现代产业新体系，再造和提升制造业，促进实体经济的新一轮繁荣，重塑苏浙实体经济面貌，再造苏浙继续领跑全国民营经济新优势（参见图3）。

总体上来说，合作是区域科技要素流动的有效渠道，通过集聚效应、蛙跳效应、涓滴效应等建立长三角原始创新、研发转化与推广应用衔接机制，促进区域创新网络的构建和长三角创新水平的提高，全面提升长三角科技资源推广、转化应用水平。科技资源配置能力较高的上海市，要继续

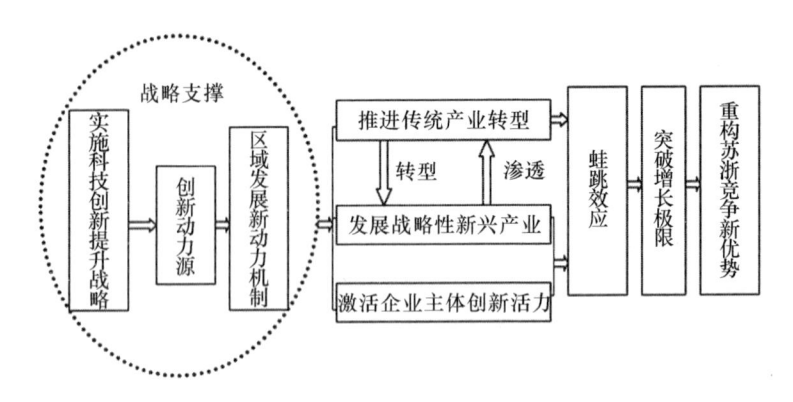

图 3　苏浙创新驱动再造竞争新优势作用机理

在地区资源禀赋的基础上,继续保持资源配置的优势,以减少其波动性,进而稳固其在全国领先的位次;依据科技资源配置能力的特征及变动趋势,采取"1+1"或帮扶结对的措施。上海市、南京市、杭州市科技资源配置能力较强地区,依据地区资源现状,寻找其劣势科技资源的"补给地区",并与"补给地区"建立良好的互动机制,实现资源与技术的共享与互动,进而在保持自己的科技资源配置优势的同时,提升"补给地区"科技资源配置能力,从而缩小地区差距,实现长三角科技资源配置能力的全面提升;科技资源配置能力较低的地区(苏北、皖北、浙西),在因地制宜的原则下,根据区域科技资源发展现状,挖掘资源潜力,优化科技资源配置方案,提升科技资源配置能力。

(二)建立长三角创新链、产业链、园区链融合协同创新机制

实施长三角创新驱动战略,实现科技创新融合发展,关键是要推动创新链、产业链、园区链"三链融合"和"三链并进",优化创新资源配置,强化创新链条中的薄弱环节,加强各个环节之间的联系,激发创新主体的市场活力,使高新区成为带动创新驱动发展的强大引擎,鼓励跨省市共建产业园区,让区域合作从"小项目"到"大园区"合作转变,以园区链整合形成产业跨区域联动机制,以园区共建合作推进长三角一体化落到实处,让区域科技创新融合发展真正落到创造新的增长点上。明确不同区域创新功能定位与分工,优化产业链和创新链顶层设计,应用牵引,组

织集成，统筹科技园区布局，协同建设规划一批高水平的新型产业功能区，打造"创新社区"，完成从科学研究、实验开发、推广应用的三级跳，推动实现成果产业化和资本化。

1. 增强高水平的创新源头供给，激活创新链

打造世界级研发机构。长三角中心城市上海市和副中心城市南京市、杭州市和合肥市都聚集了一批国内一流的高等院校和国家级科研院所，具有了产出国际一流原创性研发成果的研究基础。从国家战略出发，长三角科技创新目标定位是代表国家参与国际竞争，在国际上谋求话语权和主导权。要加强面向国家战略需求的基础前沿和高技术研究，强化原始创新，增强源头供给，激活创新链。要以国家、省部重点实验室为龙头，以学科前沿为导向，建设成为纵横交叉并协同互动的学科网络。调整现有重点实验室、研究基地的结构、布局，对学科相近或相关学科，特别是同一所高校内的重点实验室群和研究基地，有选择地进行合并重组；结合科学研究前沿，创建一批跨学科的研究中心或大学研究院，联合建立一批高水平的、开放共享的重点实验室，开展一批世界前沿、多学科交叉的重大科学研究，形成世界一流水平的科学研究能力，打造世界级研发机构。

建设重点产业知识库。围绕产业链部署创新链。调整长三角高校及科研机构创新基地建设的结构和布局，面向重点产业建设知识库。围绕长三角支柱产业、新兴产业以及特色产业的发展需求，面向世界科技进步大方向和产业变革大趋势，聚焦国家战略、聚焦区域重大战略目标、聚焦重大产业，积极承接国家科技重大专项任务，遴选一批主导未来产业发展趋势和形成产业核心竞争力产业的技术方向，联合实施一批重大创新项目，重点加大具有战略意义、产业带动作用大、社会发展效应显著的新能源汽车、节能环保、移动通信、可穿戴、大数据、机器人、新型显示、物联网等领域的技术布局力度，着力突破制约发展"卡脖子"的重大科学技术问题，解决核心技术瓶颈，提升长三角在世界以及全国的科技前瞻布局和应用示范能力。

2. 建立在利益共享基础上的产业创新资源整合，补强产业链

在全球产业价值链分工背景下，长三角要着眼全球产业高端和立足企业自身优势，通过全球化战略实施和管理创新知识积累和技术创新的内生优势，将创新链和知识价值链融入产业链之中，构建长三角产业水平专业

化分工协作机制，推进在新型全球价值链分工中的合作，协同推进产业转型升级和国际价值链地位的提升。

将科技资源优势转化为产业优势。充分利用丰富的科技资源，有效地将其转变为强大的产业优势，以更好地服务于地方经济和社会发展。重点培育产业化创新团队，实现"补链、强链和建链"，延伸优势产业链条，打造具有竞争力的主导优势产业链，把主导优势产业链做大、做强、做高、做长，培育新兴产业，形成产业链带动下有国际竞争力的区域产业集群。

围绕产业链实施产业技术创新行动。围绕长三角产业发展重点，启动产业技术协同创新行动，通过资源重组与整合，建成高水平的实验中心、研究中心及企业技术中心，综合提升各创新主体的技术开发能力。组建行业联盟、技术协作联盟，促进产业与上下游产业链的合作与创新，组织联盟攻关，提升产业技术协同创新能力，通过技术协同创新平台实现关键性技术的创新与突破。

围绕产业链把创新链集群转变为产业链集群。打造完备的创新生态系统，进一步完善长三角产业群内的制度网络，培育区域优势产业群，把创新链集群转变为产业链集群，并牵引周围配套中小企业调整产品结构。既推动单个企业全方位创新，也推动产业集群整体创新，从而形成较为合理的市场结构和产业集成化发展态势，推动产业集群对企业间和产业间资源的整合，形成与高端研发集群相对接的产业创新集群。

围绕产业链培育一批世界一流创新型企业。以产业链为载体推动长三角企业战略合作，融入全球产业价值链，依托重大项目建设培育优势企业，提高行业整合能力。扶持区域内具有经济效益、规模效益，产品结构合理，在行业处于领先地位的骨干企业，通过兼并、联合、重组、上市等资本运营模式来引导骨干企业实现规模扩张；实施标准化战略，培育知名品牌，争取参与制定国际标准、国家标准和行业标准。以技术导向为主，横向一体化与纵向一体化相结合，从价值链条升级转向价值网络升级，整合各种产业资源，引导企业积极与国内外优势企业进行战略重组和合作，加强与大型企业的合作，建设特色产业基地，做强、做大、做优优质资产，提升企业竞争优势，培育一批世界一流创新型企业，形成一批拥有核心技术和自主品牌的龙头企业，攀登全球价值链高端，补强产业链。

3. 协同推动产业创新载体转型升级，做活园区链

科技园区是高新技术产业融合发展的支撑和载体。站在全球经济、科技发展的最前沿，引领高新技术产业升级与创新，形成以园区共建的"点线"合作带动生产要素、企业主体和产业链条的"网络合作"，进而形成区域间产业发展的利益共享格局。长三角要创新合作途径，采取"飞地经济"等模式，合作共建产业园区，在长三角高新技术产业园区基础上协同建设规划一批高水平的新型产业功能区，打造"创新社区"。"创新社区"作为高科技产业聚集发展的新形态，它具有共享服务、复合的功能布局、自由灵活的开放空间、多元的创新文化体验等要素。

协同推动产业创新载体升级。产业园区是高新技术企业集聚和产业高端化协同创新驱动的重要空间载体，按照创新链、产业链和园区链部署科技任务和配置科技资源，强化产业园区区域联动机制，引入更多的创新资源，促进科技产业链条的完善与延伸，推动产业园区的升级改造，让创新真正落到创造新的增长点上。总结提炼上海市高校协同创新研究院与苏钢集团等共建"物流产业协同创新中心"，上海理工大学与安徽省蚌埠高新区等建立沪皖大学科技园，上海市与芜湖组建"上海市技术交易所——芜湖协同创新中心"，上海市漕河泾开发区、合肥市高新区以及宝钢集团等40家园区和大型企业集团发起成立了"长三角园区共建联盟"、江苏省与安徽省共建滁州苏滁产业园、上海市江苏省战略合作共同推动沪苏大丰产业联动集聚区建设等经验和路径，将创新链和产业链落地在高新技术产业园区，深化对园区之间的股份合作、企业投资建设生产基地、园区管理与品牌输出等多重合作模式的经验提升和推广，完善国家自主创新示范区和高新区战略布局，提升三省一市27个国家级高新区核心竞争力，稳步推进78个省级高新区升级，让创新真正落到创造新的增长点上，形成区域创新发展新增长极。

推动国内国外多边共建互建产业示范园区。高起点建设一批跨省市的产业园区，从而形成具有全球影响力的先进制造基地和世界级的产业集群。以高新技术开发区产业链整合为抓手，推进区域高新技术产业合作和跨地区联合兴办开发区。协同进行长三角园区产业规划和定位，以共建合作园区、互设分基地、成立创业投资基金等多种方式，创新园区建设制度设计和模式，将产业园区转型与"一带一路"战略、经济结构调整有机

地衔接，深化园区创新合作，加快产业园区的转型升级步伐，进一步开拓长三角企业、园区走出去以及区域共建、互建合作发展空间，推动创新型产业集群的形成。

建设高水平的创新型园区。进一步增强高新区的原始创新能力，广泛集聚创新资源与要素，建成一批处于世界前沿水平的研发基地，培育一批新的产业业态，使高新区成为自主创新的战略高地、培育发展战略性新兴产业的核心载体、转变经济发展方式和调整经济结构的重要引擎、抢占世界高新技术产业制高点的前沿阵地。推进园区发展模式转型，从依靠园区优惠政策向构筑产业链和产业集群转变，由单纯的土地运营向综合的产业开发和优化企业营商环境转变，要创造各种有利条件吸引关键性企业进驻园区，并以此为龙头建立起相互依存的产业体系，逐步培育和发展起产业集群，并进一步强化现代物流、商务服务、研发、信息咨询和中间服务等生产性服务业，建立完善的产业支撑服务体系。

促进优质科技资源相互开放。整合集聚有关创新要素，通过资源共享，推动众创空间、创业孵化基地等互联互通，带动关联产业发展，构筑长三角高新技术产业园区在高新技术产业化市场竞争上的竞争优势，以智能技术、信息技术、生物技术、新材料、新能源等重大技术创新推动制造业转型升级，把智能制造作为制造业转型升级的主攻方向。各地结合当地的产业基础和发展方向，明确本地以及产业、企业的优势、劣势，充分利用创新资源，实施"互联网＋智能制造"，推动制造业企业应用智能制造装备和新一代信息技术，加快新一轮园区产业技术升级。

培育园区新产业新业态。完善科技创业特别社区、科技企业孵化器、新兴产业加速器、大学科技园、留学生创业园等科技创业服务平台，构建"苗圃—孵化器—加速器"科技创业链条，打造科技人才创业"栖息地"。发展"产业＋互联网"等新业态。把科研机构创新资源导入创新平台，参与孵化和培育，使"产业＋互联网＋金融资本"成为推动长三角产业转型升级的核心路径。传统制造业占比较大的高新技术产业园区，通过合作引进一批高水平的研发机构等，形成"产业＋科技"的新产业。引导高新技术产业园区通过参与实施"创建长三角高水平理工科大学行动"，加快构建"龙头企业＋大学＋一流科研院所机构"的新业态。盘活产业园区存量厂房，发展形成一批众创空间、孵化器、加速器，以创新路径促成和发展新业态。

加快特色产业园区发展。立足长三角科技资源优势和产业技术基础，优先支持依托大型企业、重点高校和科研机构设立的高科技产业园区，为企业提供良好的基础设施和政策优惠，进一步做大做强相关产业，发展战略性新兴产业，打造新的经济增长点，推动高新技术企业联合重组，建设特色化、专业化、创新型产业园区和"创新社区"。

（三）建立长三角科技资源优化配置机制

科技资源配置是各种科技资源在不同的时间和空间上的分配使用。构建科学合理的长三角科技资源管理体系和配置机制，引导科技资源的合理流动和充分有效利用，集中科技创新资源投入到优先发展或重点培育的领域中，推进科技资源在产业、区域、部门等方面布局的均衡化与合理化，降低科技资源配置过程中的重复浪费，提高科技资源投入效益。

1. 区域科技资源配置全球化机制

推进区域科技资源配置全球化，将长江三角洲对外开放和人力资本积累的比较优势转化为竞争优势，利用对外开放的有利条件，加强对国际性人才的引进，推动区域科技资源全球化配置能力的迅速提高。

2. 国家重大科技计划项目协同布局机制

建立区域科技资源协同布局机制，统筹区域科技资源管理，一方面联合谋划项目，争取更多国家高技术研究发展计划、国家重点基础研究发展计划、国家重大科研计划、国家科技支撑计划、国家重大科技交流与合作计划、科技重大专项等国家科技计划和科学基金等以中央财政科技拨款为主渠道支持的计划项目落地长三角，保持并强化长三角科技资源规模竞争优势；另一方面，根据各省市科技资源、经济社会及产业技术需求，对这些国家层面重大项目进行区域内二次协同布局，并且通过区域协同创新谋划重大项目，通过竞争的、基于同行评议的公开择优机制，推动国家科技资源配置向产学研合作团队、产学研协同创新倾斜，优化区域科技资源分布，更加高效配置科技资源。

3. 区域重大产业技术联合攻关机制

设立专项研究基金，支持对于战略性、关键性、公共性、公益性的科学研究的联合攻关。坚持和强化市场需求和国家战略需求导向，把资源配置到近期和中长期的重大需求上，共建"共同出题、共同组织、共同研究、共享成果"区域重大产业技术联合攻关机制。依托区域内高校资源和科研机构,通过资源的重组与整合,构建产业协同创新平台组建行业联盟、技术协作联盟,围绕产业重点项目,组织区域重大产业技术联合攻关,综合提升各创新主体的技术开发能力,突破产业发展的关键制约技术,促进产业与上下游产业链的合作与创新。

4. 区域科技资源共享机制

建立三省一市科技管理部门定期科技资源共享需求和供给状况调研工作机制,对各领域资源共享工作情况进行监督和评价,为科技资源共享制度的供给奠定实践基础。

建立良好的科技资源共享市场机制。完善各个层面建科技基础条件平台区域协调机制,进一步整合完善区域科技资源共享平台,承担区域科技资源集成功能、共性技术共享功能、知识产权服务功能、融资与推广服务功能、人才培训及服务等功能。提高各层面科技条件平台的社会化服务能力,促进平台社会化服务的公平竞争,推动各科技创新平台之间展开公平的竞争,促使各种类型的平台科技资源能够被各科技创新单位高效共享使用。加强产业共性技术和高新技术产业领域科技资源共享市场机制与政府发挥主导作用之间的相互协调能力建设,重点支持产业共性技术和高新技术产业领域的科技资源共享(参见图4)。

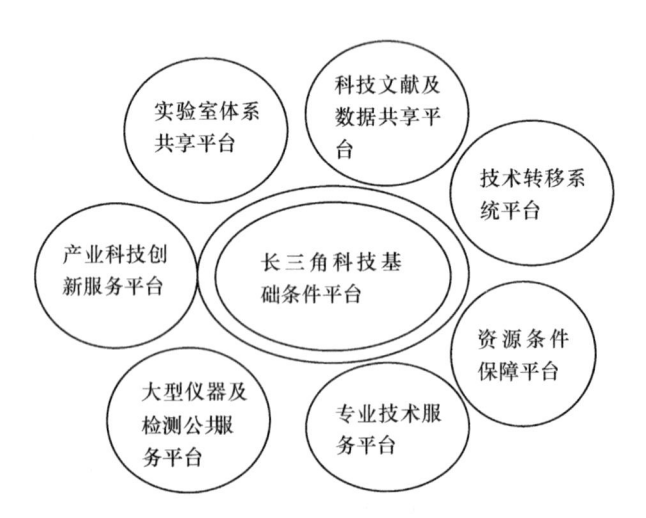

图4 长三角科技资源共享平台结构示意图

5. 科技资源配置企业化主体机制

强化科技资源配置的企业微观基础，建立科技投入社会化和多元化供给的制度和模式，为企业包括中小企业技术创新营造更加有利的环境和社会条件，促进企业科技投入持续增长，提高企业研究与开发投入的产出水平和效率，推动长三角产业界 R&D 人员成为区域科研人才供给的核心主体，在全国率先形成科技资源配置企业化、多元化和社会化制度安排的竞争优势。

6. 柔性人才流动管理机制

加强区域人才协同发展顶层设计。联合制定长三角人才一体化发展规划纲要，推动重大人才工程实施和重要创新政策落地。健全完善长三角人才工作部门联席议事机制。根据科技人才的心理学特征（需求层次高，成就感强），完善更加灵活、更加有效的人才激励机制、人才评价机制和人才开发利用机制。

健全区域内流动人才的待遇保障机制。建立灵活的"定编不定岗"的人事管理制度，鼓励人才异地创新创业，确保人才引得进、留得住、流得动、用得好。创新人才收入税收政策和科技成果收益分配机制，为创意人才和科技人才提供生活、生产环境，提升区域积累知识和转化知识的能力。根据区域产业发展，动态调控和优化人才结构，逐步形成人才随产业有效集聚、合理流动的体制机制。

吸引顶尖人才集聚。积极参与国际人才竞争，充分开发利用国际国内人才智力资源，实施"全球顶尖科学家及其创新团队引进计划"，建立人才与项目的对接机制，形成国内外创新资源深度融合、前沿基础研究与应用技术创新紧密结合的体制机制。

科技资源是科技活动所需要的各种投入要素，即科技人力资源、科技财力资源、科技物力资源、科技信息资源与科技组织资源等要素的总称，是由科技资源各要素及其次一级要素相互作用而构成的系统，它们都是科技投入产出活动中不可或缺的要素。科技资源是推动区域经济增长的第一要素和不竭动力。技术进步是经济增长的核心。随着长三角经济一体化进程的不断加深，科技对经济增长的贡献率不断提高。经济增长的要素投入效应表现为资源要素对经济增长的拉动和技术创新与社会发展的推动作用，而要素投入以及生产率提高一直是经济持续增长的两大源泉，尤其是科技资源要素投入能带来经济的高速增长。

（四）完善长三角科技创新融合发展治理机制

1. 推动建立实质性的长三角科技融合发展行政协调体系

区际利益关系协调问题是跨行政区区域规划必须重视和解决的核心问题。区域科技创新融合发展行政协调体系是区域内各级政府之间通过成立一系列的区域性组织机构，运用行政和经济手段，促进区域合作，以保证区域经济各个方面围绕共同的目标协调行动，是建立跨省区域治理机制在推动区域科技创新融合发展中的具体实现。目前长三角科技创新合作实行的是区域科技联席会议制度（长三角创新体系建设联席会议办公室），定期召开会议，研讨有关重大问题，制度化程度较低，实际上采取的是一种虚拟的组织机构形式，没有设置相应的实体性管理机构。也缺乏有力的政策工具来推进区域治理目标的实现。现有区域协作仅限于政府之间的合作，企业和社会方面的参与几乎没有。因此，一方面需要把临时性的跨省区域首长座谈会形式转变为长久存在的跨省区域治理委员会组织，由长三角内的省级政府的党委书记、行政首长、重要城市的党委书记组成，主任由省级政府的党委书记轮流担任。并在此基础上，扩大各省市部门参与范围，除三省一市科技管理部门外，发展改革部门、经信委、教育（高教）、农业发展部门以及民间机构，建立长三角科技创新融合发展及区域创新体系建设行政协调体系，及时地进行区域内省级政府间科技创新融合发展及长三角创新体系建设的信息交流和沟通，对跨省区域的问题做出快速回应，及时采取措施，实现跨省区域科技创新融合发展各省利益补偿和共享的制度化，提升跨区域科技创新融合发展的层次（参见图5）。

2. 建立有效的协同发展协商协调机制

形成具有科学性、战略性、权威性的约束机制与执行机制，推动长三角科技创新融合发展由松散型合作向机制化协同转变。区域创新体系的行政协调机制是建立有效跨行政区域合作的基础。区域内地方政府已经成为相对独立的利益主体和行为主体，合作是参与各方根据地域相似性以及产业与科技互补性等条件，经过反复权衡利益后的一种选择结果，合作的过程也是博弈的过程。因此，要解决跨行政区划创新体系的行政协调问题，首先要坚持"自主参与、集体协商、适当妥协、共同承诺"的原则，构

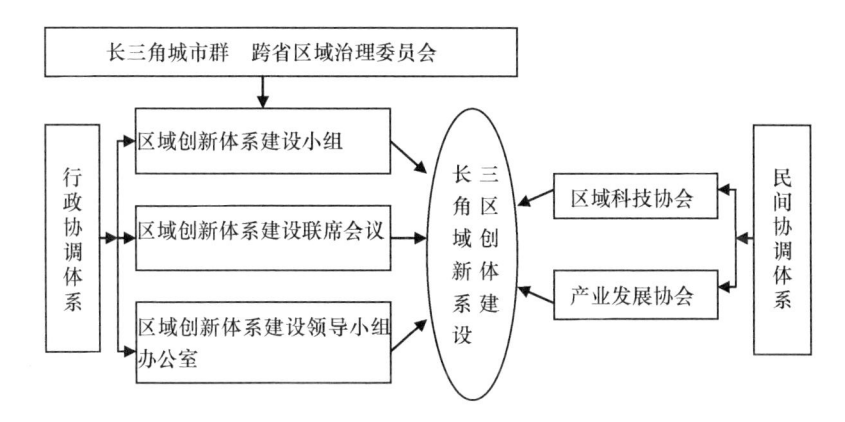

图 5　长三角科技创新融合发展及区域创新体系建设行政协调体系

建起柔性的协商协调机制，对区域创新合作进行"软约束"。但在合作初期阶段，为加快推进区域创新体系的建立，强势的行政干预也不可避免。针对区域合作的具体问题，合作各方应加强协商协调，形成既有指导性又有一定制约的制度，否则真正实现区域创新体系的协调就非常困难。

3. 组建统一的行政协调组织机构

在跨区划的区域科技战略和规划的制定与实施过程中，将不可避免地遇到一些跨行政区的重大科技基础设施建设、重大科技资源流动以及跨区科技成果转化等问题。在传统计划经济体制下，区域内各行政主体往往各行其是，严重影响区域的整体性和协调性。因此，能否有效地解决跨行政区区域协调的组织管理问题，也是影响跨行政区区域创新体系能否建立和良性运行的重要因素。目前长三角科技创新合作实行的是区域科技联席会议制度，定期召开会议，研讨有关重大问题，实际上采取的是一种虚拟的组织机构形式，没有设置相应的实体性管理机构。

区域合作的关键还在于执行，在行政协调体系的组织结构中成立专门的执行机构。区域行政协调体系的组织机构应该包括中央协调机构、区域执行机构以及有关职能机构。重点推进跨行政区的组织重大科学和技术创新计划，制定长三角创新政策和产业优先级，重大科技基础设施建设、重大科技资源流动以及跨区科技成果转化等问题，协调推动跨区域内部各次区域的兼容与整合。

4. 构建有效的合作制度框架

强化科技资源配置的制度建设。长三角通过协商协调的方式，在区域科技合作方面达成了一致的意愿，但到目前为止，这种合作仍处于无实质性推进的状态。导致现在这种状况的根本原因，就在于政府协调制度性建设尚未取得实质性的突破，核心问题就是缺乏有效的合作制度框架。

在制度安排方面，合作各方应该形成一系列的合作制度框架，这些制度是形成有效区域合作的基础。包括两个层次，一是整体性、纲领性的合作协议；二是针对一些具体合作内容的合作协议。在新时期长三角科技创新融合要更加强调制度的约束力，为长三角协同创新系统内各行为主体的高效协同提供良好的制度和政策环境，以保障真正实现区域合作的实质性推进。

对重大项目进行招标的办法，建立起项目的公平竞争制度，通过推行项目招标、投标的竞争方式择优选择项目的实施主体、技术依托主体和投资主体，充分发挥市场竞争机制在科技资源配置中的作用。

建立区域创新主体动态分析制度。定期对创新主体的数量、类型以及空间分布进行评估，从对区域内的科研投入、创新产出、创新环境建设各个方面进行综合评价，从而形成稳定积极的发展氛围。

建立以重大自主创新项目为重点的科技资源配置制度。以全面提高区域自主创新能力，打造国际知名的大企业、大品牌为目标，集中优势资源，在长三角每个省市根据产业发展特色、自主创新优势产业等方面的状况，集中优势资源推动重点企业创新主体开展成果创新和产品创新，将其打造成能代表区域产业特色和主导产业定位的知名品牌。以产业集聚的方式以重大自主创新项目为核心进行辐射，围绕产业链，实现重大项目带动重大产品和大型企业，产品和企业带动相关产业，产业集群带动区域经济发展的新型区域经济发展模式。建立以重大自主创新项目为重点的科技资源配置制度，建立对重大自主创新项目选择的科学性与可行性，重大自主创新项目进行审核与监督制度，保证创新项目实施过程中的科技资源高效利用，促进项目的快速商业化和产业化。

建立重大事项专家咨询论证制度。联合设立科技系统专家库，发挥专家们的综合智力优势和在各行各业突出的专业优势，组织有关专家围绕长三角科技发展中的全局性、中长期性问题及各类项目、成果进行战略研究、对策分析，提供科学的咨询论证意见和建议，共同推动长三角科技创新工作的快速健康发展。

重视社会中介组织的培育和发展，引导其在产业政策制定、共性技术平台打造、产业预警等方面发挥更好的作用。

长三角已经进入科技创新融合发展的新阶段，具备了实施创新驱动发展战略和区域一体化架构中协整配置资源的基础。在长三角一体化发展深入推进的背景下，推进长三角科技资源战略重组和系统优化，建立科技资源融合共享发展机制，通过加强合作，在更大程度上放大自身优势，展现各自特色，实现创新要素在区域内更广范围和更深层次上的连接与聚合，以创新驱动为长三角一体化深化发展集聚新能量。

六 协同打造"长三角创新共同体"推动长三角一体化向更高层次发展

在经济全球化和全球科技革命的推动下，科技创新与经济社会发展的融合度越来越高，科技创新能力成为国家竞争的制高点。新形势下，长三角应加强协作，在协同创新的体制机制框架下，开展区域共性技术联合攻关，前瞻性布局世界级创新链和产业链，推动创新的空间集聚和技术的空间扩散，推动区域科技产业联动发展和创新服务系统链接，着力优化区域科技创新创业环境，真正建成政府引导、企业主体、产学研一体化的区域科技创新体系，推动区域创新发展和结构转型。

（一）创新驱动发展战略是长三角一体化发展的核心战略

科技资源是区域共同发展的基础，科技创新资源更是长三角一体化发展中能够实现共同利益的核心要素。科技资源也是推动区域经济增长的第一要素和不竭动力，科技创新已经成为区域经济发展的新引擎。随着我国经济进入新的常态，区域发展的动力源、依托的要素构成、发展要素的组合方式、创新发展的支撑体系都将发生变化。发展动力已由要素驱动转向创新驱动，以创新、创业和新兴产业为核心能力的创新集群成为区域竞争力的集中体现。长三角一体化发展已经在创新引领、功能互补、资源共享、互联互通、绿色发展等方面一一破题，对全国其他城市群、都市圈一体化发展有着可复制、可推广的范本意义。长三角一体化发展深入推进，形成经济一体化和梯度发展的新格局，科技资源在更大范围重新组合与优化配置，为长三角科技创新和产业创新实力提升，建设创新型世界级城市群，促进长三角三省一市更高层面的区域深度合作创造了条件。

（二）创新驱动发展为长三角发展集聚新能量

区域一体化在更大范围更多领域深入展开，区域协同和一体化发展推动要素自由流动和重新配置。城市群成为具有较强创新能力的创新极，并成为推进区域科技创新的主体空间形态。科技资源要素的在城市群内更加顺畅流动为资源的集聚和扩散、形成新的聚合提供了可能，也推动长三角在更大范围内协调整合配置科技资源，更重要的是区域协同发展和一体化带动了创新要素的加快流转，推动战略性新兴产业的重组，加快了制度创新、产业组织创新和发展模式创新，推进区际产业对接、城市分工协作、资源合理配置，促进产业合理分工、优势互补、合作共享，缩小地区间发展落差。可以说，新背景下，上海市等中心城市集聚的优质创新资源要素，在区域一体化架构中可以在更大范围内协整配置，实现创新要素在区域内更广范围和更深层次上的连接与聚合，创新驱动正在为长三角发展集聚新能量。

（三）建立长三角新型区域协同发展关系

新背景下支撑新增利益的产业不能再是传统的产业，只有通过科技创新实现内涵式跨越发展，推进资产增量建立在新兴产业、新型经济增长模式基础之上，带来大大超过传统发展模式的更大效率和利益，倒逼经济主体放弃传统生产模式与以往的利益模式，从而改变原有的利益格局。加快区域转型升级发展也需要在更大的地域空间上来实施展开，必须构建开放型的区域创新体系，注重跨行政区合作机制的培育和建立。长三角一体化发展，特别是安徽省的加入，长三角发展的腹地资源达到极大的拓展，资源和要素在更大范围流转和配置，为长三角以科技资源融合创新为纽带建立新型区域协同发展关系提供新的资源条件保障，区域间以及区域内部发展的协同性增强成为必然趋势。同时，在新的发展背景下，长三角要进一步深化区域开放合作，依据资源禀赋和比较优势，三省一市要在基于对自身竞争优势的深度认识和有效挖掘基础上,打破行政区划壁垒,明确各自特色和定位,分析区域合作中各利益主体的内在需求,构建新型利益关系,由利益离散型合作向利益聚合型合作的转变,建立健全区域间互动合作机制明确区域内部不同地区的功能定位,确立发展方向,释放创新和成长潜力,以科技创新为纽带建立新型区域协同发展关系,重整和再编企业和产业的专业化、网络化体系,形成一些有内在联系并有较强竞争力的产业集群和产业带,推动长三角一体化发展由"极化"向"扩散"转变、区际关系由"竞争大于合作"向优势互补与合作共赢转变、区域合作由松散型合作向机制化协同转变,形成新的发展动力源、新发展机制和长三角梯度发展的新格局。

(四) 协同打造"长三角创新共同体"

在经济一体化的大背景下,长三角如何更好地整合区域优势科技资源,构建创新型区域经济体,是打造参与全球竞争和国际分工的世界级城市群的关键。因此,需要从战略层面建立政府、市场、社会多元共治的创新治理体系,从关注"科研"转向强调"创新"、从注重"管理"转向完善"治理",推动政府、市场和社会多元主体积极参与、相互配合、协同行动,强化科技成果转化对供给侧结构性改革的支撑作用,将科技创新成果转化为推动经济社会发展的现实动力,协同打造"长三角创新共同体",聚焦影响未来发展的颠覆性技术,从全球生产网络节点向创新网络节点转型,成为全球新技术、新产品、新业态的策源地,形成上海市全球创新中心,南京市、杭州市和合肥市国家创新中心,激发全社会创新潜能和活力,提升长三角在全球和全国创新引领功能。

参考文献

[1] 肖林:《上海市建设全球城市对全球城市理论的发展与贡献》,《科学发展》2016年第2期。

[2] 樊杰、刘汉初:《"十三五"时期科技创新驱动对我国区域发展格局变化的影响与适应》,《经济地理》2016年第1期。

[3] 文学国:《建设具有全球影响力的城市群》,《文汇报》2016年9月1日。

[4] 高丽娜、朱舜、李洁:《创新集聚与溢出、空间效应与长三角协同发展》,

《华东经济管理》2016年第5期。

[5] 林平凡：《创新驱动实现区域竞争优势重构的路径选择》，《广东社会科学》2016年第2期。

[6] 任晓红、周靖祥：《高铁联网背景下的双城互动及多点联动效应分析——以长三角为例》，《经济问题》2016年第7期。

[7] 蒋媛媛：《长江经济带国家级制造业创新中心要如何建》，《东方早报》2016年8月9日。

[8] 蒋媛媛：《长江经济带战略对长三角一体化的影响》，《上海经济》2016年第2期。

[9] 邓立丽：《长三角科技创新发展的现状、瓶颈与态势（2014—2015）》，社会科学文献出版社2015年版。

[10] 肖林：《全力打造具有全球影响力的科创中心》，《解放日报》2015年4月28日。

[11] 李友梅：《全球科创中心需要相应的"社会文化土壤"》，《中国社会科学报》2015年4月16日。

[12] 张银银、黄彬：《产业承接、创新驱动与促进区域协调发展研究》，《经济体制改革》2015年第5期。

[13] 方亮、徐维祥：《创新驱动对区域经济增长的影响：高新区例证》，《重庆社会科学》2015年第11期。

[14] 张淑梅：《区域创新与合作：新常态下的京津冀协同发展》，《行政管理改革》2015年第4期。

[15] 张仁开：《"十三五"时期上海市深化国际科技合作思路研究》，《科技进步与对策》2015年第10期。

[16] 常征：《粤港澳城市群协同创新的战略定位和发展路径研究——以澳门为例》，《广东经济》2015年第5期。

[17] 李琳、龚胜：《长江中游城市群协同创新度动态评估与比较》，《科技进步与对策》2015年第23期。

[18] 沈开艳：《上海市建设科创中心需突破五大瓶颈》，《社会观察》2015年第5期。

[19] 沈开艳、陈建华、邓立丽：《长三角协同创新、提升科创能力研究》，《中国发展》2015年第4期。

[20] 刘志彪：《区域一体化发展的再思考——兼论促进长三角一体化发展的政策与手段》，《区域与城市经济》2015年第3期。

［21］徐净、王丹、宋奇、柴慧：《上海建设科创中心的政策和环境研究》，《科学发展》2015年第6期。

［22］吴福象、曹璐、段巍：《经济效率、空间公平与区域一体化》，《天津社会科学》2015年第4期。

［23］俞思静、陈通明：《创新驱动背景下浙江省区域特色经济与城市化关系研究》，《经营与管理》2015年第11期。

［24］郁鸿胜：《协同创新，提升长三角发展能级》，《解放日报》2014年12月13日。

［25］柴攀峰、黄中伟：《基于协同发展的长三角空间格局研究》，《经济地理》2014年第6期。

［26］丛屹、王焱：《协同发展、合作治理、困境摆脱与京津冀体制机制创新》，《改革》2014年第6期。

［27］薛领：《长三角创新与一体化战略的回顾与前瞻》，《区域经济评论》2014年第3期。

［28］张耀军：《论京津冀一体化协调发展的路径选择》，《当代经济管理》2014年第10期。

［29］张仁开：《上海市建设全球科技创新中心与长三角科技一体化》，《江南论坛》2014年第10期。

［30］中国浦东干部学院课题组：《以高端化战略提升上海市在全球价值链中的地位》，《科学发展》2015年第10期。

［31］张颢瀚：《区域一体化转型与融合体制建设研究——以长三角一体化为例》，《南京市政治学院学报》2013年第1期。

［32］陈浩、项杨雪、陈劲：《基于知识三角的区域协同创新联盟探索与实践——以欧洲创新工学院KICS模式为例》，《科技进步与对策》2013年第17期。

［33］袁建明、郭黑炜、王大伟：《"合芜蚌"试验区协同创新度评价研究》，《时代经贸》2013年第1期。

［34］杨玲丽：《政府导向、市场化运作、共建产业园——长三角产业转移的经验借鉴》，《现代经济探讨》2012年第5期。

［35］张仁开：《"十二五"时期推进长三角创新体系建设的思考》，《科学发展》2012年第9期。

［36］吕永刚、胡国良：《推进长三角一体化制度创新的战略构想》，《理论月刊》2012年第5期。

［37］冯锋、汪良兵：《协同创新视角下的区域科技政策绩效提升研究——基于

泛长三角的实证分析》,《科学学与科学技术管理》2012年第12期。

[38] 许亦楠:《长三角创新集聚的比较分析》,《统计科学与实践》2011年第8期。

[39] 胡彬:《长三角合作中的利益格局失衡与利益平衡机制研究》,《当代财经》2010年第9期。

[40] 张仁开:《长三角社会发展科技协同创新战略研究》,《科技与经济》2009年第3期。

[41] 罗小龙、沈建法:《长江三角洲城市合作模式及其理论框架分析》,《地理学报》2007年第2期。

长三角城市群腾飞:"错位"不会错

叶 舟[①]

长三角是当前我国经济最发达、最活跃、最具国际竞争力的地区之一,但长三角的形成和发展是一个漫长的历史过程,因此也导致了发展水平各不相同,区域之间差异较大。本论文便尝试对苏、浙、皖、沪三省一市之间差异以及本区域内部差异形成的历史过程及其特点进行深入分析和讨论,通过对三省一市区域差异进行全面分析,推动相关区域更全面清醒地认识各自优势及缺陷,寻找发挥区域优势,实现差异化发展的最佳路径,推动长三角一体化进程加快发展。

一 概述:研究缘起及研究现状

(一) 研究缘起

长三角是当前我国经济最发达、最活跃、最具国际竞争力的地区之一,长三角作为经济圈虽然是近年来出现的新概念,但其形成和发展却是长期历史演进的结果。

大致而言,今日长三角的核心地区就是历史上的江南地区。江南大体在六朝时期已经确定了自己相对稳定的地域范围。在唐宋以前,这一地区相对于北方而言,在经济与文化上仍然处于相对落后的状态,但随着京杭大运河的开通,江南内部的沟通得到加强,也第一次奠定了江南地区内部

---

① 上海社会科学院历史研究所副研究员。

网络联系的基础。唐宋以后，伴随着全国经济重心的南移和长三角经济社会的持续发展，江南逐渐成为生产力发达、人民生活安康和文化繁荣的代名词。其以本区域内发达的商品性农业和手工业为基础，在明清时期城市化进程和水平已经明显提高，形成了以苏州、杭州、南京为中心城市，松江、湖州、嘉兴、宁波、绍兴、常州等次中心城市和广大城镇为基础的发达的市场经济体系，区域经济一体化水平显著提高，区域经济圈日趋成熟。至近代，伴随着上海市开埠以及随之引起的江南地区市场和贸易格局的深刻变化，江南地区与世界市场的联系进一步密切，上海市逐渐成为江南地区再次高速发展的新龙头。改革开放后，上海市的龙头地位进一步得到强化，推动长三角经济圈最终形成，并已成为世界著名的六大都市经济圈之一，是中国经济最发达、增长速度最快和最富有发展前景的地区之一。和国内的环渤海城市圈、珠三角城市圈相比，长三角城市圈的腹地经济基础，城市群层级的成熟度、内部区域文化的繁荣度等方面有着明显的优势。

进入21世纪后，为了推动长三角的一体化发展，国务院在2008年出台了《关于推进长三角的社会经济改革发展和一体化发展的指导性意见》，2010年又正式批准实施《长江三角洲地区区域规划》。2016年6月，为优化提升长三角，在更高层次参与国际合作和竞争，进一步发挥对全国经济社会发展的重要支撑和引领作用，国家发改委和住建部发布了《长江三角洲城市群发展规划》。规划指出，长三角在上海市、江苏省、浙江省、安徽省范围内，尤以上海市为核心、联系紧密的多个城市组成。其范围包括：上海市，江苏省的南京、无锡、常州、苏州、南通、盐城、扬州、镇江、泰州，浙江省的杭州、宁波、嘉兴、湖州、绍兴、金华、舟山、台州，安徽省的合肥、芜湖、马鞍山、铜陵、安庆、滁州、池州、宣城等26市。这一地区国土面积21.17万平方公里，仅占全国总面积的2.2%，但人口占到全国的11%，地区生产总值更占到全国的18.5%。

如上所述，苏浙皖沪三省一市构成了长三角整体，但是整个长三角依山负海，跨江越淮，由于历史和现实的原因，各地文化环境差异较大，从古到今的文化变迁也十分剧烈，由此使得苏、浙、皖、沪三省一市不仅在经济、社会发展上存在着差别，在文化和观念方面也有着巨大的不同，各省内部如苏南与苏北，浙东北与浙西南，皖南、皖江与皖北也呈现出纷繁各异的形态。另外，作为长三角的核心区域，即所谓狭义上的江南，即明清时期的苏、松、常、杭、嘉、湖六府，虽不在同一省，但它们之间却更有共同之处。因此如何正视历史上形成的这些差异，在发展中发挥自身的优势，同时又取长补短，推进长三角一体化，是三省一市未来发展共同面临的重大课题，亟待解决。

（二）研究现状

1. 经济学视角：区域经济差异研究的现状

学术界涉及地区差异研究时，往往关注的主要角度是经济差异。现有的大部分成果也主要是经济学方面的。经济学认为，企业在规模报酬递增和空间交易成本这两个因素的权衡下，不断地向少数地区集聚，使得产业活动发生空间集聚现象，同时在累积因果循环的作用下，少数区域的优势不断强化，逐步形成了核心—外部格局，这种二元经济便导致了地区差距的扩大。

我国是一个幅员辽阔，地区之间自然、经济、文化差异巨大的发展中国家，地区差异始终是发展中面临的一个非常重要的问题。建国初期，我国受苏联的社会主义生产均衡布局理论的影响，宏观区域政策的基调是强调将内地作为投资和建设的重点，以缩小沿海和内地之间的差距、实现社会生产力的均衡布局。但这种片面强调均衡的政策抑制了先进地区的发展。改革开放后，我国逐步引入了市场机制，把效率原则和效益目标放在优先的地位，强调集中资金和资源重点发展先进地区，这种优先发展先进地区经济的做法在实践中取得了巨大的成绩，但由于缺乏相应的经济扩散机制，也带来了一些问题，主要是东部地区与中、西部地区的经济发展差距越来越大、地区产业结构严重失调以及区域摩擦日趋加剧。从90年代后期开始，国家日益重视区域间的统筹、协调发展，学术界对于区域差异的研究也日益重视。然而对区域经济差异的研究虽然很多，但研究对象多为整个中国，或是某个省内部的区域经济差异，对跨省的经济体进行区域经济差异分析研究的很少。长江三角洲是中国经济最发达和城市化水平最高的地区之一，但是关于长江三角洲内部区域差异的研究也比较少。目前仅有《长江三角洲区域经济发展差异研究》（华东师范大学2006年硕士论文）、《长三角经济差异及其影响因素研究》（华东师范大学2008年硕士论文)、《城市集聚、外部性与地区工资差距研究：以中国长三角城市圈为例》(复旦大学 2012 年博士论文)、《市场获得、产业集聚与地区差距》(南京师范大学 2015 年硕士论文) 等少数几篇学位论文以及部分期刊文章。

值得注意的是，现有国内关于区域差异的研究多是引进国外区域经济发展思想，如缪尔达尔的循环累积因果论、区域经济梯度推移理论、威廉姆逊的倒 U 理论及最近流行的新经济地理学理论等，分析区域差异的主要指标也是人均 GDP 等经济数据，对区域差异的历史渊源及其发展脉络甚少关注。区域之间差异的形成有各种复杂的因素，要缩短区域之间的差异也是一个长期的过程。习近平同志最近曾经多次指出："一个国家的治理体系和治理能力是与这个国家的历史传承和文化传统密切相关的，解决中国的问题只能在中国大地上探寻适合自己的道路和方法。""要治理好今天的中国，需要对我国历史和传统文化有深入了解。"以长三角为例，其形成与发展是一个自然的历史过程，今日长三角各地区的差异和联系在历史上早已存在。通过充分回溯这一历史演变的过程及其背后的原因，对于深入理解区域之间的差异，发挥各地区的优势和特色，进一步突破行政区划的人为分割，真正实现以上海市为中心的长三角经济社会的全面整合，有十分重要的意义。因此在研究区域差异时，就有必要将历史文化研究和经济学理论相结合，这样才有可能得出更准确和深入的分析。

2. 历史文化视角：区域文化差异研究的现状

著名学者周振鹤曾认为，研究某一地区的历史文化包含两层意义，一是探究该地区与其他地区的文化差异，二是分析本地区内部的文化地域差异。仅以行政区划沿革为例，苏、浙、皖、沪三省一市历史上便多次联为一体。姑且不论上海市在历史上一直是江苏省的一部分，即便是苏、浙、皖三省，历史上也经常是你中有我，我中有你，其中江苏省、安徽更是在清代中期才分省，至今只有两百多年。春秋时，吴越争霸，江苏省、浙江省虽然分属吴、越两国，但经常被对方所占领和控制。越王勾践击败吴王夫差之后，辖境扩展至江苏省，无锡地区鸿山越墓的发现便是重要的证据。吴、越还参与中原诸侯争霸，其势力也相继延伸至江淮地区，只不过由于国力有限，当时远控淮北并不现实。公元前 333 年，楚国击败越国后，江苏省、浙江省、安徽省基本上属于楚国的统治范围。汉代时，除皖北属于豫州外，苏、皖、浙地区其他部分都属于扬、徐二州。唐代以长江、淮河为界，苏皖地区的淮北部门都属河南道，江淮之间部分同属淮南道，江苏省和浙江省部分全属江南道。宋代江苏省淮北部分地区属于京东东路、京东西路，安徽的淮北部分地区属于京西北路，苏皖淮北部分地区和江淮之间地区属于淮南路，分为淮南东路和淮南西路，安徽长江以南和今南京、溧阳地区属于江南东路，江苏省其他地区和浙江省属于两浙路。元代苏皖地位的长江以北全属河南江北行省，苏皖地区长江以南和浙江省全属江浙行省。明初浙江省独立划出，今苏皖地区则直隶于首都应天府，称为南京或南直隶。清代改苏皖地区为江南省，清代中期苏皖虽然分省，但学政一直没有分治。由此可见，苏、浙、皖的大部分地区曾经长期属于同一政区。这就为我们今天讨论长三角一体化提供了一个很好的研究基础。

江南研究虽是当今的显学，成果丰富，但是目前为止，学术界对于江南区域内部的差异研究仍然仅处于起步阶段，相关研究仍较零碎，区域内部之间的比较仍显粗略。周振鹤主编《中国历史文化区域研究》及其与游汝杰合著的《方言与中国文化》是较为全面论述区域文化及其差异的著作。卢云的《汉晋文化地理》、王子今的《秦汉区域文化研究》和程民生的《宋代地域文化》则是古代断代区域文化研究的代表作。而周运中的博士论文《苏皖历史文化地理研究》则是长三角内部区域文化比较仅有的专门论著。涉及各省市内部的区域文化著作，则有王卫平的《吴文化与江南社会研究》、《江苏省区域文化丛书》，张森才、马砾的《江苏省区域文化研究》，吴恩培的《吴文化概论》，许继峰的《浙江省文化地理》，朱海滨的《近代浙江省文化地理研究》，陈伯海的《上海市文化通史》等著作。

综上所述，已有的关于长三角内部三省一市地方差异的研究不多，除了上述周运中的苏皖比较之外，涉及三省一市比较的前期成果基本上没有，只是相关著作零星的做了一些简单的论述。而各省内部的文化及其差异研究虽取得了一定的成果，但是大部分仍停留在表面的简单因素罗列，而非内在原因的深入探讨。因此本课题可以说仍存在着大量的空白，可供进一步探讨和突破。

本论文尝试对苏、浙、皖、沪三省一市之间以及本区域内部差异形成的历史过程及其特点进行深入分析和讨论，通过对三省一市区域差异进行全面分析，推动相关区域更全面清醒地认识各自优势及劣势，寻找发挥区域优势，实现差异化发展的最佳路径，推动长三角一体化进程加快发展。相对于之前的研究，本报告将作以下几个方面的尝试，一是将苏、浙、皖、沪三省一市之间的差异形成的历史过程进行全面的分析和讨论。二是不仅讨论三省一市之间的差异，而且讨论本区域内部的差异形成以及特点。三是将三省一市的差异置于长三角整体进行讨论。有必要说明的是，虽然国务院所规定的长三角仅包括江苏省、浙江省和安徽的一部分地区，但本文仍然将三省整体的历史和现状作为分析和研究的对象。

二 历史篇：三省一市区域差异形成的历史过程

（一）背景

影响区域发展的因素很多，以下将对三省一市的自然环境、地理区位、交通、行政区划沿革等分别加以论述。

1. 自然地理

（1）江苏省

江苏省地处我国东部沿海中心，地居长江、淮河下游，全省面积10.26万平方公里，占全国土地总面积1.06%。2015年末江苏省常住人口7976.3万人，是全国人口密度最高的省份。地形以平原为主，地势低平、河网稠密。在总面积中，平原占69%，水面占17%，丘陵山地占14%，是中国最低平的一个省。江苏省的平原主要有苏南平原、江淮平原、黄淮平原和东部滨海平原，平原所占比重居全国各省首位。低山丘陵和岗地主要分布在省境内的东北部和西南部，在黄淮平原和长江三角洲上也有少量分布。江苏省水面辽阔，占全国淡水总面积的10.43%，是我国著名的水网地区，水面所占比重居全国各省第一。全省境内河川交错，水网密布，长江横穿东西400多公里，大运河纵贯南北690公里，西南部有秦淮河，北部有苏北灌溉总渠、新沭河、通扬运河等。江苏省有大小湖泊290多个，全国五大淡水湖，江苏省得其二——太湖和洪泽湖。气候属于亚热带向暖温带的过渡地带，南北差异显著，淮河以北属于暖温带湿润、半湿润季风气候，降水多集中于夏季，冬冷春早；淮河以南属于亚热带湿润风气候，雨多而分配均匀。

（2）安徽省

安徽省位于中国东部，长江下游，是一个近海的内陆省份，总面积13.96万平方公里。全省地貌以平原、丘陵和低山为主，平原与丘陵、低山相间排列，地形地貌呈现多样性，大别山和黄山蜿蜒于其西部和南部，黄河邻近其北境，长江和淮河自西向东横贯全境。平原面积占全省总面积的31.3%（包括5.8%的圩区），丘陵占29.5%，山区占31.2%，湖沼洼地占8.0%。全省大致可分为五个自然区域：淮河平原区占26.6%，江淮台地丘陵区占25%，皖西丘陵山地区占10%，沿江平原区占18.4%，皖南丘陵山地区占20%。2015年全省常住人口为6143.6万人。其中淮北平原地区人口密度最大，江淮地区次之，沿江平原次之，皖西山区次之，皖南山区最少。气候属于暖温带和亚热带过渡地区，以淮河为分界线，北部属暖温带半湿润性季风气候，南部属亚热带湿润性季风气候。

（3）浙江省

浙江省位于我国东南沿海，境内陆地略呈六角形，陆域面积101800平方公里，是全国省区除了宁夏回族自治区、海南省和台湾省之外，面积最小的省份。全省地表山地和丘陵占70.4%，平原和盆地占23.2%，河流和湖泊占6.4%，故有"七山一水二分田"之说。浙江省地势属于西南高、东北部低，自西南向东北倾斜，呈梯级下降。浙西南群山盘结，平均海拔高度800米左右，中部为丘陵与盆地交错地区，主要有浙西和浙东丘陵，以及金（华）衢（州）、永康、新（昌）嵊（州）、仙台、天台盆地。而浙东北有杭嘉湖平原和宁绍平原，地势低平，湖塘和水道密布，是全国著名的鱼米之乡。2015年全省常住人口5539万人。

浙江省境内主要河流有钱塘江、瓯江、灵江、东西苕溪等，其中钱塘江，古称"浙江"，全长668公里，是省内最大的河流，也是浙江省得名之由，可以说是孕育浙江省儿女的母亲河。全省东部面向东海，海岸线漫长曲折，近海大小岛屿星罗棋布，多达2160个，占全国岛屿总数的五分之二。其中杭州湾口外海域的舟山群岛，是全国第一大群岛和举世闻名的天然渔场。

浙江省地处纬度较低的亚热带中部地区，气候类型为亚热带季风气候，冬夏季风交替显著，年平均温度适中，四季分明，光照较多，热量资源较丰富，雨量充沛，空气湿润。

（4）上海市

上海市地处长江三角洲东端，南北海岸线中点，北濒长江口，南临杭州湾，所辖岛屿有中国第三大岛崇明岛以及长兴岛、横沙岛等。全市东西长约100公里，南北宽约120公里，总面积6340.5平方公里（其中陆地面积6218.65平方公里），陆海岸线长172公里。2015年全市常住人口为2415.27万，在全国城市中居首位，其中，户籍常住人口1433.62万人，外来常住人口981.65万人。

上海市地区主要属于以太湖为中心的碟形洼地东缘部分，宛若从东向西倾斜的半个碟子。全区东、北、南三面略微高起，海拔约4—5米；中部黄浦江两岸次之，约4米；西部淀山湖一带最低，仅2.5米。全区最高点为海拔98米的松江天马山。从地貌上看，西部属于淀泖低地，包括青浦、松江两县大部及金山区北部，以及嘉定区、闵行区、奉贤区的西缘部分，这是一个以青浦、松江腹地为中心的碟形洼地，水系辐辏，港汊纷纭，湖泊众多。东部广大地区，包括宝山区、浦东新区、南汇区的全部，嘉定区、闵行区和奉贤区的大部，以及市中心区，属于碟缘高地，由滨海平原与贝壳沙堤组合而成。至于崇明、长兴、横沙三岛以及其他刚露出水面的沙洲，成陆历史最为晚近，属于河口沙洲。上海市周围二三十公里以内，地势平坦，对城市发展非常有利。

上海市地区属亚热带季风气候，温和湿润，四季分明，气候温暖湿润，虽光照略少，但热量丰富，水分充沛，相当有利于农业生产。在中国沿海的不冻港口中，上海市是最北面的一个。特定的气候和地理位置，是上海市发展的重要条件。

2. 行政区划变迁

秦代在江苏省长江以南，浙江省仙霞岭、牛头山、天台山以北，安徽省水阳江流域以东和新安江、率水流域之地设会稽郡，今天的上海市地区也属会稽郡，在海盐、由拳、娄县境内。其中，海盐县治约在日后的松江府南七十里，大金山之北，属今上海市境内，以煮海水为盐闻名于世，在西汉后期因自然环境变迁，沦入柘湖之中。苏皖地区其他地方属薛郡、泗水郡、九江郡。浙江省天台山以南即今温州、台州、丽水一部分地区，即战国时的瓯越国，与闽越国合并设置了闽中郡。后自薛郡析置东海郡，自会稽郡析置鄣郡，自九江郡析置庐江郡。

汉代自东海郡析置东阳郡（后改广陵郡），自广陵国析置临淮郡，郯郡改丹阳郡，会稽郡未变，但范围一度扩大，治所从吴县迁移到山阴（今绍兴）。又有泗水国、楚国、沛国（原泗水郡）。皖西北属于汝南郡。九江郡析置六安国、庐江郡，原庐江郡、鄣郡地改置丹阳郡、豫章郡。东汉楚国改名彭城国，临淮郡地演变为下邳国，吴郡（治原会稽郡治吴县）和会稽郡分立。汉晋时期，江苏省的江北属徐州市，皖北属豫州，皖中、江南和整个浙江省属扬州。

三国时期政区主要变化是：魏在皖西北从沛郡分立谯郡，皖中西从九江郡、庐江郡分立淮南郡、安丰郡，广陵郡治北移，吴从吴郡分置毗陵典农校尉（郡级），从丹阳郡分置新都郡。西晋从汝南郡分置汝阴郡，下邳、临淮二国分立，毗陵正式设郡。会稽郡一分为四，分别称作会稽、东阳、临海、新安，后又分临海之一部置永嘉郡，此即并称浙江省东五郡。

东晋在广陵郡侨置青州、兖州，在江南侨置徐州市（刘宋为南兖州、南徐州市），侨置豫州于江淮多地。刘宋失淮北四州（青州、冀州、徐州市、兖州），侨置青州、冀州于郁州岛（今连云港云台山区一带），侨置北兖州于淮阴。这段时期，上海市属扬州，在郡属会稽郡或吴郡，在县分属娄、由拳和海盐三县。梁、陈时，上海市地区曾设过前京、胥浦二县，但历时不久，隋平陈后即被废除。

隋代开皇三年（583）改为州县二级制，今江苏省地区有苏州、常州、蒋州、润州、扬州、楚州（后废）、邳州（后废）、泗州、海州、徐州。安徽地区有宣州、庐州、熙州、和州、濠州、寿州、颍州、亳州。浙江省有杭州、湖州、睦州、越州、婺州、衢州、处州、温州、台州和明州等11州。

唐代政区变化为：楚州（治山阳县）、扬州分立，昇州（治江宁县）时而从润、宣二州析置，宣州析置池州（治秋浦县），徐州市析置宿州（治埇桥），从扬州析置滁州。唐代初期，上海市地区分属昆山、嘉兴、海盐三县，三县都隶属于苏州。公元751年（唐天宝十年），应吴郡太守赵居贞之请，割昆山县南境、嘉兴县东境、海盐县北境之地，立为华亭县，设治于今松江县城。吴淞江故道以北部分，仍属昆山县。华亭县之设是上海市地区设置独立行政建置的开始，也是上海市地区社会经济有相当程度发展的标志。

五代十国时期淮南、江南（苏州除外）、淮北的海州、泗州南部属于杨吴、南唐，苏州、上海市和浙江省属于吴越，淮北大部分及泗州的北部属五代后梁、后唐、后晋、后汉、后周。

北宋建立路制，徐州市属京东西路，淮阳军属京东东路，江淮地区的18州军属淮南东路。昇（后改江宁府）、宣、池、太平（宋改南唐新和州）、歙、广德6个州、军属江南东路，润、常、苏三州和浙江省杭、秀、湖、明、越、台、温、处、婺、衢、严11州属两浙路。南宋时，徐州市、邱州属金朝的山东西路，海州属金山东东路，其他淮北诸地属南京路。两浙路则分成两浙西路和东路。南宋嘉定十年（1217），应平江知府赵彦槺之请，割昆山之安亭、春申、临江、平乐、醋塘五乡，设立嘉定县，治所设练祁市（今嘉定镇），这是上海市地区设置的第二个县。

元朝皖北属归德府（治唯阳县，今商丘市）、安丰路（治寿春县，今寿县）、汝宁府（治汝阳县，今汝南县），海州（后改海宁州）、泗州属淮安路，泰州、通州属扬州路，高邮独立为府，皖中另有庐州、安庆二路，以上属河南江北行省。其他地区包括集庆路（宋建康府）、镇江路、常州路、平江路（宋苏州）、江阴州、太平路、宁国路、池州路、徽州路、广德路、杭州路、湖州路、嘉兴路、建德路、庆元路、衢州路、婺州路、绍兴路、温州路、台州路、处州路属江浙行省。至元十四年（1277），升华亭县为华亭府，次年改称松江府。至元十三年（1276）在原为沙洲、盐场的崇明岛设立了崇明州，隶属扬州路。崇明岛在唐朝开始涨出水面，五代十国时期杨氏吴国置崇明镇，属通州海门县，北宋相沿未变，南宋时置天赐场，至此升州。至元二十九年（1292），划出华亭县东北、黄浦江两岸的五乡二十六保，正式设立上海市县。

明朝定都应天府（今南京），将淮安、扬州、镇江、常州、苏州、松江、太平、庐州、安庆、池州、徽州、凤阳12府与和、滁、广德3州划入南京（南直隶）。同时成立浙江省布政使司，浙江省独立成省，下辖杭州、严州、湖州、嘉兴、绍兴、宁波、台州、温州、处州、金华、衢州等11府。明代上海市地区，包括华亭、上海市、嘉定、崇明、青浦五县与金山卫。嘉定、崇明在元代皆升为州，明初被降为县。青浦县设于嘉靖二十一年（1542），县治设古青龙镇，十一年后撤消，万历元年（1573）重设，并移县治于唐行镇。金山卫则设于洪武十九年（1386）。

满清入关，改南京为江南省，后分为江苏、安徽二省，各跨江淮。这一阶段上海市地区行政区划有很大变动：顺治十三年（1656），析华亭之枫泾、胥浦二乡及集贤、华亭、修竹、新江四乡之半置娄县。雍正二年（1724），经两江总督查弼纳奏准，析嘉定之守信、依仁、循义、乐智四乡为宝山县；析华亭县云间、白沙二乡之大半置奉贤县；分娄县枫泾、胥浦二乡为金山县；析上海市县长人乡大半置南汇县；分青浦县北亭、新江二乡置福泉县，乾隆九年（1743）裁撤，复并入青浦县。嘉庆十年（1805），割上海市县高昌乡与南汇县长人乡之一部分置川沙抚民厅。至开埠以前，上海市地区有十县一厅，包括属于松江府的华亭、娄、上海市、青浦、金山、奉贤、南汇七县和川沙厅，属于太仓州的嘉定、宝山、崇明三县。康熙二十四年（1685），上海市设立海关，以后逐渐成为贸易大港。雍正八年（1730），原驻苏州的苏松道迁治于上海市县，主管关税事务，第二年，加兵备衔，更具权威。道署设在县城大东门内。这加强了上海市的地位。乾隆元年（1736），太仓被并入，遂称分巡苏松太兵备道，简称苏松太道，又称上海市道。

《南京条约》签订后，英国驻上海市第一任领事巴富尔于1843年11月8日率团来到上海市，建立临时领事馆，并宣布上海市于11月17日开埠，从此，上海市成为通商五口之一。1845年11月29日，时任上海市道宫慕久用告示形式公布了他与巴富尔商定的《上海市土地章程》租地范围，这便是英租界之始，上海市开始进入租界时期。此后美租界、法租界、日租界陆续设立。

中华民国定都南京，设立南京、上海市二特别市（院辖市）。其中上海市特别市管辖范围较原上海市县大为扩展，包括上海市县全县，宝山县的吴淞、江湾等乡，加上属于松江、青浦、南汇的七宝、莘庄、周浦等乡的一部分。到1928年，上海市实际接收到沪南、漕泾等17个市乡，并将其改为区。上海市华界原先各自为政、互不统属的分隔局面从此宣告结束，华界行政权真正统一，上海市、区两级行政体制也就此确立。

1949年中华人民共和国成立，分为苏南、苏北行署区，徐州市地区划入山东省，1953年重又合并为江苏省，南京属江苏省，为省会。1955年砀山、萧县划入安徽省，泗洪、盱眙二县划入江苏省。1958年10县划归上海市。至此三省一市的区划基本确立。

(二) 三省一市的历史变迁与内部差异的形成和演变

1. 江苏省

江苏省是长江文明的重要发祥地之一，新石器时代文化发达且序列基本完整，龙山文化和良渚文化晚期已经迈向国家文明的门槛。商末太伯奔吴，标志着江苏省进入了国家文明时期。西周中期，徐国在淮河流域兴起，曾一度向周天子挑战。春秋后期，吴国崛起，领先进入铁器时代，随即破楚服越，北伐中原，一度跻身霸主行列。秦末，项羽、刘邦成为大起义的主要领导者，项羽消灭秦军主力，刘邦建立汉朝，成为四百年统一王朝的开国皇帝。江淮流域作为汉室兴起之地，得到了迅速的发展。《史记·货殖列传》称：这一时期，楚越之地"地广人稀，饭稻羹鱼，不待贾而足，地势饶食，无饥饿之患，故江淮以南，无冻饿之人，亦无千金之家"。此时江淮流域开始仍不如黄河流域，而就江苏省全境而言则呈现出南不如北的格局。

东汉"罢盐之禁，纵民煮铸"，江苏省得铁、盐之利，社会经济进一步发展。《史记·三王世家》称广陵"三江五湖有鱼盐之利，铜山之富，天下所仰"。三国、西晋时期，北方饱受战乱之苦，全国经济重心南移，北方移民大量南迁，沿江和苏南地区得到开发，逐步由边缘走向中心，建康（今南京）成为六朝都城，扬州则有全吴之沃，南朝梁沈约在《宋书》中概括性地描述江南在全国的地位："自晋氏迁流，迄于太元之世，百许年中，无风尘之警。区域之内，晏如也……地广野丰，民勤本业，一岁或稔，则数郡忘饥。会土带海傍湖，良畴亦数十万顷，膏腴上地，亩值一金。鄠、杜之间不能比也。荆城跨南楚之富，扬部有全吴之沃，鱼盐杞梓之利，充牣八方；丝绵布帛之饶，覆衣天下。"[①] 尤其是孙吴立国江东，重视经济的发展，推动本地跨越式的经济发展。这一时期的淮北平原及江淮地区，由于战争破坏，其开发基本上处于停滞状态。

隋末大运河的开通，漕运兴起带动了省境五州，即扬州、苏州、常州、润州、楚州商业经济的繁荣发展，扬州成为"富雄冠天下"的全国第一商业都会，苏州也冠居"浙右第一"。江苏省在国家事务中的地位不

[①] 《宋书·列传第十四》。

断提升，成为国家举足轻重、赖以生存的财富之地，所以杜牧有言："今天下以江淮为命。"自唐高宗以后，开始从江南调集租米赈济北方，其后持续了十几个世纪的南粮北运，即从此开始。五代十国时期，以扬州、金陵为中心的杨吴、南唐政权推进了江淮的稳定，江苏省境内包括徐淮在内的全省荒地得到进一步开垦，江淮之地，频年丰稔。经过魏晋以来数百年的开发，同时伴随着黄河流域的衰落，全国经济重心已经转移到长江流域。

南北宋之交的靖康之变，大量人口再度南迁，为江南地区的进一步开发与经济发展，提供了大量人力资源与先进的生产技术，促进了江南地区生产力水平的大幅度提高，"苏常熟，天下足"和"上有天堂，下有苏杭"的谚语反映了这一带的天下粮仓地位和宜人的生态环境。自六朝以来中国经济重心和文化重心南移的过程得以最终完成，江南地区在全国的政治地位日渐提高。而与此同时，苏北则因宋金战争的严重破坏和黄河的泛滥而出现严重的衰退。金明昌五年（1194）八月，黄河在河南阳武决口，灌封丘而东，经萧县至徐州市夺泗入淮注海。从此苏北水灾频仍，经济逐渐衰败。此后随着蒙古族游牧经济向南推进，江苏省经济普遍遭到破坏，运河沿线的徐州市、淮安、扬州等地远不如往昔繁华。

明初朱元璋定都南京，江苏省成为京畿重地，即使在成祖迁都北京以后，这里仍称南直隶。清代取江宁、苏州二地首名，改称为江苏省。明朝中后期以后，农业经济发达，商品化程度高，市镇兴起、繁荣，苏南成为各种资源的积聚区，也成为全国最繁华和富庶的地区。但苏北地区自金元以后，黄河、淮河在清江交汇，黄强淮弱，洪水往往因下泄不畅而倒灌，将盱眙、淮阴之间原有的零星湖泊洼地连接成波涛万顷的洪泽湖，且洪泽湖时有夺运入江，沿运河一线的高邮湖、宝应湖等湖泊由北而南，连成一片。苏北境内的水灾愈演愈烈，洪水过后，留下大片沼泽，长期不得宣泄，土地盐碱化严重，扬州、淮安、徐州市等十余州县寸草不长，广大的苏北地区成了历史上著名的重灾区。只有扬州和淮安由于其盐业和漕运中心的地位，仍然保持着繁荣。这一时期，江苏省文化教育发达，人才辈出，科举成功在全国遥遥领先。

随着上海市开埠后一跃成为全国经济中心和中外交流的窗口，西风东渐，江苏省作为上海市重要的腹地，沐风为先，奠定了其作为20世纪前后中国近代民族工业重要发祥地之地位。1911年辛亥革命推翻了清王朝的统治，1912年在南京成立了中华民国临时政府，随着国民党政府又以南京为首都，江苏省成为全国的政治、文化中心。这一时期，江苏省经济发展较为迅速，尤其是无锡、常州、南通等地成为中国近代民族工业起步较早的地区之一。但与此同时，广大的苏北腹地，交通闭塞，商品经济很不发达，地区差异进一步拉大。

2. 安徽

安徽是中华文明的发祥地之一，皖南繁昌县人字洞遗址出土了旧石器时代的石器和大量动物化石，这是欧亚大陆已知最早的早期人类文化遗址。皖中的和县龙潭洞发现了距今30—50万年、中国现存唯一完好的旧石器时代猿人头盖骨化石。新石器时代的遗址则遍布全省各地，其中一些遗址在中国古文明中占有重要地位。如蚌埠双墩遗址出土的距今约7000年的600多件古陶器，上面多数刻画有符号和图画，或含有符号的组合图画，被视为中国文字起源的重要源头之一。

大禹在蚌埠涂山大会诸侯，铸九鼎，标志着夏朝的建立，中国历史由此步入了文明史时代。亳州曾为中国历史上第二个朝代——殷商的国都，《史记·殷本记》记载，从殷始祖契至立国之君成汤八迁国都，"汤始居亳，从先王居"。春秋时期，安徽位于"吴头楚尾"的要地，吴、越、楚等春秋大国在安徽进行的争霸活动对中国历史发展产生了重大影响。皖中的寿县，历史上又称寿春、寿阳、寿州，是战国时期的政治中心之一，曾为"战国七雄"中楚国的国都。《史记·货殖列传》载："郢之后徙寿春，亦一都会也。"而合肥"受南北潮，皮革、鲍、木输会也。"诞生于这里的老庄道家学说，与儒家学说一同成为我国最显要的两大学术流派，对中华文明的形成和发展产生了重大而深远的影响。

秦末陈胜和吴广领导的在安徽的大泽乡起义，是中国历史上第一次大规模农民起义，拉开了汉帝国建立的序幕。在三国鼎立形成的过程中，曹魏的骨干为谯沛和汝颖两大地方集团，基本力量是青州兵和淮北子弟。而孙吴依靠对象是三吴地主和江淮皖籍兵团，其前期军政领导层的周瑜、鲁肃和吕蒙均为安徽人，故有学者说："三国割据局面的形成，安徽人起了至关重要的作用。"

发生在安徽的淝水之战不仅是中国史上以少胜多的著名战役，还使北方再次形成少数民族政权纷立的局面，中国进入了南北朝时期。获胜的东晋遏制了北方少数民族的入侵，给江南社会经济和文化发展创造了有利条件，开启了中国政治、经济和文化逐步南移的历史进程。但是这一时期处于南北要冲的安徽成为兵家必争之地，从此饱受战争之苦。

安史之乱结束了盛唐的辉煌，中国经济重心南移的步伐也随之加快，安徽南部得到了进一步的发展。宣州一度成为我国东南最为繁富的地区。五代十国时期吴国肇基者杨行密为合肥人，后梁开国皇帝朱全忠是砀山人，加之南唐君臣皆留心文教，所以这段时间安徽得到了充分的发展。

北宋为金所灭，淮河以北先后被伪齐、金、蒙元占有。战争频发，经济受到了毁灭性打击。皖南的宣、徽、池、太平州和广德军为南宋所有，绍兴以后，社会渐趋稳定，经济、文化开始复苏并有所发展。朱熹成为宋代理学的集大成者，使宋明理学引领南宋后期至元明清中国文化发展的路向，成为中国传统社会后期的主流意识形态。从此之后皖南成为安徽经济、文化比较发达的地区，扭转了延续几千年北部先进、南部落后的旧格局，而且这种状况历元、明、清以至现代都未能改变。

发生在淮北等地的元末农民大起义，摧毁了元帝国，朱元璋率领以安徽人为主体的文官武将建立起明王朝。朱元璋对他的丰沛凤阳府和所谓的龙兴之地皖南，顾恤有加，屡颁优惠政令，安徽得到了充分的发展。徽商从此开始雄飞商界，芜湖成为重要的工商业城市，凤阳一跃而成为皖北政治和商业中心。清代中期，从江苏省分出，独立成省，取安庆、徽州二地首名，命名为安徽。以徽州为代表，明清安徽在文化、教育、艺术和科技等诸多领域取得辉煌成就，成为明清区域社会历史发展的典范之一。

到了近现代，安徽依然是中国历史舞台的主角之一。李鸿章及其淮系集团，不仅是平定太平天国和捻军起义的主力之一，还发展成为晚清最大的军政集团和官僚资本集团，左右了中国近代史的发展进程。新文化运动中以陈独秀、胡适为首的新文化派，大力传播西方科学和民主思想，为中国的现代化史奠定了思想文化基础。陈独秀等后来转而积极传播马克思主义，成为中国共产党的创建者之一和早期领导核心。

3. 浙江省

在环杭州湾周边地带的宁绍平原，距今7000年前河姆渡文化遗址中发现了世界上最丰富的史前稻作农业的遗存。距今5300年的良渚文化时期则是中国历史上一个重大的转折期，农业和手工业生产规模十分可观，出土大量的精美玉器和丝绸残片工艺令人叹为观止，其社会经济发展水平在当时可谓是无与伦比，表明了早期国家已经在太湖流域诞生。然而由于自然环境的变异，良渚文化突然衰亡，浙江省地区经济文化发展出现了严重倒退。

公元前6世纪，越国崛起，越人饭稻羹鱼，断发文身，好用剑，轻死易发，随着越国的强盛，夷越文化开始在中原地区崭露头角。公元前333年，楚威王败越，越国日渐衰落，终于在公元前222年为秦国所灭，浙江省大地从此纳入中华大一统王朝的治理之下。公元前210年，秦始皇南巡会稽，一方面把土著越人强行迁往吴地，另一方面又把华夏人迁入越地，初步改变了浙江省的人种结构。西汉武帝时期，汉武帝消灭东瓯国，越人大量逃往山区，中原人进入越国。到西汉中后期，太湖平原、宁绍平原已基本汉化，尚武型越文化开始转向崇文型。东汉永和年间鉴湖水利工程的修筑，更为这里的土地垦殖和农业发展奠定了基础。《史记》言，此时越地"东有海盐之饶，章山之铜，三江五湖之利，亦江东一都会也"，"楚越之地，地广人稀，饭稻羹鱼，或火耕而水耨，果隋蠃蛤，不待贾而足，地执饶食，无饥馑之患，以故呰窳偷生，无积聚而多贫，是故江淮以南，无冻饿之人，亦无千金之家"。

三国南北朝时期，浙江省因偏处江南，远离中原的动乱和兵燹，得到了迅速发展。而从永嘉以来，北方人口南迁，又给浙江省经济带来了十分积极的影响。土地的大规模地开发促使当时江浙的稻米生产开始优于北方，蚕丝这一家庭副业的发展也从此时开始，东晋初贺循主持的浙江省运河开凿更改善了会稽郡的交通。

隋唐大运河的全线贯通，极大地方便了浙江省与中原地区政治、经济、文化的交流，促进了钱塘江流域的全面开发，也直接推动了杭州城的繁华，"川泽沃衍，有海陆之饶，珍异所聚，故商贾并凑"。同时，文学艺术也日益发达。

五代十国时期，吴越钱氏实行保境安民的国策，使得浙江省成为当时中国罕见的一方乐土。宋代两浙路的富庶在全国首屈一指，成为经济最发达的地区，苏轼便言："两浙之富，国用所恃，岁漕都下米五十万石，其他财赋供馈不可悉数。"① "苏湖熟，天下足"，成为当时的民谚。南宋定都杭州以后，使浙江省成了当时全国的文化、经济、政治中心，从各方面将浙江省推向了繁荣盛世，杭州也成为当时世界上最美丽、最繁华的城市。

随着南宋的覆灭，浙江省政治中心的地位一去不复返，但是在社会经济、思想学术和文学艺术等诸多领域仍继续保持着全国领先的地位。这一时期，浙江省杭嘉湖诸府已经突破了单一的粮食生产，发展起了商品化种植业，形成了以养蚕缫丝等农副加工业为主导产业的商品化的手工业，从而带动了一大批工商业市镇的兴起，逐步形成了以江南市镇为中心，遍布全国的商品市场网络，江南地区城乡之间的商品流通空前活跃。与此同时，随着山地农作物的引入和种植技术的普及，浙江省南部山区也得到了全面的开发。社会稳定、经济繁荣为浙江省文教的发达奠定了坚实的基础。黄宗羲《明夷待访灵》更指出君主是天下大害，提倡工商皆本，倡导经世致用。李之藻、杨廷筠则致力于西方自然科学知识的输入，在中西交流史上写下了重要的一笔。到了清代后期，龚自珍则疾呼"更法"，"改图"，为近代维新思想导夫先路。在推翻专制王朝、建立共和国的过程中，浙江省是革命的重要发源地之一。

"中华民国"建立后，由于浙江省籍的政治人物成为国民政府的最高领导人，形成了"蒋家（蒋介石）天下陈家（陈果夫、陈立夫）党"以及"国民党半个中央在浙江省"的局面，浙江省的地位日益重要。在文化方面，浙江省继续独领风骚，鲁迅、蔡元培、张元济、章太炎等人积极宣传科学、民主与自由，提倡新文学，在全国起了先锋作用。浙江省学术、思想界群星璀璨，他们熔铸古今，会通中西，开创了浙江省文化的鼎盛时期。

中国最早的民族工商资本家产生于上海市，其中浙江省籍的资本家占有很大的比重。上海市开埠以后，浙江省宁波、绍兴、嘉兴等地过去的移民占到了50%以上，浙江省籍商人在当时的上海市总商会的占比最高时高达72%。尤其是宁波帮以上海市为基地，充分发挥自身人才、行业、

---

① 苏轼：《苏轼文集》卷32《进单锷吴中水利书状》，中华书局1986年版，第916—917页。

资金和资源等方面的优势,跻身于全国商帮之首,更活跃在世界经济舞台。随着中国工商业的发展,宁波、温州等口岸也陆续开放,海外的资本主义商业文明逐步流入浙江省,促使浙江省地区商业文化慢慢形成。

在明代建省之前,自秦代纳入大一统王朝的版图以来,浙江省一直归属于两个以上的地方政府(郡、道、路)等管辖,浙北地区的杭嘉湖平原、钱塘江南岸的宁绍平原、钱塘江上游的新安江流域,浙中的金衢盆地以及浙南的瓯江流域地区,由于自然地理环境的差异及受到各地地方权力中心的影响,在历史上形成了一个个方言不同、风土人情各异的亚地域文化系统,即杭嘉湖平原地区、宁绍平原地区、温台沿海地区和金衢盆地。明代地理学家王士性便称:杭嘉湖平原水乡,是为泽国之民,金衢严处丘陵险阻,是为山谷之民,宁绍台温连山大海,是为海滨之民。三民各自为俗,泽国之民,舟楫为居,百货所聚,闾阎易于富贵,俗尚奢侈,缙绅气势大而众庶小;山谷之民,石气所钟,猛烈鸷愎,轻犯刑法,喜习俭素,然豪民颇负气,聚党而缙绅;海滨之民,餐风宿水,百死一生,以有海利为生不甚穷,以不通商贩不甚富,闾阎与缙绅相安,官民得贵贱之中,俗尚居奢俭之半。①

4. 上海市

距今 6000 年以前,上海市冈身以西地区,即今青浦、松江一带,已经成陆。五千年以前,新石器文化时期,上海市西部高地冈阜已有先民休养生息。冈身以东地区,包括今上海市区的大部分,在六千年以前还是汪洋一片。随着时间的推移,冈身以东不断被冲积成新的陆地,先民的活动也不断顺势东进。

从西周到春秋末的三百多年中,上海市地区一直属吴国,越王勾践灭吴,上海市地区则属越。公元前 306 年,楚国败越,楚国贵族黄歇被楚考烈王封为春申君,封地为吴,传说黄浦江系他所开凿,黄浦江又名黄歇浦、春申浦、春申江、春江、申江,皆由此而来。西汉以后,江南农业不断发展。顾雍和陆逊先后封侯拜相,顾氏、陆氏家族的兴盛推进了本地的发展。西晋末年的"永嘉之乱",引起人口大迁移,齐鲁流民纷纷过淮渡江,在全国经济、文化重心向东南转移的大背景下,上海市地区发展日益

---

① 王士性:《广志绎》卷 4,中华书局 1983 年版,第 68 页。

加快。

唐初承平时期，上海市地区居民垦荒范围由冈身内向冈身外扩展。唐开元元年（713），在冈身向东约三十公里的地方，修筑了南北长一百多里、与冈身相平行的捍海塘，这对于抵御咸潮侵蚀、发展农业具有重要意义。唐天宝十年（751），华亭设县，成为上海市地区社会经济有相当程度发展的标志。

靖康之变，衣冠南渡，北方人口继续南迁。上海市地区许多望族大姓都是随宋室南来的。青龙镇的崛起是宋代上海市地区繁荣的一大标志，此时的青龙镇人烟浩穰，海舶辐辏，内外贸易均很发达。但到了宋代后期，由于松江上游淤浅，海舶无法上达，青龙镇逐渐衰落。海船改泊于上海市浦边，即今小东门十六铺岸边。市以商兴，这个聚落迅速发展。13世纪60年代，市舶提举分司在这里设立，上海市镇初具规模，日后上海市县城即肇始于此。

元朝财赋依赖东南地区，但运河不畅，便开辟海上通路，在上海市设立都漕运万户府，负责从江南港口海运漕粮至京城。元至元二十九年（1292），上海市设县，从此进入了新的发展时期。这一时期上海市盐业兴旺，元中叶年产约三千万斤，熬盐技术也达到了很高的水平。元贞年间，黄道婆从海南岛归来，带回先进的纺织技术，大片不宜种粮的卤瘠之地变成植棉良田，优质的棉、纱、布成为上海市地区特产，上海市地区东贫西富的格局有了明显的改变。与此同时，任仁发等水利专家多次疏浚吴淞江，使水患大为减轻。这对于日后上海市地区持续稳定地发展有保障意义。

永乐元年（1403），主持治河的尚书夏原吉采纳华亭人叶宗行建议，疏浚范家浜，按黄浦江通流入海，成功地解决了吴淞江水患问题，大船由海可直接驶至上海市县城，奠定了上海市良港的基础。到明中叶，黄浦江的地位便超过了吴淞江。夏原吉又引吴淞江入刘家河，使得刘家河成为上海市通往海外的重要港口。明中叶以后，上海市逐渐形成内河航运、长江航运、沿海北洋航运、沿海南洋航运和海外航运五条航线，襟江带海的自然优势得到了充分的发挥，这对日后上海市崛起奠定了坚实的基础。明代上海市是全国最为富庶的地区之一。棉纺织业发展迅速，松江府成为全国棉纺织手工业中心，上海市布匹不但享誉国内，上贡宫廷，而且远销海外，赢得"衣被天下"的美誉。明代上海市地区也是全国赋役最重的地区。洪武六年（1373），松江府平均每亩征税粮 23.77 升，全国平均每亩征 3.46 升，北方府州平均每亩征 2.01 升，换句话说，上海市地区赋粮是全国平均数的 7 倍，是北方的 12 倍。万历六年（1578），松江府每亩征赋粮 24.29 升，而北直隶府州的平均数只相当于松江府的二十三分之一。

明代上海市文化事业有了明显的发展，徐光启与利玛窦等人共同翻译了《几何原本》等许多西方科学著作，编撰了中国古代农业科学的集大成著作《农政全书》，主持编修了在中国天文历法史上具有划时代意义的《崇祯历书》。尤其值得一提的是，他开创了对西人、西学、西教宽容的风气，这成为日后上海文化重要的特点。

明清鼎革之际，在上海市地区，松江府城、嘉定、金山卫都发生了激烈的抗清斗争。清兵攻破嘉定以后，进行三次灭绝人性的大屠杀，死人数万，制造了历史上有名的"嘉定三屠"惨案。顺治年间奏销案涉及松江府的有二千多人，士绅在政治、文化上受到沉重打击，元气大伤。清代上海市港得到了进一步的发展，史称"闽、广、辽、沈之货，鳞萃羽集，远及西洋暹罗之舟，岁亦间至。地大物博，号称繁剧，诚江海之通津、东南之都会也"①。嘉定王鸣盛、钱大昕则是清代屈指可数的博大精深的大学者。

1842 年 8 月 29 日，中英《南京条约》签订。1843 年 11 月 17 日，英国驻上海市第一任领事巴富尔宣布上海市开埠，上海市从此成为对外国开放的通商口岸。1845 年 11 月 29 日，上海市道台宫慕久用告示形式，公布了他与英国领事巴富尔商定的《上海市土地章程》。这个章程日后被视为上海市租界制度的法律依据。1853 年 9 月至 1855 年 2 月，上海市发生了小刀会起义。小刀会起义爆发后，起义军捣毁了上海市海关。租界当局派兵占领了设在租界的海关，实际攫取了海关的职权。1854 年 6 月 29 日，上海市道台吴健彰与英、美、法三国驻沪领事议定了上海市海关协定，引用外国人管理海关，海关遂长期为列强所控制。小刀会起义以前，上海市实行华洋分居，华人一般不得住在租界。小刀会起义爆发以后，大批华人涌入租界。1854 年 7 月 5 日，英、美、法三国领事宣布经修改后

---

① 陈文述：《序》，（嘉庆）《上海县志》卷首。

的《上海市土地章程》，认可了租界华洋杂居的事实，同时决定设立工部局以管理市政，设置巡捕以维持治安。1869年，"洋泾浜北首理事衙门"成立，简称会审公廨。规定租界内凡涉及洋人的案件，必须由领事或领事派人会审。这样，租界便由先前的外侨居留地，变成了中国政府权力难以鞭及的地方，其性质发生了重大的变化。至1914年4月，上海市公共租界与法租界总面积达48653亩。上海市租界成为近代中国租界中设立最早，规模最大的一个。直至抗日战争胜利以后，上海市租界才真正由中国政府收回。

上海市在开埠以后，逐渐发展成中国多功能中心城市。这里是中国的外贸中心。上海市开埠以后，因其优越的地理位置，广阔的腹地，很快成为中国对外贸易中心。1949年以前，上海市对外贸易占全国总额的50%。这里是中国的交通运输中心。外资轮运业首先在这里产生，并迅速获得发展，民族资本的轮运业也首先出现在这里。至20世纪30年代，上海市已成为中国最大的综合性海港，被列为世界十大港口之一。这里是中国的金融中心。早在1847年，英商丽如银行就在上海市设立了分理处，1897年中国最早的一家本国银行中国通商银行在上海市首先诞生。至1935年，中国共有银行164家，总行设在上海市的有58家，占35%。加上在上海市设有分支机构的银行，上海市共有银行机构182个。这里是中国最大的工业中心。据1933年的统计，上海市拥有工厂3485家，占当时全国12个大城市总数的36%。资本额共为19087万元，占全国12个大城市数的60%。这些工厂的生产净值为72773万元，占全国总值的66%，1947年，上海市工厂数高达7738家，占全国12个大城市总数的60%。上海市还是近代中国文化中心之一。这里是书籍出版中心，有墨海书馆、江南制造局翻译馆、广学会、商务印书馆、中华书局等著名出版机构，晚清时期全国75%以上的西学书籍是在这里出版的。这里是报刊出版发行中心，《北华捷报》（North China Herald）、《万国公报》、《申报》、《新闻报》等著名报刊在这里出版发行，福州路成为著名的文化街。这里是电影中心、文化教育中心和娱乐中心，电影制作占全国大半份额。这里聚集了中国许多著名的出版家、教育家、艺术家、作家，进步组织左联、社联在这里诞生，全国各地文化精英荟萃上海市一地，是当时中国的一大奇观，近代比较著名的中国文化人，极少与上海市没有关系的，蔡元培、鲁迅、郭沫若、茅盾、张元济等相当长一段时间在这里生活和活动。

上海市还是近代中国政治运动的重要舞台。维新运动领导中心在北京，舆论宣传中心则在上海市。此后上海市一直是中国革命的宣传中心，新思想在此汇聚和传播。1921年7月，中国共产党第一次全国代表大会在上海市召开，宣告中国共产党诞生。上海市是中国工人阶级的大本营，也是马克思主义在中国传播最早、最为广泛的城市。早年共产党的许多重大活动，比如与共产国际联系，第一、二、四次全国代表大会的召开，派人留法、留俄，出版《共产党》《向导》等报刊，翻译《共产党宣言》等马克思主义经典著作，都在上海市。中国共产党的中央机构在相当长一段时间里设在上海市。

三 现状篇：苏、浙、皖三省之间的差异及各自特点

由于上海市是长三角的龙头，其地位与发展程度在长三角属于领先地位，本章在分析长三角各地区目前的差异现状时，将主要以苏、浙、皖三省为研究对象。

（一）苏、浙、皖三省主要数据比较[①]

下面以2015年为时间节点，比较三省之间的国民经济和社会生活主要数据，以便对三省之间的差异有一个直观的认识。

1. 国民生产总值

2015年，江苏省、浙江省的GDP分别为70116.4亿元、42886亿元，安徽为22005.6亿元。1978年，安徽与浙江省GDP的差距仅仅10亿元；1991年时，安徽的GDP相当于江苏省GDP的41.4%，相当于浙江省61.3%，2004年，安徽的GDP相当于江苏省的31.2%，浙江省的42.8%；2015年，安徽的GDP相当于江苏省GDP的31.37%，相当于浙江省51.31%。1978年江苏省人均GDP产值是1126元，浙江省人均GDP产值是1058元，安徽省人均GDP产值是701元；2004年江苏省人

[①] 数字分别出自《2015年江苏省国民经济和社会发展公报》《2015年浙江省国民经济和社会发展公报》《2015年安徽省国民经济和社会发展公报》。

均 GDP 产值是 20723 元，浙江省是 23820 元，安徽为 7449 元，江苏省和浙江省分别是安徽的 2.78 倍和 3.2 倍；2015 年江苏省人均 GDP 产值是 87995 元，浙江省人均 GDP 产值是 77644 元，安徽省人均 GDP 产值是 35997 元，江苏省和浙江省分别是安徽的 2.44 倍和 2.16 倍。总体而言，安徽 2015 年的 GDP 水平只相当于江苏省和浙江省 2007—2008 年的水平，也就是说，从 GDP 上考虑，安徽经济比江苏省和浙江省落后了 7—8 年。

2. 产业结构

地区产业结构是指地区内产业的构成和发展水平以及产业间的比例和相互联系。2015 年，第一产业在安徽 GDP 中占 11.2%，江苏省是 5.7%，浙江省是 4.3%；第二产业比重分别是为 51.5%、45.7% 和 45.9%，而第三产业比重为 37.3%，江苏省是 48.6%，浙江省是 49.8%，江苏省和浙江省已经先后实现产业结构三二一标志性转变，但是安徽仍然处于工业化发展的阶段。

3. 财政收入

1995 年，江苏省和浙江省的财政收入分别是安徽的 2.06 倍和 1.39 倍；2004 年，江苏省和浙江省的年财政收入则分别是安徽的 3.57 倍和 2.93 倍。到 2015 年，江苏省财政收入为 9681.5 亿，浙江省为 8549 亿元，安徽为 4012 亿，江苏省和浙江省的财政收入分别为安徽的 2.41 倍和 2.13 倍。人均财政收入方面，2004 年底，江苏省的人均财政收入是 1319 元，浙江省的人均财政收入是 1707 元，安徽的人均财政收入是 425 元，江苏省、浙江省的人均财政收入分别是安徽的 3.1 倍和 4 倍。2015 年，江苏省、浙江省、安徽的人均财政收入分别为 12137 元、15435 元和 6530 元，江苏省和浙江省的人均财政收入分别是安徽的 1.85 倍和 2.36 倍，差距也有一定的缩小。

4. 投资规模

投资规模是决定经济增长速度的重要因素之一。投资对经济发展起着举足轻重的作用，尤其是对于经济刚刚起步的发展中国家和地区，经济增长主要是靠投资拉动。2004 年苏浙的全社会固定资产投资额分别是安徽的 3.39 倍和 2.99 倍，但随着近年来国家对中西部的投入加大，安徽的投资增长很快。2015 年江苏省、浙江省、安徽的全社会固定资产投资额分别是 45905.2 亿元、26665 亿元和 23965.6 亿元，比例为 1.91∶1.11∶1，各地固定资产投资不均衡的局面得到明显的改观。

5. 对外开放

各地区对外开放水平的差异也是造成地区经济发展水平差异的重要因素。2004 年江苏省的年实际利用外商直接投资额是安徽的 28.7 倍，浙江省是安徽的 13.5 倍。但最近十年，中国中西部地区也加大了对外开放的力度。2015 年江苏省、浙江省、安徽省实际利用外商直接投资分别为 242.7 亿美元、170 亿美元和 136.2 亿美元，比例为 1.78∶1.24∶1。但是由于安徽省本地的经济仍然落后于江苏省和浙江省，因此在对外贸易方面还是有相当大的差距。2004 年江苏省和浙江省进出口总额分别是安徽省的 27.7 倍和 13.5 倍，2015 年江苏省、浙江省、安徽省全年进出口总额分别为 5456.1 亿美元、3474 亿美元和 488.1 亿美元，江苏省、浙江省分别为安徽省的 11.17 倍和 7.11 倍。虽然差距有了明显的缩小，但仍然有很大的距离。

6. 消费

2015 年江苏省全年实现社会消费品零售总额 25876.8 亿元，其中城镇消费品零售额 23252.3 亿元，乡村消费品零售额 2624.5 亿元。安徽省全年社会消费品零售总额 8908 亿元，其中城镇消费品零售额 7856.4 亿元，乡村消费品零售额 1051.6 亿元。浙江省全年社会消费品零售总额 19785 亿元，其中城镇消费品零售额 16523 亿元，乡村消费品零售额 3262 亿元。江苏省和浙江省的社会消费品零售总额分别是安徽的 2.9 倍和 2.23 倍，其中城镇消费品零售总额分别是安徽的 2.95 倍和 2.1 倍，乡村消费品零售总额分别是 2.49 倍和 3.23 倍。

7. 居民收入

2004 年，江苏省、浙江省、安徽三省城镇居民人均可支配收入比为 1.39∶1.94∶1，农村居民可支配收入比为 1.92∶2.38∶1。2015 年江苏省居民人均可支配收入 29539 元，其中城镇居民人均可支配收入 37173 元，农村居民人均可支配收入 16257 元；浙江省居民人均可支配收入 35537 元，其中城镇常住居民和农村常住居民人均可支配收入分别为 43714 元和 21125 元；安徽省人均可支配收入 18363 元，城镇居民人均可支配收入 26936 元，农村居民可支配收入 10821 元。苏、浙、皖居民人均可支配收入比为1.6:1.9:1，城镇居民人均可支配收入比为1.37:1.62:1，农村居民可支配收入比为1.5:1.95:1。差距也略有缩小。

8. 教育与科研

教育是人力资源开发的重要形式，同时也是积累人力资本的重要途径。人力资本理论认为，对教育的投资是人力资本的重要组成部分，它对经济发展起到促进作用。2015年，江苏省教育支出是1718.8亿元，浙江省是1264.92亿元，安徽是846亿元。江苏省的人均教育经费支出为2154元/人，浙江省的人均教育经费支出为2283元/人，安徽的人均教育经费支出为1377元/人。2015年江苏省全社会研究和发展（R&D）经费1788亿元，占GDP的2.55%，浙江省1000亿元，占GDP的2.33%，安徽432亿元，占GDP的1.96%。三省之比为4.13:2.31:1。2015年江苏省、浙江省、安徽省授权专利分别为25万件、23.5万件和5.9万件。三省之比为4.23:3.98:1.9。

2015年全国百强县评选，浙江省、江苏省二省共占了48个，其中江苏省26个，浙江省18个，安徽省只有一个肥西县名列79。百强区中江苏省24个，浙江省16个，安徽省只有2个。百强镇中江苏省26个，浙江省21个，安徽省仅有合肥蜀山区井岗镇入围，名列85位。

根据上述数据，基本可以得出如下结论：首先，安徽与江苏省、浙江省之间存在差距是不争的事实；其次，改革开放以来，安徽省与江苏省和浙江省之间的经济差距基本上呈现出前期不断扩大，近十年逐步稳定，并略有缩小的状况。这和国家大力实施开发中西部战略有密切关系，同时也是安徽省推进东向发展，加速融入长三角，奋力崛起的结果。所以安徽省要肯定成绩，承认差距，找出不足，抓住机遇，实现跨越式发展，早日缩小与江苏省、浙江省之间的差距，如此才能促进长三角协调发展。

（二）三省内部的差异[①]

古人曾有"百里不同风，千里不同俗"的说法，可见，即使一个小地区也会有自己独特的风俗习尚，地域之间差异在所难免。江苏省、安徽

[①] 数字引自《2015年江苏省统计年鉴》《2015年安徽省统计年鉴》《2015年浙江省统计年鉴》。

省、浙江省三省内部都存在着地域差异，但是相对而言，浙江省内部的差异主要表现在自然环境方面，文化差异较小，而江苏省、安徽省内部的差异则较为突出。早在1930年，地理学家张其昀在所著《本国地理》中便认为："一省之内，山川风物迥乎不侔，经济状况亦大相径庭，其人民情感利害，本不一致，则在政治上必有意见分歧互相牵制之弊，江苏省之情形尤为显著。"而著名历史地理学家谭其骧在1989年"中国行政区划学术讨论会"上作的《我国行政区划改革设想》报告中，对导致江苏省、安徽内部差异显著的历史原因则进行了详细的分析："江苏省、安徽二省都是既跨有长江南北，又跨有淮河南北的不符合自然、经济和文化区域的区划，这是把君主专制制度发展到顶峰的明太祖朱元璋搞出来的。他以他称帝以前经营了十多年的根据地南京和他的家乡凤阳这两个点为中心，划了周围很大一个区域，凡这个区域内的府州县，都直隶于中央政府，就把这个区域称为'直隶'。……直到康熙初年，才觉得这个省太大，要把它一分为二。又因如果分为南北二省，则贫富过于悬殊，所以就分为东西二省，东为江苏省，西为安徽。这样划分下来，便形成了二省都有江南、江北、淮北三个不同经济风俗地域的格局。"[①] 可见当初是出于维护王朝统治的目的进行的行政区划，并未考虑到是否有利于地方建设和经济发展，由此导致了一省之内存在着或明或显的地域间差异、隔阂甚至歧视。由于近期对我国的行政区划进行通盘调整尚不可能，因此承认现实，统筹规划，合理布局，努力缩小差距是唯一现实可行的途径。

1. 江苏省

江苏省一般分为苏南、苏中和苏北，其中苏南地区包括南京、镇江市、常州、无锡和苏州五市，苏中地区处于长江以北沿岸地区，包括扬州市、泰州市和南通市三市，苏北则位于江苏省北端，包括徐州市、连云港市、宿迁市、淮安市和盐城市五市。以2014年指标为例，苏南、苏中和苏北人口分别为3318.80万人、1641.45人万人和2999.81万人。GPD分别为38941.26亿元、12721.49亿元和15151.49亿元，人均GDP产值分别为117477元、77532元和50603元。固定资产投资额分别为21547.93亿元、8510.39亿元和11494.43亿元。社会消费品零售总额分别为

---

① 谭其骧：《长水粹编》，河北教育出版社2000年版，第37—38页。

13679.38 亿元、4197.79 亿元和 5580.89 亿元。进出口总额分别为 4818.13 亿美元、525.52 亿美元和 293.96 亿美元。实际外商直接投资分别为 180.19 亿美元、46.32 亿美元和 55.23 亿美元。居民人均可支配收入分别为 36472 元、24599 元、18623 元。其中城镇常住居民可支配收入分别为 42753 元、31969 元和 24177 元。农村常住居民人均可支配收入分别为 20954 元、15476 元和 12670 元。

2. 安徽省

由于历史的原因，安徽历来是内部区域差异较大的地区，以 2014 年的统计数据为例，从总量看，地区生产总值居前 10 位的县（市）总和达 3292.2 亿元，占全省县域总量的 30.5%；排名后 10 位的县（市）总和为 592.7 亿元，仅占全省县域的 5.5%。从增速看，地区生产总值增速超过全省平均水平的有 32 个，六成以上分布在皖江区域；增速低于全省平均水平的 30 个县（市），半数分布在皖北和大别山区域。虽然传统文化有涡淮、皖江、皖南之分，近期也有合肥经济圈及皖江、皖北、皖西、皖南之分，但其划分标准各异，也不便于比较。本文仅根据安徽的经济发展，将其简单分成四类，即一类地区为合肥、马鞍山、芜湖、铜陵，二类地区为淮南、淮北、黄山，三类地区为安庆、池州、蚌埠、滁州、宣城，四类地区为宿州、亳州、六安和阜阳。2014 年四类地区人均 GDP 分别为 72253 元、35330.33 元、33381.2 元和 18294.5 元，其中最高的铜陵 97193 元是最低的阜阳 15303 元的 6.53 倍。城镇居民人均可支配收入分别为 30957.25 元、27176.33 元、25777.4 元和 22990.75 元，农村居民人均可支配收入分别为 15096.75 元、10201.67 元、10117.2 元和 8449.75 元。值得注意的是全省 16 个地级市中，一类地区四个城市的农民人均可支配收入均超过 10000 元，但除此之外只有 5 个城市达到了这一标准。

3. 浙江省

浙江省一般分浙东北和浙西南两个区域，浙东北包括杭州、宁波、嘉兴、湖州、绍兴和舟山，浙西南包括温州、金华、衢州、台州、丽水。浙西南地处山区、交通不便、土地缺乏，信息相对闭塞，主要以从事传统农业生产为主，这里的低收入农户户数和人数分别占全省低收入农户的 86.3% 和 88.3%。2014 年浙东北人口为 2451.99 万人，浙西南为 2407.18 万人。GDP 分别为 27406.19 亿元和 13065.48 亿元，人均 GDP 分别为

89669.67元和52217元，固定资产投资分别为15671.85亿元和7860.71亿元，社会消费品零售总额分别为11275.45亿元和6629.52亿元，出口总额分别为1902.59亿美元和830.95亿美元，财政收入分别为5270.07亿元和1820.97亿元，城镇居民人均可支配收入分别为42420.33元和36215.2元，农村居民人均可支配收入分别为23706.67元和17257.8元。

（三）三省一市的特色与不足

清两江总督靳辅曾称："江南之苏、松、常、镇，浙江省之杭、嘉、湖等府，在汉唐以前不过一泽国尔，自钱镠窃据，南宋偏安，民聚而地僻，遂为财赋之薮。"可见江南的发达是一个历史演变的过程，这和长三角三省一市的文化特色有着密切的关系。首先，江南历代名士学者辈出，江南社会普遍崇尚文教，社会经济的发展也就具有了坚实的基础。其次，江南向来有重视经商的传统，从宋代浙江省人叶适、陈亮开始，江南历来多有学者为经商辩护，论述商业消费正当性的言论。东林党便曾注重和呼吁重工重商，明代上海市人陆楫更指出"吾未见奢之足以贫天下也"，认为节俭仅对个人家庭有利，从社会考虑则有害，并且认为富人奢侈可以增加穷人的谋生手段，并建议通过扩大消费促进社会经济发展。再次，江南人历来注重创新求变，强调以市场为契机，因地制宜发展经济。明人王士性便曾云："东南吴越间，人既繁且慧，亡论冠盖文物，即百工技艺，心智咸儇巧异常。虽五商辏集，物产不称乏，然非天产也，多人工所成，足夺造化。"正是这种不断地创新求变，使得明清以来江南地区的经济结构迅速得以调整，步入了良性发展的轨道。最后，江南人素来开放包容，向来重视对外交流。梁启超便认为江南水乡泽国，水上交通便利，航海事业发达，利于对外交流，使人胸襟开阔，易于接受外来文化。利玛窦曾说："一年到头，苏州商人同国内其他贸易中心的商人进行大宗贸易，这样交换的结果，人们在这里几乎没有买不到的东西。"在上海市的历史发展进程中，对外贸易尤其扮演了重要的角色。正是这些文化上的特色奠定了长三角在中国保持领先的坚实基础。

另外，长三角三省一市也有各自的特色和不足。

上海市文化是在江南文化的基础上成长起来的，但相对苏杭地区而言，明清时期的上海市文化精致优雅的格调较少。王韬在《瀛壖杂志》

中便曾言："濒海之民,弁鄙近利,尤好争斗,久染闽粤之风。比年陶于礼乐,风气稍变,其俗喜夸诈,尚奢靡,与吴郡略同。"近代上海市开埠以后,江南文化在这里和西方文化相交会、融合、碰撞,产生出独树一帜的海派文化。与传统的江南文化相比,经过都市文明洗礼,在现代契约精神影响下的海派文化更具有开拓创新的特点,有着突破旧有传统,容纳中外文明,积极发展进取,勇于自我更新的活力。这些特点与传统江南文化所展现的那种优雅、精致、闲适、温和、柔美的文化风格相比已经有了很大的不同。另外,随着海派文化的崛起,江南文化的重心也从苏杭移至了上海市,所谓"申江鬼国正通商,繁华富丽压苏杭",原来是上海市城中"慕苏扬余风",现在是苏杭沐浴"海上洋气";原来是松江以"小苏州"为荣,现在嘉兴、无锡、宁波等地每每以"小上海"称之,由此更推动了整个江南文化与西方文化接轨,向现代方向转型。改革开放以后,特别是20世纪90年代以来,随着上海市的发展,海派文化又焕发了新的生机,发展成"自信从容,博采众长"的新海派文化,成为上海市迈向国际大都市的重要支撑。当然,海派文化也存在着一些局限,如开风气之先固然是好,但一味赶时髦,就会流于多变无根;灵活多样固然对促进文化发展有益,但过度灵活多样,就变成流质善变,流于浅薄等等。

江苏省的苏南地区是吴文化的中心,和浙江省代表的越文化一起构成了江南文化的两个最重要的支柱。和越文化相比,吴文化更加强调稳中求进,谦让和谐,由此也造就了苏南商业近千年的繁华史,并使苏南地区成为中国民族工业重要的发源地。在改革开放初期,这里又抓紧机遇,创造了著名的"苏南模式",实现了新辉煌。另外,由于江苏省自明清以来一直是国家的经济中心,在人才、资金、技术、运输等方面形成了良好的基础,凡此种种因素都使得江苏省的经济总量、钢铁、机械、纺织等支柱行业产值和规模、大中型企业的产值和比重在三省中明显占优,在人才资源、科研力量、基础设施等方面也保持领先。此外,进入九十年代后,江苏省利用其良好的工业基础,主动接轨上海市,改善投资环境,积极吸引外资,大力发展外贸,外向型经济发展的水平和程度也相对较高。

但是吴文化也有其局限性,由于强调稳中求进,导致其文化中存在着过多谨小慎微的元素,由于自然环境优越,使得苏南人本土意识较强,思想过于安逸,缺乏敢闯敢干的冒险精神。同时,苏南地区相对更注重秩序，强调等级，虽然较易形成企业传统和企业文化，管理相对高效，但长此以往又容易生成官本位习气，缺乏创新精神。凡此种种，都导致江苏省的开拓创新意识和浙江省相比较弱，虽然GDP总量在全国一直处于领先地位，但是其人均GDP却低于浙江省，人均收入也落后于浙江省，私营经济也相对落后。

关于浙江省的文化特色，《宋史·地理志》表达最为贴切，"人性柔慧，尚浮屠之教，厚于滋味。善进取，急图利，而奇技之巧出焉"。早在东汉时期，浙江省上虞的王充便认为天是自然不是神，强调执着于现世，不问生前与死后。宋代浙东学派挑战程朱理学，陈亮公开和朱熹进行"王霸义利之辨"，永嘉学派主张"通商惠工，以国家全力扶助商贾，流通货币"，明末黄宗羲更提出工商皆本，近代龚自珍、汪康年、陈虬等浙江省学者也都强调"富国强民"。在这种文化思想的熏陶下，浙江省人强调享受，强调生活情趣，强调开拓冒险，使得浙江省文化的大众化倾向十分明显，社会阶层区隔不明显。也正是这样的文化背景，形成了今天浙江省发展的特点。

浙江省地狭人稠，资源匮乏，与江苏省相比，经济基础相对薄弱，而且五六十年代时，由于位于台海前线，经济发展局限较多，政府投入也少。但浙江省人的市场意识很强，具有开拓创新的精神，虽然受到国家的优惠性的政策支持较少，但这客观上却更加激发了浙江省人的敢闯敢做、大胆创新的意志，他们充分利用当地的民营资本，建立了众多的私营企业，企业的活力和竞争力迅速提高，促进了本地经济的发展，人民的生活水平也得到了显著的改善，藏富于民在这里得到了充分的体现。浙江省的科研力量和基础设施虽然不如江苏省，政府对科技创新的投入强度也不如江苏省，但由于这里企业的创新能力强，整体创新环境较好，使其科研创新能力和科研成果转化能力要优于江苏省，近年来马云和淘宝的崛起便是典型例证。

有学者这样评价安徽在中国古代史上的地位和贡献："先秦至宋代以前，皖北地区受中原文明的影响和带动，率先'崛起'，成为古代中国农业文明的典范；宋以降直至近代，皖南地区人文经济社会取得的成就，独领风骚。"[①] 在自然地理上，安徽地处中国南北过渡带的要冲，长江流经

---

① 沈葵主编：《安徽历史·引言》，安徽文艺出版社2011年版。

中南部，淮河流经北部，全省从南到北分属不同的气候，平原、丘陵和土地相接，湖泊洼地间杂，这使安徽历史上的社会经济发展和文化习俗变迁既有鲜明的区域性，又有独特的多样性。同时，安徽虽然地处中国中部，但却与中国沿海省份浙江省、江苏省和山东接壤，通过黄金水道长江与大海相通，使之能够从对外交流中吸收多方面的要素，促进本地的发展。但另一方面，也正因为安徽这样的地理环境，使其成为政治和军事上的必争之地，导致历史上饱受灾难之苦，江淮水患频仍世人皆知，而战争更是连绵不绝，历代中国的大战基本都以安徽为主战场。战争不仅造成了人口与财产的损失，也由此形成了安徽长期分裂割据的局面，直至清代中期安徽独立成省以前，一直以江苏省的南京为中心，这种状况不仅影响了安徽的整体发展，也使得安徽很难形成政治、经济和文化的中心，这都是安徽自隋唐以后总体上长期不发达乃至落后的根源之一。

明清时期，徽商在中国商界称雄，创建了富有特色的辉煌的商业文化，成为中国传统社会经济发展史上的一大奇迹，"无徽不成镇"便是徽商对中国经济贡献的生动写照，徽商也成为江南文化不可或缺的重要组成部分。徽商以贾而好儒为特色，在不利的生存环境中，以奋发进取、勤勉俭朴的"徽骆驼"精神，坚持诚信为本，努力创新，在中国传统社会中树立了尊商重利的风气，在中国商业史上留下了辉煌的篇章，也是明清时期江南繁荣的重要促进因素之一。但另一方面，徽商作为特定历史条件下的产物，也存在着历史的局限性。在政治伦理上以传统的官本位为依归，以儒术为体，以商贾为用，把科举仕宦、荣宗耀祖作为经商的终极关怀，使得到了近代以后，面对西方商业大潮的冲击，缺乏自身转化的动力，无法更新商业理念，最终走向衰落。这些局限性，如官本位、如宗法伦理等至今仍然成为束缚安徽发展的重要因素。

必须承认，今天安徽和江苏省、浙江省相比，仍存在着较大的落差，这些落差不仅体现在数据上，还体现在价格体制变革、所有制结构变革、企业制度改革、市场体系建设、价值观念更新、企业家精神培养等一系列制度创新上，更体现在各自地方文化上的差异上。虽然安徽在自然环境因素方面不如浙江省和江苏省，但必须指出环境并不是区域发展的决定性因素。浙江省的温州是个多山多丘陵的地区，地理交通也十分不方便，但温州人不等、不靠、不要，创新发展，取得了瞩目的成就。徽州地区也是人多地少，交通不便，素来有"前世不修，生在徽州"的谚语，但在明清时期却形成了全国最大的商帮，创造了璀璨夺目的文化成就。而且虽然从理论上讲，落后地区有后发优势，技术、经济要素会不断从高势位（苏浙地区）向低势位（安徽）流动，但其实后发优势是潜在的，只是为欠发达地区加速发展提供了一种机遇或可能，并非后发地区实际所拥有的。因此，安徽要缩短与前两者的差距，只有进一步推进文化创新和制度创新，加快改革步伐，促进经济社会加速发展。值得欣喜的是，如前述相关数字所表明的，安徽这几年已经开始呈现加速发展的良好势头，和江浙之间的差距也在逐渐缩小。随着皖江、皖北、皖西、皖南四大区域板块均上升为国家战略，实现区域发展国家战略全覆盖，国家在安徽的投入日益加大。特别是基础设施建设方面，安徽已经取得了显著的发展，如2004年江苏省、浙江省、安徽的高速公路通车里程分别为2423公里、1475公里和1294公里，长度比为1.87∶1.14∶1，而到了2015年，三省的高速公路通车里程则分别是4600公里、3932公里和4246公里，安徽已经超过了浙江省，和江苏省的差距也明显缩短。再加上安徽固有的资源优势，安徽未来的发展前景十分令人乐观。

四 未来篇：发挥区域优势，实现差异化发展，推进长三角一体化

任何一个区域内部要做到完全没有差异，其实并不可能。但相对而言，如果一个区域内部的差距过分扩大，将会导致整个区域的效益低下，而且会产生一系列的经济和社会矛盾，引发社会的不稳定；而地方差异若能够控制在一个适度的范围内，则对于整个区域的发展将会有极大的促进。就长三角的情况而言，三省一市的差异是各自在发展过程中逐渐形成的，其演变有着自身的规律，并受到外界环境的影响，这种差异在短时期内也很难改变。但目前长三角各个地区经济联系广泛，已经命运与共，有着一荣俱荣、一枯俱枯的连带关系。在区域差异短时间难以改变的前提下，长三角的各个区域只有走合理分工、统筹发展的区域发展一体化道路，提高整个区域的竞争力，从而推动区域共赢。这不仅是长三角发展面临的重大问题，也是促进全国经济协调发展的重要步骤。在这方面三省一市已经做出

了有益的尝试，诸如安徽郎溪和无锡之间进行产业梯度转移的"郎溪模式"，又诸如江苏省在苏南和苏北之间实施"四项转移"、南北共建开发区、"南北挂钩"等举措，推进了苏北的发展，浙江省将"山上浙江省"和"海上浙江省"陆海联动发展等。本文特提出如下几方面的建议：

（一）制度创新，推进长效有力的区域协调机制建设

从 2009 年起，长三角合作与发展工作按照"三级运作、统分结合、务实高效"的区域合作机制推进。三级运作机制由决策层、协调层和执行层组成，区域合作的针对性、协调性和有效性进一步增强。其中决策层为三省一市主要领导座谈会，每年召开一次，审议、决定和决策关系区域发展重大事项，是最高层次的联合协调机制。协调层是以常务副省（市）长参加的长三角合作与发展联席会议（简称"联席会议"），主要任务是做好主要领导座谈会筹备工作，落实领导座谈会部署，协调推进区域重大合作事项。执行层是在主要党政领导座谈会和联席会议领导的指导下，实行重点合作专题协调推进制度，通过召开办公会议和各专题组会议来运作。执行层包括设在省（市）发展改革委的"联席会议办公室"、"重点合作专题组"以及"长三角城市经济合作组"。2014 年 12 月 11 日，江苏省、浙江省、安徽和上海市商务部门负责人又在上海市共同签署了《推进长三角市场一体化发展合作协议》，从规则体系共建、创新模式共推、市场监管共治、流通设施互联、市场信息互通和信用体系互认 6 方面加强区域合作，着力打破地区封锁和行业垄断，建设长三角一体化大市场。

综上所述，现行的长三角协调管理机制基本上是上层组织确立好了合作方向，下面各个专题组负责每个项目的协调措施，缺乏有效的制度约束与实施主体。各种协调会并不具备管理职能，而且由于各个领域的合作是跨行政区，相关部门管理范围仅仅限于本行政区内，使得具体实施时会受到种种限制，由此阻碍了长三角的深度合作与分工。因此如何打破省际分割壁垒，改变单纯以行政区划为主的管理模式，优化各种政策资源，推进长三角各项政策统一规范和衔接协调，便成为影响长三角发展的重要因素。

当然长三角毕竟是由三省一市构成，在现行行政体制下要建立一个明确的管理实施部门并非易事。因此长三角协调机制的建立可以考虑分步骤

进行，如在顶层设计方面，对三省一市在税收优惠、招商引资、人才流动、社会保障、道路交通、生态环境、医疗卫生等方面的法规政策进行协调统一，尝试探索长三角的立法和法规建设；又如，以重大基础建设为契机，促进统一市场的逐步形成；以关联性较强的产业部门为突破口，进而建立统一的产业政策等。值得注意的是，2016年出台的《长三角发展规划》已经提出了诸如研究设立长三角一体化发展投资基金、建立地区间横向生态保护补偿机制、建立合理的税收利益共享和征管协调机制等措施，为长三角未来发展规划的实施和执行提出了一系列可供操作的方向。

（二）文化创新，为长三角全面发展提供动力支持

最近，习近平同志在庆祝中国共产党成立95周年大会上的讲话中指出：文化自信是更基础、更广泛、更深厚的自信，在5000多年文明发展中孕育的中华优秀传统文化，在党和人民伟大斗争中孕育的革命文化和社会主义先进文化，积淀着中华民族最深层的精神追求，代表着中华民族独特的精神标识。改革开放以来，三省一市人民充分发挥历史主动性和创造性，不断进行各种创新，对长三角经济社会发展、制度创新等都产生了极其重要的积极作用。所以有学者认为，长三角的发展过程充分地表明了，中国主要不是从书本上，从对外国的模仿中发展市场经济，而是从自己的改革和发展中，根据自己的实践和经验积累，摸索和总结出了自己的市场经济发展模式。长三角的发展，便是中国文化自信的最好写照。但同时也必须承认，三省一市目前都存在一些阻碍发展的制约性因素，这些制约因素很大程度上都来自于支撑它的文化背景，文化上的这种局限性不仅是导致三省一市经济社会发展存在差异的重要原因，更影响了长三角进一步的腾飞。

习近平同志早就指出，要努力实现传统文化的创造性转化、创新性发展，使之与现实文化相融相通，共同服务以文化人的时代任务。所谓创造性转化，就是要按照时代特点和要求，赋予传统文化以新的时代内涵和现代表达形式，激活其生命力；创新性发展，就是要按照时代的新进步和新发展，对优秀的传统文化加以拓展、完善，增强其影响力和感召力。因此，对于三省一市而言，要适应现代化发展的时代要求，必须进行深刻的历史转型，努力克服自身的历史局限，理性地总结改革进程中的宝贵经验,实现文化创新,为新一轮的经济腾飞提供新的动力支持。

三省一市都已经清醒地认识到了这一问题,如上海市已经明确提出要全面建成国际文化大都市,江苏省、浙江省、安徽也均提出要建设经济强省的同时,建设文化强省。各地通过改革开放,在精神文化方面也都有了明显的提升。如上海市人精明而不聪明,浙江省人过于注重实用的形象都有了明显的改观,江苏省"新苏南模式"的发展蒸蒸日上,安徽在思想创新方面也取得了显著的进展。文化是经济发展的动力与支撑,经济是文化的表现和延续,两者相辅相成,缺一不可。三省一市要充分认识和发掘地方文化的现代价值,冲破旧思想观念的制约,实现各自地方文化的创造性转化和创新性发展,充分发扬各自区域文化中的优势与长处,为推进长三角现代化,再创经济和文化发展新优势提供不竭的精神动力和智力源泉。

(三) 管理创新,促成三省一市差异化发展

有学者研究认为,地方竞争促进了区域内发展环境的改善,在一定程度上成为促进区域一体化的重要力量,是长三角快速发展的重要的因素,但另一方面地方竞争也会表现为区域发展的无序和恶性竞争。长三角大部分城市,尤其是江浙城市在各自的区域规划中都以"国内先进"、"国际接轨"为目标,自定目标、自成体系,缺乏统一的视角和引导。从主导产业选择来看,各地争相把电子、汽车、机械、化工、医药等产业作为未来发展的主导产业。以热闹的创意产业为例,长三角有近百个创意产业园区,结构雷同的现象就很普遍,必然导致重复建设。有学者进行过统计,排在前10位的主要工业大类,上海市与江苏省的同构率达90%,上海市与浙江省的同构率也达85%,安徽与江苏省、浙江省的相似度系数也在这几年快速上升,目前已经达到80%以上。产业结构趋同演变成吸收外资上的争夺,而引资大战反过来又使同构现象在更高的产业层次上重演,直接导致长三角间的竞争内耗过大,造成各种资源和优势的浪费。此外,虽然一直强调产业转移,但发达地区的地方政府为了自身利益,不会轻易转移高效益与产值的制造业,而对于相对较低端的产业,欠发达地区的地方政府也无承接转移的需求。特别是在当前强调环保和节能的前提下,转移高能耗、高污染的产业已经不可行。

针对这种情况，长三角要尽快制定科学合理的产业规划，推动区域的差异化发展。各省市也应该明确自己的优势和不足，通过加快与上海市的对接，制定相应的差异化发展方向，促进各自特色产业的逐步形成。同时是要制定相应的保障措施，让相应的资本、人才、科技成果自由流动，充分发挥作用。值得注意的是，从前文所述长三角发展的历史进程中可以发现，无论是明清时期的商品化进程还是改革开放以来的"苏南模式"或是"温州模式"，民间力量都在其中扮演了重要的角色。因此在长三角发展进程中，除了强调政府协调和科学规划以外，如何充分调动民间力量的积极性，动用"看不见的手"的力量，充分发挥市场在资源配置中的作用，将政府的统筹协调和民间的自发组织相结合，也是实现差异化发展，推进产业合理布局的重要举措之一。

从长远来看，长三角区位优势明显、人文积淀厚实、工业基础雄厚、科技创新发达，相信通过区域内的协调发展和合理分工，将会切实缩小地区间的差异，加快长三角一体化进程，实现长三角各地区的共赢发展。

差异化为安徽省创造出路：
区域产业分工视角分析

林 斐 程必定 宋 宏 周云峰 左 媛[①]

一 引 言

近年来安徽省积极参与长三角一体化发展，凭借区位、要素禀赋等比较优势，在大力承接产业转移基础上，经济得到快速发展，建立起制造业的优势，与发达的长三角差距逐步缩小。安徽省在加入长三角后，经济一体化发展上升至一个新的层面，产业分工合作是经济一体化的核心，长三角经济一体化对安徽省与沪苏浙的区际产业一体化发展产生深刻的重要影响，安徽省在长三角的区域分工定位、产业分工方式、产业分工格局会发生新的变化。

然而，安徽省与长三角苏浙沪相比，要素禀赋与经济基础有差异，所处发展阶段不同，经济发展水平不在一个层面上，产业结构、制造业行业、产品结构都与长三角发达地区存在较大差距。正是由于在自然资源、劳动力、土地、资本等要素禀赋与经济发展基础的区域差异，安徽省承接产业转移多只局限在低端产业，制造业的优势多是加工、组装低端环节，优势产业整体实力不强，产品同质化竞争，在长三角产业分工总体上处在中低端。如何走出"比较利益"陷阱，摆脱产业低层次锁定的困局，促

[①] 林斐，安徽省社会科学院经济所研究员；程必定，安徽省发展战略研究会研究员；宋宏，安徽日报理论部主任；周云峰，安徽省经济研究院总经济师；左媛，安徽省社会科学院副高级经济师。

进安徽省在承接产业转移基础上的升级，拓展与长三角发达地区产业分工合作空间，跨区跨业深度融入长三角生产网络，提升安徽省在长三角分工的地位，这需要深入研究基于要素禀赋的比较优势上不同经济发展水平的区域产业分工发展路径的差异化选择问题。

对于一个经济发展水平的区域内产业分工格局的问题研究，对于安徽省而言，选择合适自身比较优势的发展路径，拓展安徽省与长三角沪苏浙产业分工合作空间，提升安徽省在长三角产业分工地位，缩小安徽省与长三角发达地区的发展差距，具有重要意义。对于长三角而言，探讨在一体化发展中合理有效地推进新型产业合作分工方式，提高长三角资源配置效率，提高长三角的国际竞争力，也有着现实作用。

本文对安徽省在长三角产业分工与产业升级如何选择差异化发展路径的研究，分析安徽省与长三角区位、要素禀赋条件与经济发展基础的差异，通过产业、行业、产品层次分析2010—2015年安徽省与长三角沪苏浙相比区域产业分工的差异化发展状况，利用区位商研判安徽省与沪苏浙产业差异化程度，探讨了安徽省与长三角发达地区产业分工与升级路径及其不同的发展路径所面临的挑战，提出安徽省融入长三角一体化促进产业分工差异化发展对策。

二 研究述评

区域产业分工一直是中外学者们关注的问题，大量文献表明，大多是基于比较优势理论而对区域分工进行多角度多层次的研究：

一是按要素禀赋比较优势理论分工。自亚当·斯密（1776）提出了绝对优势理论，指各国在生产同样产品时，劳动生产率的绝对差异所导致的各国之间生产优势的不同，因此各国专门生产本国劳动生产率较高的产品。大卫·李嘉图（1817）提出了比较成本学说，以国际分工贸易为基础，认为一国只生产自己在成本上具有优势的产品，比较优势是相对的。赫克歇尔和俄林（Ohlin）提出要素禀赋理论，又称比较利益理论，该理论指出各国之间的贸易缘于各国资源条件的差别，以要素分布为客观基础，强调各个国家和地区不同要素禀赋和不同商品的不同生产函数对贸易产生的决定性作用。地区资源禀赋之间的差异能够导致相同或相似的企业在某一地区集聚。

二是基于动态比较优势的产业分工。现代经济支持新经济增长的要素禀赋变化的研究不断深入且极其丰富。保罗·克鲁格曼（Paul Krugman）把源自规模经济的优势称为后天获得的比较优势，由产业的空间集聚，带来成本优势与创新优势，并以新经济地理学产业集群模型从理论上证明了制造业活动倾向于空间集聚的一般性趋势。迈克尔·波特（Michael E. Porter，1990）地理集中造成的竞争力可以提高国内其他竞争者的创新能力，产业集群的竞争优势、产品质量的提升和实施差异化的竞争战略将提升整个行业的竞争力。林毅夫（2012）用他的新结构经济学理论，解释资本积累速度加快，会使从劳动力丰富变成短缺，经济结构、包括技术、产业结构的不断变迁，要素禀赋结构在升级，把资源从现在的产业配置到新产业和附加值更高的产业。小岛清、同泽逸平等学者在比较优势理论的基础上，提出"雁行模式理论"，该理论说明由于比较成本结构是动态的，不断变化的，后进国在比较成本结构方面有质的差异，形成垂直分工。不同发展层次产业结构的国家，呈现由技术密集与高附加值产业—资本技术密集产业—劳动密集型产业的阶梯式产业分工体系，是各经济体之间产业梯度传递的状态或过程，后进工业化国家出口初级产品，进口工业制品。这一理论也被应用到解释国内区域产业梯度转移。郝寿义（2015），认为禀赋要素的变化，产生新的价值链，在新的价值链重新分工专业化。要素集聚与集聚模式发生变化，从而形成新的区域增长，沿着价值链从低附加值制造加工环节向高附加值环节的升级，随着产业内分工的兴起，从"禀赋要素"向"创新要素"升级，使得产业分工路径变得多元化。

三是基于比较优势环节产业价值链分工。迈克尔·波特（Michael E. Porter，1990）提出根据各增值环节对要素条件的不同偏好，各价值链增值环节对要素条件的需求差异之上形成的区域分工。按比较优势布局价值链增值环节，形成以价值链环节为对象的工业化生产分工体系。不同的是产业间分工以产业为分工界限，产品内分工由按自身的要素禀赋对在产品价值链上具有比较优势环节进行生产。价值链分工的另一种解释就是"微笑曲线"理论。宏碁集团创始人施振荣（1992）提出一个不同发展水平的区域发达地区占据着产业链研发、设计、品牌、营销和售后环节，处在微笑曲线的两端，欠发达地区则多从事加工、制造、组装或零部件生产，位居"微笑曲线"的低端，形成区域产业内与产品内分工格局。

长三角分工一直是国内学术界讨论的热点。大量研究表明，区域经济一体化推动自然资源、劳动力、资本、技术等要素按照地区禀赋而有机组合，促进了地区间产业集聚、扩散和产业转移，提升了长三角的专业化水平和分工协作程度，特别是制造业的空间转移和地区结构差异性增强（范剑勇，2004）。产业转移有助于区域产业比较形成、转换和升级，提升欠发达地区在区际分工的地位，推动区域间产业分工发展和优化（陈建军，2002；赵长耀，2005）。产业一体化发展，就是在分工和协作的基础上，以各种要素与资源优化配置和效益最大化为目标，实现联动互利、共同发展（徐康宁等，2005）。随着区域经济一体化的加快，长三角间产业分工出现了产业空间组织的新形态，即由过去的部门间分工逐步向同一部门的产品间分工，进而向同一产品的产业链分工转变（李廉水等，2010）。

越来越多的学者注意，基于比较优势的区域产业分工存在着不足与缺陷。欠发达地区一般是以本地区初级生产要素的比较优势参与区际分工，从劳动密集型产业起步，再到资本密集型产业、技术密集型产业的演变，在与发达地区的产业分工中实现产业结构的调整与渐次升级，虽能从这种分工中获得一定的收益，但以劳动力成本或天然资源为优势的产业，通常都是先进入门槛不高的产业，这些产业同样也会吸引许多参与者加入，产业转型升级需要较长的时间。产业层次较低的地区与发达地区发生垂直分工，产业层次提高了才可能发生水平分工。如果一个地区与发达地区只发生垂直分工，将会长期处于落后地位（程必定，2009）。这样，欠发达地区很难缩短与发达地区的差距，有可能落入"比较优势"的陷阱，出现低端锁定现象。

也有学者认为，长三角资源要素的相似性、经济联系的紧密性、发展水平相近，产业结构趋同。地方政府往往从本地利益最大化出发，重复建设，对产业过度干预，造成资源要素价格扭曲，长三角存在产业结构趋同化、地区恶性竞争，阻碍了区域协同发展（陈建军，2002；唐立国，2002）。产业向省外其他地区转移，使当地 GDP 与税收、就业都受到影响，使得产业转移外部化转为内部性，出现产业转移"黏性"，结果产就近转移到在省内的具有比较优势的地方,从而对区域产业分工格局产生影响。

有学者指出,随着新经济发展,制造业变革速度加快,智能制造是新经济的推动力,借助互联网技术与信息经济,使三次产业边界模糊,产业融合加速,大规模的流水线制造被人性化定制化所取代,推进区域制造协同发展,产生新的区域分工方式,这种新现象在长三角愈加凸显。

这些研究从不同角度揭示了在区域经济一体化背景下产业分工演变的规律,有助于对扩容后长三角的区域分工和安徽省在长三角一体化进程中的产业分工和差异化发展进行重新审视。

三 安徽省差异化发展的基础条件

比较优势是一个区域差异化发展的基础条件,并且存在于特定的发展阶段,具有动态性。安徽省作为后发展地区,与发达的长三角沪苏浙相比,发展的基础与条件有很大不同,比较优势也有差异。从安徽省当前的发展阶段看,考量比较优势的存在。安徽省与长三角差异化发展的基础条件,主要体现在区位、要素禀赋、经济发展水平三个方面。

(一)区位条件

安徽省毗邻长三角,地缘优势得天独厚,长期以来是长三角的经济腹地,是长三角的农副产品基地、能源资源输出地。自2005年以后,长三角产业开始向外转移,安徽省作为与长三角毗邻的中部省份,近水楼台先得月,成为产业转移主要的承接地,得益颇丰。2008年12月胡锦涛总书记在安徽省视察,提出安徽省要充分发挥区位优势、自然资源优势、劳动力资源优势,积极参与泛长三角发展分工,安徽省成为泛长三角的组成部分,又进一步推动了承接长三角的产业转移。2010年1月,国务院批准《皖江城市带产业承接产业转移示范区规划》,是当时全国首个以承接产业转移为主题的规划,安徽省承接长三角的产业转移进入了高潮。2011年,合肥市、马鞍山、芜湖、滁州、淮南5个市加入长三角城市经济协调会;2014年9月,国务院颁发的《关于依托黄金水道推动长江经济带发展的指导意见》,将安徽省纳入长三角;2016年5月《长江三角洲城市群发展规划》颁布，皖江城市带8个城市进入长三角，标志着安徽省开始深度融入长三角经济一体化。安徽省从中部省份划入长三角，这种战略地位的变化，使安徽省的区位优势得到了放大，安徽省发展外部条件的重大变化，区位优势提升，对安徽省发展产生积极影响。

（二）要素禀赋条件

能源资源丰富。安徽省是能源资源大省、能源生产与输出大省。安徽省煤炭资源总量占华东电网区域的80%以上，自2010年以来，安徽省向沪苏浙输送的原煤约占全省产量的1/5。"皖电东送"是安徽省和长三角能源合作的重要方式，自2009年以来，安徽省每年向沪苏浙送电占全省发电量的1/4，截止到2015年，已累计向华东电网输送电量3100亿千瓦时。另外，安徽省与沪苏浙在水电、风能、秸秆发电及等新能源方面也开展了合作项目，安徽省不仅是长三角重要的能源基地，还是长三角重要的农副产品输出基地、旅游基地。

劳动力资源丰富。安徽省是全国的农业大省、农业劳动力大省，劳动力资源丰富。自20世纪90年代始，沪苏浙就是安徽省最大的劳务输出地。如2015年，安徽省跨省流动人口1320万，从外出人口流向看，主要集中在沪苏浙，合计781.1万人，占安徽省流向省外人口的74.7%。近年来安徽省外出务工人数略有下降，出现劳动力小规模回流，但人口流向长三角总量变化不大。尽管人口红利拐点到来，劳动力总量下降，但不会很快就形成劳动力的短缺。不仅如此，安徽省各类人才在长三角就业较多，高校毕业生就业大多首选长三角。用工成本相对长三角发达地区还是较低，如普通技工的工资水平也只有长三角城市平均水平的1/2，劳动力优势仍然存在。

资本要素短缺。安徽省因为是欠发达地区，资本要素相对短缺，而长三角经济发达，资本要素相对丰裕，构成了安徽省与长三角核心地区分工合作的重要条件。长期以来，安徽省一直是长三角核心地区资本进入内地的首选地，是沪苏浙企业投资的最集中区域。安徽省历年省外资金，来自沪苏浙的最多。从表1可见，2010—2015年间，沪苏浙都是安徽省外资金三大主要来源地，居安徽省引进省外资金前三甲，2010年占比高达58.1%，2015年回落至49.8%，五年来安徽省来自长三角投资占全省引进省外资金的一半左右。沪苏浙企业在安徽省的投资总量也不断增长,由2010年的3581.2亿元增加到2015年4463.4亿元,增长了四分之一,反映了区际要素流动增强的趋势。

另外,安徽省与沪苏浙要素禀赋的差异,还突出表现在土地方面。长期以来,安徽省的土地价格只有长三角城市平均水平的1/3,也是沪苏浙企业在安徽省投资的重要原因。

综上所述,资源、劳动力是安徽省比较优势的基础,能源资源富集,人力资源相对丰裕,而资金、人才、技术对安徽省是稀缺要素;沪苏浙经济发达,资本充足,人才富集,却面临能源与资源的匮乏,劳动力成本较高。显然,安徽省和长三角核心地区在要素禀赋方面具有互补性关系,为安徽省融入长三角经济一体化和参与产业分工合作提供了物质条件。

表1　　　　　长三角沪苏浙在皖2010—2015年投资金　（单位:亿元、%）

年份	2010	2011	2012	2013	2014	2015
上海市	777	511.5	602.9	829	910	1024.9
江苏省	1107.6	799.2	1027.4	1310.3	1501.3	1691.3
浙江省	1696.6	992	1278.9	1524.3	1744.1	1747.2
合计	3581.2	2312.7	2910.1	3663.6	4155.4	4463.4
占安徽省外资金比重（%）	58.1	55.0	55.1	53.9	52.3	49.8

资料来源:由安徽省经济合作办公室提供。

(三) 经济发展基础

安徽省经济发展长期滞后长三角发达地区。直到十二五期间,安徽省才进入经济快速增长期,为安徽省融入长三角经济一体化和参与产业的分工合作奠定了经济基础。

从经济总量看,"十二五"期间,安徽省GDP年均增速达10.8%,略高于沪苏浙,与沪苏浙在总量上的差距逐步缩小。如2015年安徽省GDP总量2.2万亿元,相当于上海市的93.4%、江苏省的31.4%、浙江省的51.3%。而2010年,安徽省经济总量只相当于上海市的72.0%、江苏省的29.8%、浙江省的44.6%（见表2）,"十二五"期间,安徽省与沪苏浙的GDP总量差距有了不同程度的缩小。其中,与上海市差距的缩小最多，5年间达16.1个百分点，与江苏省缩小最少，5年间仅1.6个百分点，与浙江省的差距缩小程度介于沪苏之间，5年间为6.7个百分点，说明近年来安徽省的经济发展基础逐步加强，有利于融入长三角经济一体化和参与产业的分工合作。

从人均水平看，安徽省人均GDP水平大大低于沪苏浙，近年来有所缩小。2010年，安徽省人均GDP仅相当于上海市的27.5%、江苏省的39.5%，浙江省的40.4%，2015年安徽省人均GDP已相当于上海市的34.9%、江苏省的40.9%，浙江省的46.4%，都有显著缩小，其中与上海市缩小7.4个百分点，与浙江省缩小6个百分点，与江苏省缩小了1.4个百分点。安徽省人均GDP水平与沪苏浙差距的缩小，安徽省处在追赶长三角状态。

人均GDP水平不仅代表一个地方经济实力与经济发展的真实水平，还反映了这个地方经济发展所处的阶段。沪苏浙人均1万多美元，已进入了工业化后期的发展阶段：上海市已超过2万美元，已进入高收入行列。而安徽省2015年的人均GDP仅5779美元，进入中等收入行列，仍然处于工业化中期阶段。安徽省与沪苏浙在人均总量上存在的差距所反映的发展阶段的不同，反映了安徽省参与长三角产业的分工的经济发展基础。安徽省处在工业化中期阶段，没有完全工业化过程，自然资源、劳动力、土地、资本要素对处在这个时期的安徽省发展仍起着一定的作用影响，但这种影响也在变化，会随着安徽省进入工业化后期变得减弱。

表2　　　　　　　　长三角GDP与人均GDP比较　　　　　　　（单位：%）

	2010年GDP	2015年GDP	2010年人均GDP	2015年人均GDP
安徽省/上海市	72.0	88.1	27.5	34.9
安徽省/江苏省	29.8	31.4	39.5	40.9
安徽省/浙江省	44.6	51.3	40.4	46.4

如上所述，安徽省在区位、资源要素禀赋条件与经济发展基础方面与长三角发达地区相比较，具有相对比较优势。这种比较优势虽然具有动态性，处在变化之中，对安徽省在长三角的产业分工以及差异化发展起着重要的影响作用。

四 安徽省差异化发展实证研究

下面通过对安徽省在"十二五"期间与长三角的差异化发展作进一步的实证研究。为此，下面运用区位商方法，重点分析安徽省与长三角沪苏浙的产业分工状况，通过三次产业、制造业、产品结构、战略性新兴产业四个方面，从产业、行业与产品的定性与定量相结合的分析，对安徽省长三角的差异化发展进行较为详细的实证研究。

区位商被用作评价区域优势产业的基本分析方法，国内对区域产业优势评价的实际研究中得到广泛应用。区位商系数 LQ 来判断区域内是否存在产业集聚现象。一个区域中某产业产值所占比重与整个区域该产业占比重的比率，其表达式为

$$LQ_{ij} = \frac{X_{ij}/\sum_i X_{ij}}{\sum_i X_{ij}/\sum_i \sum_j X_{ij}}$$

上式中，i 表示第 i 个产业；j 表示第 j 个地区；i 表示第 j 个地区第 i 产业的产值指标。

$LQ_{ij} > 1$ 表明该区域该产业的比较优势明显，一定程度上显示出该产业较强的竞争力；$LQ_{ij} = 1$ 表明该区域该产业处在均势，比较优势并不明显，专业化优势；$LQ_{ij} < 1$ 表明该区域该产业处在劣势，比较优势并不明显。

（一）产业结构差异化

表 3 列出长三角三省一市 2010 年、2015 年三大产业增加值的结构比，通过区位商的计算和分析，对二省一市的产业规模优势进行比较。设某产业的区位商是该产业产值在该省总产值中的占比，与全国该产业产值在总产值占比的比值，由表 3 可见：

第一产业安徽省具有相对比较优势。2015 年安徽省比重 11.2%，在长三角也是相当高的比重，上海市第一产业比重只占 0.4%，江苏省、浙江省第一产业比重分别为 5.7%、4.3%，同期全国比重 9%，在全国具有比较优势，在长三角也具有比较优势。"十二五"期间安徽省第一产业比

重下降2个百分点，仍高于全国平均水平。上海市第一产业比重下降0.3个百分点。苏浙第一产业比重分别下降0.4个、0.7个百分点，下降速度明显放缓，第一产业区位商安徽省略有下降，变动不大，上海市与浙江省第一产业区位商下降，江苏省第一产业区位商略有上升。

第二产业安徽省具有相对比较优势。2015年安徽省第二产业比重51.5%，比2010年的54.3%，下降了2.8个百分点，而第二产业区位商从2010年的1.158上升到2015年的1.272，比较优势增强，2015年全省规模以上工业增加值9817.1亿元，接近万亿元目标大关，占全省经济的"半壁江山"。十二五期间规模以上工业年均增速14.1%，分别高出全国、长三角平均水平4.8、4.5个百分点。沪苏浙是工业转出省市，十二五期间第二产业调整幅度大大高出安徽省。上海市工业比重由2010年的42%下降到2015年的31.8%，五年内下降幅度高达9.5个百分点，在长三角降幅最大，第二产业区位商由2010年的0.896降为2015年的0.785。由此可见，上海市是以服务业为主导经济结构，工业比重下降。江苏省、浙江省第二产业区位商大于1，具有比较优势，第二产业比重2015年分别为45.7%、45.9%，"十二五"期间两省工业比重由2010年分别为52.5%、51.9%，下降5.6、5.3个百分点，江苏省第二产业区位商由2010年的1.119上升至2015年的1.128、浙江省第二产业区位商由2010年的1.107上升至2015年的1.133，江苏省、浙江省两省虽然第二产业比重下降，但第二产业的比较优势却上升了，反映了三省一市第二产业结构调整的差异较大。

第三产业安徽省在总体上处于弱势。2015年第三产业比重仅为37.3%，比2010年上升了4.8个百分点，但是，第三产业区位商由2010年的0.742上升为2015年的0.750，变动幅度十分微弱，优势提升不明显。相比而言，上海市第三产业的比较优势最为明显，2015年第三产业比重高达67.8%，区位商1.343，在长三角最高。江苏省、浙江省两省第三产业比重2015年分别为48.6%、49.8%，十二五期间由2010年41.4%、43.1%，各上升7.2、6.7个百分点，提升较快，第三产业区位商由2010年0.963、1.007，到2015年的0.962、0.986，江苏省的第三产业优势并未出现显著变化，变动幅度0.001，而浙江省出现下降，第三产业区位商比较接近1，服务业比重增幅超过安徽省，但江苏省与浙江省的第三产业的优势并不突出。

由上可见，长三角两省一市经济结构处在较高水平。上海市处在"三二一"结构，江苏省、浙江省也在十二五期间实现了由"二三一"向"三二一"结构的转变。安徽省处在"二三一"结构，这反映了长三角产业结构层次差异，工业化发展阶段有所差异。上海市进入工业化后期阶段，工业地位降低，服务业占主导优势。江苏省与浙江省工业化中后期向后期过渡，工业比重虽有所降低，增速放缓，但产业仍具有相对比较优势。安徽省处于工业化中期阶段，工业增速较高，优势增强，第二产业具有比较优势。另外，安徽省第一产业也具有比较优势。但是第二产业比例过高，第三产业比例过低，差距较大，偏离过大，结构不优，三次产业优势反映了安徽省经济结构与沪苏浙的差异。基于这种差异，为安徽省与长三角产业垂直分工打下了基础。

表3　　　　　长三角三省一市三产结构变化　　　　（单位：亿元）

2010年

地区	合计	第一产业	第二产业	第三产业	三次产业比重	三次产业顺序
全国	397983	40497	186481	171005	10.2：46.9：43	二、三、一
上海市	17166	114.2	7218.3	9833.5	0.7：42.0：57.3	三、二、一
江苏省	41425.5	2540.1	21753.9	17131.5	6.1：52.5：41.4	二、三、一
浙江省	27722	1360.6	14297.9	12063.8	5.0：51.9：43.1	二、三、一
安徽省	12359.3	1729.0	6436.6	4193.7	13.2：54.3：32.5	二、三、一
长三角	184986.3	98672.8	5743.9	49706.7	5.8：50.4：43.8	二、三、一

2015年

地区	合计	第一产业	第二产业	第三产业	三次产业比重	三次产业顺序
全国	676708	60863	274278	341567	9.0：40.5：50.5	三、二、一
上海市	23561	124.3	8164.8	15271.9	0.4：31.8：67.8	三、二、一
江苏省	70116.4	3988	32043.6	34084.8	5.7：45.7：48.6	三、二、一
浙江省	42886	1833	19707	21347	4.3：45.9：49.8	三、二、一
安徽省	22005.6	2456.7	11342.3	8206.6	11.2：51.5：37.3	二、三、一
长三角	158568.9	8402	71257.7	78910.3	5.3：44.9：49.8	三、二、一

资料来源：根据2015年各省市统计公报。

表 4　　　　　　　　长三角三次产业的区位商

地区	2010 年			2015 年		
	第一产业	第二产业	第三产业	第一产业	第二产业	第三产业
上海市	0.069	0.896	1.333	0.044	0.785	1.343
江苏省	0.598	1.119	0.963	0.633	1.128	0.962
浙江省	0.490	1.107	1.007	0.478	1.133	0.986
安徽省	1.294	1.158	0.756	1.244	1.272	0.739

（二）制造业差异化

工业是安徽省的支柱产业，尤其是制造业的基础和支柱作用更为突出。2015 年安徽省制造业增加值占工业和 GDP 的比重分别为 86.2% 和 39.4%，制造业对安徽省经济发展有着举足轻重的地位。

下面对制造业的行业优势作一比较分析，结合区位商（地区某行业产值在该地区总产值中所占的比重与某行业产值在全国总产值所占比重的比率），反映该地区某行业的规模水平和专业化程度，选取 2014 年长三角制造业 28 个行业的专业化优势程度进行比较。分为三类：区位商 >2，表示行业具有显著比较优势；区位商 1—2，表示行业具有比较优势，区位商 0.8—1，表示行业具有潜在比较优势。

表 5　　　　　　长三角三省一市制造业行业区位商

行业	安徽省	上海市	江苏省	浙江省
农副食品加工业	2.647	0.351	0.952	0.542
食品制造	1.787	2.011	0.633	0.879
酒饮料和茶制造	2.266	0.416	0.852	0.938
烟草加工	1.247	3.515	0.441	0.838
纺织	0.525	0.142	0.928	1.855
纺织服装、服饰	0.901	0.416	0.567	1.358
皮革、毛皮、羽毛及其制品和制鞋	1.054	0.516	1.220	2.184
木材加工和木、竹、藤、棕、草制品	1.514	0.195	0.344	0.636
家具制造	1.334	1.439	0.857	2.063
造纸及纸制品	0.770	0.714	0.833	1.591

续表

行业	安徽省	上海市	江苏省	浙江省
印刷和记录媒介复制业	1.778	0.927	0.868	0.986
文教工美体育和娱乐用品制造	0.824	0.872	0.725	1.456
石油加工、炼焦和核燃料加工	0.749	1.953	1.154	1.267
化学原料和化学制品制造	0.633	0.837	1.074	0.938
医药制造业	0.912	0.945	0.926	0.911
化学纤维制造	0.131	0.069	0.664	2.110
橡胶和塑料制造	1.313	0.991	0.664	1.585
非金属矿物制品业	1.869	0.505	0.927	0.943
黑色金属冶炼及压延加工业	1.069	0.753	1.176	0.695
有色金属冶炼及压延加工	1.824	0.432	0.822	1.238
金属制品业	0.926	0.757	1.059	1.030
通用设备制造	0.872	1.291	0.912	1.118
专用设备制造	1.115	0.945	1.103	0.735
汽车制造业	0.986	2.685	0.731	0.753
铁路、船舶、航空航天和其他运输设备制造	0.321	1.077	1.176	0.937
电气机械和器材制造	1.236	0.679	1.057	0.906
计算机、通信和其他电子设备制造	0.475	1.654	1.236	0.427
仪器仪表制造	0.309	0.595	1.401	0.684

资料来源：根据2015年各省（市）统计年鉴数据计算。

表6　　　　　　　长三角三省一市制造业优势产业区位商

省市	主要专业化产业	区位商
安徽省	农副食品加工	2.647
	酒饮料和精制茶	2.266
	非金属矿物制品业	1.869
	有色金属冶炼及压延加工	1.824
	食品制造	1.787
	印刷和记录媒介复制业	1.778
	木材加工和木、竹、藤、棕、草制品	1.514
	家具制造	1.334

续表

省市	主要专业化产业	区位商
安徽省	家具制造	1.334
	橡胶和塑料	1.313
	烟草加工	1.247
	电气机械和器材制造	1.236
	专用设备制造	1.115
	皮革、毛皮、羽毛及其制品和制鞋	1.054
	黑色金属冶炼及压延加工业	1.069
上海市	烟草加工	3.515
	汽车制造业	2.685
	食品制造	2.011
	石油加工、炼焦和核燃料加工	1.953
	计算机、通信和其他电子设备制造	1.654
	家具制造	1.439
	通用设备制造	1.291
	铁路、船舶、航空航天和其他运输设备制造	1.077
江苏省	仪器仪表制造	1.401
	计算机、通信和其他电子设备制造	1.236
	皮革、毛皮、羽毛及其制品和制鞋	1.220
	黑色金属冶炼及压延加工业	1.176
	铁路、船舶、航空航天和其他运输设备制造	1.176
	石油加工、炼焦和核燃料加工	1.154
	专用设备制造	1.103
	化学原料和化学制品制造	1.154
	金属制品业	1.059
	电气机械和器材制造	1.057
浙江省	皮革、毛皮、羽毛及其制品和制鞋	2.184
	化学纤维制造	2.110
	家具制造	2.063
	纺织	1.855
	造纸及纸制品	1.591
	橡胶和塑料制造	1.585

续表

省市	主要专业化产业	区位商
浙江省	文教工美体育和娱乐用品制	1.456
	仪器仪表制造	1.401
	纺织服装、服饰	1.358
	石油加工、炼焦和核燃料加工	1.267
	有色金属冶炼及压延加工	1.238
	计算机、通信和其他电子设备制造	1.236
	通用设备制造	1.118
	金属制品业	1.030

资料来源：根据2015年各省（市）统计年鉴数据计算。

由表5、表6可见，安徽省工业行业中，区位商大于2比较优势显著的行业有2个，分别是农副食品加工，酒、饮料、精制茶制造。区位商大于1小于2的具有比较优势的行业12个，区位商0.8—1的行业为纺织服装服饰、文教工美体和娱乐用品制造、医药制造、金属制品、通用设备、汽车制造6个。按要素分三类：第一类是劳动密集型行业，如皮革、毛皮、羽毛及其制品和制鞋、家具制造、印刷和记录媒介复制业、纺织服装、服饰等；以及较多利用资源的，农副产品加工、烟草加工，非金属矿物制品、木材加工和木、竹、藤、棕、草制品等；第二类是资本密集型行业，主要是黑色金属冶炼及压延加工业、有色金属冶炼及压延加工、橡胶和塑料等；第三类是技术密集型行业，具有优势的有电气机械和器材、专用设备制造、医药制造。这里面有些是重叠交叉，如通用设备制造，既是劳动密集也是资本密集型产业。

从制造业行业看，安徽省制造业行业优势主要在劳动密集型行业，资本密集型行业也占一定优势，技术密集型产业优势最弱，制造业加工层次有明显差异。进一步分析，安徽省与长三角沪苏浙制造业行业有8个表现出显著优势，主要集中于劳动密集型行业，与沪苏浙各不相同的优势差异有15个行业，优势不显著的行业仪器仪表制造、铁路、船舶、航空航天和其他运输设备制造、石油化工、通用设备、化学原料和化学制品制造等5个，这些行业属于技术密集型与资本密集型产业。

长三角沪苏浙制造业主要集中在层次较高附加值、精加工领域，以资本密集型、技术密集型产业为主，劳动密集型产业也有，加工水平较高，总体制造水平与能力强。上海市制造业虽已不再是主业，制造行业专业化生产优势显著，烟草加工，汽车制造，食品制造，石油、炼焦和核燃料加工，区位商分别为 3.515、2.685、2.011、1.953，计算机、通信和其他电子设备制造区位商为 1.654，专业化优势也十分突出。江苏省、浙江省制造业显示出不同优势。江苏省制造业发达，规模总量很大，在全国排第二，占长三角制造业的半壁江山，并且制造业种类多、门类全，专业化生产程度高，江苏省 10 个制造行业具有专业化优势，区位商大于 1，优势居前的行业是仪器仪表制造和计算机、通信和其他电子设备制造。化学原料和化学制品制造业、仪器仪表制造业具有专业化优势。区位商 0.8—1 的有 10 个，分别是农副产品加工、酒饮料和茶制造、家具制造、造纸及纸制品、印刷和记录媒介复制业、纺织、医药制造、非金属矿物制品业、有色金属冶炼及压延加工、通用设备制造。江苏省制造行业专业化优势虽不如上海市突出，但其制造业总体优势在长三角最强。浙江省制造业，与江苏省又有不同，专业化优势相对集中，区位商大于 2 的显著优势行业是化学纤维制造业，皮革、毛皮、羽毛及其制品，制鞋业和家具制造业，区位商大于 1 小于 2 的有 11 个行业，仪器仪表制造，计算机、通信和其他电子设备制造业，通用设备制造技术密集型行业具有专业化优势，区位商 0.8—1 的行业 8 个，食品制造，酒饮料和茶制造，印刷和记录媒介复制业，化学原料和化学制品制造，医药制造业，非金属矿物制品业，铁路、船舶、航空航天和其他运输设备制造，电气机械和器材制造，劳动密集型、资本密集型、技术密集型产业都有，以资金与技术密集型行业居多，制造业行业优势门类多，制造业层次虽不如江苏省，但高于安徽省。

安徽省与长三角沪苏浙相同优势的制造业行业，与上海市主要是食品制造和家具制造，与江苏省主要是皮革、皮毛、羽毛及其制品和制鞋、黑色金属冶炼及压延加工，与浙江省主要是有色金属冶炼及压延加工，制造业的重合程度主要集中在劳动密集与资源密集的产业，安徽省与长三角产业趋同的迹象并不显著，即便是行业优势相同或相近，也不能判定产业趋同。如医药行业，区位商在一个水平上，却不能说就是产业同构，因为医药行业涉及领域广，各自的领域不一样，同构不能说明区域之间相同行业就一定是竞争关系。

综合来看，安徽省制造业行业在长三角产业分工有如下特点：

长三角制造业行业存在着"梯度差"。上海市处在长三角主区域"龙头"位置，制造业专业化系数高，上海市把劳动密集型产业或高技术产业的劳动密集型生产环节转移出去，专注于技术知识密集、资本密集型产业或附加值相对较高的环节，江苏省、浙江省处在次区域，与上海市形成产业分工的"梯度差"，承接上海市向外转移劳动密集型、资本密集型产业，当苏浙产业升级，将失去比较优势的劳动密集型产业、高耗能高污染的产业向外转移，担任了"二传手"。安徽省在劳动力成本以及地理位置等方面相对于其他地区具有比较优势，承接轻纺、电子等劳动密集型产业，以及机械制造等资本密集型产业，处在产业分工的中低端，长三角产业分工呈现出"雁行形态"，由此可见区域间产业转移的空间仍然很大。

（三）产品差异化

以上从工业内部考察了安徽省与沪苏浙在产业分工的差异，尚是粗线条的。由于区域间的行业竞争归根结底是在产品竞争上，所以，对长三角的分工状况研究要深入到产品层面，更能反映区域产业分工真实的状况。

用产品专业化系数，即区域产品的人均生产量占全国该产品的人均生产量之比值，分析比较长三角30种主要工业产品，专业化产品系数大于1，代表产品专业化生产优势和产品竞争力。从产品专业化系数，可以看出长三角产业分工的差异化状况。表7、表8分别列出长三角工业产品在全国产品总量的比重及专业化系数。

表7　　　　　长三角主要工业产品的比重（2014年）　　　　（单位:%）

	安徽省	上海市	江苏省	浙江省
原煤	3.30			0.52
原油	0.00	0.03		0.97
天然气	0.00	0.16		0.04
发电量	3.60	1.40	5.11	7.70
原盐	2.16	0.00	0.13	10.27
啤酒	2.76	1.24	5.44	4.12

续表

	安徽省	上海市	江苏省	浙江省
卷烟	5.10	3.72	3.57	3.98
布	1.42	0.16	28.06	15.84
机制纸及纸张	2.22	0.78	14.37	11.34
烧碱	2.07	2.38	4.94	13.61
农用化肥	4.36	0.02	0.52	3.35
化学农药	4.65	0.35	7.56	26.66
塑料	1.49	5.12	10.39	15.72
化学纤维	0.53	1.03	45.27	29.89
水泥	5.21	0.28	5.21	7.82
平板玻璃	3.06	0.00	4.78	7.01
生铁	2.80	2.30	1.60	9.92
粗铁	2.98	2.09	2.13	12.40
钢材	2.90	2.05	3.71	11.78
机床	9.65	5.48	17.72	11.89
汽车	3.94	10.43	1.30	5.93
电冰箱	31.44	1.75	8.62	11.02
空调	18.69	2.57	4.62	3.54
彩电	3.42	1.10	7.62	3.23
洗衣机	21.49	2.56	22.38	22.27
计算机	4.89	17.95	0.54	19.12
集成电路	0.06	21.59	32.39	6.00
手机		9.71	6.39	5.10

表8　　　　　　　长三角主要工业产品的专业化系数

	安徽省	上海市	江苏省	浙江省
原煤	0.743	——	0.089	——
原油		0.015	0.167	——
天然气		0.092	0.007	——
发电量	0.810	0.791	1.322	1.268
原盐	0.485	0.000	1.764	0.032
啤酒	0.622	0.698	0.709	1.350

续表

	安徽省	上海市	江苏省	浙江省
卷烟	1.146	2.099	0.684	0.886
布	0.319	0.090	2.722	6.967
机制纸及纸张	0.500	0.441	1.949	3.569
烧碱	0.466	1.344	2.339	1.227
农用化肥	0.980	0.012	0.576	0.129
化学农药	1.045	0.196	4.580	1.877
塑料	0.334	2.889	2.701	2.579
化学纤维	0.118	0.581	5.137	11.241
水泥	1.71	0.155	1.344	1.294
平板玻璃	0.688	——	1.205	1.1187
生铁	0.630	1.298	1.705	0.397
粗铁	0.670	1.176	2.131	0.528
钢材	0.652	1.157	2.024	0.921
机床	2.149	3.089	2.043	4.033
汽车	0.885	5.879	0.881	0.323
电冰箱	7.070	0.987	1.894	2.139
空调	4.402	1.449	0.609	1.148
彩电	0.770	0.620	1.310	0.803
洗衣机	4.832	1.442	3.827	5.558
计算机	1.100	10.118	3.286	0.135
集成电路	0.013	12.171	5.565	1.489
手机		5.474	0.877	1.587

资料来源：中国统计年鉴 2015 年。

第一类是传统工业品具有相对比较优势。安徽省资源加工产品具有比较优势，主要输出初级产品，以农产品、矿产资源、原料为主，如卷烟、化学农药，专业化系数大于1，农用化肥的专业化系数为0.98。安徽省是资源大省，但资源深加工不在安徽省，如生铁、粗铁、钢材人均产量不如上海市与江苏省，安徽省在资源加工产品生产技术水平与沪苏浙是有差距的。建材水泥、安徽省与江苏省、浙江省都有优势，安徽省水泥产品专业化系数1.71，江苏省与浙江省产量全国占比高于安徽省，专业化系数分别达到 1.344、1.294，江苏省与浙江省专业化优势大如安徽省，但是三省专业化生产具有比较优势，区域间存在产品竞争。安徽省计算机产业，专业化系数大于 1，产量占全国不到 5%，上海市产量占全国 10%，专业化系数 10.12，相差很大，显得安徽省在计算机生产的专业化优势不那么明显了。

第二类是安徽省产品在专业化优势上的差异。如家电，安徽省是全国家电生产基地，家电"四大件"中电冰箱、空调、洗衣机，专业化系数分别为 7.07、4.402、4.832，在长三角具有规模生产的领先优势。上海市、江苏省、浙江省也分别具有家电生产的比较优势，电冰箱产量安徽省占全国 31.44%，江苏省产量占 11.02%，浙江省占 8.62%；洗衣机产量安徽省、江苏省、浙江省各自占全国产量分别为 21.49%、22.27% 和 22.38%，专业化系数分别 4.832、3.827、5.558，三地优势均衡。另外，长三角机床生产在全国的领先优势。安徽省金属切削机床的专业化生产具有优势，专业化系数 2.149，上海市专业化系数更高，达到 3.089，江苏省、浙江省分别为 2.043、4.033，相对比较优势也较大，从产量上看江苏省与浙江省分别占 11.89% 与 17.22%，而安徽省占 9.65%，上海市占 5.48%，反映了长三角在机床专业化生产优势很高。

第三类是安徽省具有潜在优势的专业化生产的产品。如汽车，安徽省专业化系数 0.88，优势不突出，虽然安徽省有江淮、安凯、奇瑞等国内知名汽车生产企业，近年来产能一直上不去，总量一直徘徊中，2014 年只有 93.4 万辆，2015 年有所突破，生产汽车总量 125 万辆，其中江淮汽车集团生产汽车 58.4 万辆；奇瑞汽车生产汽车 51.2 万辆。上海市汽车制造具有很强的优势，2015 年汽车生产量 247.45 万辆，汽车产量占全国的 10.43%，浙江省汽车产量也占全国的 5.93%。汽车是安徽省一大支柱产业，专业化生产优势就不如长三角沪苏浙之间的分工明显，当然，产量变化也是非常快的。比如，彩电产量江苏省占 7.62%，安徽省占 3.42%，浙江省占 3.23%。合肥市 2015 年彩电产量达 696.8 万台，2015 年安徽省彩电产量比 2014 年增长 95.4%，彩电的专业化生产优势有很大提升。安徽省平板玻璃专业化系数 0.688，江苏省、浙江省的产品专业化系数分别为 1.205、1.1187。一些产品安徽省生产潜力较大，产量增长爆发力也很强，2015 年全省平板玻璃产量翻番增长。集成电路，作为电子信息产业的核心,上海市与江苏省产量分别占21.59%与32.39%,占据产品生产的绝对优势,安徽省近年来几乎是从零起步,市场需求,刺激产量增长很快,产值三年翻两番。

综上分析,安徽省与长三角的产品生产还存在着多方面的差距。安徽省以劳动密集型产品生产为主,初级品上的生产优势明显,产业链较短。近年来生产的工业制品,如家电、汽车、水泥、机床、平板玻璃等,产业链较长,产品的附加值较高,产品专业化分工优势显现。另外,长三角主要工业产品有交叉重叠,从产品专业化优势上更能说明区域分工的竞争与合作关系。

(四) 战略性新兴产业差异化

"十二五"期间,安徽省战略新兴产业表现靓丽,出现了爆发式增长,产值由2010年的504亿元,增长到2015年的8921.5亿元,占全省工业总产值的四成以上,占全部规上工业的比重也由2010年的13.3%,提高到2015年的22.4%,对规上工业产值增长贡献率达58%,推进了全省经济结构优化升级。

通过长三角三省战略新兴产业的产值比较,结合区位商(该行业产值占全省总产值与长三角该行业产值与长三角总产值之比),分析2015年长三角战略新兴产业的比较优势,可以看出安徽省战略性新兴产业与长三角发展上的差异。

十二五期间安徽省重点发展电子信息、节能环保、新材料、生物、公共安全、新能源、新能源汽车、高端装备制造等八大战略性新兴产业,其中新一代信息技术、高端装备、新材料、生物四大产业的产值超千亿元,其中电子信息、新材料产业产值超过2000亿元。电子信息产业虽然持续保持高成长的态势,高于全国电子信息制造业平均水平13.2个百分点,2015年工业产值2293.5亿元,增长23.8%,工业增加值720亿元,规模位列全省第一,对全部工业增长的贡献率达12.9%,在全省形成了行业领先优势。在2015年增速较快的产业中,新能源汽车2015年生产2.43万辆,是2014年的8倍,因为2014年的基数非常小,所以增速翻番,行业领先优势突出,在长三角的区位商2.857;其次是节能环保产业,已形成节能与环保装备、新能源、节能环保材料三大领域,优势也很明显,以国轩高科、阳光电源、三川自控、国祯环保、同智机电为代表的企业，具有较广的本地市场需求，节能环保产业增长。战略性新兴产业是安徽省"十三五"期间产业发展的进一步聚焦，重点发展新一代信息技术、高端装备和新材料、生物和大健康、绿色低碳、信息经济5大产业。到2020年，战略性新兴产业总产值翻番，力争达到2万亿元。

安徽省的战略性新兴产业虽然发展很快，但与长三角存在差异：

第一，发展规模上的差距。安徽省与江苏省在多个战略性新兴产业上规模有较大的差距。2015年安徽省七大战略性新兴产业产值加一起还没有突破万亿元，江苏省战略性新兴产业总产值4.5万亿元，安徽省不到江苏省的五分之一。电子信息产业是安徽省战略性新兴产业发展形势看好，产值只相当于江苏省的15.4%。江苏省信息技术产业的产值逼近1.5万亿元，位居全国第二。新材料是我省第二大规模的战略性新兴产业，规模也只有江苏省的20%；高端装备制造，高端装备制造是安徽省发展重点产业，却面临滑坡，2014年上千产值规模下降至不足2015年的928亿元，优势不明显。

第二，发展水平上的差别。同一产业包括的内容差别较大，如新一代信息技术安徽省的主要以新型显示占大头，依靠京东方，带动了上下游企业配套，而江苏省包括了物联网、软件服务外包。江苏省在战略性新兴产业占有绝对优势，江苏省与浙江省在海洋、核电工程设施、智能电网等领域具有制造优势，江苏省的战略性新兴产业在长三角占有绝对优势，除了新能源汽车之外，区位商都在1以上，或接近1。浙江省战略性新兴产业略逊，但电子信息产业，包括了互联网在内的信息经济，2015年产值占全省的7.7%，优势十分突出。

表9 安徽省、江苏省、浙江省战略性新兴产业产值及区位商（2015年）

（单位：亿元）

安徽省			江苏省			浙江省		
指标名称	产值	区位商	指标名称	产值	区位商	指标名称	产值	区位商
合计	8921.5		合计	45280.8		合计	3366.7	
节能环保	1623.3	1.120	节能环保	5004.0	1.084	节能环保	962.2	0.341

续表

安徽省			江苏省			浙江省		
指标名称	产值	区位商	指标名称	产值	区位商	指标名称	产值	区位商
新一代信息技术	2293.5	0.556	新一代信息技术（含服务外包）	12705.3	0.967	新一代信息技术	431.3	0.054
——			物联网与云计算	2170.4	1.643	——		
生物	1002.3	0.646	医药及生物技术	5695.8	1.152	生物	523.1	0.173
高端装备制造	928.0	0.912	高端装备制造	3080.5	0.950	高端装备制造	322.2	0.162
——			海洋工程装备	558.3	1.317	海洋新兴产业	138.4	0.534
			智能电网	1361.7	1.534	核电关联产业	97.2	0.179
新材料	2064.5	0.805	新材料	10808.6	1.323	新材料	554.1	0.111
新能源	641.2	0.735	新能源	3642.2	1.310	新能源	285.0	0.168
新能源汽车	368.6	2.857	新能源汽车	254.0	0.618	新能源汽车	53.1	0.211

五 长三角经济一体化下安徽省差异化发展路径

随着长三角经济一体化发展，长三角产业向外转移的拓展，安徽省凭借区位、要素禀赋等比较优势，承接长三角沪苏浙的产业转移，并不断推进产业集聚与升级，产业从承接到升级，形成与长三角发达地区产业差异化发展格局。安徽省各地通过近二十多年的探索与地方实践，这种格局是通过以下四种方式实现的。

（一）以产业园区方式，大力承接产业转移

进入21世纪以来，长三角受资源、环境和生产成本上升的压力，部分企业开始到安徽省投资建厂，一些大企业的生产基地向安徽省转移。长三角企业向安徽省投资和转移的趋势逐年加大，2003—2008年长三角企

业在安徽省的投资额增长了近6倍，占安徽省全省外投资的比例上升至50%以上，形成承接产业转移的第一次高潮时期。2008年金融危机以后，长三角加快全面的产业转型升级，不仅有大企业，更多的是中小企业；不仅有外资企业，更多的是内资企业。据安徽省合作交流办公室的统计，长三角沪苏浙企业在皖投资亿元以上的项目，从2010年的1825个增长到2015年的5902个，五年来翻了两倍多，到位资金从2010年的1317.8亿元增加到2015年的8968.9亿元，投资规模增长近6倍，迎来承接产业转移的第二次高潮时期。皖江城市带承接产业转移示范区（下简称皖江示范区）作为全省承接产业转移的集中区域，是全省经济的重要增长极。2015年皖江示范区经济总量占全省的72.3%。财政收入2616.3亿元，占全省的65%，固定资产投资16504.7亿元，占全省的68.9%。皖江示范区的到位资金总额占全省比例由2010年的62.5%，提升到2011年的69.9%。皖江示范区生产总值由2010年的8230.1亿元增加到2015年的14639.3亿元，五年来经济总量年均增速12.9%。

随着承接产业转移的规模扩大，安徽省的园区建设也在迅速扩容。2010年以前，全省级以上开发区89个，完成工业总产值占全省的45%、固定投资占全省的27%，实际利用外资占全省的43%，从2010年以后，以皖江城市带承接产业转移示范区为重要载体，开启新一轮开发区扩区，除了皖江城市带各市扩建了承接产业转移示范区，县市也进行了部分园区扩建。新建江北产业集中区，江南产业集中区，面积分别达到200平方公里。2015年全省开发区建成区面积达1889平方公里，其中工业用地面积1115平方公里，占到建成区面积的59%。全省各类开发区176个，数量上超过江苏省与浙江省。

安徽省承接长三角的产业转移，发挥资源要素比较优势，主要承接从纺织、服装、鞋帽制造业、到电子、机械、装备制造、化工、汽车零部件产业，各地建立起加工制造的基础。

安徽省与长三角产业的垂直分工合作关系，奠定了在长三角制造加工的地位。以产业园区为载体，以招商为手段的产业分工合作，大多是在承接产业转移基础上形成的，产业园区的优势产业，基本上都是传统产业。在新常态的形势下，这样的区域产业分工模式遇到的一些问题。主要是：

第一，产业低层次锁定。二十多年以来安徽省承接长三角大量的产业转移，基于传统要素禀赋的格局，虽然用工成本低，与长三角相比，具有比较优势，但是，在要素既定的状况下，产业层次不可能很高，更多在农副产品加工、资源加工，低端机械制造加工占主导，制造加工水平不高，其中还有一些高能源高污染企业，中小企业居多。发达地区一般不会将中高端产业主动向外转移，承接地的产业层次普遍不高。在皖北地区，产业低层次锁定的问题甚至很普遍。

第二，区域竞争加剧。在2010年前后，安徽省承接长三角的产业转移，确实具有低成本的优势，加上各地还有税收减免等优惠政策，对长三角的企业有很大的吸引力。2014年以后，这种情况发生了很大变化。一方面，安徽省由于也出现了用工短缺问题，加上用地限制、生态环境约束和税收减免等优惠政策的到期，低成本优势逐渐消失；另一方面，向中西地区在劳动力、土地、生态环境等方面仍然具有低成本的优势，长三角的产业又更多地向中西地区加速转移，安徽省承接产业转移的区域竞争加剧，势头在减弱。如沪苏浙在皖投资占全省利用省外资金的比例，2015年为49.8%，是近五年来首次跌到50%以下，就是区域竞争加剧的表现。

第三，环境要素约束的增强。出于经济发展对环境保护的要求，企业的节能减排成为硬约束，环境要素约束越来越强，地方承接转移来的产业准入门槛提高了，一些资源消耗多、环境污染大，即便是生产工艺达标的项目落地也困难。如上海市华谊集团在芜湖无为投资建造的华谊煤化工产业基地，因为环保原因，也是一波三折。一家投资近10亿元、用工2万人、年税收数千万元的纺织企业来宣城投资，印染环节的废水排放虽然达标，但仍遭到当地民众的怀疑而坚决抵制，地方只得婉言谢绝，类似的情况极为普遍，地方对迁入企业的环保要求也是越来越高，环境要素的压力加大。

第四，土地利用效率不高。土地资源的浪费严重，遍地开花式承接产业，导致招商的恶性竞争，实现零地价，产业盲目无序发展，企业跑马圈地，圈而不发，待价而沽，一边是园区的大片空地空置未开发，另一边是用地紧张，项目难以落地，导致园区承接产业转移的效益并不高。以皖江城市带开发区为例，亩均开发强度远远没有达到省政府《关于进一步推进节约集约用地的若干意见》（2012）的要求，即省级开发区亩均投资强度200万、亩均税收强度20万元，县属省级开发区亩均投资强度150万、税收强度 10 万元。据统计，全省 175 家开发区的投资强度达到 120 万元/亩左右，亩均税收不到 10 万元，与发达地区相差甚远。

（二）以产业链方式，推进产业集聚发展

安徽省在承接产业转移过程中，注重以产业链方式承接相关企业，逐步推动产业集聚发展。概括起来说，主要有两种路径：

一是抱团式转移、集群式转移。长三角核心区城市产业升级城区扩张，退二进三，大批中小企业要从城区向外转移。安徽省一些城市抓住机遇，和这些城市合作共建产业园区，搭建承接产业转移平台，吸引产业相关联的企业抱团式转移、集群式转移，形成更有效的承接产业转移模式。以"园中园""共建园"等方式，安徽省与长三角企业或政府合作先后共建了 20 多个园区。如 2009 年，无锡市是我国压力容器行业集聚区，2009年以后，由于城市扩建，这些企业需要整体搬迁，由当地商会牵头，在郎溪建设了"无锡产业园"，由最初 100 多家企业后发展到 560 多家企业集聚，短时期间使地方机械制造业集聚发展起来，郎溪县和浙江省海宁通过"飞地"模式共建的经都产业园，"郎溪现象"最为突出。另外，2012 年滁州与苏州市，以中新产业园为依托，合作共建滁苏现代产业园，池州与上海市长宁区政府合作池州长宁产业园、白茅岭飞地经济园区、巢湖与浙江省，建设了金巢工业园、芜湖永康机电产业园、舒城皖江汽车科技产业园。2009—2011 年共计签约外来投资项目 1062 个，落户企业 704 家，集群式转移呈现出扎堆效应。滁州市主动对接福建省，引进食品加工企业32 家；对接江苏省，引进轨道交通配件制造企业 55 家，南京市浦镇车辆厂下属 8 家制企业全部落户汊河开发区；对接浙江省，引进汽摩配企业31 家、机械五金企业 26 家。通过安徽省与发达地区合作发展"飞地经济"，开展跨省合作共建园区，承接企业集群式转移，促进产业的链式转移和集群式承接，优化区域要素结构，整合区域产业资源，促进区域产业合理分工，避免产业同构，实现互利共赢，探索出承接产业转移的新模式。

二是龙头带动链式延伸。以大投企业为龙头，产业链延伸，上下游配套，加强关联性企业地域集聚，推进产业集聚发展，加速区域产业集聚优势，促进区域合理性分工，也提升了产业集聚的比较优势，增强了承接产业转移的区域竞争力。从三个方面看，安徽省近十年来以龙头带动链式延伸模式得到充分发展。

从城市产业集聚看，合肥市提出"大企业—大产业—产业集群—产业基地"的思路，以大企业为龙头，以产业链方式，吸引相关产业的集聚，共同发展优势产业，成效明显。如2009年合肥市引入京东方6代线项目，投资175亿元，带动关联企业投资总规模达1000多亿元，由从上游到下游产业链较长，集聚200多家企业，实现液晶面板的本地化，打造新型平板显示产业最大基地，和以平板显示为核心的电子信息产业集群。产业链式集聚发展的产业，表现在家电产业也是尤为明显。海尔、长虹、京东方、日立、美的、格力、荣事、康佳、科思和西门子等国内外知名家电企业设立生产基地，以及有一些生产研发基地加快产业链式定向招商，有针对性地对产业链环节的生产环节，以及上下游配套，进行扩产、扩能。产业链向上下游延伸，推进产业的规模化，以产品生产相关联的企业在一地集聚。

从投资结构看，投资向主导产业集中。投资占省外到位资金2014年为9.6%，2015年为9.2%，2015年全省八大主导产业中省外投资占76.9%，说明省外投资向主导产业集中明显。分行业看，食品医药、电子信息、家用电器投资比上年增幅超过20%。十二五时期，全省第二产业中的省外投资占60%以上，其中制造业的省外到位投资总量2014年为54.9%、2015年为53.5%，制造业中又以装备制造投资居首位，装备制造业占制造业省外投资占比，2014年为16.3%、2015年为16.5%，其次是家电与电子，省外投资向主导产业集中，是对全省主导产业集聚的有力支撑。

从开发区集聚看，2015年安徽省省级开发区规模以上工业实现工业增加值6283亿元，占全省工业增加值的64%，其中排名前三位的主导产业经营销售收入1.99万亿元，占到开发区全部经营销售收入的54.9%，反映了各地产业集聚加速形成。表10列出皖江示范区各城市主导产业的2010年与2015年对比，2010年是家电、汽车、电子信息、机械装备、农副产品加工等产业集聚。2015年以后，皖江示范区战略性新兴产业的集聚明显加快（见表10）。主要围绕新一代信息技术、新能源、智能装备等战略性新兴产业作为主导产业。

表 10　　　　　　　皖江示范区各城市产业分类比较

城市名称	2010 年	2015 年
皖江示范区	汽车、机械设备、冶金、化工、建材、家电、纺织、农副产品加工	——
合肥市	汽车、装备制造、家用电器、化工及橡胶轮胎、新材料、电子信息及软件产业、物技术及新医药、食品及农副产品加工八大重点产业	新一代信息技术、新能源、装备制造、生物医药及医疗装备、汽车及新能源汽车、家用电器、安全食品加工、节能环保、建筑业
芜湖	汽车及汽车零部件、材料、电子电器、电能、船舶、纺织服装、卷烟及食品加工工业	机器人及智能装备、现代农业机械、新能源汽车、新型显示及光电信息、通用航空、节能环保装备、新材料、生命健康、轨道交通装备；汽车及零部件、材料、电子电器、电线电缆
马鞍山	钢铁、汽车，金属制品、机械制造、造纸、电力、纺织服装和食品加工	轨道交通装备、高端数控机床、精细化工、绿色食品；重点培育生物医药、电子信息、高端装备制造、节能环保等钢铁、汽车及装备制造、轻化、建材等传统主导产业转型升级、现代服务业
铜陵	铜、电子、建材	铜基新材料、精细化工、电子信息、新能源汽车及零部件、智能制造、节能环保、生物制药与健康
安庆	石油化学工业、轻纺业、汽车零部件；装备制造业、电力、森林工业及农产品加工、生物制药	新材料、新能源汽车、智能制造、电子信息、节能环保、石化、纺织服装、农产品加工
滁州	家电、汽车、机械、建材、纺织服装、农家电、汽车产品加工	智能家电、汽车及先进装备制造、绿色食品、新型化工、硅基材料、新能源、农副产品加工
池州	非金属材料、有色金属冶炼及加工、能源产业、轻纺工业、农副产品深加工、家用和配套套型机械产品制造业、基础化工	电子信息、装备制造、节能环保和生物医药、新材料、机械制造

续表

城市名称	2010 年	2015 年
宣城	汽车零部件、设备制造业、建材及新材料农产品加工、电子元器件、化肥工业、旅游业、现代农业	密封件、电子元器件、新材料、汽车及汽车零部件、医药化工、特种设备、电子、电机泵阀

上述抱团式转移的集群式转移和龙头带动链式延伸的两种方式，是在要素禀赋比较优势上，加快产业集聚发展，是"十二五"期间安徽省做大做强主导产业的重要路径。然而，这种分工模式面临的挑战，主要有：

第一，产业集聚格局变换加快。随着长三角发达地区各地产业集聚格局已基本形成，这些已形成集聚发展的产业，内外集聚速度加快，向外扩散的速度放慢。安徽省产业集聚加快形成。主要是汽车、家电，产业链较长，容易规模化生产。然而汽车、家电产业面临产能过剩，家电、汽车产量销售不旺，投资速度趋缓，规模扩张遭遇瓶颈。合肥市主导产业又开始从汽车、家电，让位于新一代信息技术、新能源，皖江示范区其他各主要城市的主导产业也都进行了重新调整（表10）。安徽省"十二五"重点发展的七大战略性新兴产业，"十三五"期间发展五大战略性新兴产业，产业定位已经不同。这表明长三角产业集聚格局已形成加快以及产业集聚变化加快的局面，区域分工格局也会随之变化。这给产业集聚增加了新的难度。

第二，产业链分工不充分。安徽省的家电产业链较长，相对最完整。但是家电的产业链很长，却多是集中在一个区域内，建立各自生产、加工及配套、组装体系。汽车也是如此，江淮汽车与奇瑞汽车，各有各的生产配套企业，彼此之间很少有交结，由于两地汽车产量规模受限，导致上下游企业产能发挥不出来了，出现"吃不饱"的现象，不仅影响企业效益，而且也影响整个产业链分工效率。这说明产业链合作分工不足，区域内部产业分工协作不够。

第三，产业集聚导致极化效应。产业集聚程度越高，要素积累越多，反过去，要素集聚越多，增加对相关产业的吸引力，更有利于产业集聚发展加快，产业链集聚效应明显，从而产生极化效应，比如作为全省"双核"的合肥市与芜湖，GDP总值2010年合肥市为2701.6亿元，芜湖市为

1108.63 亿元，相差 1100 亿元，到 2015 年合肥市为 5660 亿元，芜湖市为 2457 亿元，相差 3000 亿元。合肥市 2015 年经济总产值占全省的 25.5%，规上工业增加值占全省的 22.2%，合肥市经济总量在全省领先的优势愈加显著，会拉大区域间发展差距。

（三）以创新要素集聚方式，扶植培育新兴产业

新兴产业发展离不开创新要素的支撑。创新要素是指人才、资金、平台，以及组合机制等支持产业发展的要素。一个地区通过创新机制体制，聚集创新要素，吸引专业人才、资金等，发展由人才与技术支撑的高技术产业。随着新技术革命的出现，后发地区模仿与引进新技术，使非经济要素转化经济要素，成为创新要素。如移动互联网的普及，信息成为一种新的要素（张永恒、郝寿义，2016），导致新的产业链专业化分工，原有的产业集聚模式发生了改变，电商、物联网、大数据云计算等新兴产业涌现，过去，资本、劳动力、土地要素，大规模生产方式，在一个地区高度集聚，现在已经开始改变，新的要素催生新的产业。

战略性新兴产业有一部分产业是传统产业与新技术的结合，还有一些领域是全新的，如新能源汽车、机器人、集成电路、大数据等。其中新型显示产业，靠技术支撑的技术密集型产业，也是与家电产业有着密切关系的，是最成功的，被看作是"无中生有""小题大做"的产业。安徽省工业机器人，也是从无到有的产业，"芜马合"工业机器人产业集聚已形成一定规模，2015 年全省工业机器人产量达 2200 台，位居全国前列。芜湖埃夫特公司产量达 1200 台，位居全国单个企业之首。核心竞争力日益凸显，软件服务业产值 2015 年达到 325 亿元，"十二五"期间年均增长率突破 30%。另外还有，新兴型文化服务业，芜湖市方特、三只松鼠、同福、凯旋等一批新业态、新模式的成长性产业。

通过创新要素集聚方式发展起来的战略性新兴产业与新兴产业。主要做法是加强新的要素支撑、突出人才建设、研发平台建设，辅之以必要的资金等一系列配套政策支持。

一是重点人才与平台建设。从 2009 年开始，安徽省建设合芜蚌自主创新国家示范区，实行企业股权和分红激励政策试点，推动合芜蚌人才特区建设。2013 年安徽省成为全国第二个国家创新型省份，合肥市中科大

先进技术研究院,与清华、中科院、北大、合工大等共建21个高端研发平台,与英特尔、微软、阿里巴巴等合作建立32个技术研发中心。全省已初步形成以中科院智能研究所、合工大智能研究院等科研机构为机器人产业研发主体。合肥市新型显示产业发展集聚基地集中了各类国家、省级研发平台30多个,仅2014年研发投入超过9亿元,申请专利近2000项。

二是加强政策配套支持。我国每个战略性新兴产业都有国家和地方配套政策。安徽省也是这样。安徽省于2015年在全省10个城市首批建了14个战略性新兴产业发展集聚基地,2016年增加6个战略性新兴产业发展集聚基地和2个试验基地。每年将安排20亿元至30亿元的产业专项资金扶持基地建设发展、市级财政与园区配套支持,促进各地战略性新兴产业发展。

这些产业兴起打破了基于传统要素禀赋上的区域分工模式,基于新的要素之上形成的区域产业分工方式,是近年来对强化创新要素集聚的结果。这种分工模式当前面临的挑战,主要有:

第一,投资偏向赢利的产业。资本是逐利的,总是投向获利高、成长性好的产业。安徽省的省外投资偏向明显,2015年信息技术、新能源汽车省外投资占比增长20%以上。第三产业省外投资偏向商业、房地产,占整个投资三分之一,而金融、科技信息、物流等省外投资占比2015年分别为0.5%、3.1%、3.8%,2014年分别为2.5%、1.8%、3%比例都很低,有的还下降,现代服务业投资热情不高。还有一些高科技创新型产业,投资的热情不同。尽管发展前景看好,但由于风险等原因,投资偏少。

第二,人才与技术要素不足。目前安徽省战略性新兴产业处于"产业高端、技术中端、制造低端"的境况,既缺少像科大讯飞这样拥有核心技术的企业,也缺少像量子通讯具有自主知识产权的专利科技产品。培育发展的新型显示、集成电路、机器人等新兴产业的核心技术受制于人,"跟跑"而不是"领跑",部分核心配套、关键设施依赖进口,本地配套不足。据调研,安徽省芯片企业近一半的零部件需进口,合肥市每年从国外进口价值约亿元的芯片。机器人业也不掌握核心技术,占领市场份额小,竞争力不强。基础配套能力不足。关键材料、核心零部件严重依赖进口,先进工艺、产业技术基础等基础能力依然薄弱,严重制约了整机和系统的集成能力，打造一批全国乃至全球有影响力的产业集群，缺少全球化视野和格局型企业。另外，人才缺乏，成为安徽省发展战略性新兴产业的"软肋"，尤其是高端人才缺口大、专业人才紧缺，"技工荒"已成为一种常态化的现象。2015 年全省技能人才总量占从业人数的比重为 9.4%，高技能人才占全国高技能人才比重为 0.7%。据统计，2015 年安徽省境外专家数量仅相当于江苏省的 6.5%，上海市的 7.1%。人才引进难、留住难，人才稳定性差、流动性大。相比沪苏浙人才集聚高地，安徽省打造人才高地压力很大。

第三，对政府支持过度依赖。支持企业发展是地方政府的职责，新兴产业更少不了政策扶持。地方政府通过财政补贴或利益输送手段，地方保护与扶持本地产业人为设置一些障碍，排斥其他企业参与竞争，利用市场分割保护本地产业。地方发展一些不符合本地优势的产业，需要更多的投入，容易导致企业对政策扶持的严重依赖，在竞争的市场中，一直靠扶持的企业竞争力差，产业最终做不起来。

总之，把握新技术革命趋势，建立在新要素禀赋基础上的生产方式、聚集方式是新形势下推进区域产业分工的关键。以创新要素集聚方式，发展战略性新兴产业和新兴产业，在要素禀赋不断升级的基础上，推动承接产业转移的全面升级，推进新一轮产业分工格局下建立新的产业集聚，形成后发地区的优势产业，是安徽省缩小长三角产业分工层次的差距的重要路径。

六 以价值链分工为方式，推进区域产业协同发展

随着制造业变革速度加快，制造业发展向智能化、定制化、服务化演变，产品变得更加精密，制造加工更为复杂，生产方式向智能化和精细化转变，由不同地区参与产业分工，共同完成产业链上各环节工序，促进区域专业化分工。把一种产品的生产分解成若干环节，根据环节的特点选择具有比较优势的区位，产品生产走向模块化，从而使产品内的分工成为可能。这被称为价值链分工，这种分工是国际产业分工的主要方式，目前产品按价值链的分工也在国内兴起，长三角价值链分工以汽车为例，是根据汽车产品价值链的研发、零部件、整车和市场四大价值增值环节在长三角

各个城市的分工，上海市整车诸多零部件企业中，有90%来自江苏省和浙江省，形成长三角汽车产品价值链分工模式（张来春，2007）。

近年来，安徽省企业也积极参与长三角价值链分工合作。如安徽省新能源汽车发展与长三角进行了合作。江淮新能源汽车产业占全国能源汽车市场的1/3，其配件80%来自长三角，2016年江淮与上海市大众在新能源汽车整车及零部件的研发、生产、销售、出行方案等领域开展全方位合作。合肥市国轩高科，是为新能源汽车配套生产电池的企业，在江苏省南京市、昆山设分厂，为上海市大众新能源汽车配套生产电池。合肥市与上海市正在开展双城合作，其中合作的内容之一就是将安徽省与上海市的合作发展量子通讯产业，研发基地放在上海市，在安徽省建立生产基地。此外，还有一些在洽谈中的合作意向的项目。如江南产业集中区对接浙江省玉环县，该县是中国汽车工业协会认可并授牌的国内第一个汽车零部件产业基地，为奔驰、宝马等世界品牌车供应零部件产业集聚地。项目如果能合作，将会推动长三角价值链分工开展。

随着长三角一体化深入，价值链的分工模式，也会普遍推广开来，有助于使安徽省成为长三角价值链环节的生产、制造、加工、组装基地。这种分工模式在安徽省处在起步阶段，进一步发展还面临不少障碍，主要有：

第一，区域产业分工不够，产品专业化加工水平不高。以汽车、家电为例，区域之间分工程度高低不一，分工水平低的地区产业集群，形成上下游配套企业的集聚，不同工序都是在一个空间内完成，体现出高度的产业内分工，给企业参与价值链的分工造成了障碍。

第二，缺乏对价值链分工的谋划。目前安徽省一些地方只是将长三角产业链上企业作为一般性招商引资项目对待，没有从价值链分工的高度去认识，没有对接长三角价值链分工的谋划和产品分工的路线。大多是基于本地传统要素，人才技术要素缺乏，产品制造加工水平不高，产业资源整合能力有限。

价值链分工是一种高级的垂直专业化产业内分工，形成以产品价值链为纽带，比较紧密的分工与协作关系，产业由多个地区共同协作发展，"你中有我"、"我中有你"是长三角产业分工层次更高，更为有效的重要路径，安徽省参与长三角价值链分工，是深度融入长三角产业分工实现差异化发展的重要路径。

七 主要结论与政策含义

安徽省与长三角沪、苏、浙形成更有效、更紧密的产业分工合作关系，不仅对安徽省参与长三角经济一体化，加快安徽省发展十分重要，而且对扩容后长三角建立大协作、大分工的产业分工格局，促进世界级的长三角建设也是十分必要的。

（一）主要结论

通过安徽省与长三角沪苏浙之间产业分工的差异状况分析，结合近年来安徽省承接产业转移，探讨了基于要素禀赋结构升级，促进安徽省产业集聚发展、新兴产业发展、价值链分工的差异化发展路径，得出以下几点结论：

第一，长三角产业分工存在"梯度差"。安徽省与沪苏浙在要素禀赋条件和经济发展水平的差异，以及三次产业比较优势的差异，形成优势互补的关系，正是基于这种差异，安徽省融入长三角分工体系，实现制造业从劳动密集型向资本密集、技术密集型转变的升级路径。沪苏浙处在产业中高端，安徽省处在产业中低端。基于区域间比较优势建立起的长三角产业的层次差异，地区产业分工的"梯度"，区域间产业转移空间很大。

第二，长三角产业分工层次是递进的。安徽省与长三角沪苏浙产业分工有四个层次关系：一是基于要素禀赋互补，建立的产业转移与承接产业的区域分工合作关系；二是基于产业链关联，发展起产业聚集，与长三角发达地区主导产业形成差异化发展的关系；三是基于创新要素富集，促进新兴产业的发展，与长三角发达地区新兴产业的差异化发展关系；四是基于要素禀赋的产业垂直分工为主，转向基于比较优势的产业链的水平分工并存，由产业间分工向产业内分工转变，形成与长三角发达地区产品价值链分工合作关系。这四个层次的关系，是安徽省与长三角发达地区产业分工合作的四种模式，是随着区域间产业分工合作的深化而逐步升级的。

第三，基于动态比较优势区域产业分工不断升级。要素禀赋结构与产业结构、产品结构、技术结构是对应的。安徽省与长三角沪苏浙产业分工有四个层次关系都是基于要素禀赋的比较优势之上，基于区位、劳动力、土地等传统要素的比较优势，承接产业转移，产业结构层次较低，以劳动密集型与资本密集型产业为例，生产也是劳动密集产品与初级产品，低附加值水平产业层次。随着产业集聚发展，人才、资本要素积累的优势增强，要素禀赋结构不断改变，促进了安徽省创新要素的引入，经济一体化促进了长三角要素流动增强与市场环境改善，后发优势显现，推动了新兴产业发展；新兴产业发展改善了安徽省基于生产链环节的比较优势，进一步提升，进入产业链与价值链分工层次，也会促进安徽省与长三角分工由垂直分工向水平分工拓展。

第四，安徽省与长三角沪苏浙之间产业分工耦合化。在一个经济发展水平不同的区域会发生多类型耦合型产业转移，鉴于安徽省与长三角产业分工层次的区域差异较大，安徽省一些地方仍处在承接产业转移，处在产业集聚的初级阶段，而另一些地方产业集聚形成，地方优势产业显著，安徽省与长三角的产业分工从低层次的转移到高层次的融合，产业分工趋向多元化，安徽省发展水平较低的区域，从产业转移起步，将外来产业嵌入本地产业体系，形成产业集聚对于发展水平较高的区域，建立在产业集聚基础上，通过先进技术改进、消化、创新，实现本地产品价值链延伸与提升，在更高层次上与发达地区产业对接，从横向与纵向不断深化与拓展产业分工和合作，形成跨业跨地域的分工合作，融入长三角发达地区生产网络。

（二）政策含义

基于要素禀赋的优势，以及要素禀赋结构的不断升级，强化长三角经济发展一体化理念，构建多层次产业分工合作推进机制，拓展与沪苏浙地区的分工合作领域，深度融入长三角经济一体化，实现安徽省与长三角产业分工的差异化发展，是应遵循的策略。

第一，树立长三角经济一体化发展理念。长三角产业分工融合是经济一体化发展的重要目标。安徽省各地要强化与长三角产业一体化发展理念，更新地方在承接产业转移上的发展理念，增强长三角全局意识，在长三角经济一体化趋向下，加强产业对接，对承接长三角产业转移与升级路线要有清楚认识，改变"一亩三分地经济"的思维方式，跳出本地产业框框，站在长三角的高度，深入谋划本地产业对接长三角产业分工合作的方式和路径，跟上长三角产业调整与升级的步伐。长三角发达地区也应秉承一体化发展理念，积极接纳安徽省更多的城市参与产业分工合作，从多个层面上推进区域产业分工的全面合作，促进区域产业形成联动发展的格局，使合作双方利益最大化。

第二，构建区域产业分工协调推进机制。为推进与长三角沪苏浙合作基于产业分工协作的产业联动发展机制。提高科技创新能力和产业层次，引导向高端化、智能化转型升级。促进安徽省与长三角发达地区产业链、价值链水平分工协作，构建转出地政府与转入地政府的产业转移的企业进行利益补偿机制。促进地区间的先进技术与新兴产业结合，形成跨区域战略联盟，建立新兴产业联动推进机制。借鉴滁州与苏州市合作共建苏滁产业园的经验，加强新型共建园区合作，重点推进安徽省江北产业集中区、江南产业集中区分别与沪苏浙的共建，争取中央政府对跨省共建园区政策支持，探索地区间分享税收和产值的利益分享制度，创新与沪苏浙合作共建园区合作模式。

第三，推动与沪苏浙产业分工的深度融合。安徽省抓住长三角制造业转型升级、产业结构调整的机遇，大力推进承接集群式产业转移，加速地方优势产业形成，避免低水平的重复建设。加强区域产业资源整合，鼓励长三角内企业兼并重组，跨业、混业联合，扩大产业规模、提升产品质量与品牌的市场占有率。有选择地承接产业转移，要将外来技术层次较高的产业嵌入本地产业体系，推进地方产业层次提升，并通过先进技术改进、消化、创新，培育产业集聚的技术上的领先优势，引导制造业向分工细化、协作紧密的方向发展，进一步推进产业链分工向价值链分工转变，推进由垂直一体化分工向水平一体化分工转变，推动长三角产业的协同发展，形成跨业跨地域的生产网络，融入长三角发达地区产业分工体系。

第四，拓展长三角产业分工合作领域。随着新经济的发展和新动能的培育，分工合作的模式亦多样化，区域产业分工合作的领域会越来越多。安徽省与长三角要适应这种新趋势，积极拓展长三角产业分工合作领域。安徽省要进一步发掘与长三角产业合作的空间，扩大比较优势产业分工的地域范围。从具体项目合作入手，在扩大能源、基础设施、制造等合作项目基础上，借助长三角平台，利用互联网、信息技术，大力推进生产型制造向服务型制造的转变，发展物流、外包服务业等生产性服务业，发挥各城市的要素优势提升城市间的分工协作关系，加强双方交流，发展新型合作方式，开拓从制造业到服务业多领域合作的新空间。

第五，促进要素禀赋结构不断升级。建设创新型长三角，要把创新要素作为推动新阶段发展新产业的关键。积极参与长三角一体化，促进各类要素跨区域无障碍流动，包括金融、人才与技术要素，优化各地要素禀赋结构。发挥多要素组合优势，以人才引进、技术模仿、创新团队培育，增强自主创新能力，提高制造加工能力与水平，提升品质与品牌竞争力，特别要注重培育后发优势，加大对创新的支持力度，重视与长三角技术研发共享，建立人才资源的柔性双向流动机制，培育具有大国工匠精神的产业工人，为符合本地比较优势的产业创造升级的良好环境。

第六，推进产业集聚与新兴产业合作发展。在新技术革命蓬勃发展的背景下，注重技术进步推进产业集聚，推进安徽省与长三角的价值链分工与产业集聚，按产业链的空间组合，发挥区域合作的整体优势，针对产业链的"缺链"而有针对性的"补链"。加强与长三角发达地区在新兴产业发展上的合作，实现差异化"错位"式定位，避免新一轮产业同构化。要加强与长三角在重大技术攻关，人力资源整合等方面的深度合作，拓展产业发展的合作空间。根据各地要素禀赋的比较优势，确立重点产业发展方向，推进安徽省与长三角产业链、价值链的区域分工的差异化发展。

第七，提升产业分工扶持政策的有效性。支持符合安徽省要素禀赋特性及比较优势的新兴产业的建立与发展，制定符合要素禀赋结构及比较优势的产业发展政策，只对适合本地区发展的产业进行支持，充分发挥产业引导基金作用以产业集聚区为载体培育一批战略性新兴产业。新兴产业发展应从宏观层面把握，要考虑地方的要素禀赋的差异，不能搞一刀切，要针对产业发展的特点，做到一业一策，实行差别化政策。提高产业政策对产业发展的有效支持，减少对企业的生产直接补贴、产品补贴的低效率政策使用，转而加大对市场环境的改善和对产业发展要素保障的支持。

第八，强化产业协同发展、社会参与和服务支撑。积极创造条件，让中介机构、行业协会、研发机构等各种社会力量参与长三角制造业协同发展，发挥政府、企业、非政府组织在长三角分工合作中的相应作用。开展长三角合作与贸易洽谈会。通过跨区域整合的方式，建立区域性行业协会，以内部协商方式形成行业规范、产业标准等，促进区域产业要完善企业服务体系，建立跨区域的信息服务机构，搭建公平公开的信息交流平台。鼓励安徽省科研院所、研发机构等融入长三角研发创新络体系，为企业在研发、管理、咨询、后勤等方面提供一体化服务，对区域产业协同发展提供强有力支持。

参考文献

［1］程必定等：《安徽省与长三角："双城战略"》，安徽人民出版社2015年版。

［2］陈建军：《长江三角洲地区的产业同构及产业定位》，《中国工业经济》2004年第2期。

［3］范剑勇：《长三角一体化、地区专业化与制造业空间转移》，《管理世界》2004年第11期。

［4］洪银兴、刘志彪：《长江三角洲地区经济发展的模式和机制》，清华大学出版社2003年版。

［5］李浩：《城镇化率首次超过50%的国际现象观察——兼论中国城镇化发展现状及思考》，《城市规划学刊》2013年第1期。

［6］李廉水、周彩红：《区域分工与中国制造业发展——基于长三角协整检验与脉冲响应函数的实证分析》，《管理世界》2007年第10期。

［7］林毅夫：《新结构经济学》，北京大学出版社2012年版。

［8］张永恒、郝寿义、杨兰桥：《要素禀赋变化与区域经济增长动力转换》，《经济学家》2016年第10期。

［9］靖学青：《长三角制造业结构趋同分析》，《改革》2004年第2期。

［10］韦伟等：《江浙皖赣四省城市化与区域发展比较研究》，安徽大学出版社2012年版。

［11］蔡昉、王德文：《中国地区比较优势：差异、变化及其对地区差距的影响》，《中国社会科学》2002年。

［12］徐康宁、赵波、王绮：《长三角：形成，竞争与合作》，《南京市社会科学》2005年第5期。

［13］许德友：《产品内分工的产业转移与中国区际产业转移》，《现代经济探讨》2014年第4期。

［14］［日］小岛清：《对外贸易论》，周宝廉译，南开大学出版社1987年版。

［15］张来春：《长三角汽车产品价值链分工研究》，《上海经济研究》2007年第11期。

［16］安徽省人民政府：《中国制造 2025 安徽省篇》，2015 年 12 月 4 日。

［17］安徽省经信委：《2015 年安徽省工业行业发展报告》，2016 年 4 月。

［18］《关于皖江城市带承接产业转移示范区规划的实施方案》（皖发〔2010〕3号）。

［19］安徽省经信委：《2015 年安徽省工业行业发展报告》。

［20］《关于加快建设战略性新兴产业集聚发展基地的意见》（皖政〔2015〕48号）。

［21］《安徽省战略性新兴产业"十三五"发展规划》（皖政办〔2016〕53号）。